雾岛屋久国立公园中的亲子徒步者，九州

lonely planet
IN
日本
另辟蹊径

本书作者
莫俊尧、钱晓艳

U0533222

©视觉中国

中国地图出版社

目录

计划你的行程

你好，日本	4
12顶级旅行体验	8
行前参考	20
旅行线路	22
每月热门	46
新线报	50
获得灵感	52
省钱妙计	54
和当地人吃喝	56

本州中部阿尔卑斯 63

名古屋	74
高山	84
飞騨古川	92
白川乡和五箇山	94
金泽	99
福井	107
上高地	110
新穗高温泉	112
白骨温泉	114
松本	114
中仙道	120

本州西部 129

冈山	142
仓敷	145
广岛	147
宫岛	152
下关	155
鸟取	158
松江	160
隐岐诸岛	**165**
岛后岛	166
岛前群岛	167
出云	170
石见银山和温泉津	171
津和野	173

高知夜来祭，见47页。

水面弥漫着雾气的桧原湖，见209页。

本州北部·东北 195页
本州西部 129页
63页 本州中部阿尔卑斯
九州 309页
251页 四国

萩市 175
山口和秋芳洞 177

本州北部·东北 ... 195

福岛县 **206**
会津若松 206
磐梯高原 208
宫城县 **210**
仙台 210
松岛 214
鸣子温泉 217
岩手县 **219**
平泉 219
青森县 **221**
青森 221
弘前 225
十和田湖 229
八甲田山 231
秋田县 **233**
角馆 233
乳头温泉 236
山形县 **237**
出羽三山 237
山寺 241

四国 251

香川县 **266**
高松 266
小豆岛 270
直岛 273
丰岛 276
琴平 278
德岛县 **281**
德岛 281
鸣门 283
祖谷溪谷 285
爱媛县 **288**
松山 288
高知县 **295**
高知 295
四万十市 299

九州 309

九州北部 **320**
福冈 320
太宰府 327
唐津 329
长崎 331
九州中部 **343**
熊本 343
阿苏山 346
黑川温泉 347
由布院 349
别府 351
九州南部 **357**
宫崎 357
青岛和日南海岸 359
鹿儿岛 360
樱岛 365
指宿 366
雾岛屋久国立公园 .. **368**
屋久岛 369

生存指南

出行指南 389
交通指南 398
幕后 408
索引 409
如何使用本书 412
我们的作者 414

特别策划

色彩鲜明的
战国三杰 76
日本神话面面观 .. 168
松尾芭蕉和
《奥之细道》 214
坂本龙马,
四国之传奇 292
标新立异的
萨摩藩和长崎
上空的原子弹 332
夜的屋台暖的心 .. 372

你好，日本

也许你愿意花一点时间，多多了解下日本。不为人知的自然秘境，不可思议的乡土美食，悠闲的小城小镇，热情友好的当地人……在大都市背后，发现一个完全不同的日本，逐渐深入其中，原来这最熟悉的陌生人不仅有娇美面容，还有更多自然和温情。

一去再去的理由

东京和京都是日本吗？当然。日本只是东京和京都吗？当然不。

如果你已经过了想把药妆店和电器店搬回家的阶段，是时候见识一下"日本之心"了。一张廉航机票花费无几，却已可抵达海的另一边。当签证越来越简单，多年只闻其声的"说走就走"，终于渐渐变得可行。几乎永远准时的列车和巴士组成了安全的交通网络，只需要亮出JR Pass，很多以往只是听过的地方都可安然抵达。"观光案内所"（信息中心）内，能讲英文甚至中文的人也越来越多。即便这一次的旅程有些陌生，但依然有你熟悉的影子，经历一次次的体验之后，你认识的已非众人想象中的那个日本。

日本的另一面

在这条另辟蹊径的道路上，日本不再只属于购物狂和饕餮客，而加入了心存好奇而乐于探索的你。登上金刀比罗宫俯瞰濑户内海；凝望严岛神社鲜红的水上大鸟居；穿过杉树林登上中尊寺最高处；在屋久岛的雨林中融化为绿意之海；在黑川温泉泡汤抚慰身心——只需稍稍走远，体验便截然不同。

福冈的屋台(夜排档),九州

继续探寻陌生却又新鲜的日本,在立山黑部十几米高的雪墙中间仰望蓝天;在秘境祖谷溪谷找到古老的藤桥,继而攀上四国第二高峰;在广岛和长崎见证历史的车轮碾过伤痛驶向崭新的舞台……若想真正切入日本的精神内核,就用不同方式体验四国遍路,或是循着松尾芭蕉300多年前的路线探险吧。

完整而美丽

经此种种,你的日本之旅终于完整起来。在上野公园拥挤的人群和严格的规定中赏樱,你看到了都市人的放浪形骸;在四国坐上土赞线列车一路欣赏漫山遍野的染井吉野,或是登临某个天守阁看层层叠叠的花开花谢,你看到了乡土间的闲逸轻松。在岚山观红叶,让你看到了古都人爱凑热闹的一面;在鸣子峡游步道上看一整片山林变成五彩斑斓的调色板,你也见识到了山间信步的自由。

在网红店排数小时吃一碗拉面的你可以兴奋地打卡;在夫妻老婆店里享受匠心独具的你可以暗暗收下这份温馨的回忆。正襟危坐、略带忐忑地吃一份精致怀石料理的人是你,跟当地人挤在小小屋台里边聊人生边大快朵颐的也是你。酒店或旅馆的大浴场精致而安全;江户时代的木造浴室里的混浴体验总是令人难忘;在徒步山间之后,找到一个只属于你的露天温泉,这份回忆会是治愈日后"周一忧郁症"的良方。日本可能并没有不同,变化的只有拼起这张图的你。

> 另辟蹊径,一片片陌生的拼图质朴迷人,
> 荟萃成与众不同的日本。

12 顶级旅行体验

1. 倾情投入节日狂欢
2. 四国遍路
3. 战争与和平现代版
4. 坐不完的观光列车
5. 远山中的神佛地带
6. 秘境的力量
7. 发现手工艺之美
8. 徒步天堂
9. 温一壶月光泡温泉
10. 本地名物源源不断
11. 老街散步,古风郁郁
12. 静静观赏水畔日落

计划你的行程
12顶级旅行体验

倾情投入节日狂欢

　　远离大都会的人们，总乐意为节日投入更多热情。七夕和盂兰盆节前后是节日祭的高发时段。在本州最北的青森，人们抬出重达四吨的灯笼花车，这是精心准备了一年的杰作。"Se-ra-se"的口号此起彼伏，欢歌笑语声声不断，花火大会将这一场睡魔祭（见201页）推向高潮。放眼德岛的阿波舞祭（见282页），鹿儿岛的小原祭（见362页），松本的松本蹦蹦（见117页），万人狂欢的舞步，还不快快加入？上图：德岛阿波舞祭，四国；右图：青森睡魔祭，本州北部·东北

12顶级旅行体验 计划你的行程 **9**

©视觉中国

1

四国遍路

从德岛第1号寺院(见260页)出发,这条长达1200公里的朝圣遍路道,紧跟弘法大师的脚步,途经88座寺庙,一代又一代的修行者已经走了1200年。四国遍路的追随者用自己的脚步丈量着脚下的路,也在考量着他们的人生之路。在都市中的高架路上大步流星地行走,在遥远的崇山峻岭里艰难登顶,发心一修行一菩提一涅槃,告别过去的自己,走上崭新的舞台。哪怕只有一天时间,也值得你去走一走这条神奇的精神之路。遍路道上的徒步者,四国

2

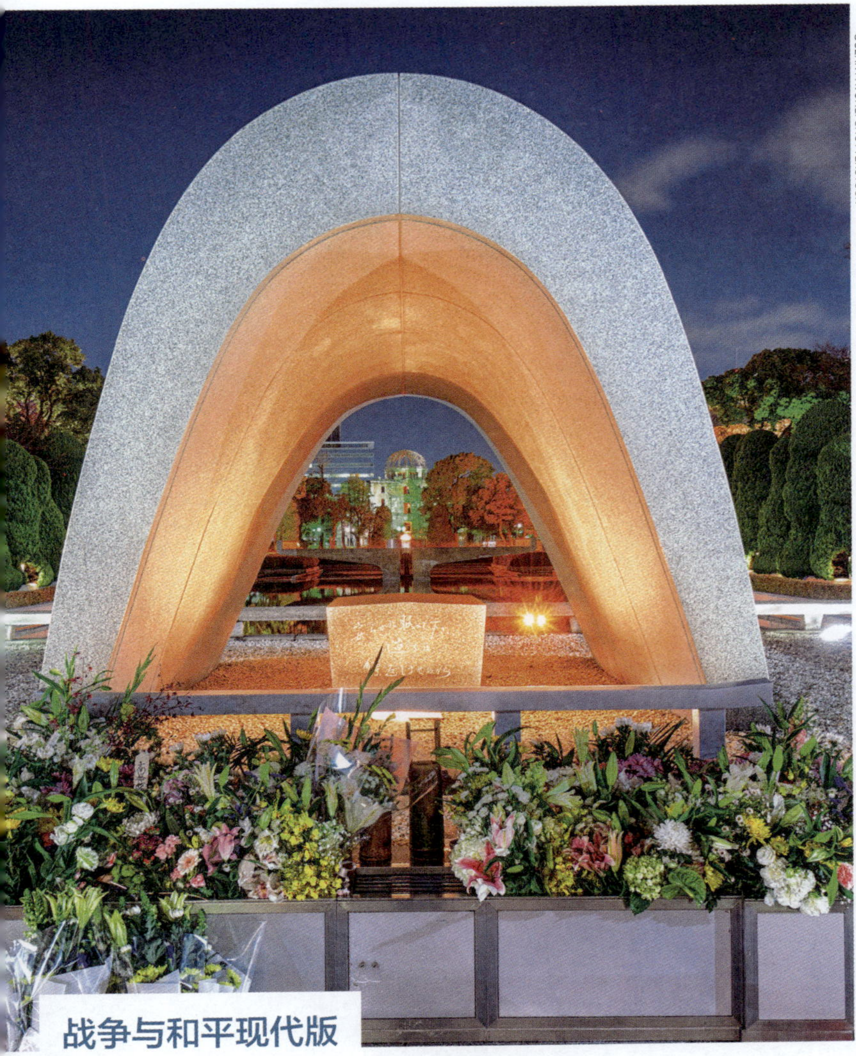

©SEAN PAVONE/SHUTTERSTOCK

战争与和平现代版

在战争逐渐被遗忘的今日，广岛（见147页）用自身的悲惨经历，告诉我们和平的重要性。这个城市从未逃避过去，你可以在和平纪念公园与和平纪念馆内，看到战争年代留下来的警世遗物。每年8月6日，居民们会放流河灯以悼念亡者。这座重生的大都会一边向到访者展示沉重的历史，一边昂首轻快迈步向前。海那边的长崎（见331页）同样也愈合了伤口，用多元化气质打动着今天的旅行者，稻佐山上的璀璨夜景不禁让人感叹：和平真好。广岛死难者慰灵碑，本州西部

3

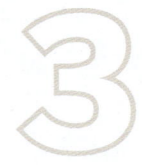

4

坐不完的观光列车

离开首都圈密密麻麻的地铁和一丝不苟的电车，到远方寻找有意思的体验吧！一早从鹿儿岛中央出发，坐上黑色的“隼人之风”来一场古老车站巡礼；接着迎来红色的“伊三郎·新平”，欣赏“日本三大车窗”的绝美风景和Z字形爬升铁道；继续坐上古老的蒸汽列车“SL人吉”鸣着汽笛一路慢行，最终来到熊本。飞奔的新干线给不了你的乐趣，让东北、九州、四国的数十辆观光列车带给你，拿出JR Pass，赶紧预订心头好。SL人吉蒸汽列车，九州

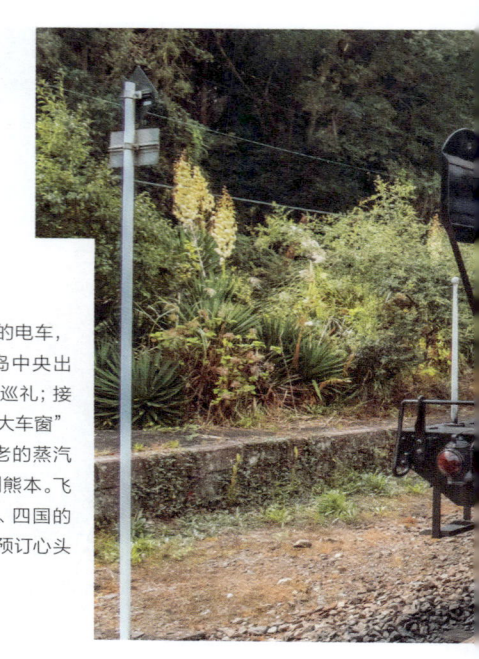

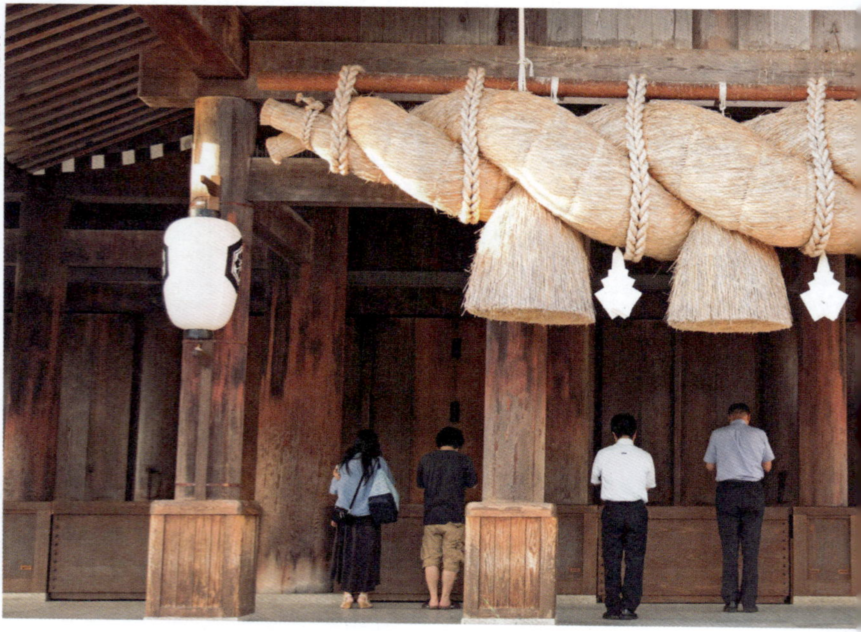

©SNEIL375/GETTY IMAGES

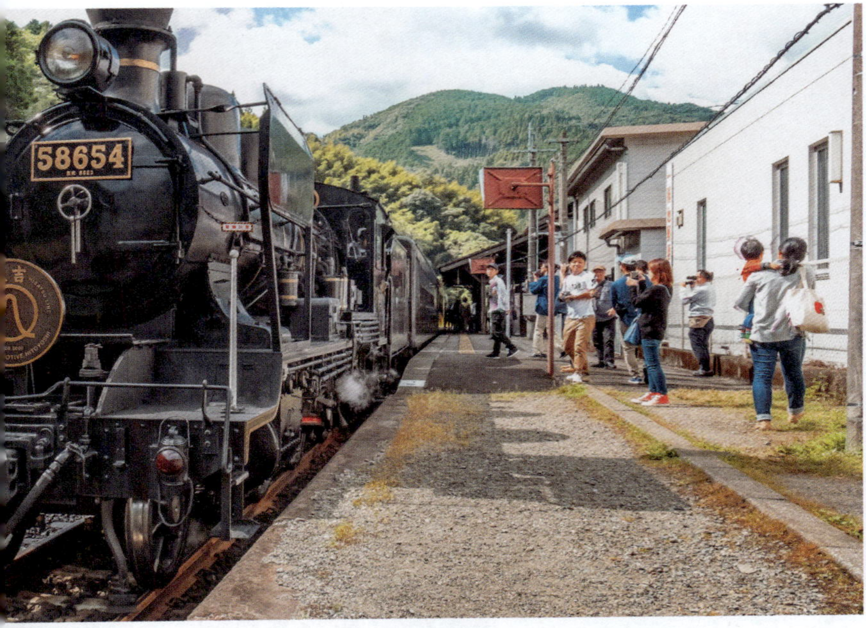

©KITINUT JINAPUCK / SHUTTERSTOCK

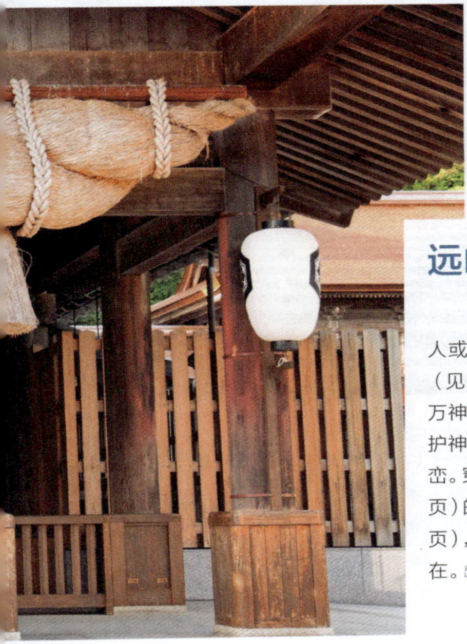

5

远山中的神佛地带

寺院和神社是日本人的精神家园，有些因为创始人或是古老传说更是充满神秘力量。雄伟的出云大社（见140页）庄严地端坐在树林深处，传说是日本八百万神明一年一度的集会之地。辛苦登上供奉着海上守护神“金毗罗”的金刀比罗宫（见278页），俯瞰四国山峦。穿过巨大杉木间的表参道才能发现中尊寺（见219页）的珍宝，登上一千多级台阶才能到达山寺（见241页），严岛神社（见153页）屹立海中，神灵似乎无所不在。出云大社中的巨大注连绳，本州西部

秘境的力量

在四国陡峭的峡谷和茂密的山林里,藏着壮观的祖谷溪谷(见285页),祖谷川刻画着峭壁和峡谷,河川上的古老藤桥把人们带回到更为原始的年代,公共交通难以到达。在蜿蜒曲折的小路上徒步,欣赏春日樱花、夏日新绿和秋日无穷无尽的彩林,最后在河边的温泉里放松自己,跟城里的另一个自己隔绝开来,这就是秘境的力量。如果你愿意追寻,也可以在白神山地(见204页)行走或是在白川乡(见94页)住上一夜,体验不同的安宁感。上图:祖谷溪谷的红叶,四国;下图:祖谷溪谷中的藤桥,四国

6

发现手工艺之美

北陆大城金泽（见99页）躲过了战争的摧残，加上代代藩主的用心，保存了许多传统手工艺。顾名思义，这里一定和黄金有所关联。日本九成以上的金箔产自金泽。在金泽的金箔店和博物馆中，你能看到匠人们用纯正技艺打造出的精致金箔，甚至连吸油纸都能加入金箔。假如有时间，高山（见84页）是本州中部传统工艺的大本营，唐津、有田、伊万里是九州北部的陶瓷重镇（见330页），还有各种制作体验，值得在旅途中"动一动手"。金泽的金箔工艺，本州中部阿尔卑斯

8

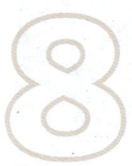

徒步天堂

放眼满是山林之处，必定是徒步者的天堂。夏秋限定游览的上高地（见110页）是日本阿尔卑斯山脉中的奇景。一日游的步道两侧，从远方的积雪山巅到矗立的茂密森林，从清溪、湿原到枯木、野花，见证了充满自然野趣的日本。你可以在本州北部的奥入濑溪流（见229页）走14公里路线，也可以登顶四国之巅（见286页），或者索性深入屋久岛，在潮湿的空气中发现无穷无尽的绿色。上高地的徒步者，本州中部阿尔卑斯

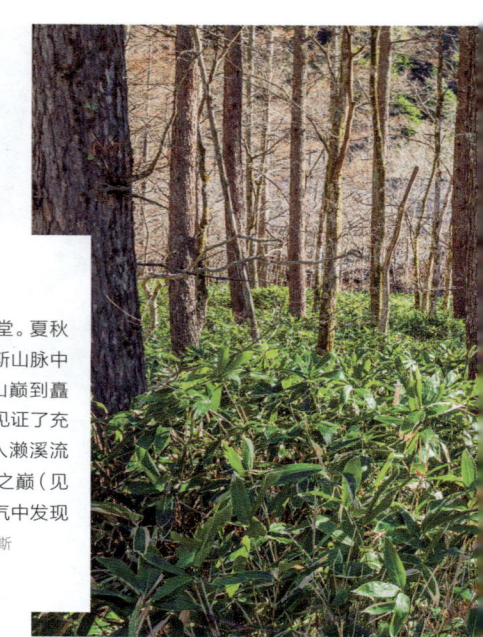

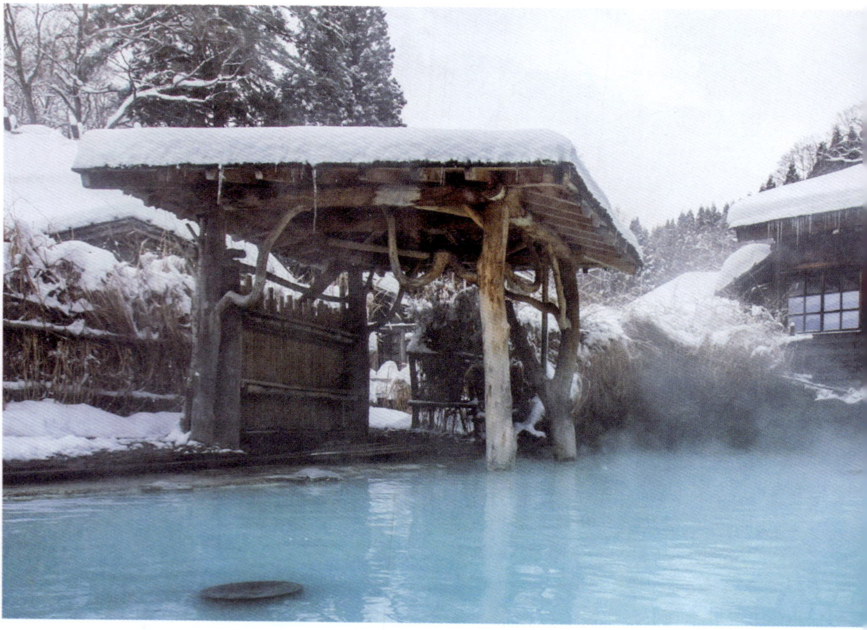

©视觉中国

9

温一壶月光泡温泉

不泡汤不算到过日本。在本州北部大山深处的乳头温泉（见236页）只有8间温泉旅馆，充满遗世独立的古风和浓浓的北国风情。经过周边的观光和徒步，在这里住上一晚，享受精致的美食，然后在银色月光下独享乳白色温泉，四下白雪茫茫，只有你和天地相融，任谁都会沉醉。此外，热气腾腾的别府周边（见351页）和《千与千寻》的"油屋"原型道后温泉（见289页），都会让你的温泉之旅不一般。乳头温泉，本州北部·东北

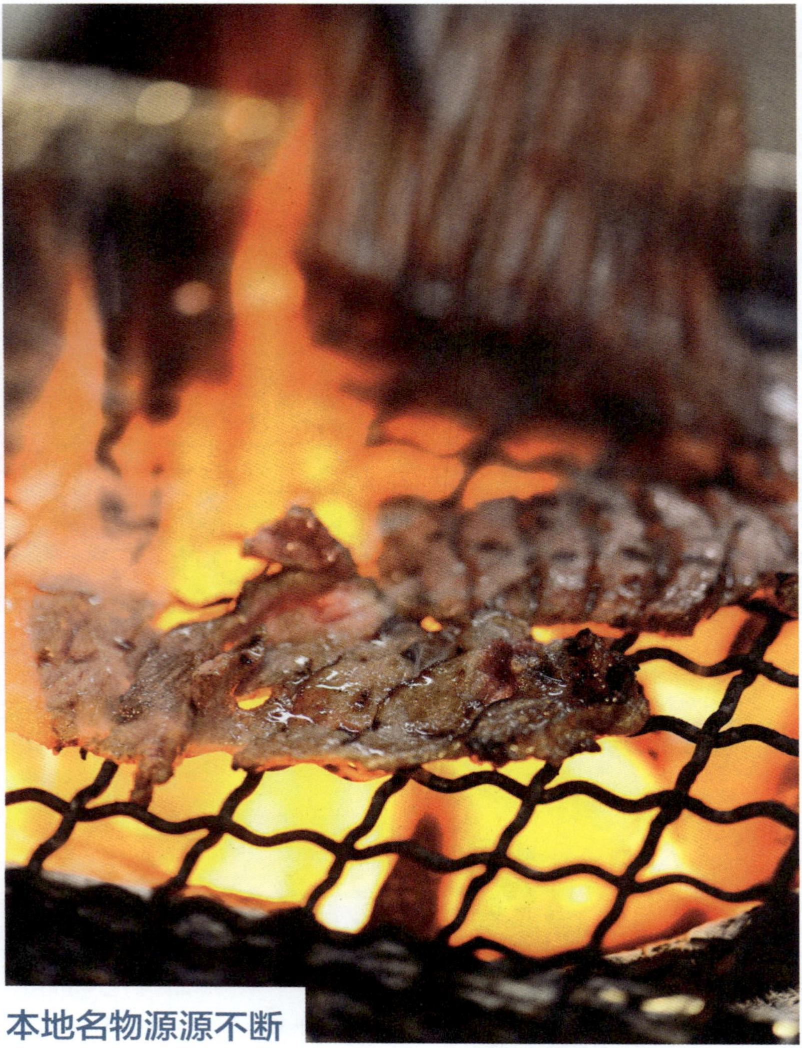

本地名物源源不断

怀石料理自然迷人，本地名物更接地气。博多和喜多方两大拉面流派，赞岐和稻庭两大乌冬流派，是你必须打卡之面。尝一尝青森的扇贝味噌烧，试一试仙台的炭烤厚切牛舌，来一碗名古屋的味噌炸猪排饭，点一杯唐户市场的河豚鱼鳍酒，选一份广岛御好烧，切一盘高知稻草烧鲣鱼刺身，烤几块宫崎牛肉，炸一块鹿儿岛黑毛猪排，最后上一桌以红烧猪排骨为主打的萨摩料理。还不够完美？这只是旅途美食的十分之一罢了。仙台的烤牛舌，本州北部·东北

10

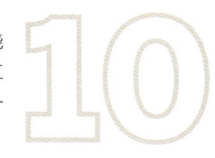

老街散步,古风郁郁

在石见银山(见171页)的街道上散步,有一种闲适快活的趣味。这片山谷中的小镇遗迹,完好地保留着江户时代的木造房,搭上翠绿的背景,很有历史剧的气氛。除此之外,津和野(见173页)宽广的殿町大道,金泽(见99页)的东茶屋街,还有高山(见85页)的三町筋地区,大内宿(见207页)的古老驿站,都能拍出古典日本风味的照片。不妨晚上再逛一次,走在昏黄灯光下,空无一人的老街脱离了白日的观光喧嚣,令人不知今夕何年。石见银山的古街,本州西部

11

静静观赏水畔日落

你有多久没看日落了?在一趟脱离日常的旅行中,信步到水边,乘着晚风,看夕阳余晖映在波光粼粼的水面上,也是一种小确幸。你可以到松江的宍道湖(见160页)畔,欣赏嫁岛上的松树剪影,看可爱的袖师地藏在暮色中沉思;也可以到出云的稻佐之滨(见141页),看夕阳与海边的弁天岛共舞。或者索性坐上最后一班五能线电车(见204页),在千叠敷等待夕阳落入日本海。也许想看到完美的日落需要一点运气,但谁说这次不会中奖呢?松江嫁岛落日,本州西部

12

计划你的行程
行前参考

何时去

夏季炎热，冬季温和
夏季温暖，冬季寒冷

仙台 4月至10月前往
高山 4月至10月前往
广岛 3月至11月前往
高松 4月至9月前往
福冈 4月至11月前往

旺季（4月、5月和8月）

➡ 4月和5月的天气大体上很好；8月湿热但节日很多。

➡ 樱花季（3月末至4月初）、黄金周（5月初）和盂兰盆节（8月中）期间的住宿很贵而且不好找。

平季（6月和7月、9月至12月）

➡ 6月和7月是雨季；9月有台风。

➡ 在10月至11月的红叶季，风景区的住宿通常会涨价，也很紧俏。

淡季（1月至3月）

➡ 寒冷的天气和白雪覆盖的高山使这段时间成为长野等滑雪胜地的旺季，但其他地方常常游人偏少，价格实惠。

➡ 许多商家在新年期间（12月底至次年1月上旬）歇业。

货币

日元(円/Yen,¥)

语言

日语

签证

中国旅行者需申请单次(停留15天)或多次(单次停留30天或90天)的旅游签证。更多签证信息请见389页。

现金

百货商场、药妆店以及大部分酒店皆可接受信用卡，部分支持银联支付。邮局和一些便利店的自动取款机可用银联卡取现，但最好随身带些现金。支付宝和微信支付越来越流行了。

手机

免费Wi-Fi并不难找，但若想随时上网，最好在国内事先租好便携式热点，或者买张上网卡。要想打电话，需租借日本当地手机或开通国际漫游。

时间

日本位于东九区(格林尼治标准时+9小时)，比北京时间快1小时。

每日预算

经济: 少于¥8000
- 铺位: ¥3000
- 普通定食或一碗拉面: ¥1000
- 公共交通1日通票: ¥600
- 参观免费的寺庙、神社或一座博物馆: ¥500

中档: ¥8000~20,000
- 商务酒店: 双人¥10,000
- 寿司套餐或居酒屋点菜: 人均¥3000~4000
- 参观两三处庭园、寺庙或博物馆: ¥1500

高档: 高于¥20,000
- 高级酒店或日式旅馆: 双人¥20,000起
- 高档餐厅或怀石料理: ¥8000起
- 茶道、和服、日料制作等传统文化体验: 约¥5000
- 城市景点间打车: ¥2500

网络资源

日本国家旅游局(Japan National Tourism Organization; www.welcome2japan.cn)官方旅行网站,有规划工具和活动日历。

HyperDia(www.hyperdia.com)全面的列车时刻表和票价信息。

日本气象厅热带气旋页面(Japan Meteorological Agency Tropical Cyclone Page; www.jma.go.jp/en/typh)最新天气卫星云图(对于监测台风非常有用)。

Tabelog(食べログ; https://tabelog.com/)日本最多人使用的美食点评网站,有相对靠谱(也偏严苛)的评分。与此相似的还有Gurunavi(侧重餐厅信息分类)和Hot Pepper。

重要号码

从国外拨打时,去掉地区代码中的0。

救护车和火警	☏119
警察	☏110
国家代码	☏81
国际接入码	☏010
国际操作代码	☏0051

营业时间

请注意一些露天景点(比如庭院)在冬季可能会提前关闭。新年假期(12月底至次年1月3日前后),许多商家歇业。典型的营业时间如下:

银行 周一至周五9:00~15:00(部分至17:00)。

酒吧 18:00至深夜。

百货商场 10:00~19:30

博物馆 9:00/10:00~17:00,入场最迟至16:30;周一通常闭馆(如果周一是国定假日,则在周二闭馆)。

邮局 周一至周五9:00~17:00;较大的邮局工作时间更长并在周六开放。

餐馆 午餐11:00~14:00;晚餐17:30~20:00;打烊前半小时停止点餐,通常每周歇业一天。

抵达日本

成田国际机场(见398页)开往东京市区的列车和机场巴士很多,大部分直达东京站(Narita Express,¥3020,60分钟;机场巴士,¥3100,75~125分钟)。打车¥20,000起。

羽田国际机场(见398页)距离东京市区更近,可乘坐列车至品川(¥410,11分钟)或滨松町(¥492,16分钟),或坐机场巴士前往东京站(¥930,25~45分钟)。打车费用为¥5000~8000。

大阪关西国际机场(见398页)有班次频繁的列车前往大阪(¥1320,50分钟)和京都(¥1830,75分钟)。打车到大阪市区费用为¥17,000起(50分钟),至伊丹机场¥20,220(70分钟)。

更多信息请参见第399页"当地交通"。

计划你的行程
旅行线路

7天

中部古今纵走

或许因为本州中部是日本的地理中心,才汇聚了如此浓厚的历史和文化底蕴。从平原上的大都会到群山中的古镇,从尖端科技展览到传统农村建筑,这里无一不备。用一周时间走一趟这条景点丰富的路线,将让你更加深入地认识日本。

金泽(见99)
⑤ 自金泽2.5小时至名古屋

白川乡(见94)
自荻町 90分钟至金泽

❹ 白川乡

第4天早上前往白川乡的荻町(见94页)。抵达后的第一件事,便是徒步30分钟登上城山展望台,一览风景画般的合掌屋乡村景色,之后在村子里四处拍拍照,充分感受日本农家的历史。其中和田家和明善寺乡土馆,都是相当有特色的建筑。午餐在村庄入口附近的いろり(Irori)享受当地的乡土料理。晚上在村子里的民宿用餐,睡前到白川郷の湯泡个澡消除一日疲劳。白川乡的合掌造建筑,本州中部阿尔卑斯

❺ 金泽

第5天和可爱的合掌屋道别,搭巴士去金泽(见99页)。入住时请工作人员帮忙预约隔天下午的妙立寺(见101页)行程。先逛金泽21世纪美术馆,让现代艺术和过去几天的历史建筑撞击一下。中午到蛇之目寿司本店点午间套餐。下午去铃木大拙馆沉思冥想,然后去东茶屋街。晚上在自由轩吃个日式洋食,在宁静的古老街道散步。

第6天参观经典的金泽景点。早上先在金泽城公园拜访各栋建筑,顺便到玉泉院丸庭园看看。午餐在近江町市场里面吃海鲜丼,下午逛兼六园,看山水花木的各种美丽场景,然后再依照预约时间前往妙立寺,认识里面各种有趣的机关。晚上到三幸用餐,在这间人气居酒屋中品尝关东煮和各种料理。

❻ 名古屋

第7天返回名古屋,准备回家。

旅行线路 计划你的行程 23

③ 飞驒古川

下午两三点，先到浓飞巴士中心确认好隔日前往白川乡的巴士班次，再轻装搭JR前往飞驒古川，花2到3小时在濑户川与白壁土藏街（见92页）一带散步，在街上买两块热气腾腾的的飞驒牛可乐饼，或到独具氛围的壱之町珈啡店慵懒一下。晚上回高山住，去京や大啖飞驒牛，配着啤酒结束一天。

飞驒古川（见92页）
③ 🚌 自高山浓飞巴士50分钟至白川乡的荻町

高山（见84页）
② 🚌 自高山15分钟至飞驒古川，
当日返回高山

② 高山

中午前往高山。安置行李后步行前往高山阵屋（见87页），这些老政府建筑深具历史意义。再走去三町筋，游览高山最具代表性的街区，并参观高山历史与艺术博物馆（见86页），对小镇有个基础认识。晚餐到匠家尝尝飞驒牛丼饭或牛肉串，晚上可以再绕回三町筋，感受电影般的氛围。

第3天早上前往樱山八幡宫（见87页）一带，欣赏高山屋台会馆内的高山祭花车，之后参观建筑构造利落的吉岛家，以及生动活泼的飞驒高山狮子会馆。午餐就在邻近的惠比寿本店品尝好吃的荞麦面，饭后看充满怀旧感的高山昭和馆。高山三筋町，本州中部阿尔卑斯

① 名古屋

第1天由中部国际机场抵达名古屋（见74页）市内，挑选一两间有兴趣的博物馆参观。午餐可逛逛大须观音（见76页）附近热闹的商店街，晚餐到あつた 蓬莱軒本店品尝美味的鳗鱼三吃饭。最后前往名古屋电视塔或空中大道，让美丽的城市夜景映入梦乡。

第2天早餐过后，前往柏树环绕的热田神宫（见78页），在这个远离人群的优美景点感受大都会内的传统文化。11点到铃波本店吃华丽的烤鱼料理，免去排队的困扰。

屋（见74页）
名古屋JR特急
寸40分钟至高山

计划你的行程
旅行线路

10天
山海漫游环线

时间更充裕的旅行者,可以深入本州中部的郊野和海滨。爱好自然风景的人会在绵延的日本阿尔卑斯山脉里尽情探索。吃货老饕们会大肆享受各种海鲜和乡土料理的盛宴。在这条大环线行程中,你会体验到形形色色的交通方式,在漫长移动中凝视着不断变化的窗外风景。

❷ 金泽

第3天先去北铁站前中心预约隔日的观光巴士,并请旅馆预约晚间居酒屋的位子。早上先去金泽城公园(见100页)和玉泉院丸庭园,午餐在近江町市场吃海鲜丼,下午逛日本三大名园之一的兼六园,还有附近出名的金泽21世纪美术馆及铃木大拙馆。晚餐与いたる本店(见103页)品尝色彩缤纷的料理。

❷ 金泽(见99页)
🚄 自金泽北陆新干线23分钟至富山站,自富山游览线路立山黑部至信浓大町

❶ 福井

第1天从名古屋站出发,搭JR特急白鹭号(2小时10分钟)到福井。下午从JR福井站搭巴士(25分钟)前往一乘谷朝仓氏遗迹(见107页),花2小时在这里散步,享受史迹中的幽静。傍晚回福井市,找家居酒屋,用生鱼片的鲜味开启本州中部的大环线之旅。

第2天早上搭公车到散发禅意的永平寺(见108页)。近中午回福井站附近的あみだそば遊歩庵品尝特产萝卜泥三味荞麦面。饭后在越前线的福井站买福井县立恐龙博物馆(见108页)通票,再搭电车(1小时)转巴士(15分钟),开始恐龙世界冒险。傍晚时回到JR福井站,从酒店取行李前往金泽。晚上可以到东茶屋街看点灯的街道,并在老字号餐厅自由轩吃日式洋食。一乘谷朝仓氏遗迹,本州中部阿尔卑斯

❶ 福井(见107页)
🚄 自福井50分钟至金泽

❽ 中仙道

第9天早上从白骨温泉前往妻笼(见120页),大约中午抵达,今晚在此下榻。在藤乙用过午餐后,徒步古驿道中仙道(见120页)。约3小时你就可以抵达马笼(见120页),之后再搭巴士(30分钟)至中津川站,坐JR(20分钟)回南木曾接上摆渡巴士,回妻笼休息。

❾ 名古屋

第10天由南木曾站搭车回名古屋,结束这趟包罗万象之旅。

❾ 名古屋(见74
🚄 由南木曾站搭回名古屋

旅行线路 计划你的行程 25

能登半岛（见106页）
一日游行程
能登半岛，
日返回金泽

❸ 能登半岛
第4天搭乘预约好的"轮岛号"，开启能登半岛一日游（见106页），大约17:00会回到金泽站。晚上到三幸（见103页）用餐。隔天需早起，尽可能早点休息。

❹ 立山黑部
第5天游览立山黑部阿尔卑斯（见72页）。一早7:30左右由金泽搭北陆新干线到富山站，8:30前到达电铁富山站买好所有交通票券，并把行李寄送到松本市，9:00前搭上车开启行程。收纳无数张风景照后，从信浓大町站前往松本。晚上在JR车站楼上的松本炸鸡中心，大口咬下分量豪气的山贼烧。

立山黑部（见72页）
自信浓大町站1小时至松本

地（见110页）
自上高地
钟至平汤温泉
45分钟至
新穗高缆车站
1小时35分钟
至白骨温泉

松本（见114页）
自松本30分钟至新岛岛站
60分钟至上高地

❺ 松本
第6天早上租辆免费自行车，骑到市内最远的景点旧开智学校（见116页），再一路逛回来。登上国宝松本城（见115页）的天守，然后到绳手通买个鲷鱼烧。整点前去松本市钟表博物馆，听时钟鸣响。中午到面匠佐藏吃一碗味噌拉面。下午去充满草间弥生特色的松本市美术馆。晚间至ヒカリヤヒガシ（见118页），体验正宗的怀石料理。

新穗高缆车站—白骨温泉（见114页）
自白骨温泉
70分钟至新岛岛
1小时至南木曾
10分钟至妻笼

❻ 上高地
第7天从松本搭车至上高地（见110页），徒步整日，欣赏山林秘境。中午可以走到最远的嘉门次小屋吃烤鱼，再走回河童桥周边的投宿旅馆。

中仙道（见120页）
自妻笼10分钟至南木曾
70分钟至名古屋

❼ 新穗高缆车站—白骨温泉
第8天由上高地搭浓飞巴士到新穗高缆车站，中途在平汤温泉换车。上午乘日本唯一的双层缆车，欣赏群山美景。接着到新穗高之汤（见113页），体验露天混浴温泉。午餐后搭巴士回平汤温泉，换乘13:50平汤往松本方向的巴士，在亲子泷（Oyakotaki）下车，到对面的公车站转搭14:41的巴士去白骨温泉（见114页），在温泉村的乳白汤池中尽情泡汤。

平汤温泉、亲子泷、白骨温泉之间的巴士可以较顺畅地换乘，但要把握好时间，务必提前询问或查看巴士时刻表。

计划你的行程
旅行线路

6天
山阳历史巡礼

沿着风景优美的海岸线，乘坐山阳新干线，此间多有令人印象深刻的历史故事：如桃太郎的故乡冈山，有着漂亮古运河的仓敷美观地区，浴火重生的广岛，立着神秘水上鸟居的宫岛，以及历史悠久的国际门户下关。这条线路拖着行李箱也能轻松完成，在浪涛声中穿越古今。

❹ 宫岛

第4天前往宫岛（见152页），你可能要拖着行李穿越人群，不过短短的宫岛街道并非挑战。逛一逛街上的商店后，造访严岛神社和大鸟居，想走近鸟居的人记得先查好潮汐表。午后参观大圣院，并从这里开始攀登弥山（见153页），乘坐缆车可以省下一些力气，不过，一步一脚印地亲近圣山，会让你在山顶望着濑户内海时更有成就感。宫岛的大鸟居，本州西部

❺ 下关

第5天，由JR下关站搭巴士，10分钟即达唐户市场（见155页），顺道参访附近的赤间神宫、英国领事馆旧址和日清讲和纪念馆等历史景点。在カモンワーフ（Kamon Wharf）用过午餐，搭巴士到火之山公园缆车站，乘缆车上山，欣赏关门海峡环景。若想到严流岛朝圣的话，加上渡轮来回时间安排1到2小时便已足够。

第6天乘新干线一路往东回到机场，结束紧凑充实的历史巡礼。

宫岛（见152页）
- 自宫岛10分钟至JR宫岛口站
- 自宫岛口站30分钟至广岛站
- 自广岛新干线80分钟至新下关站
- 再搭乘JR，15分钟至下关站

下关（见155页）
- 由JR下关站10分钟即达唐户市场
顺道参访附近的赤间神宫、英国领事馆旧址和日清讲和纪念馆等历史景点

旅行线路 计划你的行程 | 27

❸ 广岛

第3天到广岛（见147页）。租辆单车或搭乘电车至原爆圆顶前站（原爆ドーム前/Genbaku-dōmu-mae），开始广岛历史之旅。见过原爆圆顶屋后，步行到和平纪念公园，看看这边的各种雕像、纪念碑以及日本各地送来的纸鹤，还有持续燃烧的和平之灯。最后参观广岛和平纪念馆，见证那些令人震撼的遗物和故事。若有余力，可以去看一下外墙独特的广岛城。中午在御好烧村（见150页）享用热气腾腾的广岛烧，午后，登上广岛的新景点纸鹤塔，俯瞰广岛市容。晚上去居酒屋吃牡蛎，让自己彻底放松。

如果是春季和秋季来广岛，可以去市郊宁静的比治山公园（见148页）走走，那里色彩缤纷，公园里的博物馆和图书馆也是下雨天的好去处。

❶ 冈山

第1天到冈山宽广的大街上逛逛，跟桃太郎打招呼。步行或者搭路面电车（搭东山线至桃太郎大通的最后一站"城下"下车）到JR站东边的主要景点，花半天的时间游览这里：登上乌黑的冈山城（见142页）俯瞰市景，并在日本三大庭园之一的后乐园（见142页）漫步，体验古代贵族优雅的生活。晚餐不妨给自己一顿小奢华——享用Teppan-Ku-Ya美味的套餐。

起始

冈山（见142页）
🚆 自冈山站
20分钟至仓敷站

仓敷（见145页）
🚆 自仓敷站至冈山站或新仓敷站转
🚄 新干线，约90分钟至广岛站

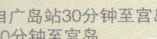
岛（见147页）
目广岛站30分钟至宫岛口站
0分钟至宫岛

❷ 仓敷

第2天搭JR至仓敷站，挑家喜欢的日式旅馆住下。之后在充满日式风情的美观地区（见145页）拍照，如果人太多，到小巷子里看看老店，在美丽的砖墙边随处走走也极好，累了就到仓敷咖啡馆（见146页）点杯咖啡坐坐。记得造访这里最有名的大原美术馆（见145页），此外还有修复完好的大桥家住宅、充满童趣的桃太郎机关博物馆等，都不容错过。逛得差不多了，就朝着鹤形山公园的方向前进，爬上阿智神社，从那里俯瞰美观地区整齐的屋瓦。傍晚时分，当人群渐渐散去，你可以独享这里的宁静美好。仓敷美观地区，本州西部

计划你的行程
旅行线路

12天

山阴神话之旅

山阴是日本的神话之乡,处处充满故事。景点多融入自然环境中,游客相对较少,值得花两周沿着日本海漫游。在鸟取看沙丘,在宍道湖看日落,在出云朝拜大社,在津和野和石见银山的山谷中,感受自然和人文的完美结合。你还可以拜访隐岐诸岛,沉浸在那些鲜为人知的秘境小岛上。

❹ 隐岐诸岛—岛后岛

第4天一早前往岛后岛(见166页)的西乡港。不如住在港口周边,用自己的方式探索这个神秘岛屿。可以搭乘班次不多的当地巴士,或租辆电动自行车,到岛屿四处欣赏不同的自然美景。第5天中午从西乡港搭渡轮(1.5小时)移动到西之岛(见167页)的别府港,探索西之岛有名的峭壁,再返回岛后岛。渡轮一天只有一两班,记得先上隐岐汽船官网(见166页)查询。

第6天下午返回七类港,搭上接续的一畑巴士返回JR松江站,夜宿松江。

❺ 温泉津

第7天白天在松江搭直达巴士前往由志园(见161页),参观完鲜花盛放的庭园后,返回松江的饭店取行李,搭电车前往温泉津,在这里泡汤并享用怀石料理。

❽ 山口

第10天先去看方济·沙勿略纪念教堂(见178页),之后徒步到香山公园,逛逛琉璃光寺和可爱的花园,里头有座国宝五重塔(见177页)。午餐在茶房幸享用蛋包饭。中午带着行李,从山口站搭巴士(1.5小时)到秋芳洞,不要忘记搭洞穴中央的电梯到秋吉台(见177页)望景,结束后从秋芳洞前往萩市。

这趟路程的巴士班次很少,确定好时间,一旦错过就只能想办法打车了。

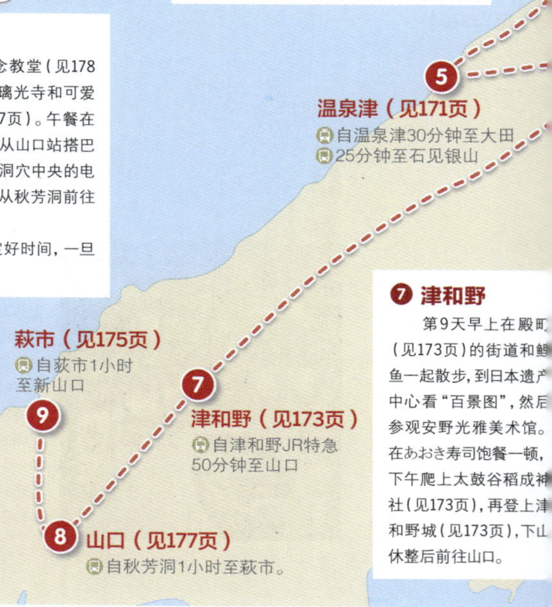

❾ 萩市

第11天早上悠闲地骑自行车探访萩市东边的东光寺(见175页)和松阴神社(见175页),中午回到古护城河旁的畔亭用餐。下午在世界遗产城下町(见175页)活动,参观菊屋家宅,晚上找间海鲜餐厅,吃个过瘾。第12天从新山口转乘新干线准备返程。

温泉津(见171页)
🚌 自温泉津30分钟至大田
🚌 25分钟至石见银山

❼ 津和野

第9天早上在殿町(见173页)的街道和鲤鱼一起散步,到日本遗产中心看"百景图",然后参观安野光雅美术馆。在あおき寿司饱餐一顿,下午爬上太鼓谷稻成神社(见173页),再登上津和野城(见173页),下山休整后前往山口。

萩市(见175页)
🚌 自萩市1小时至新山口

❼ **津和野(见173页)**
🚌 自津和野JR特急50分钟至山口

❽ **山口(见177页)**
🚌 自秋芳洞1小时至萩市。

旅行线路 计划你的行程 29

隐岐诸岛-岛后岛（见166页）
- 自岛后岛约2小时至七类港
- 约1小时回松江，次日自松江
- 1.5小时至温泉津

❶ 鸟取
第1天到达鸟取，在游客信息中心（见159页）包下3小时的"外国人观光出租车"。除了必访的鸟取沙丘（见158页）和沙之美术馆（见159页）外，可参照官方路线选择其他景点。只去沙丘的话也可搭循环巴士，但巴士只在周末、节假日以及每年8月运营。鸟取沙丘，本州西部

松江（见160页）
- 自松江一畑巴士约1小时至七类港
- 2小时25分钟至岛后岛

起始

❶ 鸟取（见158页）
- 自鸟取JR特急1.5小时至松江

安来和出云（见170页）
- 自松江25分钟至安来站
- 接驳车30分钟至足立美术馆
- 接驳车30分钟返回安来站
- 自安来45分钟至出云站
- 乘一畑电车30分钟至出云大社前站（在川跡换车）最后返回松江

石见银山（见171页）
- 自温泉津JR特急100分钟至津和野

❷ 松江
第2天前往松江，在车站周边住宿最方便。租辆自行车骑往松江城（见161页）及周边，小泉八云纪念馆（见161页）和武士住宅（见161页）地处的街道相当漂亮。在八云庵吃碗荞麦面，接着去搭堀川观光船（见162页），从水道上看松江的另一面。日落前1小时，骑到岛根县立美术馆，看周边有趣的雕塑，然后沿着宍道湖畔走，到观景点拍摄日落。也可搭宍道湖观光游览船（¥1450/1小时）赏夕阳。

❻ 石见银山
第8天行李先寄放在温泉津的旅馆，前往石见银山（见171页）。用一整天时间，不慌不忙地探索山谷中的小镇遗迹。下午回温泉津取行李，前往津和野。

❸ 安来和出云
第3天行程紧密，先查好班次时刻表能减少等车时间。一早出发，去足立美术馆（见161页）看日本第一的庭园。中午返回安来站搭JR前往出云市，转一畑电车到出云大社前站。二之鸟居附近的田中屋（Tanakaya）是一家热门的荞麦面名店。下午参访出云大社（见140页），傍晚时散步到稻佐之滨（见141页）看日落。最后返回松江，在居酒屋大快朵颐。足立美术馆中的庭园，本州西部

计划你的行程
旅行线路

5天

绿森林和红苹果

本州岛最北部的城市青森,是座典型的海滨小城,以它为据点,把青森县内精华全部收入。下榻星野集团旗下的酒店,可在游客到达之前独享奥濑入溪流沿途的绿,前往富士苹果的故乡弘前,在红彤彤的收获季有令人永生难忘的大苹果。山林、湖泊、温泉、海鲜、西餐、日本料理,一切都有,就等你来。

❸ 青森

第3天早上出发去青森,到达后去青森鱼菜センター(见224页)吃一顿自己做的海鲜饭。随后去远一些的青森县立美术馆(见223页)欣赏奈良美智作品,边上就是三内丸山遗迹(见223页)。回到海滨逛逛睡魔之家(见222页),到A-Factory(见224页)里品品苹果酒。三内丸山遗迹,本州北部·东北

青森(见221页)
🚌 自青森45分钟至弘

❹ 弘前

第4天坐车去弘前,如果是樱花季就直奔弘前城(见225页),如果是夏末之后就先赶去苹果公园(见226页)。然后走一走弘前公园周边的洋馆(见227页)。可以住弘前或是青森。

第5天可坐五能线前往秋田继续旅程,或是到新青森坐新干线回东京。弘前城外的樱花,本州北部·东北

弘前(见225页)
🚌 可坐五能线前往秋田继续旅程,或是到新青森坐新干线回东京

奥入濑溪流、十和田湖、酸汤温泉(见229页)
🚌 自酸汤温泉1小时20分钟至

旅行线路 计划你的行程

❶ 八户

第1天飞东京后,利用JR Pass(有些新干线是全列指定席)坐新干线2小时49分钟先到八户,在八食中心(见233页)好好吃一顿。入住奥入濑溪流ホテル(见231页),酒店可以免费到青森、新青森或八户车站接送。

八户海港景观,本州北部·东北

起始

八户(见233页)
🚌 自八户(免费)1.5 小时至奥入濑溪流
🚌 第二天 48 分钟至酸汤温泉

❷ 奥入濑溪流、十和田湖和酸汤温泉

第2天清晨就可以开始14公里徒步(见229页),这是东北最热门的一条森林徒步路线。尽头是十和田湖,可以游湖或是骑行。坐巴士40分钟回酒店拿上行李,然后继续搭乘巴士48分钟前往八甲田山的酸汤温泉,然后入住温泉旅店,泡一泡古老的汤(见231页)。

计划你的行程
旅行线路

12天
穿越历史和自然

在东北走一个环线，由山到海，从古至今，全部包揽。千年前开山的古老寺院是平安时代，藏在樱花之间的天守阁和武士府邸是江户时代，一列列的观光列车是21世纪的新宠。漫步在森林之中，高原之上，海岛之巅，又不免令人感叹大自然之奇妙。不断穿越在历史与自然之间，这才是东北的魅力。

青森（见221页）
- 自青森2小时至烧山
- 自十和田湖3小时至青森

弘前（见225页）
- 自弘前4小时43分钟至秋田
- 42分钟至角馆

❻ 弘前
第6天坐车去弘前，去巨大的弘前公园（见225页）看看天守阁，顺便走一走弘前公园周边的洋馆（见227页）。夏秋时分一定要加入苹果公园（见226页）的采摘队伍。夜宿弘前。

田泽湖、乳头温泉（见235页）
- 自田[泽湖]3小时21分钟至[...]
- 40分钟至羽[...]

❽ 田泽湖和乳头温泉
第8天坐JR线很快就能到达田泽湖（见235页），这片日本最深的湖泊有种与世隔绝的美。环湖骑行时别忘了看看秋田驹之岳。坐车前往乳头温泉，买一张通票（见236页）畅游8座温泉旅馆。月光下的露天温泉非常美。

❼ 角馆
第7天坐上白神号观光列车沿着五能线（见204页）一路到秋田，时间虽长，风景却美（记得提前查询天气）。从秋田转车去角馆，去几家武士宅邸（见233页）参观一下，如果是樱花季需要提前预订住宿。

（见233页）
- 13分钟至田[...]
- 47分钟至乳头[...]

❾ 羽黑山
第9天坐巴士47分钟回到田泽湖，再坐JR线到秋田后转去鹤冈，然后坐巴士到羽黑山（见238页），到山顶的三神合祭殿（见238页）参拜一下出羽三山的神明。夜宿鹤冈。

羽黑山（见238页）
- 自鹤冈2小时至山形
- 15分钟至山寺

❿ 山寺
第10天到达山寺，建在宝珠山的立石寺（见241页）是俳句大师松尾芭蕉曾大加赞颂的寺院。登上一千多级台阶俯瞰：山形四野，景色迷人。也可以去附近的山寺芭蕉纪念馆（见242页）看看有关《奥之细道》的内容。继续坐车到达仙台（见210页）——东北最繁华的城市。

山寺（见241页）
- 自山寺50分钟至仙台

磐梯高原（见208页）
- 自磐梯高原30分钟至猪苗代
- 2小时至仙台
- 第二天35分钟至松岛

⓫ 仙台
第11天坐上Loople巴士（见214页）游览仙台市内跟伊达政宗有关的诸多景点，尤其以瑞凤殿（见211页）最美。然后坐新干线返回东京，准备返程。

喜多方、会津若松和猪苗代（见210页）
- 自猪苗代25分钟至磐梯高原

旅行线路 计划你的行程 33

❺ 奥入濑溪流、十和田湖

第5天搭早班巴士到烧山,开始奥入濑溪流14公里徒步(见229页),感受绿色森林魅力。尽头是十和田湖,可以游湖或是骑行。傍晚返回青森。

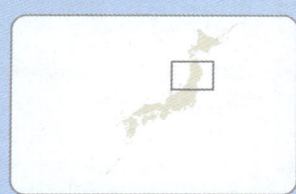

❹ 青森

第4天早上出发去青森县立美术馆(见223页)欣赏奈良美智的作品,边上就是三内丸山遗迹(见223页)。回到海滨,去青森鱼菜センター(见224页)吃一顿自己做的海鲜饭。下午逛逛睡魔之家(见222页),到A-Factory(见224页)里品品苹果酒。

❸ 松岛、平泉和盛冈

第3天起早先来松岛,游览国宝级的瑞严寺(见214页),跨过红色大桥去海边小岛或到海上来趟巡游(见216页)。中午之前结束旅途来到平泉,可以利用观光巴士将景点打卡完毕。中尊寺的金色堂(见219页)和毛越寺的庭园(见219页)都是亮点。傍晚坐JR线经过盛冈挑战碗仔面之后,经新青森站转至青森。

❷ 磐梯高原

第2天早上出发去磐梯高原的五色沼(见208页)徒步,火山矿物质让很多湖沼改变了颜色。然后继续来到桧原湖(见208页)附近徒步观景。搭乘巴士30分钟返回猪苗代站,换乘JR线经郡山转车去仙台。晚饭就以仙台牛舌为主打。磐梯高原五色沼,本州北部·东北

❶ 喜多方、会津若松和猪苗代

第1天从东京出发坐JR线3.5小时先到喜多方吃一碗拉面(见210页),再坐JR线16分钟折回会津若松,看看覆盖着红色瓦片的鹤城(见206页)有什么特别,去饭盛山一睹奇妙的荣螺堂(见206页),最后坐JR线30分钟住到猪苗代站附近。

左侧地图标注:
- ❸ 盛冈(见221页)1小时10分钟至青森
- ❸ 平泉(见219页)自平泉1小时15分钟至盛冈
- ❸ 松岛(见214页)
- ⓫ 仙台(见210页)游览仙台市内跟伊达政宗有关的诸多景点,尤其以瑞严殿最美

计划你的行程
旅行线路

7天

玩转濑户内海

2019年,3年一度的濑户内艺术节又推出了不少精彩作品和设计师,他们带动了濑户内海大大小小岛屿的文艺化进程,也吸引了文艺青年的到访。沿着濑户内海的山间藏着规模宏大的神社和建在山巅的天守阁,古老的温泉仿佛是动画片的场景,鲜甜的海鲜则是濑户内海的特别奉献。

⑥ 今治

第6天从今治出发,骑行濑户内岛波海道(见291页),这是骑行爱好者喜闻乐道的一条路线。途经6座岛和9座桥,一直可以到达广岛县的尾道,一路风光旖旎。可以开始本州岛的旅行,也可以返回今治再到松山。第7天到松山机场,准备返程。濑户内岛波海道,四国

⑤ 松山

第5天早上先逛逛道后温泉周边景点和商店街,然后坐上少爷列车(见290页)12分钟就能到大街道。可以坐下来吃一碗鲷鱼饭,饭毕坐缆车上松山城,它是日本保存最好的城堡之一,值得进入天守阁参观。樱花季简直太美了。晚上坐JR线去今治(见291页)住。

⑥ 今治(见291页)
自今治36分钟至松山

⑤ 松山(见288页)
自松山36分钟至今治

❸ 直岛

第3天早上坐船去直岛（见273页），在数届濑户内海艺术节的洗礼之下，这里的艺术氛围越来越浓。前往以地中美术馆为代表的几个画廊，到艺术之家计划所改造的房子里看看，骑自行车游览最棒。最后返回高松。

❷ 小豆岛

第2天坐船到小豆岛（见270页），橄榄公园里的纪念馆和取景地都能带来乐趣，记得在码头看一眼天使之路的干潮时间，在前后3小时内进入走一走。可以根据自己的时间再安排几个巴士路过的景点或餐厅，然后返回高松。

直岛（见273页）
🚢 自高松1小时至琴平

小豆岛（见270页）
🚢 自高松50分钟至直岛

起始

高松（见266页）
🚢 自高松60分钟至小豆岛

琴平（见278页）
🚆 自琴平2.5小时至松山

❶ 高松

第1天飞抵高松（见266页），以一碗筋道的赞岐乌冬和一份骨付鸡开始四国之旅。可以先去栗林公园逛逛，到高松城遗址散散步。高松栗林公园，四国

❹ 琴平

第4天起早坐JR线去琴平，拜访著名的金刀比罗宫（见278页），登高俯瞰濑户内海的壮美和"赞岐富士"的完美圆锥，不负自己的努力攀登。下山可去金丸座（见278页），看看最古老的歌舞伎剧院，也能在中野乌冬面学校（见279页）自给自足。下午前往松山（见288页），直接入住道后温泉的温泉旅馆，穿上浴衣去泡日本最古老的汤。

计划你的行程
旅行线路

10天

天涯海角之路

这条从天涯到海角的偏僻路线，专属敢于挑战毅力和脚力的勇士。从"一日遍路"开始练习自我修行，然后深入四国中部的崇山峻岭，上到四国第二高峰，下到与河水相平的温泉，还要沿着日本最后的清流骑行。这还不够，你将奔赴四国伸向太平洋的尖角——室内岬和足折岬，让世界尽头的风暴来得更猛烈些吧！

❺ 祖谷溪、大步危

第5天一早轻装出发徒步到祖谷温泉，途中经过×观的ひ字溪谷（见285页），温泉周边还有小便小僧（见285页），把祖谷溪景点都看遍，在贴近河边的祖谷温泉泡个汤，但一定要赶上10:39开往昨晚旅店的巴士（务必检查当地时刻表）。到达旅店解决了午餐后，搭乘下午第一班巴士前往"道の駅大步危"，坐游览船（见287页）观赏大步危峡的绝壁。从大步危坐特急列车到高知。

❻ 高知

第6天游玩高知，从高知城（见295页）一直看到坂本龙马纪念馆（见296页），当然不能错过弘人市场（见296页）的半烤鲣鱼刺身和各种土佐美酒。

❻ 高知（见295页
🚌 自高知1.5小时至奈半
🚌 1小时至室户

❾ 四万十川

第9天从足折岬返回中村，可以租辆自行车骑行四国以清澈著称的河流四万十川（见297页），留意河上的各种下沉桥（见297页），根据体力决定你骑多远，记得还有返程。最后返回高知。

第10天需要从高知坐JR线到松山或是高松，准备返程。四万十川的河流，四国

四万十川（见297页）❾

❽ 足折岬

第8天从高知出发来到南边的另一大岬——足折岬（见298页），这里以八十八中的第38号寺庙金刚福寺（见298页）、塔和狂暴的天气而闻名。不妨在海岬的酒里住一晚上，天涯海角莫过如此。

❽ 足折岬（见298页）
🚌 自足折岬1小时45分钟至中村（四万十川

旅行线路 计划你的行程 37

❸ 一日遍路
第3天从德岛坐JR线到板东，在"四国遍路"的起点行一日遍路，便能体会遍路者的日常生活。行走的路线是第1号至第5号寺庙：灵山寺—极乐寺—金泉寺—大日寺—地藏寺，然后坐巴士到达板野后坐JR线返回德岛。

❷ 鸣门（见283页）
自德岛20分钟至板东

❶ 德岛（见281页）
自德岛33分钟至鸣门

一日遍路（见284页）
- 自德岛1小时40分钟至大步危
- 2小时至久保；50分钟至见ノ越

❹ 剑山（见286页）
- 自藤桥2.5小时至祖谷温泉
- 返回藤桥
- 25分钟至大步危

祖谷溪、大步危（见286页）
自大步危55分钟至高知

❹ 剑山
第4天（必须是4月至11月的周末或假日）从德岛坐JR线到大步危，转祖谷线巴士到久保后再转登山巴士到见ノ越，开始攀登四国第二高峰剑山（见286页）。往返2小时即可完成登顶，乘坐缆车更轻松。久保回程花50分钟坐到かずら橋ホテル前，在附近找家旅店住下，边上就是祖谷藤桥（见285页）。

❶ 德岛
第1天从高松或关西空港前往德岛。如果还有时间，就去眉山脚下的阿波舞会馆（见281页）感受一下这个风靡全日本的节日，然后坐缆车（见281页）登上眉山俯瞰德岛夜景。

❷ 鸣门
第2天先查询鸣门漩涡（见284页）的大潮时间，再坐JR线去鸣门，换鸣门线巴士20分钟到达鸣门观光港（坐船）或是继续坐6分钟到鸣门公园的漩涡之路观赏漩涡。之后坐鸣门线数分钟就到达大塚国际美术馆（见284页），欣赏2000多幅陶瓷名画。返回德岛。

室户岬（见298页）
返回高知
- 自高知1小时45分钟至中村
- 1小时50分钟至足折岬

❼ 室户岬
第7天从高知出发来到四国伸入太平洋的著名海岬——室户岬（见298页）。这里不仅有奇石嶙峋和白色灯塔，还有四国遍路的第24号寺庙最御崎寺（见298页），据说这里是弘法大师的开悟之地。当天返回高知住宿。室户岬海景，四国

计划你的行程
旅行线路

5天

九州西北双城记

九州西北的福冈和长崎,是九州最具活力的两座城市。从一碗博多拉面中感受福冈美食,掀开暖帘跟当地人挤一挤屋台,也是日本旅途的难得亮点。花半天去太宰府感受怀古的气氛,在唐津看看那些瓷器后面的秘密,到了长崎,你能看到这个城市穿越历史的过程。一顿大餐之后欣赏绚烂夜景。

❷ 唐津(见329页)
自唐津2小时27分钟至长需在佐贺转车

❷ 唐津
第2天早上搭乘JR线到达唐津。在车站外的唐津市乡土会馆Arpino(见329页)好好逛一逛,领略唐津烧的质朴清寂。登临依海而建的唐津城(见329页),或租辆自行车去虹之松原海滩(见329页),然后就可以继续赶路了。有兴趣的话,可以在佐贺下车吃一顿佐贺牛大餐。唐津城,九州

❸ 长崎(见331页)
自长崎1小时52分钟至博多

旅行线路 计划你的行程 39

起始 福冈（见320页）
❶ ❹
（见320页）
🚆 自福冈1小时23分钟至唐津

❶ 福冈

第1天搭乘早班飞机到福冈后，坐上去太宰府的"旅人号"列车，去太宰府天满宫（见327页）和九州国立博物馆（见327页）消磨大半天时间。在かさの家（见328页）尝尝太宰府的梅枝饼，在隈研吾设计的星巴克里喝一杯。晚上回福冈时，必须找一家天神的屋台（见372页）体验一下。太宰府神社中的参拜者，九州

❹ 福冈

第4天可以在长崎出海，挑一个小岛游玩。如果行动够快，可以到福冈吃个晚午餐。下午在福冈把购物环节做足，天神一带的百货店、博多运河城和博多河滨中心都是一站式购物之选。最后把剩下的名物（见320页）——福冈拉面、牛杂火锅、鸡肉汆锅一网打尽。

第5天坐地铁至机场，准备返程。

❸ 长崎

第3天，在长崎市中心的出岛（见335页）寻找对外贸易的痕迹，到新地中华街（见335页）看看你不知道的中国货，也有很多跟中国有关的美食，都可在市中心找到；不妨再数数中岛川上的桥（见335页）。下午游览南部的哥拉巴园（见337页），到荷兰坡（见338页）一带走走。最后登上稻佐山（见336页）欣赏"千万美金"的夜景。带一盒源自葡萄牙的长崎蛋糕作为手信。长崎的城市夜景，九州

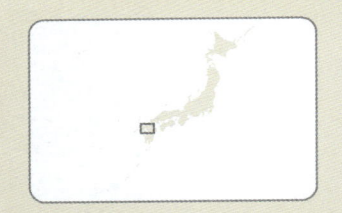

计划你的行程
旅行线路

6天

女生专属的五美之旅

从纷扰忙碌中抽身,来一场"五美之旅"——美容、美肌、美景、美食、美照,还有什么比这个更治愈的呢? 在"九州的食堂"福冈大快朵颐,在市场里尝试最新鲜的海味,在怀旧的气氛中漫步,穿上浴衣走在乡间温泉拍拍拍,享受温泉旅馆的精致两餐,还有各种温泉热汤包围,会不会美到没朋友?

起始 ①

福冈(见320页)
🚌 自福冈45分钟至门司港
🚢 5分钟至唐户市场

❶ 福冈

第1天中午到达福冈,以一碗拉面(见324页)开场。下午参观福冈亚洲美术馆(见320页),留意美术馆是周三休息,最晚入场是19:30。晚上,去屋台(见372页)感受当地气氛或找一家人气高的牛杂火锅店(见324页)吃个美容餐。

❺ 黑川温泉

第5天前往黑川温泉,更小但也更纯正的温泉村。你可以租一件浴衣随意走在山谷之中,每一帧都是美,再尽情泡一晚汤吧。第6天,坐巴士返回博多,然后去机场准备返程。黑川温泉,九州

旅行线路 计划你的行程 **41**

门司港和小仓（见328页）
自小仓1小时10分钟至别府

❷ 门司港和小仓
　　第2天早上前往门司港（见328页），漫步海港怀旧区，然后坐上渡轮到达对面的唐户市场（见328页），用河豚和海鲜喂饱自己，一定要点河豚鱼鳍清酒，趁热喝才好。返程路上经过小仓（见328页），拜访一下小仓城和松本清张纪念馆，再到旦过市场吃一碗怀旧的"大学丼"。

❹ 由布院
　　第4天乘坐列车来到由布院（见349页），可以试试预订运行了30年的绿色观光列车"由布院之森"的指定席。这个温泉小镇，在月台上就能泡足汤了。找个温泉馆住下，去汤之坪街道边吃边逛，经典蛋糕不能错过。旅馆的晚餐和早餐会让你感动，当然，还有私汤。

❸ 别府
　　第3天早点起床，从小仓坐列车到别府。然后就可以进行经典"地狱巡游"（见352页），在地狱蒸工房（见351页）试试温泉蒸汽烹饪。在"别府八汤"（见352页）里挑一个去泡，不过别府海滨沙浴或温泉保养ランド的体验更特别。晚上不妨来套丰后牛（见355页）大餐。别府地热景观，九州

由布院（见349页）
自由布院1小时15分钟至黑川温泉

别府（见351页）
自别府1小时20分钟至由布院

❺ 黑川温泉（见347页）
自黑川温泉2小时45分钟至博多

计划你的行程
旅行线路

12天

览遍九州

从北到南,由西到东,用自己的方式丈量一下九州。活力四射的城市保证了旅途起始和终点的美好;深入火山腹地或是高山峡谷,又颇有出世之感;沿着海岸线的碧水蓝天和奇形怪状的岩石是自然的慷慨馈赠;一路怎么泡都泡不尽的温泉,是九州最好的礼物。美食和美酒一路相随,哪怕累一点也会动力十足。

⑪ 福冈

第11天到福冈,略休整之后,下午在福冈把购物环节做足,晚上到天神一带找到各色屋台,体会一下九州独特民风。第12天由福冈机场返程。

福冈(见320页) ⑪

佐贺(见331页) 起始
自佐贺1小时16分钟至长崎
①

❶ 佐贺

第1天搭乘航班飞佐贺,先来一顿佐贺牛,下午奔赴长崎。先去长崎原爆资料馆(见332页)参观,在市中心觅食后,登上稻佐山(见336页)欣赏"千万美金"夜景。

❷
长崎(见331页)
自长崎1小时52分钟至博多
1小时48分钟至别府

❻ 熊本

第6天前往熊本,在熊本城(见343页)外围逛逛,去见见熊本部长(见343页)。在熊本站附近,就可以吃到黑蒜拉面和马肉料理。

❷ 长崎

上午游览长崎市中心的出岛(见335页)和新地中华街(见335页),中午可以考虑长崎市中心的海鲜什锦拉面。下午游览南部的哥拉巴园(见337页),到荷兰坡(见338页)一带走走。搭乘电车或大巴前往福冈。长崎原爆殉难者纪念碑,九州

鹿儿岛(见360)
自鹿儿岛中央
1小时15分钟至指
❾

指宿(见366页)
自指宿1小时14分钟至鹿儿岛中央
1小时37分钟至博多
❿

旅行线路 计划你的行程 43

③ 别府

别府（见351页）
🚆 自别府2小时30分钟至黑川温泉

第3天赶早班车到别府。进行经典"地狱巡游"（见352页），在地狱蒸工房（见351页）试试温泉蒸汽烹饪。在"别府八汤"（见352页）里挑一个去泡。

④ 黑川温泉

（见343页）
熊本3小时钟至高千穗

黑川温泉（见347页）
🚆 自黑川温泉1小时至阿苏

第4天可以前往黑川温泉（见347页），24家温泉旅馆组成的温泉村，甚至还可以寻找洞穴温泉。

⑤ 阿苏山

阿苏山（见318页）
🚆 自阿苏1小时10分钟至熊本

第5天早上前往阿苏站，搭车去阿苏山（见318页）游玩，住阿苏站附近，顺便尝尝乡土美食。注意阿苏火山的情况多变，去前请一定查询火山口情况。

高千穗（见348页）
🚆 自高千穗1小时至延冈
🚆 1小时7分钟至宫崎

⑦ 高千穗

第7天比较辛苦，从熊本过来的车程时间较长。但在高千穗峡（见348页）和高千穗神社（见348页）见证"日本神话的舞台"之后，你会觉得不枉此行。在5月、9月和11月的某些日子，高千穗神社每晚都有夜神乐表演。

⑧ 宫崎和青岛

宫崎和青岛（见359页）
🚆 自宫崎2小时13分钟至鹿儿岛中央

第8天落脚宫崎后可以直接坐JR线30分钟去青岛游玩，若能预订"山幸海幸"观光列车去青岛，你的旅途会增添不少乐趣。看看退潮时的魔鬼洗衣板（见359页）和青岛神社（见360页），赶得及可以坐巴士40分钟去鹈户神宫（见360页）。晚上返回宫崎，用宫崎牛（见358页）犒劳自己。*青岛神社的鸟居，九州*

⑨ 鹿儿岛

第9天前往鹿儿岛，先游览活火山樱岛（见360页），然后回到市中心参观明治维新博物馆（见361页）。晚上到天文馆站一带找寻老店，必须点一顿标准的萨摩料理。记得预约次日的鱼市游。最好提前几天在JR站预订"指宿玉手箱"列车前往指宿。

⑩ 指宿

第10天清晨参加鹿儿岛鱼市游（见361页），然后去仙岩园欣赏萨摩藩主打造的著名庭园。下午就可以在指宿沙浴会馆砂乐（见367页）体验沙浴和温泉，或是到Healthland（见367页）面对开闻岳泡汤。

©PAOLO GIANTI/SHUTTERSTOCK/©视觉中国

计划你的行程
旅行线路

10天

暴走与温泉之歌

这条专为户外爱好者设计的线路，不能算是终极自虐，但已经将九州不少翻山越岭的路线都收揽在内。屋久岛无边无际的绿，雾岛山间随云而变色的湖沼群，阿苏山平和的草原和冒着烟的中岳，云仙数座火山口之间的小径，徒步路上景色迷人，劳动筋骨之后必能以温泉收尾，这种"奢侈"的暴走谁不想体会？

熊本（见343页）
- 自熊本1小时50分钟至阿苏 ❹

长崎（见331页） ❼

云仙（见342页） ❻
- 自云仙1小时40分钟至长崎

❸ 鹿儿岛

第5天返回鹿儿岛，先游览活火山樱岛（见360页），然后参观仙岩园（见361页）。晚上去天文馆一带或鹿儿岛中央站附近，试试黑猪肉猪排饭和萨摩料理。樱岛火山，九州

鹿儿岛（见360） ❸
- 自鹿儿岛中央1小时45分钟至吉
- 1小时18分钟至
- 1小时48分钟至

❷ 指宿

第4天经过鹿儿岛后直奔指宿，好好体验指宿沙浴会馆砂乐（见367页）的沙浴和温泉，或是到Healthland（见367页）面对开闻岳泡汤。指宿观光电车，九州

指宿（见366页） ❷
- 自指宿1小时14分钟至鹿儿岛中央

❶ 屋久岛

第1天搭乘航班飞鹿儿岛，直接坐船来到屋久岛（见369页）。第2天去徒步白谷云水峡路线（见371页），大约3到4小时就能完成。第3天再走绳文杉路线（见370页），大约8到10小时，或是在山中过夜后继续穿越宫之浦岳（见371页）。当地多雾多雨，气候多变，气温随海拔变化也极快，长途徒步一定要请当地向导。

起始 屋久岛（见369页） ❶
- 自屋久岛1小时50分钟至鹿儿岛港
- 自鹿儿岛中央1小时15分钟至指宿

旅行线路 计划你的行程 **45**

阿苏（见318页）
- 自阿苏1小时50分钟至熊本
- 30分钟至岛原
- 1小时至云仙

❹ 熊本

　　查好时刻表，第6天早上准时从鹿儿岛中央站出发，在观光列车高发路段来一场巡礼。先乘坐"隼人之风"到吉松，再转"伊三郎·新平"到人吉，最后有两个选择，立刻出发就乘坐"翡翠 山翡翠"，晚一小时出发就能乘坐蒸汽列车"SL人吉"，终点都是熊本。注意列车都比较热门，去JR站办公室早早选座更为稳妥。

❺ 阿苏

　　第7天早班车去阿苏，乘坐巴士26分钟到草千里（见318页）下车，参观阿苏火山博物馆（见319页），然后徒步45分钟去阿苏火山口。回到阿苏站后，搭乘下午的巴士回熊本。夜里可以到熊本城周围走走。阿苏山草千里，九州

❻ 云仙

　　第8天从熊本港坐高速船去岛原，再到云仙（见342页），在云仙天草国立公园里一边徒步翻越山头，一边欣赏火山奇景，春天杜鹃花开时更为壮观。最后以云仙的温泉收尾。云仙没有便利店，记得订好温泉旅馆，准备点干粮。云仙地热景观，九州

❼ 长崎

　　第9天前往长崎，游览长崎市中心的出岛（见335页）和新地中华街（见335页），下午游览南部的哥拉巴园（见337页），到荷兰坡（见338页）一带走走。长崎市中心的海鲜什锦拉面、皿乌冬面和土耳其饭都可以尝试。第10天从长崎至佐贺机场返程。

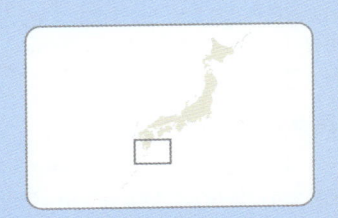

… 计划你的行程

每月热门

1月

新年伊始,日本迎来全国规模的连休假期,各地的传统活动较多。虽然正值隆冬,但也正是滑雪和泡温泉的好时节。

正月(新年)

新年(12月31日至次年1月3日)是日本的法定假期,很多商店和景点歇业,交通可能很拥挤,算不上观光旅行的最佳时期。不过,此时你能在神社感受到空前热闹的氛围:人们大多会去本地神社"初诣"(hatsu mōde)为新的一年祈福。

成人之日

1月的第二个周一,人们为即将步入20岁的男孩女孩举办庆典活动。在大型神社里你能看到他们个个身着漂亮的和服。

2月

2月依旧寒冷,但已有梅花抢先绽放。

节分祭

日本传统认为季节变化之时有灾祸到来,在立春前一天(通常是2月3日或4日),人们会向室外撒豆并高喊"鬼はそと福はうち/oni wa soto, fuku wa uchi"(鬼出去,福进来),辟邪求福。寺院和神社当天常有活动。

西大寺会阳节

2月的第三个周六举行,号称日本三大奇祭之一,在此"裸祭"中有上万名身着兜裆布的裸男混乱地拼抢两根"宝木"(shingi,木头短棒),人们会向他们泼冷水,抢到的"福男"可以获得一整年的幸福。

赏梅

在樱花到来之前,日本人也会热衷于赏梅

（梅/ume）。日本各地有很多庭园可供赏梅。

🎎 弘前城雪灯节

2月的弘前公园中，200多盏雪灯笼和300座迷你圆形灯照亮了冬日的夜晚。

🎎 长崎灯会

15,000盏彩灯照亮街市，同时舞龙舞狮，主会场在凑公园和新地中华街。

3月

进入3月，春天的气息越发浓郁。学校一般从下旬开始放春假。

🎎 女儿节

3月3日的女儿节（雏祭り/Hina-matsuri）是祈求女孩子健康成长的节日，各家各户和许多公共场所都会摆上身着传统皇家服饰的人偶。

最佳节庆

赏樱 4月

花火大会 7月至8月

青森睡魔祭 8月

德岛阿波舞祭 8月

4月

春暖花开的4月十分适合到访日本，不过许多风景名胜会非常拥挤。

🏃 赏樱

3月下旬樱花初放，日本就开始了喧闹的赏樱盛会。樱花花期很短，随气温而变，需要密切关注各地发布的赏樱时间表以及酒店机票价格。

左图：博多祇园山笠祭，九州；
右图：夜来祭上的表演者，四国

春之高山祭

4月14日至15日,岐阜的高山(Takayama)会举办其著名祭典高山祭的春季部分。相比起10月的秋之高山祭,此时流程更复杂,有华丽的灯笼花车和舞狮。

古川祭

4月19日至20日,飞驒古川会举办激烈的裸祭,亮点是花车游行和太鼓表演。

5月

大部分地区天气暖和,艳阳高照,山区清新的绿地格外迷人。但4月末至5月初的黄金周假期是日本国内旅游最繁忙的时候,为人满为患的交通和房量紧张的住宿做好准备吧。

黄金周

连续几天的国家法定假日组成了日本的"黄金周",其中包括儿童节(5月5日)——确切地说是男孩节。为了迎接男孩节,你还会在各地见到升起的"鲤鱼旗"。

先帝祭

5月2日至4日在下关的赤间神宫举行,纪念在坛之浦战役灭门的平家一族及安德天皇。5月3日,扮作平安时代宫女模样的女性会在神宫排成多彩的队伍,4日当天更是能看到华丽的平安绘卷队伍来回步行约14公里的姿态。

6月

6月上旬十分迷人,不过下旬梅雨会来。随着高山上的积雪融化,日本阿尔卑斯山脉的徒步季拉开序幕。

7月

雨季过去,夏季骤至,各种夏日祭和花火大会开始轮番登场。如果你讨厌炎热潮湿,可以前往日本中部的阿尔卑斯山脉避暑。

花火大会

7月下旬至8月上旬,日本全境的城市和村镇都会举办场面壮观的夏季花火大会。你会惊奇地发现,这些烟花的品质之高和持续时间之长简直不可思议。

博多祇园山笠祭

福冈最重要的节庆在7月1日至15日举行。届时将会有7组男子齐聚栉田神社,抬起巨大的山笠花车,再竞相飞奔5公里。

8月

炎热的天气和缤纷的节日还在继续。暑假意味着海滩和较凉爽的山区会挤满了人。特别注意避开日本最大规模的返乡潮——盂兰盆节。

盂兰盆节

8月中旬的盂兰盆节类似中国的清明节,人们会扫墓、制作贡品、放河灯等。虽然不是日本法定假期,但此时的出行人数不可小觑。

夜来祭

高知活力四射的夜来祭在8月10日和11日举办,有许多支舞蹈队伍参与,它已经成为日本全国的节日,各地都在创立自己风格的夜来祭。

德岛阿波舞祭

每年8月12日至15日,四国的德岛市都会跳起日本三大盆踊之一的阿波舞(阿波踊り/Awa-odori),热闹非凡。盆踊是盂兰盆节的一部分,跳舞是为了欢迎逝者的灵魂回归这个世界。

郡上舞蹈节

在7月中至9月初的32个夜晚中,郡上八幡会举办著名的郡上舞蹈节(郡上踊/Gujō Odori),节庆高潮是彻夜舞蹈日(徹夜踊り/tetsuya odori)的那几天(8月13日至16日)晚上,人们将一直跳舞到天亮。

青森睡魔祭

睡魔祭(ねぶた祭/Nebuta-matsuri)在8月上旬举办,持续数日,其间人们会抬着巨大的灯笼(睡魔)在青森的街道上热闹游行。

仙台七夕祭

仙台七夕祭(Tanabata-matsuri)是日本

最著名、规模最大的七夕庆典,源于牛郎织女的传说。此时市区街头巷尾都会装点起绚烂的彩饰。

🔴 和平纪念仪式

在广岛,每年8月6日都会举办和平纪念仪式。当晚人们还会在河面上放流成千上万个纸灯笼,以追思原子弹爆炸事件的遇难者。

🎭 秋田竿灯祭

秋田市在每年8月上旬会举办竿灯祭(竿灯まつり/Kantou-matsuri)以祈求稻谷丰收。当男人们举起200多根高达15米、绑着二三十个灯笼的竿灯时,灯火辉煌的壮观场景定会让你叹为观止。

9月

天气仍很暖,甚至会热,不过干燥了一些。尽管偶尔有台风袭来,但总体晴朗,仍是到访日本的好时节。

🔴 赏月

与中国类似,日本在农历八月十五也有赏月(月見/Tsukimi)的习俗,一般会准备芒草和月见团子。

🎭 定禅寺街头爵士音乐节

9月第二个周末,上百位来自全国各地的街头艺人云集于此,在仙台的大街小巷和各处游廊下表演。

🎭 狐火祭

9月第四个周六,飞驒古川居民会化妆为提灯笼的狐狸,并进行一场狐狸新人的婚礼,以祈求好运。

10月

气候宜人,枫叶由北至南开始逐渐变红。

🎭 浅间温泉火祭

10月中旬,松本的浅间温泉会举办场面宏大的篝火节(松明祭り/Taimatsu-matsuri)。成群结伴的男人、女人和孩子们会举着燃烧的干草捆通过狭窄的街道。

🔴 松江水灯路

整个10月,在本州西部的松江市,每逢周六、周日或节假日,你就会看到松江城周围的步行道亮起上千盏灯笼。此时松江的不少景点也会将开馆时间延长至21点左右。

🎭 长崎宫日祭

这个颇具异域风情的节日每年10月7日至9日在长崎市内举办,融入了中国、荷兰、葡萄牙、越南等多国的文化。既能看到中国特色的舞龙,也能欣赏到荷兰风格的南蛮船彩车。

11月

天气清新凉爽,许多地方的红叶正如火如荼。

🎭 鹿儿岛小原祭

11月2日至3日,作为南九州最大规模的祭祀活动,许多市民穿着传统服装跳起小原舞。

🎭 七五三儿童节

这是为了3岁和7岁的女孩以及5岁的男孩而举办的节日。11月15日,孩子们穿上最漂亮的衣服,被带往神社或寺庙,为美好的前程而祈祷。

12月

日本大多数地区在12月都很冷。不过随着圣诞节的到来,造型别致的彩灯也会纷纷亮相。注意许多商家会从12月29日或30日一直歇业到次年的1月3日之后。

🍴 跨年荞麦面

在除夕夜吃的荞麦面叫作跨年荞麦面(年越しそば/Toshikoshi-soba),据说会带来好运和长寿。

🔴 除夕钟声

日本各处的寺院会在12月31日午夜时鸣钟108下,是一种净化仪式。

计划你的行程
新线报

日本启用新年号"令和"

2019年4月1日,日本政府宣布了新年号为"令和";2019年4月30日正式进行了新旧年号的更迭仪式;2019年5月1日,新年号正式启用。2019年对于日本来说是神奇的一年,平成和令和的交会让印刷厂忙得不可开交,对于旅行者来说,各收集一份"令和最初"的纪念品也许更有意思。

丰田产业技术纪念馆大规模改装

2019年是该馆的开馆25周年,为了庆祝,直到2020年初,全馆将进行大规模改装。改装后的展览,将把迷你车模型及实体车按照年代一一排放,并引入可现场搭乘的车种,多辆出现在电影中的名车也将公开亮相。

名古屋电视塔将可住宿

由于内部租约到期,电视塔暂停营业并进行全面改装,已有顶级饭店预定进驻4至5楼。负责人发下"超越希尔顿和万豪"的豪言壮语。新塔将于2020年7月开幕,旅行者参观这座新改装的"未来之塔"时,除了观赏VR音乐会、游览崭新咖啡馆与高级餐厅外,不妨试试全日本唯一的"塔内饭店"。

足立美术馆新馆筹备中

拥有多年日本第一庭园头衔的足立美术馆正在扩建新馆,新馆将在2020年4月开幕,预定为北大路鲁山人(1883~1959年)的专展。鲁山人是日本近代最著名的美食家兼艺术家,创作过许多精美的食器。如果你也爱好装盛日本料理的那些美丽器皿,记得届时为足立美术馆多留一些参观时间。

三陆铁道再出发

2019年3月34日,东日本大地震的受灾地、纵贯岩手县沿岸的新路线三陆铁道リアス線正式开始营业。这条新路线由岩手县北部和

南部的两条线路（包括由JR线并入的部分）组成，全长163公里。南部宫古至釜石的铁路时隔8年后重启，引来了许多铁路爱好者的关注。

弘前城天守阁移动

因为天守阁下大型石垣的维修工程，弘前城天守阁移动77米到了本丸内略低处，这样反而提供给大家更好的角度来观赏天守阁。特别是樱花祭时，可以将花海、天守阁和岩木山一并收入眼底，原来天守阁所在的位置也成为欣赏风景的好角度。工程预计在2023年结束，在那之前你有足够时间去赏樱观楼。

瑞严寺重新对外开放

位于宫城县松岛的瑞严寺是平安时代由慈觉法师开山、又由仙台藩主伊达政宗立为菩提寺的国宝级寺院。2008年，瑞岩寺进入为期10年的大规模整修期。在2011年东日本大地震带来的海啸中，寺内的杉木损毁不少。2018年6月24日，寺院重新对外开放，桃山风格的大殿和绚丽的屏风画令人印象深刻。

濑户内海艺术节

每隔三年举办一次的濑户内海艺术节2019年迎来第四届，春季为4月26日至5月26日，夏季为7月19日至8月25日，秋季为9月28日至11月4日，为期107天。艺术节后，濑户内海诸岛上必定又会增添新的艺术装置和看点。

道后温泉大整修

2019年1月，松山著名的"日本古汤"道后温泉本馆迎来了一次大规模维修保护工程，预计7年才能完成。好消息是，位于一楼的大众浴场神之汤依然对外开放，这在日本古建筑维修史上还属首次。道后温泉本馆还为此设计了火之鸟主题，每天晚上的整点还有灯光秀，充满了历久弥新之感。

左图:阶梯上出现的"令和元年"字样;右图:直岛帐篷,四国

计划你的行程
获得灵感

©视觉中国

书籍

《**窥视日本**》舞台设计家妹尾河童的"窥视"系列之一,用细致入微的手绘向你展示日本各种有趣的角落。

《**少爷**》日本文豪夏目漱石的经典短篇,用轻松诙谐的语言讲述了一位东京少年到四国松山乡下任教的故事。二宫和也曾主演同名电影。

《**阴翳礼赞**》通过谷崎润一郎阴郁细腻的文字,你会逐渐理解日本文化中那种明暗难辨的朦胧与暧昧之美。

《**字解日本:食、衣、住、游**》一本快速了解日本文化和当代生活的入门级"扫盲"书,图文并茂,浅显易读。作者是精通中日文化的茂吕美耶。

电影

《**入殓师**》(2008年)透过主角特殊的职业"入殓师",可以了解到日本人的生死观。片中有不少迷人的日本乡村风光(多在山形县取景),久石让的配乐也极为出色。

《**千与千寻**》(2001年)宫崎骏的动画长片代表作之一,架空的故事有着大量对日本传统和当代文化的映射。你还能在日本各地找到油屋、海中铁道等动画场景的原型。

《**小森林**》(2014~2015年)女主角告别了快节奏的东京,回到青山环抱的小村庄,开始了劳作耕种、自给自足的田园生活。除了一道道朴素清新的乡土料理,你还能领略取景地岩手县的四季景致。

《**奇迹**》(2011年)是枝裕和为九州新干线全线开通而导演的电影,但新干线在片中的存在并不刻意,反而还成为分居福冈和鹿儿岛两兄弟相信着的奇迹的载体。樱岛的火山、列车沿途的风景也会让人印象深刻。

番剧

《**纪实72小时**》NHK的跟拍访谈式纪录片,每次选择一个地点,连续拍摄72小时,你会看到便利店、咖啡馆、理发店、公交站等日常角落里,那些日本社会的真实故事。

《**美之壶**》NHK出品的艺术鉴赏类纪录片,从日本料

理、建筑、工艺美术、服饰和自然风光等多个方面来展现日本文化之美。每集都不长,适合作为了解日本的入门番剧。

大河剧系列 NHK制作的长篇历史剧,有不少战国时代和幕府时期的题材故事,情节设置和道具布景等相对尊重史实,不失为了解日本历史的一个渠道。

《孤独的美食家》超人气美食番剧代表,主人公五郎独自在日本的大城小镇寻找地道又平价的美味。观剧同时还能获知不少日本的"食文化"。

音乐

《红蜻蜓》日本的经典童谣,诗人三木露风写下的歌词透着对儿时生活过的故乡的思念,不少上了年纪的人都会唱到流泪。诗人的家乡兵库县龙野市还有一条"童谣小径"。

《川流不息》出生于横滨的美空云雀被誉为国宝级歌手,这首是她生前发表的最后一支单曲,歌词意味深长,曾在20世纪感动日本的歌曲评选中夺得第1名。

《濑户的新娘》20世纪70年代少女偶像之一的小柳留美子的代表曲。而这首从词到曲都极富小岛韵味的歌谣,你在今天濑户内海两岸的部分车站还能听到(发车和到达时就会响起)。

大和丝竹乐团(Yamato Ensemble)一支室内乐形式的日本传统音乐乐团,使用筝、尺八和三味线合奏,音乐一响起就仿佛已经置身东洋。

没时间?

没有那么多时间?就从以下这些开始感受日本吧。

Arashi Message from Japan 轻快的短片,日本偶像团体"岚"(Arashi)化身观光大使。

JNTO宣传片 日本国家旅游局精心出品了大量展现日本风光、文化的视频,让人观之而心驰神往。视频散见于网络,YouTube也有专门频道。

左图:松山的少爷列车,四国;
右图:坂本龙马塑像,四国

计划你的行程
省钱妙计

免费景点和活动

➡ **神社和寺庙** 日本大多数神社和寺庙常年对公众免费开放。寺庙一般只有本殿和精心布置的内庭收费。

➡ **公园** 许多环境宜人的公园都没有门票,带上便当找片草坪,一边野餐一边看人来人往吧。

➡ **市场和室内商店街** 许多海边小镇都有鱼市,有的甚至保留着老式的露天市场。大部分城市都有开满各式店铺的室内商店街,可以让人一窥当地人的生活。

➡ **传统节日** 在神社、寺庙或城市街头,你总有机会偶遇节庆活动。这些都能免费参加,也是亲眼见到鲜活的传统文化的绝佳途径,此时往往有许多便宜的小吃摊贩。

➡ **漫步** 随意走走不需要任何花费,漫步还可能成为你日本之旅中收获最多、最为惬意沉醉的一部分。

便宜用餐

➡ **食堂(Shokudō)** 在这些随处可见的日本小餐馆里,往往一顿正餐(定食、炸猪排饭、咖喱饭等)用不了¥1000。

➡ **便当(Bentō)** 在百货商店的地下一层美食区,或专门的便当店,你可以买到形形色色的便当(盒饭),一般每份不到¥1000,在店铺打烊前甚至半价抛售。

➡ **面食** 你只需花费¥800左右就能吃上一碗热气腾腾的美味拉面、荞麦面或乌冬面,小地方通常更便宜。不提供座椅的立食面馆更便宜——每碗可低至¥350。

➡ **便利店** 便利店能够买到三明治、饭团、便当、沙拉、啤酒等,你可以轻松组合出非常划算(尽管不算健康)的一餐。

➡ **午餐定食** 如果想吃高档店可以考虑午餐,有时候可能比晚餐便宜一半。

经济住宿

➡ **商务酒店** 就日本物价而言,这些连锁商务酒店尚算经济(前提是双人入住),双人间约¥4000~8000。它

们通常聚集在城镇主要车站附近，出行十分便捷。

➡ **民宿和客栈** 如今在日本各地出现了越来越多的民宿或客栈，布置雅致，价格实惠，只不过可能需要共用卫生间。通常双人间价格比酒店低，有些也提供铺位。

➡ **青年旅舍和胶囊酒店** 青年旅舍始终是预算敏感型旅行者的最佳选择；铺位￥3000左右。现在也有改造成封闭式胶囊格局的青旅，提高了私密性和安全度。专门的胶囊酒店价格稍高（例如￥4000），但会提供丰富的备品和免费设施。

➡ **越早越好** 很多订房网站会推出提早14天到3个月的"早鸟"价格，甚至有各种含餐和不含餐的价格，可以早做计划。

实惠交通

➡ **铁路通票** 日本提供名目繁多的通票，可以让你在特定路线和时间内无限制地乘坐列车，有些通票包括新干线。计划得当的话，能为你省下一笔不小的交通开销。

➡ **本地旅行套餐** 一些城市会推出旅行套餐，包括前往景点的公共交通、部分景点门票和商店购物优惠等。如果与你的计划重合，不妨购买套餐省些小钱。

➡ **自行车** 一般免费至￥500/天，在偏远等不到公交的地方，它更是出行利器。

购物贴士

➡ **百元店** 不妨去全场单价￥100的店铺购买杂货（甚至食物和纪念品）。Daiso（大创）、Can☆Do、Seria等都是比较大型的连锁百元店。

➡ **跳蚤市场** 在跳蚤市场可以用￥1000~2000的价格买到二手服饰；其他有意思的还有雅致的清酒杯和茶具。神社通常举办跳蚤市场。

左图：福冈的节日食品摊，九州；
右图：香川特产乌冬面，四国

白川乡，准备料理的女性，本州中部阿尔卑斯

和当地人吃喝

在大都市里吃惯了那些中规中矩的"标准"日本料理，不妨到小地方试试当地特色，更多惊喜，更多挑战。喜欢把小事做到极致的日本人，对待食物的态度亦是如此，对待每一碗拉面、每一碟乡土料理都尽心尽力。"从农场到餐桌"这种餐饮最高境界，在这里太容易实现了。

美食体验

海鲜

除了海鲜二字，你可能看到更多的是"魚介"（Gyokai，泛指鱼贝类海鲜）。在仙台，三陆海岸的渔获出自冷水海域，口味不俗，连车站便当都很美味，冬季的生蚝更是肥美。津轻海峡的海鲜惠泽了北海道，也让青森县收获不小，无论是八户的各种朝市，还是在青森自己动手制作的海鲜盖饭，都叫人垂涎。日本西部的濑户内海不产大型鱼类，各种小海鲜层出不穷。在太平洋和濑户内海交接的鸣门海鲜，巨大的漩涡炼就了日本最贵的鲷鱼，清酒一蒸就很美味。到了四国，松山和宇和岛的鲷鱼又有了新的吃法。在本州西部，讲究"一鱼多吃"的河豚料理很受欢迎，"好吃得让人为难"的白子（河豚精囊）和烤河豚鳍泡酒是明星。

拉面、荞麦面和乌冬面

日本人把简单的面条变成令人大排长龙的庶民美食，究竟是怎么做到的？三大拉面流

铁板和牛料理

派中，九州豚骨拉面以富含胶原的白色汤底取胜，小小的喜多方居然脱颖而出，清澈的汤底和五花肉是其次，略带卷曲和宽度的面条本身更值得称道。深入地方，拉面更是多样，汤底分了酱油和味噌，汤头分了浓淡，面码上的猪肉部位也有讲究。荞麦面质地更为轻盈，通常以堆放在竹网上的笊篱冷面的料理方式居多，但在岩手县的盛冈，碗仔荞麦面（见221页）的吃法会让你大开眼界。至于乌冬面，消耗量最大的香川县赞岐乌冬和秋田县稻庭乌冬差别也不小。吃面条最不受礼仪限制，你可以尽情地大声啜食。

乡土料理

怀石料理当然是日本料理的巅峰之作，然而乡土料理也并不示弱。千万别看到"乡土"二字就主动脑补农家乐，更确切地说，"乡土料理"四字在日本代表了地方特色，但并不意味着马虎粗糙，反而更接地气，真正代表了日本普罗大众在吃什么。青森的扇贝味噌烧，秋田的米棒火锅，仙台的毛豆麻薯，山形的煮芋头，高山的朴叶味噌，广岛的御好烧，高知的皿钵料理，鹿儿岛的萨摩料理……可能是一道菜、一味小吃、一份甜品，也可能是一桌料理，这些都是大都会中很难吃得到的正宗味道，必须深入产地，才能尝到精髓。

独特的肉食

"和牛"并不是可望不可求的神话。虽然政府明确规定了能称作"和牛"的品种，但200多个品牌的竞争让肉食动物很容易觅到心仪的那款。宫崎牛、米泽牛、佐贺牛、飞騨牛都赫赫有名，十和田湖牛、仙台牛、丰后牛、赞岐牛也都很不错。刺身、涮涮锅、寿喜烧和烤

四季美食

春天 3月至5月

春之新生在餐桌上找到了呈现方式，竹笋、山野菜开始上市，和菓子上开始有了梅花和樱花图案，早春抱卵的鱼类也是餐桌上的时鲜。

夏天 6月至8月

冷面和放着冰块的笊篱荞麦凉面、素面都是消暑良品。人们认为夏天的海鳗（穴子/Anago）有利于抵抗夏日炎热，各种鳗鱼料理开始登场。吃完饭后，多汁的桃子、梨和西瓜也会被当作甜点送上。海胆也在此时达到美味巅峰。

秋天 9月至11月

秋刀鱼和河鳗（うなぎ/Unagi）到了最好的季节，点一份蒲烧最为肥美。栗子菜肴和柿子会很流行，带有枫叶图案的和菓子也随之而来。火锅也开始出现，以鸡肉为主打。

冬天 12月至次年2月

日本人在冬季取暖靠吃火锅，主题从牛肉、螃蟹到蔬菜、豆腐无所不包，喝温热的甘酒和清酒最好。本州西部的河豚鱼和仙台附近的生蚝也鲜美无比。

河豚刺身

肉是牛肉的基础吃法，但也别忘了试试仙台的炭烤牛舌和福冈的牛杂锅。鹿儿岛特产黑毛猪，炸猪排也很受欢迎；到了名古屋，炸猪排是在猪排上淋味噌再裹上面包屑炸制而成；更北的会津若松，人们更爱酱汁炸猪排。鸡肉的受欢迎程度也很高，人们会用当地土鸡来制作汤锅，四国的高松和德岛两县，加香料烤制的骨付鸡成为一道名物。喜好尝鲜的人，不妨试试熊本的马肉刺身。

舶来品大改造

一路上，你会看到许多似曾相识的食物，可能不是你想象中的味道，日本人这种"舶来品再改造"技术实在令人惊叹。在日本长期对外交流的窗口长崎，混血基因不仅改变了城市风格，也打造了多元化美食——什锦海鲜拉面是由为留学生打造的廉价面条演变而来的，皿乌冬像是中国江南的两面黄，圆桌摆放的卓袱料理像中国的酒席却融合了中、日、荷三种风味，源自葡萄牙的长崎蛋糕在有些人看来比原产地好吃百倍，土耳其饭跟土耳其没有一点关系（就像天津饭和天津也没什么关系一样），就是这么神奇。到了东北，盛产面食的盛冈端出了两碗舶来面，一碗冷面来自朝鲜，一碗炸酱面来自中国，至少摆盘都比原产地精致许多，味道如何，见仁见智。

清酒和烧酒

清酒又称日本酒，在日本文化中占有重要地位。酒标上一般都标着精米步合，即发酵前大米的加工程度。这个数字越低，酒也越好（至少是价格越贵）。精米步合为60%以下的清酒叫吟酿，50%以下的叫大吟酿，据说由大

居酒屋中的清酒标

米米芯部分酿制的酒是最柔顺最美味的。清酒的著名产地在关西，但东北地区以出众的大米和雪山清冽的融水，打造出的"久保田"和"八海山"是被日本人认为最高品质的清酒。出身于山口县的日本首相安倍晋三将家乡的"獭祭"作为国礼，令这款清酒的价格（在中国更是）节节攀升。南方的高知县和鹿儿岛县都声称自己是日本烧酒消费量第一的地方，足见这种烈酒在南方更受欢迎，而且当地人善于用红薯甚至紫薯酿酒，糖分更高，口感特别。

当地特色
东北

海鲜 从三陆海岸到津轻海峡，冷水海域里的海鲜绝对可以鲜冠日本。

拉面 喜多方拉面面质筋道，跟中国西北的拉面好有一比，汤底确实清澈。

炭烤牛舌 仙台美食的代名词，一定要吃厚切中段的极上套餐。

毛豆麻糬 原来毛豆除了做菜和下酒，还可以捣碎成泥制作糯米甜品。

碗仔荞麦面 一碗接一碗吃不停，想做大胃王，就可以去盛冈挑战一下。

扇贝味噌烧 将味噌、鸡蛋和扇贝一起煨熟，然后盛在扇贝壳里享用。

稻庭乌冬 是少见的细面，与比内鸡锅相配最为合适。

本州中部

鳗鱼饭三吃 将烤鳗鱼涂上秘制酱汁放在米饭上，香味扑鼻，还能尝试3种其他吃法，这乃是名古屋名物。

味噌炸猪排 在高丽菜上盛放着外裹面包屑、蘸有味噌酱的炸猪排，浓郁飘香，你可以在名古屋吃到顶级的。

飞騨牛肉 品质上乘的飞騨牛肉不仅可以用来烤肉，还常常被做成串烧、肉饼或肉包。

朴叶味噌 从最初的石头温味噌发展成用朴树的叶子装着味噌加热,跟米饭是绝配。

押寿司 用模子压制而成的长条寿司,在醋饭上面铺上薄薄的一层鱼片,据说是现代寿司的起源。

本州西部

御好烧 广岛御好烧跟大阪的比起来,最大差异是使用面条为底,加上猪肉、海鲜、蔬菜和面糊一起分层而制。

红叶馒头 广岛著名甜食,它是一种枫叶形状的蛋糕,中间包着甜丝丝的豆沙馅。

河豚料理 唐户市场外面就有大大的充气河豚,涮锅鲜甜,刺身更美,鱼鳍泡酒最特别。

宍道湖七珍 在海鲜林立的日本,难得尝到用湖鲜烹制的菜肴,从鱼到虾都包含了。

九州

博多拉面 用猪骨熬制汤底的豚骨拉面,浓郁而不油腻,相当符合中国人口味。

牛杂火锅 用牛肠或其他内脏做成汤底,上面堆满高高的青蒜,也是一道胶质满溢的美容锅。

什锦海鲜拉面 乳白色浓汤面里加入鱿鱼、猪肉和蔬菜等食材,记得在长崎来一碗。

桌袱料理 长崎的高级地方料理,圆桌摆放,食客分食,融合了中、日、荷三种风味。

马肉刺身 粉色的高级马肉刺身被称为"樱肉",是熊本料理中的佼佼者。

南蛮鸡块 浇着酸鲜酱料的炸鸡块。

宫崎牛 宫崎牛肉屡次获得国内比赛大奖,是著名和牛,煎烤风味最佳。

炸猪排 鹿儿岛黑猪肉炸猪排,肉质嫩而多汁,吃的方式也很有趣。

萨摩料理 古老而质朴的萨摩料理当中融入了琉球和西南诸岛的风格,甜味酱油、黑糖成为主要的调味品。

四国

赞岐乌冬 这是香川县的主打产品,筋道和柔软并存,与天妇罗最相配。

荞麦面

骨付鸡 用多种香料烤制的带骨整鸡腿,用德岛的阿波尾鸡来做的话更好吃。

德岛拉面 配上特制酱油的茶色猪骨汤底非常鲜美,面上盖着五花肉,浇头是生鸡蛋。

鲷鱼饭 闪着亮银的粉色生鲷鱼片铺在饭上,松山和宇和岛有不同的吃法,均很有地方特色。

半烤鲣鱼刺身 高知人用稻草熏烤鲣鱼,直到外层略熟但内里仍是鱼生,简简单单的话,撒上盐就能食用。

皿钵料理 一个直径40厘米以上的大盘子内盛着刺身、寿司、组合的煮烧食物、羊羹等,堆得满满当当,食客可以随意取用。

如何吃喝

何时吃

早餐 在这片区域,你可体验传统日式早餐,包

半烤鲣鱼刺身

括米饭、味噌汤和一些配菜。商务酒店的早餐兼顾了日式和西式，比你想象中的更为丰富。

午餐 中午的定食是以米饭为基础的一餐，配菜会是肉或鱼。面条（荞麦面、乌冬面或拉面）最为热门，但高档餐厅里的午市套餐性价比特别高。

晚餐 下班后吃（通常18:00~20:00），通常以米饭为基础、配合肉或鱼，有时候晚上还吃面条。居酒屋文化是日本特有的方式，但这里通常是正餐之后的聊天喝酒之地，想要在这里吃到饱，你就要费不少银子。

哪里吃

很多餐馆都是专门店，以一道菜或一种料理方式为主打，少有提供各国或各类食物的餐馆。如果想接地气，就推开经营多年的当地小拉面馆的门，跟熟客们肩并肩一起吸溜。如果你会日语，能跟老板聊几句，没准还会得到特别照顾。到市场吃海鲜性价比最高，如果想更具仪式感，在一般包含早晚餐的温泉旅馆就能享用更精致的料理。大多数餐馆都开到21:00左右，后面就是居酒屋或是屋台的亮相时间，有些城里的拉面馆会营业至第二天凌晨。

学几句

餐厅: レストラン/ Resutoran

套餐: セット/Setto

定食: 定食/Teishoku

自助餐: バイキング/Baikingu

无限畅饮: 飲み放題/Nomi Hodai

无限畅吃: 食べ放題/Tabe Hodai

海鲜: 海鮮、シーフード/Kaisen, Shifudo

牛肉: 牛肉/Gyuniku

猪肉: 豚肉/Butaniku

鸡肉: 鶏肉/Toriniku

蔬菜: 野菜/Yasai

有什么推荐菜？ おすすめは？/Osusume wa?

在路上
本书作者 黄俊尧

与金泽民宿老板和当地友人排队吃了回转寿司，又一起泡汤，顿觉数百张风景照也抵不上这样的温暖画面，观了多少景点也不如一晚的举杯言欢。

进一步了解我们的作者，见414页。

立山黑部阿尔卑斯线路的高原风光

©视觉中国

本州中部阿尔卑斯

本州中部
阿尔卑斯

本州中部是大东京和关西地区之间宽广辽阔的地带,在搭着新干线横越日本的人眼中,这片国土就是窗外飞掠而过的背景。然而,对于那些渴求山林、爱好历史文化的旅行者们来说,这里是另辟蹊径的天堂。巍峨壮观的日本阿尔卑斯山高耸于岐阜和长野县的边境,向北绵延至日本海沿岸,这片风景如画的高山区域为人们提供了世界一流的滑雪、徒步和温泉资源。除富士山外,全日本最高的30座山峰皆汇聚于此。高山充满了江户风情;藏在山间的郡上八幡、飞驒古川也提供了独特的古镇风味;或者,去中仙道走一趟旧时驿路,感受古今穿越。

散落在本州中部的城市大多清新舒适,具有方便的交通和高性价比的住宿,是你探索乡间的良好基地。名古屋是本州中部的门户,也是日本的第四大城市,不要错过这里独特的饮食风格。金泽处处洋溢着更为浓郁的日本文化,有侍奉过大名的寺庙和茶室,也有保存完好的艺伎居所。松本不单有以日本阿尔卑斯山为背景的松本城,也是你在旅行时体会慢生活的首选之地,还能作为攀登立山黑部的起点。

精彩呈现

立山黑部阿尔卑斯山脉路线	72
名古屋	74
高山	84
白川乡	94
金泽	99
上高地	110
白骨温泉	114
松本	114
中仙道	120

何时去

1月至3月 长野无数的斜坡定能满足各类滑雪爱好者。

4月至5月 温度适宜,天气晴朗,山间樱花烂漫,还有精彩的高山祭。

9月至11月 若想观赏秋日的迷人风光,可前往上高地或飞驒的山间温泉。

本州中部阿尔卑斯 65

★本州中部阿尔卑斯亮点（见68页）

① 上高地徒步　② 立山黑部横断之旅　③ 永平寺的一夜
④ 漫步中仙道　⑤ 飞越新穗高　⑥ 在郡上八幡啜饮天下名水

交通

➡ **铁路** JR Pass通票最省心：北陆地区通票4日 ¥5,000，高山北陆地区通票5日 ¥14,000。只有名古屋（东海道新干线）和金泽（北陆新干线）通了新干线。

➡ **长途巴士** 购买升龙道巴士通票（见82页）既便利又划算。

➡ **城市轨道** 只有名古屋有地铁，其他城市或村镇需搭公交车或步行探索。

➡ **1日/2日/7日券** 大部分的城市都有公共交通通票，前往上高地或立山黑部区域可购买较长期的来回券。

网络资源

名古屋观光指南（www.nagoya-info.jp/zhcn）有海量的名古屋旅游资讯，从景点介绍、交通票券到美食餐厅选择，应有尽有。

岐阜县旅游官网（gifu-pr.com）提供县内各市镇的基本资讯和交通指南，包括高山、飞驒古川、白川乡、郡上八幡、新穗高、下吕温泉等地。

浓飞巴士官网（www.nouhibus.co.jp/ch_k）在安排景点间的联结交通时非常实用，建议事先查好巴士时刻表再安排行程。

近江町市场,金泽

当地人推荐
迷人的文化重镇

Masaki,金泽青旅经营者

金泽的独特魅力在哪里?

金泽在传统与现代文化间保持着很不错的平衡,你可以看到日式庭园、旧城堡、武士街区和保存良好的老街;在非物质传统方面,你可以体验茶道、欣赏能剧,享受各式各样的日式料理,逛一逛历史久远的手工艺店。整个城市有种优雅的日式氛围。从另一个角度来说,金泽也有独特的新世纪面貌,譬如金泽21世纪美术馆及铃木大拙馆。

虽然金泽有时被称作"小京都",但这里的游人少很多,你在城市里可以感到悠然自得。金泽的景点相当密集,都分布在JR站徒步30分钟范围内,对旅行者来说,这很赞。

初次到访金泽,有何推荐?

到**金箔屋**(goldleaf-sakuda.jp/cn)体验传统金箔(Kinpaku)工艺、到**石川县观光物产馆**制作手工日式甜点(和菓子/Wagashi)、到**中岛めんや**(Nakashima men-ya)手绘日本不倒翁娃娃,有的活动需要事先预约。

如果打算在6月拜访金泽,不要错过**百万石夏祭**(见102页)。

你最爱的金泽餐厅有哪些?

よし久,这是家天妇罗餐厅,不过生鱼片也相当新鲜美味。你可以坐在吧台看大厨料理天妇罗。他们的套餐很划算,里面包含了金泽

的经典乡土料理"治部煮"(じぶに/jibuni)。

居酒屋Goen供应每天从金泽港直运的新鲜渔获,你可到这享用日本海的各种鱼类。

有私房景点可以推荐吗?

能剧是日本的一种古典舞台艺术,金泽的前领主前田(Maeda)家是能剧爱好者,他们尽力把这种艺术推广到民间,因此,一般老百姓也能哼上几首能剧歌曲(謡/Utai)。因为这段历史,金泽把这种传统文化保存得相当良好。在金泽能乐美术馆内,你可以穿上能剧服装、戴上能剧面具,体验这种特别的舞台剧。

石川县内有许多著名的发酵食物(発酵食品/Hakkō shokuhin),金泽港旁边的大野(Ono)是日本著名的酱油生产地之一,那边有家百年老店**山本酱油味噌**,你可以认识酱油的生产过程,并品尝各种独特的发酵食品。

☑ 不要错过

最佳旅馆

➡ **Guest House Pongyi** 对待旅行者像对待家人般亲切,晚间各式活动让人欢笑不断。(见102页)

➡ **The Share Hotels Hachi** 每个角落都是精品,仿佛一座设计博物馆。(见102页)

➡ **おやど古都の夢** 融合古典和现代风格的日式旅馆,飞驒牛怀石料理的滋味绝赞。(见88页)

➡ **Mitsui Garden Hotel Nagoya Premier** 大片窗景令人陶醉,便利的位置和大浴场更是锦上添花。(见80页)

最佳节日

➡ **高山祭** 华丽的花车和人偶引人注目,穿着传统服饰的居民吹奏阵阵。(见88页)

➡ **郡上舞蹈节** 当地人和游客围成圈,或优雅或激烈地热情跳舞。(见48页)

➡ **古川祭** 赤裸上身的男子们在太鼓周边拥成一团,阵阵的鼓声让观众也热血沸腾。(见48页)

➡ **松本蹦蹦** 没有任何拘束,居民们成群结队,恣意舞动,享受着夏夜。(见117页)

最佳博物馆

➡ **JR磁悬浮·铁道馆** 展出日本最出名的尖端列车,即使不是铁道迷也会被科技展品吸引。(见75页)

➡ **飞驒民俗村** 保存大量的传统乡间民居,能够深度体会飞驒山间的旧日生活。(见85页)

➡ **福井县立恐龙博物馆** 闻名世界的恐龙迷乐园,适合亲子游,也适合充满好奇心的你。(见108页)

➡ **铃木大拙馆** 用简单的建筑让人体会禅意,真是不简单。(见101页)

本州中部阿尔卑斯亮点

❶ 上高地徒步（见110页）

上高地仿佛融合了日本山林的一切要素，走在山间步道上，迎面而来的是雪山、森林、清溪、野花，还有季节性的春樱与秋枫。自英国登山家"发现"此地之后，这里已成了众多一日游游客、徒步者和登山客的大本营。虽然旺季时人潮众多，仙境的清幽略减，但在山中住上一晚，你就能完全体会到日本阿尔卑斯山脉的魅力。

❷ 立山黑部横断之旅（见72页）

作为日本三大圣山之一，立山其实很容易亲近。用自己的脚走一趟立山黑部，就是前来朝圣这片美景的最好方式。横越山脉的旅程有些复杂，却也没那么辛苦。你需要不断变换交通工具：从电车到缆车，从空中到地下，等车的辛劳和事前准备往往也是乐趣之一。当你仰望雪墙、赞叹不已，或者飞越豁然开朗的峡谷之后，你会知道一切都很值得。

❸ 永平寺的一夜（见108页）

位在福井县深山中的"曹洞宗大本山永平寺"，不仅有响亮的名号，也是日本最值得一游的寺院之一。这里有超过700年历史的禅修道场，是日本禅修的最高圣地。风格各异的建筑群广布在山中，与森林色彩低调又和谐地呼应，宁静的景色也默默散发着禅意。不妨提前报名"参禅"或"参笼"——在寺中待一晚，亲身体验僧侣的一日清修课表，或许你就能领会为何"禅"的妙义如此令人着迷。

左图：上高地的秋色
上图：雪之大谷，立山黑部阿尔卑斯

❹ 漫步中仙道（见120页）

这是日本中部的一趟角色扮演之旅：想象一下一位江户时代的旅人，在林木蓊郁的木曾谷里赶路，留心身后嗒嗒的马蹄声，不知丛林里何时会窜出不速之客……现代的中仙道不用顾虑这些危险，不过，充满古风的店铺和群山美景，都会让你"寸步难行"——手指离不开快门。这条古代驿路并不难走，半天即可。时间充裕的话，选择在妻笼留宿是个不错的主意，让满满的怀旧情怀伴你入眠。

❺ 飞越新穗高（见112页）

搭乘日本唯一的双层缆车，在绝赞的美景中飞向云端吧！这部高山缆车最大的特点之一便是每个季节的风景迥异、各有其妙。在上升1000多米的行进中，你能俯瞰日本阿尔卑斯山脉广茂的森林。夏秋两季还有星空观览特别活动，运气好的时候，可以在山顶观景台欣赏难以忘怀的星空。缆车下的"新穗高之汤"是全日本最大的露天浴场，温泉爱好者千万不要错过。

❻ 在郡上八幡啜饮天下名水（见91页）

群山间的"水都"总是令初来者惊喜。依山傍水的郡上八幡，镇上处处有泉水涌出，潺潺水声为古街增添了独特的氛围。在这里掬一口甘甜的天下名水"宗祇水"，感受与世无争的宁静和纯朴。夏季造访小镇，一定要留到晚上观赏此地出名的"郡上舞蹈节"。不妨穿上浴衣，和热情的居民们共舞，这或将是你最难忘的一个夏夜。

福井县的永平寺

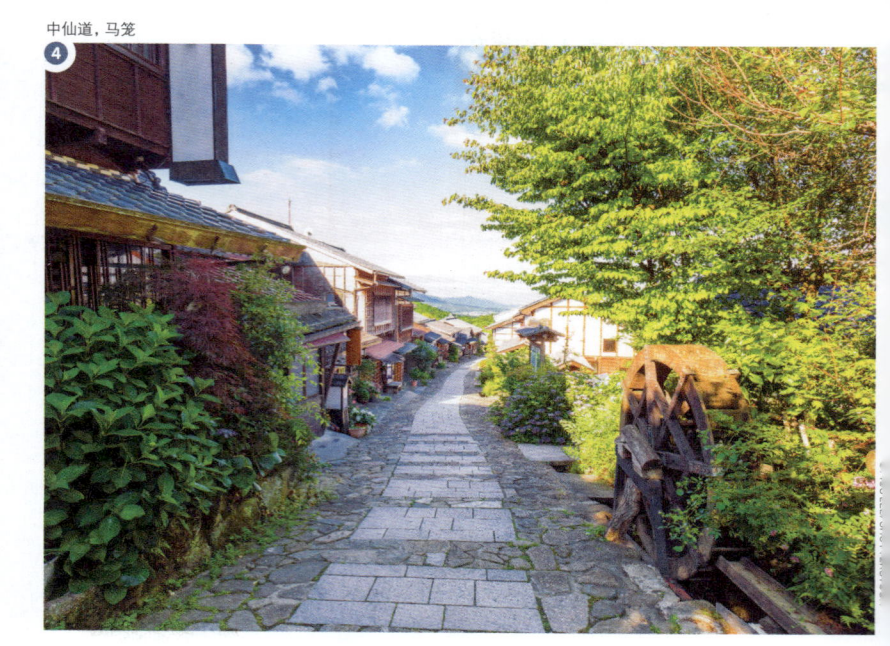

中仙道，马笼

本州中部阿尔卑斯亮点 71

冬季的新穗高缆车道

庆祝令和元年的郡上舞蹈节

★ 最佳景点
立山黑部阿尔卑斯山脉路线

在日本中部，立山黑部的高耸雪墙或许是最令人赞叹的景观。走在两侧十几米高的雪墙中间，仰望蓝天白云，可算别无分号。立山的美景不仅如此，登上大观峰的展望台，连绵的群山和黑部水库就在脚下，深秋时，色彩缤纷的树林装点着皑皑白雪，令人难抑惊叹之情。

(见65页地图；立山黑部アルペンルート/Tateyama-kurobe arupen-rūto；🚃从JR信浓大町站或电铁富山站出发)

立山黑部阿尔卑斯线路的高原风光

路线概览

立山和黑部其实是两个地方，所谓立山黑部便是先游览立山再前往黑部。这是一条"季节限定"的路线，每年4月中旬至11月中旬开放，全长90公里，连接长野县的信浓大町(Shinano-ōmachi)和富山县的立山(Tateyama)，途中有高山、深谷，热气沸腾的温泉和葱茏的林木，每季景观不同。经过冬季漫长的封山，当铲雪车在积满厚雪的高原上辟出一条道路时，便"筑起"了两道高耸的雪墙——**雪之大谷**(雪の大谷/Yukino-ōtani)，自4月开山起开放至6月下旬。

整条线被分为9段，每段交通方式各异。强烈建议提前预订交通和住宿，特别是刚开山不久的旺季。线路双向均可通行，如果不想走回头路，可以利用这条路线在松本和富山、金泽之间移动。沿路要爬数以百计的台阶，历经无数暴走，所以记得出发前把你的行李寄送到目的地酒店，每件行李约¥1500 (登录www.alpen-route.com查询详情)。

到这里欣赏美景不用购买入场券，但需购买电铁富山站至JR信浓大町站的交通票券(整条路线单程/往返¥10,850/¥18,260，每段线路可单独购买，车站有售，也可在官网购买)，注意有两段交通需要在指定时间搭乘，不妨在官网预约。从名古屋过来的话，买"立山黑部、高山、松本地区"JR Pass通票(5日券¥17,500)既划算又方便，除了能搭乘所有JR列车，也能搭乘这条路线上的所有交通工具。

含停留时间，单程路线至少需要6到8小时。如果你从富山出发而且不打算去松本，行至线路的最高点室堂(¥6710)返回即可。

游览路线

为避开人潮，9:00前在**电铁富山站**乘坐富山地方(Toyama Chiho)线前往立山(¥1200, 1小时)。取(买)票后，第一段乘缆车到**美女平**(Bijodaira, 7分钟)。未预约缆车搭乘的话，可能会在这里等候许久。

接下来乘大巴去**室堂**(Murodō, 50分钟)，途中会穿过壮观的**弥陀原高原**(Midagahara Kōgen)。你可以中途下车停留，步行15分钟去看立山的火山口(立山カルデラ/Tateyama caldera)——日本最大的死

火山。春季时会经过壮观的雪之大谷，抵达室堂后，可顺着人龙前往参观雪墙。

室堂是这段路线的最高点（海拔2450米），有许多徒步路线可选。从室堂走10分钟即可达**御库里池**（みくりが池/Mikuri-ga-ike），坐落着日本海拔最高的日式温泉旅馆（www.mikuri.com）。再走20分钟到**地狱谷温泉**（Jigokudani Onsen），这些沸腾的水池会让想泡汤的人大失所望。往东沿陡峭山路徒步约2小时，便是**雄山**（O-yama；海拔3303米）峰顶，在那里眺望令人震撼的风景，还可以在山顶神社接受住持的祝福。不过登山最好要有适当装备，而且要住上一晚。注意只有7到9月开放登山。

室堂有餐厅和商店，是山上过夜的最佳地点。略事休息，乘无轨电车钻过立山3.7公里长的隧道，前往**大观峰**（Daikanbō，10分钟），登上大观峰车站的露天展望台饱览群山。大观峰只是个中继点，从此处搭乘立山缆车急降488米到达**黑部平**（Kurobe-daira，7分钟），途中能见到令人叹为观止的峡谷风景。你可在不同路段间稍事停留，也可跟着大批旅行者继续前行。乘黑部地下缆车前往**黑部湖**（Kurobeko，5分钟），到了地面就会看到巨大的**黑部水坝**（黒部ダム/Kurobe Dam），可步行15分钟跨过水坝，到观景台上沉醉一番。

准备再次出发，乘电车（16分钟）快速通过一条5.8公里的隧道，到达旅程的终点**扇泽**（扇沢/Ogizawa）。这里可以赶上前往**信浓大町站**（Shinano-ōmachi，40分钟）的最后一班巴士。

亮点速览

➡ **雪之大谷** 雪之高墙令人顿感渺小。

➡ **大观峰** 连绵的雪山或缤纷的林木。

➡ **地狱谷温泉** 袅袅的白色烟雾从抽象画般的山景中升起，风吹来时记得闭气。

➡ **雄山** 沿着碎石堆起的步道颠簸而上，山顶的寒风伴着迷人的美景。

名古屋城的天守阁

名古屋（Nagoya）

☑052/人口229万

名古屋是日本"战国三英杰"——织田信长（Oda Nobunaga；统一日本的人）、丰臣秀吉（Toyotomi Hideyoshi；第二个统一日本的人）和德川家康（Tokugawa Ieyasu；日本最后一个幕府的创始人）——的祖籍所在地，尽管到1889年，名古屋才成为一座统一的城市，但它的影响力在几个世纪前就已颇为深远。

1609年，德川家康下令建造了名古屋城，后来这里成为德川家族16代人的重要居所。这一家族被称为尾张（Owari）藩，他们在江户时代的专政令日本一度繁荣。直到1868年明治维新，日本的封建武士文化才最终消亡。

之后名古屋逐渐发展为商业、工业以及交通运输的中心。"二战"期间，这里生产了一万架三菱零式战斗机。集中生产引来了大规模战略轰炸——近4000名市民丧生，45万人流离失所，几乎四分之一的城市被炸毁。而就在这片灰烬和废墟中，名古屋涅槃重生，这才有了今日宽阔的街道、便利的地铁、高耸的大楼和怡人的公园。现代名古屋是丰田汽车和日本弹珠机（pachinko）的诞生地，是一座制造业王国。虽然名古屋的GDP超过了许多小国家，但它仍习惯生活在东京和关西两位大哥的庇荫之下。

与工业化核心形成鲜明对照的，是城内维护良好的公园和绿地。名古屋还拥有国际大都市的一面，包括一些奇妙的博物馆、显赫的寺庙和优质的购物场所。当地人都为这座朴实、亲切、平易近人的城市感到自豪。尽管如此，这座城市仍想努力改变自己在日本人心中"全国最乏味都市"的形象。

对旅行者来说，热闹的名古屋市是日本中部的优良门户，你可以在这里补给一番，然后踏进山脉或乡间。伏见和荣町两个地铁站之间的区域是逛街购物的好地方。久屋大通公园（Hisaya-ōdōri-kōen）通常是一幅人来人往的繁忙景象，荣町旁边的街道则常见狂欢至深夜的人们。在大须观音和上前津（Kamimaezu）站之间的这一地段，布满了零售店、餐馆和街头摊贩，呈现活泼的氛围，你可以在此发现不少有趣的纪念品。从上前津站的9号出口往北走两个街区，左转到万松寺通，这条带顶棚的商店街就是大须观音街，它一直延伸至大须观音寺前。街道两侧到处都能看到充满生机与活力的各种活动。再往南走，繁忙而紧凑的金山（Kanayama）站地区，是除了名站（名駅/Mei-eki）和荣（Sakae）之外的购物娱乐的好去处。

◉ 景点

空中大道　　　　　　　　　　观景点
（スカイプロムナード/Sky Promenade；见123页地图；☏527-8877；www.midland-square.com；名駅/Meieki 4-7-1；成人/儿童 ¥750/300；◷11:00~21:30；🚇名古屋站）位于中央广场大厦（ミッドランドスクエア/Midland Square）的44~46层，有日本最高的露天观景台和数间价格惊人的餐厅，是看夜景的好地方。

名古屋电视塔　　　　　　　　观景点
（名古屋テレビ塔/Nagoya TV Tō；见123页地图；☏971-8546；www.nagoya-tv-tower.co.jp；錦/Nishiki 3-6-15；成人/儿童 ¥700/300；◷10:00~21:00；Ⓢ栄/Sakae站4b或5a出口）落成于1954年，它是名古屋备受宠爱的电视塔，也是日本的首座电视塔。身处城市中心的高塔有着高达100米的空中露台，是个鸟瞰城市美景的绝佳场所。电视塔基座遍布的啤酒花园和韩国烧烤是热闹的用餐地点。旁边有着玻璃圆顶的建筑绿洲21（オアシス21/Oasis 21）其实是巴士总站，夜晚亮灯时非常炫目。

名古屋市科学馆　　　　　　　博物馆
（名古屋市科学館/Nagoya-shi Kagaku-kan；见123页地图；☏201-4486；www.ncsm.city.nagoya.jp；栄/Sakae 2-17-1；成人/儿童 ¥800/500；周二至周日 9:30~17:00；🎦 Ⓢ伏见/Fushimi 5号出口）这座动手趣味十足的博物馆号称拥有世界上最大的穹顶屏幕以及无与伦比的尖端投影技术。令人惊奇的设施还包括龙卷风实验室及一间零下30℃的房间，你可以在里面欣赏极光。整体展现的创新科技非常值得体验。

丰田产业技术纪念馆　　　　　博物馆
（トヨタ産業技術記念館/Toyota Sangyō Gijutsu Kinenkan；☏551-6115；www.tcmit.org；則武新町/Noritake-shinmachi 4-1-35；成人/儿童 ¥500/300；◷周二至周六 9:30~17:00；🚇名鉄名古屋線至栄生/Sako）这家世界最大的汽车制造商从一家不大的纺织企业起家，在原丰田织布厂的遗址上，建起了一座有趣的博物馆。除了历史导览，还有7900平方米的汽车和机械展厅。喜爱科学和带着孩子的旅行者们可以在这里把玩各种可供操作的展品，展览提供日英双语文字说明。

★JR磁悬浮·铁道馆　　　　　博物馆
[JRリニア・鉄道館/JR Rinia Tetsudō-kan；☏389-6100；museum.jr-central.co.jp；金城ふ頭/Kinjofuto 3-2-2；成人/儿童 ¥1000/500，新干线模拟器 ¥500；◷周三至周一 10:00~17:30；🚇JR青波線（Aonami Line）至金城ふ頭）火车迷在这间博物馆里会有置身天堂的感觉。展出实物大小的磁悬浮列车（世界上最快的列车，时速581公里）、新干线列车以及老式机车车辆和轨道模拟器。从名古屋搭乘青波线到达这座"大车库"仅需20分钟左右，上车点在JR名古屋站太鼓通（Taiko-dōri）一侧。

★德川美术馆　　　　　　　　美术馆
（徳川美術館/Tokugawa Bijutsukan；☏935-6262；www.tokugawa-art-museum.jp/cn；徳川町/Tokugawa-chō 1017；成人/儿童 ¥1400/500；◷周二至周日 10:00~17:00；🚌Me-guru巴士第11站）若你对日本文化和历史感兴趣，这里是必游之地。博物馆藏品破万，包括许多国宝和曾属于德川家族的重要文化遗产。描绘《源氏物语》（*Genji*

Monogatari）的12世纪卷轴画是无价之宝，常被深锁高阁，只在11月末会对外进行短期展示，而在一年中的其他时间里，参观者们只能通过视频介绍略窥一二。美术馆旁边的美丽庭园**德川园**（德川園/Tokugawa-en；¥300；◉周二至周日 9:30~17:30）是春秋赏景的理想地点。

名古屋城　　　　　　　　　　城堡

（Nagoya-jō；见123页地图；☎231-1700；www.nagoyajo.city.nagoya.jp；本丸/Honmaru 1-1；成人/儿童 ¥500/免费；◉9:00~16:30；Ⓢ市役所/Shiyakusho 7号出口）城堡本是1610至1614年德川家康下令为他的第九个儿子修建的，在二战中被夷为平地。今天的城堡是一座钢筋水泥版的复制品（带有电梯），于1959年落成。如今正在整修，预计在2022年底开放，天守阁会复原为木造建筑。屋顶上3米长的镀金神兽（鯱/shachi-hoko）——传说中拥有虎头和鲤身的生物——极为抢眼。馆内展示众多珍品，包括一套武士铠甲，还可以了解织田、丰臣和德川家族的历史。美丽的花园**二之丸园**（二の丸園/Ninomaru-en）内有许多漂亮的茶室。

大须观音　　　　　　　　　　佛教寺庙

（大須観音/Ōsu Kannon；见123页地图；☎231-6525；www.osu-kannon.jp；大须/Osu 2-21-47；◉24小时；Ⓢ大須観音站2号出口）游人如织的大须观音寺和东京浅草观音、三重县津观音并列为日本三大观音庙，历史可追溯到1333年。虽然现在的建筑群是在1970年修建的，但这座供奉大慈大悲观音菩萨的寺庙早在1610年就由德川家康下令迁址此处。寺庙的图书馆里保存着已知最古老的手抄本《古事记》（古事記/*Kojiki*），上面记载了日本古代的神话历史。

寺庙前的大须商店街是个逛街和品尝小吃的好地方，街边的食物从土耳其烤肉、炸物、可丽饼到比萨应有尽有。每月的18日和28日，这里会举行缤纷多彩的古董集市。

色彩鲜明的战国三杰

从公元1467年至公元1615年（中国的明朝时期），150多年间，日本各地被大大小小的大名（领主）割据，分裂成几十个国家。这段历史为各种日剧、动漫和游戏创造了辉煌的背景舞台，其中最有能力统一日本的三位大名，并称为"战国三杰"（三英傑/San-eiketsu）——织田信长（織田信長/Oda Nobunaga）、丰臣秀吉（豊臣秀吉/Toyotomi Hideyoshi）与德川家康（德川家康/Tokugawa Ieyasu）。

第六天魔王

三杰中首先登场的是织田信长，很多日本人喜欢将他和三国的枭雄曹操相比，两人同是身处乱世、具有远见抱负的英雄。1534年出生于尾张藩（即现今名古屋）的信长，是当时分治尾张的织田氏家族继承人，年少时

上图：岐阜城　上图：©视觉中国

曾经有过不学无术的日子，人称"尾张的大傻瓜"。然而，他逐渐掌握了权力，铲平了不服气的家臣和织田氏的其他诸侯，统一了尾张国。

成为一方诸侯的信长，在桶狭间之战中，以三千兵马击败了两万五千人大军，打下了北方的美浓国（今岐阜县南部），声名大噪。继而挥军前往京都，挟天子以令诸侯，宣布"天下布武（一解为以武家政权支配天下，另有解为用武力夺取天下）"。除德川家康外，日本各地群雄纷纷向他宣战，组建成了信长包围网（足足有三次）。1571年，因延历寺拒绝织田信长"保持中立"的要求，他放火烧了佛教圣地比叡山延历寺，自号"第六天魔王"，成为佛门之敌。即使敌人众多，信长仍然逐步消灭群雄，掌握了高达八成的日本领土，距达成统一天下的大愿咫尺之遥。

天正十年（1582年）6月2日，信长在京都本能寺过夜，部下明智光秀突然叛变，率众弑主。寡不敌众的信长，最终在撼动日本历史的"本能寺之变"切腹自杀，葬身于熊熊火海中。战国枭雄的一生就此告终，而关于这场叛乱发生的原因，至今仍是迷雾重重。

聪明绝顶的猴子

1537年出生的丰臣秀吉其貌不扬，被信长及同僚们戏称为"猴子"。出身于尾张国平凡农家的他，因与继父不和而离家出走，自17岁开始担任织田信长的贴身仆从，负责给他提草鞋。

他为人机灵，善于谋划，很快就脱颖而出，被允许拥有自己的部队，自此开始招兵买马，上战场立功。不过，日本人认为猴子是聪明的动物，所以信长对他的称号，未必没有赞赏之意。

本能寺之变期间，他正在西征"中国"（即山阳山阴地方）。五天内，秀吉便挥军返回京都，打着为信长复仇的名号，击败明智光秀，接管了京都一带。在信长及指定继承人都死亡

← 的情况下，秀吉开始了一连串的文争武斗，接连除去了旧日同僚，最后让信长的老盟友德川家康俯首称臣。天皇也封他为"关白"（名义上地位类似中国的丞相），终成一代霸主。天正十九年（1591年），秀吉铲平剩下的诸侯，统一日本。之后几年间，他两度出兵朝鲜以扩展领土，几乎要占领全朝鲜之际，都遇到明朝派兵协助。1598年，丰臣秀吉在京都猝逝，元气大伤的日本军队也从朝鲜无功而返。

忍到最后的老乌龟

长寿而深谋远虑的德川家康，在战国史上以"乌龟"的形象现身（在日本"龟"是长寿的化身，无贬义），是最终登上舞台的英雄，在日本人眼中，他也像一只老狐狸。有人将他与三国的司马懿比拟，两人同是善于忍耐、而后终结乱世的人物（收割别人一统天下的成果也是非常相似）。

1543年，德川家康出生于三河国（现今爱知县东部）一位小领主家中，领土夹在两位猛虎般的大名之间。8岁时，家康就成了骏河国（现今静冈县）领主今川义元的人质。童年的不幸让他学会了后来成就一生的"忍"道。1560年，今川被信长所杀，家康重获自由。1572年，"甲斐之虎"武田信玄病死，身为武田手下败将的家康趁机联合信长，夺取骏河国。1582年，"魔王"织田信长死了，家康仍然静观其变，不与继位的丰臣秀吉争斗，默默俯首称臣。1598年，"猴子"也死了，此时在朝廷担任大官的家康，见继承者丰臣秀赖只有6岁，开始夺取大权。和效忠于丰臣家的武将们打过一场名震天下的"关原之战"后，大胜的家康终于所向无敌。

1603年，家康建立了江户（现今东京都）幕府，成为其后264年间日本政府的代名词。1615年他正式灭掉丰臣家，隔年病逝。自此日本归一，纷乱的战国时代就此结束。⑭

热田神宫　　　　　　　　　神道教神社

（熱田神宮/Atsuta-jingū; ☎671-4151; www.atsutajingu.or.jp; 神宮/Jingū 1-1-1; Ⓢ 神宫前/Jingū-mae或神宫西/Jingū-nishi 2号出口）虽然目前的建筑落成于1966年，但热田神宫已存在了1900年之久，是日本最神圣的神社之一。它坐落在古老的柏树林间，收藏着神圣的天丛云剑（天叢雲剣/kusanagi-no-tsurugi，又名草薙剑）。这把剑是日本神道中的传说三神器之一，据传是由太阳神天照大神（Amaterasu-Ōmikami）传给日本皇室的。神宫的**宝物馆**（宝物館/Takaramono-kan; 成人/儿童 ¥300/150; ⓧ 9:00~16:30，每月最后一个星期三和星期四闭馆）收藏了超过4000件德川时代的剑、面具和绘画作品。

✿ 节日和活动

在名古屋这样的大城市里有许多热闹的节日和活动。可以登录www.nagoya-info.jp/en/event了解最新详情。

日本相扑协会名古屋场所　　　体育

（日本相撲協会名古屋場所/Nihon Sumō Kyōkai Nagoya Basho; ☎971-2516; www.sumo.or.jp; 二の丸/Ninomaru 1-1, 爱知县体育馆/Aichi-ken Taiiku-kan; 门票¥2200起; ⓧ 7月）名古屋的相扑赛事是六大年度锦标赛事之一，每年7月在爱知县体育馆举行，为期两周。在下午早点抵达可近距离观看排名较靠后的相扑选手。

世界动漫角色扮演峰会　　　　文化

（世界コスプレサミット/World Cosplay Summit; www.worldcosplaysummit.jp; ⓧ 7月下旬至8月上旬）在7、8月间来名古屋旅行的话，有机会在街上碰见这场奇特的视觉盛宴。届时来自全球的动漫角色扮演者和动漫迷们会齐聚此地，穿着动漫服饰大肆狂欢。

名古屋祭　　　　　　　　节日游行

（名古屋まつり/Nagoya Matsuri; www.nagoya-festival.jp; ⓧ 10月中旬）这是名古屋

每年最声势浩大的活动,目的是纪念名古屋的"三大英雄":织田信长、丰臣秀吉和德川家康。10月中旬在久屋大通公园举行。游行队伍包括身着华丽装束的人群、带有机关木偶的山车、民间舞蹈表演和彩车等。

🛏 住宿

名古屋的住宿选择众多,从青旅、日式旅馆到高档西式酒店都能找到高性价比的房间。

Guesthouse Mado　　　　　　客栈¥

(ゲストハウスMADO;见123页地图; ☎050-7516-6632; www.guesthousemado.com; 有松/Arimatsu 924; 铺¥3000; 圆名鉄有松/Meitetsu Arimatsu)这家小客栈远离了名古屋市中心的熙来攘往,位于美丽的有松区,有两个共用小房间,温馨得如同客栈主人自己家一样。如果你正在寻找一个热情洋溢的地方,可以有人分享日本日常生活的故事和经历,那么你会喜欢这里的氛围。

Glocal Nagoya Hostel　　　青年旅舍¥

(グローカル名古屋ホステル;见123页地图; ☎446-6694; 则武/Noritake 1-21-3; 铺¥3240; ⑤名古屋站)从名古屋站步行约7分钟就可以到达这家时髦的青旅。店内自设咖啡馆和酒吧,备受当地人和旅客欢迎。员工会热情地给你当地旅游建议,英语沟通无碍。

京屋旅馆　　　　　　　　　日式旅馆¥¥

(京屋旅馆/Kyoya Ryokan;见123页地图; ☎571-2588; www.kyoya.to; 西区幅下/Nishi-ku Habashita 2-11-4; 铺/和室房 每人¥3500/8000起; ❄❅; ⑤国際センター/Kokusai Center)这家热门的日式旅馆以一座漂亮的庭园为中心,住客多时可能有点吵,日式房间都有独立卫浴,空间宽敞漂亮。旅馆老板总是带着微笑提供协助,有免费自行车

热田神宫前,等待新年参拜的人

名古屋菜系

这座城市以用料大胆的特色菜闻名，喜好浓郁口味的人有福了，以下料理都是名古屋的"名物"：

➡ 箕子面（きしめん/Kishimen）：口感顺滑的手制扁面条。

➡ 味噌煮乌冬（味噌煮込みうどん/miso-nikomi-udon）：以原料丰富的味噌汤来烹煮而成的乌冬汤面。

➡ 味噌炸猪排（味噌カツ/miso-katsu）：在猪排上淋上味噌，再裹上面包屑炸制而成。

➡ 散养鸡鸡肉（コーチン/Kōchin）、鳗鱼饭三吃（ひつまぶし/hitsumabushi）和鸡翅（手羽先/tebasaki）也都是本地特色。⓾

出借。旅馆不接受12岁以下儿童入住。

★Mitsui Garden Hotel Nagoya Premier 酒店 ¥¥¥

（三井ガーデンホテル名古屋プレミア；见123页地图；587-1131；www.gardenhotels.co.jp/nagoya-premier；名駅/Meieki 4-11-27；标单/双 ¥16,500/18,500起；❄❉@；S 名古屋站）这间豪华酒店位在车站附近的一栋商业大厦里面，走路5分钟可达。所有房间都位于18楼以上，空间不大，但几乎都有大片窗景，迷人的都市景观令人流连忘返，特别是角落间。也有大浴场能够泡澡。

❌ 餐饮

名古屋也许称不上景点云集，但却是个体验日本热情美食的好地方，本地特色菜众多。

えびすや本店 面条 ¥

[Ebisuya Honten；见123页地图；961-3412；锦/Nishiki 3-20-7；菜肴/套餐 ¥800/900起；11:00至次日1:00；S 栄（Sakae），3号出口]名古屋最知名的箕子面（きしめん/Kishimen，一种手工扁面条）连锁店之一，供应热气腾腾、味美价廉的特大碗面条。你可以看到厨师制作面条的过程。有带图片的菜单，记得试试咖喱面。

铃波本店 鱼 ¥¥

（铃波本店/Suzunami Honten；见123页地图；261-1300；www.suzunami.co.jp/shop/shop_honten.html；栄/Sakae 3-7-23；套餐 ¥1400起；11:00~14:30）这家传统割烹店（kappō，高级日本料理餐厅的一种）专营简单却美味的烤鱼午餐，华丽的摆盘上另有味噌汤、白米饭和许多小碟菜，最后还有梅酒。菜单有配图，你可能要等一会儿才有空桌子。

★あつた蓬莱軒本店 鳗鱼饭 ¥¥

（Atsuta Hōraiken Honten；671-8686；www.houraiken.com；神戸町/Gōdo-chō 503；菜肴/套餐 ¥550/2500起，11:30~14:00，16:30~20:30，周三休息；S 天満町/Temma-chō 4号出口）这是美味的鳗鱼三吃饭（ひつまぶし/hitsumabushi）连锁店的总店，自1873年经营至今，广受推崇，夏天时总会有长长的队伍。鳗鱼三吃（¥3600）的特色是将烤得酥脆的鳗鱼盖在漆碗盛装的米饭上，所谓三吃，即先尝淋过秘制酱汁的烤鳗鱼，然后按喜好口味添加葱、芥末等香辛料，最后再倒入鱼汤（ダシ汁/dashi-jiru）。其他定食还包括天妇罗和肉排等。

鸟银本店 日本料理 ¥¥¥

（鳥銀本店/Torigin Honten；见123页地图；973-3000；www.torigin.co.jp；锦/Nishiki 3-14-22；会席料理套餐 ¥4900~11,000；17:00~24:00；❄；S 栄/Sakae 2号出口）来这间传统氛围浓厚、服务一丝不苟的名古屋交趾鸡餐厅，体验一次独特的会席料理（コーチン会席/kōchin kaiseki）吧。

名古屋的咖啡早餐

套餐里有各种菜式,皆以本地特产的土鸡肉制成,包括烤串、炸物、杂烩粥(雜炊/zōsui)和刺身。

グロック　　　　　　　　　　　酒吧 ¥¥

(Grok;见123页地图; ☎332-2331; www.grok-nagoya.com;橘/Tachibana 1-6-13;主餐¥900起,酒类¥600起; ⊙17:00~24:00,每周一和每月第一、第三个周二休息; Ⓢ上前津/Kamimaezu 7号出口)这家两层楼的餐馆兼酒吧色彩鲜艳又带点嬉皮风格,无论是与朋相邀或是清静独处,都会感到舒适惬意。除了各种酒类外也有牛排、汉堡、意面等西式料理。

ボンボン　　　　　　　　　　　咖啡厅 ¥

(Bon Bon;见123页地图; ☎931-0442; www.cake-bonbon.com;泉/Izumi 2-1-22;平日早/午咖啡套餐¥350/750; ⊙8:00~21:45; Ⓢ高岳/Takaoka 1号出口)一间从昭和24年(1949年)经营至今的老字号,你可以在充满怀旧气息的座位上体验"名古屋式早餐"——点咖啡送早餐,每家咖啡厅送的早餐不同(多是热吐司),这里是吐司和白煮蛋,性价比极高。店内便宜好吃的蛋糕也非常出名。禁烟区和吸烟区相邻——几乎所有名古屋的咖啡厅都这样。

❶ 实用信息

名古屋站旅游信息中心(名古屋駅観光案内所/Nagoya-eki kankōan'naijo;见123页地图; ☎541-4301;名駅/Meieki 1-1-14; ⊙8:30~19:00; ⓇJR名古屋站)提供海量的旅游资源和能讲英语的工作人员。另外,在金山(Kanayama)站的LOOP金山1楼,以及荣町(Sakaemachi)绿洲21的B1楼也有旅游信息中心。

❶ 到达和离开

飞机

日本中部国际机场(NGO, Chubu Centrair

International Airport）于2005年建成启用，位于名古屋市以南35公里处伊势湾的一座人工小岛上，日本国内航线覆盖约20座日本城市，与东京机场之间的航班不少（¥15,000左右，65分钟），考虑到往返机场的路途和安检的时间，前往有些城市（特别是京都与大阪等）搭乘电车要比坐飞机更快。

名古屋中部国际机场主要起降国际航班，目前有许多从中国飞往名古屋的航班。中国国际航空（☎95583；www.airchina.com.cn）、中国东方航空（☎95530；www.ceair.com）、全日空航空（☎400 882 8888；www.ana.co.jp）均经营从北京或上海直飞名古屋的航班。日本航空（☎400 888 0808；www.cn.jal.co.jp/cnl/zhcn）也有天津、上海的直飞班机。中国东方航空有来往青岛、烟台等城市的直飞航班。中国南方航空则有来往广州、大连等城市的直飞航班。

春秋航空（☎95524；www.ch.com）会定期推出优惠机票，是到名古屋最经济的航空公司，除上海的直飞航班外，也运营深圳、宁波等城市直飞名古屋的航班。

长途汽车

搭乘JR巴士和名铁高速巴士可联络下列目的地：大阪（¥3200，3小时，每小时1班）、金泽（¥4180，4小时，每天10班）、长野（¥3600，4.5小时）以及东京（¥5060，6小时，每天14班）。

JR巴士从JR名古屋站北侧的名古屋巴士总站（名古屋バスターミナル/Nagoya Bus Terminal；见123页地图）出发，名铁高速巴士从JR名古屋站南侧的名铁巴士总站（名鉄バスターミナル/Meitetsu Bus Terminal；见123页地图）出发，此外，有些线路从绿洲21（Oasis 21；见123页地图）发车。预订车票时记得确认出发位置。

在本州中部旅行，最常用的是升龙道巴士通票（昇龍道高速バスきっぷ/Shoryudo Kōsokubasu kippu；www.mwt.co.jp/shoryudo）：3日券 ¥7000/¥8500（依区域不同而定），广域5日券 ¥14,000，需注意长途巴士都是指定席，

常滑陶瓷器散步道

常滑（Tokoname）海湾地区的地下黏土矿藏，让这个区域几世纪以来都是陶瓷的制造中心——在鼎盛时期，这里的中心地区大约矗立着400根烟囱。目前，常滑每年仍会生产价值约60万亿日元的陶瓷制品，这也让它成为名古屋或中部国际机场出发周边游的好地方。

陶瓷器散步道（やきもの散歩道/Yakimono Sanpō-michi）是一条全长1.8公里、依山而建的漂亮小路，它围绕着小镇的历史中心。可以在常滑站内的旅游信息中心拿一份步行地图。标识清晰的小路两边随处可见窑口、咖啡馆和画廊。它们的门牌编号与旅游信息中心的地图一致，指引每一站的具体位置。小路起点两旁有一组迎客的招财猫（招き猫/maneki-neko），如果你向上望，会看见"Toko-nyan"——招财猫之母就在上方若

上图：陶瓷器散步道　上图：◎视觉中国

隐若现：这可是在社交媒体上显摆的好素材。

　　位于8号站点的修复后的**泷田家**（瀧田家/Takita-ke；☎0569-36-2031；栄町/Sakae-machi 4-75；¥200；⊙9:30～16:30）建于约1850年，曾是船舶业巨头的住宅。这里的展品包括叫作尾州廻船（bishu-kaisen，当地的商贸船）的商船复制品、陶器、漆器和家具。沿路继续前行，可以看到两边管道和陶壶林立的**土管坂**（Dokan-zaka；9号站点），这是最吸引人拍照的地方。再绕到背面的**登窑广场**（Noborigama-hiroba；13号站点），可以看到那座1887年的巨大瓷窑中的10根方烟囱。从这里出发仅需5分钟就可以参观**Inax生活博物馆**（イナックスライブミュージアム/Inax Live Museum；☎0569-34-8282；www1.lixil.co.jp/ilm/english；奥栄町/Okueichō 1-130；成人/儿童 ¥600/200；⊙周四至周二 10:00～18:00，周六、周日 10:00～21:00），这是日本最大的陶瓷器皿制造商的展示馆，这里收藏了约150件明治和大正时期装饰精美的马桶（没错，就是马桶），日本唯一的瓷砖博物馆也在馆内。

　　如果你需要小憩一番，**古窑庵**（古窯庵/Koyō-an；☎0569-35-8350；栄町/Sakae-machi 4-87；菜肴 ¥500～1800；⊙周二至周日 11:30～16:00；⚑）就可以为你呈上自制荞麦面（soba），面条盛在漂亮的当地制瓷盘中。而钟爱鳗鱼的游客则应该前往**鳗鱼中村屋**（うなぎの中村屋/Nakamura-ya；☎0569-35-0120；栄町/Sakae-machi 2-53；套餐 ¥1400～3600；⊙周四至周二 11:30～14:30），点一份特色鳗鱼饭（Unagi-don）或者名古屋著名的鳗鱼饭三吃（hitsumabushi）。

　　私营名铁线（Meitetsu line）连接常滑与名古屋（特急¥660，33分钟）以及日本中部国际机场（¥310，5分钟）。陶瓷器散步道离电车站仅几百米路程。

火车

名站（Meieki，即JR名古屋站）是一座结合JR、私营名铁（Meitetsu）以及近铁（Kintetsu）线路的总站，同时是一座地铁和公交站。这里是一个由各种通道、餐馆和零售店组成的迷宫世界。名古屋也是东海新干线上的主要枢纽之一，连接东京（¥11,290，100分钟）和新大阪（¥6760，1小时）等地。

要进入日本阿尔卑斯，可搭乘JR中央（Chūō）线到松本（特急¥6230，2小时），这条线也经过中仙道，在中津川（Nakatsugawa，特急¥3220，50分钟）站下车即可。往北陆方向的JR线路通往高山（特急¥6230，2小时40分钟）、金泽（特急¥7530，3小时）。

❶ 当地交通

抵离机场

从名古屋或金山站搭乘名铁机场线（快速急行/Meitetsu Kūkō，¥870，49分钟）或ミュースカイ（Mu-sky，¥1230，43分钟）列车可到达中部国际机场。从名古屋市中心打车至少花费¥13,000，大概会花费四十多分钟，性价比并不高。

公共汽车

金色的名古屋观光游览公交车ME-GURU（名古屋観光ルートバスメーグル/Nagoya kankō route bus Mē-guru; www.nagoya-info.jp/zhcn/routebus；一日通票 成人/儿童 ¥500/250；9:30~16:30运行，星期一停驶）在名站、荣和名古屋城间单向循环行驶。持车票可以在特定景点获得折扣。

地铁

名古屋地铁系统共有六条线（票价¥200~320）。一日通票（¥740，含市内巴士¥850）可在自动售票机购买。持通票还可以买到众多景点的折扣门票。周末联票（土日エコ切符/Donichieko kippu）地铁公交全包，只要¥600。

高山（Takayama）

📞 0577 / 人口 89,205

高山（正式名称为飞騨高山，Hida Takayama）是日本中部最有传统氛围的小镇，来这片区域的旅行者们几乎都会在此停留一两日，选择淡季来游览，会让你更能体会小镇的迷人魅力。

高山目前的布局可以追溯到17世纪晚期，规模不大，却遍布着众多博物馆、画廊和寺庙。四处可以看到明治时代的旅馆、依山而建的神社和寺庙，以及美丽的河畔景致。这里有完善的基础设施，当地人也热情友善。高山用双腿探索就能轻松搞定，因此很适合作为探索日本中部的一个衔接基地。

◉ 景点

从电车站出发，多数景点都步行可达，它们大多位于车站东边的主要街道国分寺通（Kokubunji-dōri）和广小路通（Hirokōji-dōri）之间。两者在穿过宫川（Miya-gawa）后分别成为安川通（Yasugawa-dōri）和三町通（Sanmachi-dōri）。过河后，你便到了风景如画的三町筋（Sanmachi-suji）中心地带，那里有清酒酿酒厂、咖啡馆、店铺以及保存完好的老式房屋（古い町並み/furui machinami）。

很多景点都设有清晰的英语标识。

◉ 高山站（Takayama Eki）和周边

飞騨国分寺 佛寺

（飛騨国分寺/Hida Kokubun-ji；见124页地图；📞 32-1395；総和町/Sōwa-chō 1-83；宝物殿 成人/儿童 ¥300/250；⊙ 9:00~16:00）高山最古老的寺庙飞騨国分寺始建于8世纪，后被大火焚毁。现在这座建筑中最古老的部分始建于16世纪。寺庙的宝物殿中收藏了若干重要的文化遗产，院中有一座三层宝塔和一棵弯得令人难忘的银杏树，据说它已有1200年的历史。

飞騨高山美术馆 美术馆

（飛騨高山美術館/Hida Takayama Bijutsukan；📞 35-3535；www.htm-museum.co.jp；

飞驒民俗村

上冈本町/Kamiokamoto-chō 1-124-1；成人/儿童 ¥1300/800；◎9:00~17:00）如果你是玻璃艺术或新艺术迷，你将会喜爱这间带豪华咖啡馆的大型私人画廊。这里还展有伦敦穿梭巴士（咨询旅游信息中心）和一座由René Lalique设计的玻璃喷泉。

★ 飞驒民俗村　　　　　　　　博物馆

（飛騨の里/Hida-no-sato；☎34-4711；www.hidanosato-tpo.jp；上冈本町/Kamioka-moto-chō 1-590；成人/儿童 ¥700/200；◎8:30~17:00）这片开阔、露天的民俗村是我们强烈推荐的半日游项目。这里有几十处传统民居和建筑，它们都是从原所在地拆卸之后再运到此处重新组建的。这些保存完好的展示可以助人轻松想象过去几个世纪的农村生活景象。在晴朗的天气里，日本的阿尔卑斯清晰可见。可以租一辆自行车骑行来此，或从高山巴士站搭乘巴士（¥210，10分钟）。记得留意返程巴士的时间。

◎ 三町筋（Sanmachi-suji）和周边

这儿最早的三大主要商业街道一之町（Ichino-machi）、二之町（Nino-machi）和三之町（Sanno-machi）一直保存得完好无损。门上挂有雪松球的清酒酿酒厂随处可见，其中有一些会在1月和2月初向公众开放，大部分酒厂全年卖酒。你会看到许多工匠铺、古董店、裁缝店和咖啡馆。无论白天还是黑夜都非常适合来此拍照。

★ 高山昭和馆　　　　　　　　博物馆

（高山昭和館/Takayama Shōwa-kan；见124页地图；☎33-7836；www.takayama-showakan.com；下一之町/Shimoichino-machi 6；成人/儿童 ¥800/500；◎9:00~18:00）这是座对昭和时期充满怀旧情怀的博物馆。展品主要集中于1955年到1965年之间，这段时间介于日本战后萧条期和成为强国前的繁荣期之间。参观各个主题展厅，让自己迷醉在电影海报、汽车和各种那个时代的事物中吧。

吉岛家 历史建筑

（吉岛家/Yoshijima-ke；见124页地图；☎32-0038；大新町/Ōjin-machi 1-51；成人/儿童 ¥500/300；⏰3月至11月 9:00～17:00，12月至次年2月 周三至周日 9:00～16:30）设计迷千万不能错过吉岛家，各大建筑出版物中都有关于它的报道。它缺乏纹饰的设计可以让你把重点放在其质朴的线条，以及那些高耸的屋顶和天窗上。门票含一杯美味的香菇（椎茸/shiitake）茶（另买 ¥600/罐）。

日下部民艺馆 博物馆

（日下部民藝館/Kusakabe Mingeikan；见124页地图；☎32-0072；www.kusakabe-mingeikan.com；大新町/Ōjin-machi 1-52；成人/儿童 ¥500/300；⏰3月至11月 9:00～16:30，12月至次年2月 周三至周一 9:00～16:00）这间博物馆是19世纪90年代修建的，展示了高山传统工匠众多引人注目的工艺。内部也有一间民间艺术品收藏室。

高山历史与艺术博物馆 博物馆

（飛騨高山まちの博物館/Hida-Takayama Machi no Hakubutsukan；见124页地图；☎32-1205；上一之町/Kamiichino-machi 75；⏰博物馆 9:00～19:00，庭园 7:00～19:00）**免费** 不要把它与飞騨高山美术馆混淆，这间免费参观的博物馆位于漂亮的庭院内，内设14间与当地的历史、文化、文学和艺术相关的主题展室。

飞騨民族考古馆 博物馆

（飛騨民族考古館/Hida Minzoku Kōkōkan；见124页地图；☎32-1980；上三之町/Kamisanno-machi 82；成人/儿童 ¥500/200；⏰3月至10月 9:00～17:00，11月至次年2月 10:00～16:00）这间前武士的居所里头有条秘密通道，院子里还有一口古井。

高山屋台会馆 博物馆

（高山屋台会館/Takayama Yatai-kaikan；见124页地图；☎32-5100；樱町/Sakura-machi 178；成人/儿童 ¥900/450；⏰3月至11月 9:00～17:00，12月至次年2月 9:00～16:30）在高山祭（见88页）中使用过的23台多层彩车（屋台/yatai）于展馆中循环展出，每次4台。这些豪华作品的历史可追溯至

来泡美人汤：探访下吕温泉

位于名古屋和高山之间的下吕温泉（Gero Onsen），由于泉水呈现弱碱性，泡完之后让人全身滑溜，素有"美人汤"之称。在江户时代，曾和神户的有马温泉、群马的草津温泉并列为"日本三大名泉"。在本州中部纵走时，不妨路过这里一日游，或是待上一晚，享受飞騨川畔的宁静。

在这个温泉村中，你会经常看到两种动物：白鹭与青蛙。青蛙的来由是因日文的青蛙（げろ/Gero）和"下吕"发音相同，因此青蛙便成为这个温泉村的可爱代言人。白鹭的故事较为神奇，传说中，日日泉水丰沛的下吕温泉，因为一场大地震而不再涌泉。村民感到非常惶恐，突然某一日，有只白鹭飞到河岸上，连续三天，都停在同一个地点不动，好奇的村民向前探查，发现竟有泉水涌出。后来白鹭飞走，留下一尊药师如来像，原来白鹭正是怜悯村民的药师如来化身。现在，你可以到公共澡堂**白鹭温泉**（白鷺の湯/Shirasagi-no-yu；☎0576-25-2462；汤之岛/Yunoshima 856-1；成人/儿童 ¥370/140，户外足汤免费，需自备毛巾和盥洗用具；⏰10:00～22:00，周三闭馆）边泡汤边回想这个传说，或者到邻近的**温泉博物馆**（温泉博物館/Onsen hakubutsukan；☎0576-25-3400；www.gero.jp/museum；汤之岛/Yunoshima 543-2；成人/儿童 ¥400/200；⏰9:00～17:00，周四闭馆）了解各种有趣的温泉知识和历史。

17世纪，其华丽的雕刻、金属制作和漆器制作工艺都让人赞叹。部分彩车装饰着特有的机关人偶（からくり人形/karakuri ningyō），木偶由36根线控制，并由8位熟练的艺人操纵做出精彩的动作。

展馆位于庄严的**樱山八幡宫**（桜山八幡宮/Sakurayama Hachiman-gū；见124页地图；☎0577-32-0240；www.hidahachimangu.jp）院落中，八幡宫也是高山祭的主要活动地点。

飞驒高山狮子会馆　　　　　　博物馆

（飛驒高山獅子会館・からくりミュージアム/Hidatakayama shishikaikan·Karakuri Museum；见124页地图；☎32-0881；www.takayamakarakuri.jp；桜町/Sakura-machi 53-1；成人/儿童 ¥600/400；◷9:05～16:25）这里展出超过300件狮子（shishi）面具、乐器以及跟节日舞蹈有关的鼓。主要的亮点是每小时2次的木偶戏，你可以看到机关人偶的表演。

◉ 寺町（Teramachi）、城山公园（Jōyamakōen）和周边

这些可爱的东部丘陵地区由一条标识清晰的徒步小路相连。寺町有十多处寺庙和神社可以参观。随意走走，然后再去城山公园，沉浸在无限绿意中。公园里遍布清幽小径，它们皆可通往山上的**高山城遗址**（高山城跡/Takayama jōseki；见124页地图）。

高山阵屋　　　　　　　　　　历史建筑

（高山陣屋/Takayama-jinya；见124页地图；☎32-0643；八軒町/Hachiken-machi 1-5；成人/儿童 ¥430/380；◷3月至10月，8月除外 8:45～17:00，8月 8:45～18:00，11月至次年2月 8:45～16:30）这组位于三町筋南面的建筑群是仅存的德川幕府县政大楼，它原来是金森（Kanamori）家族的行政中心。目前的主建筑的历史可以追溯到1816年，一直到1969年前都作为当地政府办公室使用。这里还有米仓、庭园和酷刑室，都有详细介绍。提供免费英语导览游（建议预约c21806@pref.gifu.lg.jp）。

🗣 课程

Green Cooking School　　　烹饪

（クッキングスタジオ；见124页地图；☎32-9263；www.green-cooking.com；

下吕温泉的温泉街在电车站后方，从JR车站出来右转，穿过地下道可抵达。除了在街上走走，泡免费足汤并逛当地的工艺品店，最有趣的景点莫过于小型的合掌村博物馆——**下吕温泉合掌村**（Gero onsen gasshō-mura；☎0576-25-2239；www.gero-gassho.jp；森/Mori 2369；成人/儿童 ¥800/400；◷8:30～16:30）。从JR车站徒步20分钟，或从车站对面搭乘当地公车（¥100，4分钟，每小时一班），就可以到达有着许多茅草屋的园区。园区不大，但详细地展出了各种农家文物。里面有个付费的**森林溜滑梯**（森のすべり台/Mori-no-suberidai，¥100），滑梯分成两段，你可以在几秒钟内从175米的入口处滑下来。顺着指标，朝着尖叫声的源头往上爬就可以找到。

JR下吕站位在JR高山本线上，可由名古屋（特急¥4620，1小时50分钟）或高山（特急¥2240，45分钟）过来。也可由两地搭巴士过来，但巴士每天只有一班。旅游信息中心（◷8:30～17:30）就在车站出口的右手边，可索取合掌村博物馆的优惠券。里头有投币置物柜，太大件的行李可付费寄放在车站对面的旅馆或商家，细节询问工作人员。

> ### 高山早市
>
> 早市（asa-ichi, 朝市）是一天美妙的开始，同时也是接触其他人的一种方式。**阵屋前早市**（Jinya-mae Asa-ichi, 阵屋前朝市；见124页地图；www.jinya-asaichi.jp；八轩/Hachiken-machi 1-5；⊙6:00至正午）位于高山阵屋（见87页）前；较大规模的**宫川早市**（Miya-gawa Asa-ichi, 宫川朝市；见124页地图；www.asaichi.net；⊙7:00至正午）沿宫川东岸而设，位于锻冶桥（Kaji-bashi）和弥生桥（Yayoi-bashi）之间。集市的商铺包括新鲜的农产品以及当地艺术品和手工艺品。

下三之町/Shimo-sanno-machi 78；课程¥7000~12,000）在美丽的小镇参加日式烹饪课程，似乎是个不错的主意。可以在这里了解日本烹饪的基础知识，然后享用自己的劳动成果。需要提前两天告知（网络预约），最少有两名参加者才能开课。

节日和活动

高山祭　　　　　　　　　　　节日游行

高山祭（Takayama Matsuri）是日本最盛大的节日之一，通常分为两部分。4月14日和15日是山王祭（Sannō Matsuri），那时会有12辆装饰花车游行穿过城区。10月9日和10日是八幡祭（Hachiman Matsuri），规模较小。

夜晚，装饰着雕塑品、玩偶、五彩缤纷的帷幕和众多彩灯的花车会来到街上，伴着神圣的乐曲开始游行。

住宿

高山的住宿选择五花八门，从传统旅馆到现代酒店，质量都很不错，旺季时最好提前预订。

★ K's House Takayama　　青年旅舍¥

（见124页地图；☎34-4410；www.kshouse.jp/takayama-e；天满町/Tenman-machi 4-45-1；铺/标单/双 每人¥2500/4800/3600起；❄🛜）这间精致温馨的青年旅舍成功地将日式旅馆的氛围融入其中。所有的房间都带有私人浴室，厨房和公共区域也相当温馨。提供自行车出租服务。另一家分店K's House Oasis距离电车站更近一些。

Country Hotel Takayama　　酒店¥¥

（カントリーホテル高山；见124页地图；☎35-3900；www.country-hotel.jp；花里町/Hanasato-machi 6-38；标单/双 ¥4900/6800；🛜）这家商务酒店位置极佳，就在车站和巴士站对面。房间较小，不过整洁舒适。对于独行的旅行者来说相当合适。

★ 寿美吉旅馆　　日式旅馆¥¥

（寿美吉旅館/Sumiyoshi Ryokan；见124页地图；☎32-0228；www.sumiyoshi-ryokan.com；本町/Hon-machi 4-21；房间含两餐¥12,000/人起；🅿@🛜）这间古董气息四溢的日式旅馆位于一栋明治时代的商人住宅里，经营的老夫妻略通英语，热情友善。只有一间客房有私人浴室，但公共浴室可以上锁。建议选择河景房。从车站要走15分钟，一点路程可以换来货真价实的传统氛围。

旅馆清龙　　日式旅馆¥¥

（旅館清龍/Ryokan Seiryu；见124页地图；☎32-0448；ryokan-seiryu.co.jp；花川町/Hanaka-wamachi 6；房间含两餐¥12,000/人起；@🛜）打着飞驒牛专卖头衔的旅馆，日式和西式房间皆有，有的榻榻米房间较紧凑，不过都附有私人浴室。一泊二食相当划算，在房内享用丰盛的晚餐是入住这里的主要乐趣。馆内温泉不大，建议走5分钟去免费享用姊妹饭店Alpina顶楼的景观大浴场。

★ おやど古都の夢　　日式旅馆¥¥¥

（Oyado koto no Yume；见124页地图；☎32-0427；www.kotoyume.com/ja-jp；花里町/Hanasato-machi 6-11；标双/家庭

房¥22,000/36,000起,日式早餐¥2000;❄️📶)这里是精品酒店和传统日式旅馆的绝妙结合,所有榻榻米房间都采用古典和现代融合的风格,专业的员工提供各种暖心的服务。靠近电车站,位置便利。早餐也很美味。

❌ 餐饮

高山拥有种类和数量都很多的一流就餐选择,特色包括荞麦面、朴叶味噌、野山菜和飞驒牛肉。街头小吃包括串烤糯米团子、咸仙贝等。飞驒牛肉则常常被做成串烧、肉饼或肉包。你还可以留意众多面包店。

惠比寿本店 面条¥

(Ebisu-Honten;见124页地图;📞32-0209;www.takayama-ebisu.jp;上二之町/Kamini-no-machi 46;面条¥880起;🕐周三至周一10:00~17:30;🥢)这间店铺自1898年以来一直经营手工荞麦面。如果想品味荞麦真正的味道,可以尝尝笊篱冷面(ざるそば/zaru soba)。山药香菇荞麦面(なめことろろそば/tororo nameko soba)是配炖香菇和碎山药的热汤面,味道也相当好。店外有一块写着白色字迹的红色玻璃招牌,上面还带有一个小小的屋顶。

iCafe Takayama 咖啡馆¥

(见124页地图;www.icafe-takayama.com;昭和町/Showa-machi 1-22-11;简餐¥500起;🕐7:30~19:00;📶)位在崭新的JR高山站1楼。这家咖啡馆由附近飞驒古川(Hida-Furukawa)小镇上的Satoyama Experience(见92页)颇有想法的团队管理,不妨把这里作为高山的第一站,品尝这里提供的美味小吃、优质咖啡,以及当地人认知里的健康饮食。Wi-Fi免费,还有很多行李寄存箱。

高山祭上的花车

高山老街上的店铺

★ 京や
食堂 ¥¥

（Kyōya；见124页地图；☏34-7660；www.kyoya-hida.jp；大新町/Ōshin-machi 1-77；主菜 ¥750~5200；⊙周三至周一 11:00~22:00；📶）这家传统的餐馆以烹饪朴叶味噌（朴葉味噌/hoba-miso）和飞驒牛肉荞麦面（Hida-gyū soba）等地方特色菜而出名。榻榻米坐垫放置在深色木柱支撑的天花板下，围绕着长长的炭烤架。它坐落在运河上方桥梁附近的转角处。留意门口堆放的米袋。

匠家
烧烤 ¥¥

（Takumi-ya；见124页地图；☏36-2989；下二之町/Shimo-ni-no-machi 2；主菜 楼下¥680~980；楼上¥1500起；⊙周四至周二11:00~15:00和17:00~21:00；📶）在这里可以用普通汉堡肉排的价格品尝到飞驒牛肉。它就位于同名肉铺的隔壁，是一间休闲餐厅，特色菜有飞驒牛肉高汤拉面和飞驒牛丼饭（Hida gyū-don）。位于楼上的消费较高的餐厅供应韩式烧肉。

★ レッド・ヒル
小酒馆

（Red Hill Pub；见124页地图；☏33-8139；総和町/Sowa-chō 2-4；⊙19:00至午夜；📶）走进地下室灯光昏暗的酒吧，你会感觉置身于一位老友家里温馨的客厅。嬉皮且欢乐的店主人Hisayo会根据光顾的客人娴熟地调整着整个酒吧的氛围。它时而深情流畅，时而摇滚喧闹。当它趋于安静，而你恰好又是孤身一人时，你仍然可以找到一位迷人的倾诉者——Hisayo，她的英语相当流利，总会为大家准备美味的小吃以及一系列上好的酒精饮品，其鸡尾酒系列简直堪称完美。

🔒 购物

高山以传统工艺品而闻名。这里的木雕（一位一刀彫/ichii ittobori）、春庆漆器（春慶塗/shunkei）、质朴的山田陶器（山田焼/yamada-yaki）以及装饰用的涉草陶器（渋草焼/shibukusa-yaki）都很著名。在三町通（Sanmachi-dōri）和安川通（Yasugawa-dōri）之间，高山历史与艺术博物馆（见86页）的附近，还有许多很棒的古玩店（古物/kobutsu）。只要足够耐心和精明，总能有一些意外之喜。淘货的过程本身就是一种乐趣。

高山最普遍的纪念品是猴宝宝玩偶（さるぼぼ/saru-bobo）。这些红色的小玩偶穿着蓝色的衣服，四肢纤细，没有脸。这是为纪念过去比较贫穷时，奶奶们利用一切能够找到的材料为孩子们做玩偶的日子。

和纸の山崎　　　　　　　　　　工艺品
（Washi no Yamazaki；见124页地图；32-4132；本町/Hon-machi 1-22；9:30~17:00）这家家庭经营的美妙店面销售手工和纸（washi）。

铃木雕刻　　　　　　　　　　　工艺品
（鈴木彫刻/Suzuki Chōkoku；见124页地图；32-1367；初田町/Hatsuda-machi 1-2；周三至周一8:30~19:30）由当地木雕（一刀彫/ittobori）协会的前任会长开办，小雕像的价格¥750起，有些木雕的价格则高达……你去看看是多少？

❶ 实用信息

旅游信息

旅游信息中心（飛騨高山観光案内所/Hidatakayama kankōan'naijo；见124页地图；32-5328；www.hida.jp；11月至次年3月8:30~17:30，4月至10月 8:30~18:30）JR高山站对面，有经验丰富又会讲英语的工作人员，提供英语等多语种地图和多种有关景点、住宿、特别活动和区域交通的小册子。

❶ 到达和离开

长途汽车

浓飞巴士（濃飛バス/Nōhi Bus；32-1688；www.nouhibus.co.jp）运营高山往返东京新宿站（¥6690, 5.5小时，每天数班，需预约）、松本（¥3190, 2.5小时）和金泽（¥3390, 2.25小时）

古城里的潺潺水声

日本中部有许多保存良好的优美古街，如果你想有个不一样的体验，不妨到郡上八幡（Gujō-Hachiman）这个小城来住一晚。

郡上八幡的古街依山傍水，风景如画。身为日本三大舞蹈节之一的**郡上舞蹈节**（郡上踊/Gujō Odori）让这座小城名声大噪，同时这里还是塑料食品模型的诞生地。舞蹈节来自小城的传统，可追溯至1690年左右的盂兰盆会舞（即日本当地的中元节舞蹈）。在7月中至9月初的32个夜晚中，居民会狂热地跳舞，特别在彻夜舞蹈日（徹夜踊り/tetsuya odori）的那几天（8月13日至16日）晚上，人们会一直跳到天亮。旅行者也能轻松地加入，你可以在服装店租借浴衣并购买木屐，随着群众尽情摇摆。

其他时间里，小镇中波光粼粼的河水、狭窄的小巷和石桥也都值得一览。镇中心附近有一处"天下名水"首选的**宗祇水**（Sōgi-sui），它以桃山时代的一位诗人命名，已有500年的久远历史。

假使无法在这个水乡待一晚，由附近的城市来一日游也是可行的。来郡上八幡最便利的途径是从岐阜乘巴士（¥1520, 1.5小时），记得在城下町广场（城下町プラザ/Jōka-machi Plaza）站下车，注意这不是终点站。也有从名古屋（¥2260, 1.5小时）或高山（¥1850, 75分钟）来郡上八幡的高速巴士，但这些巴士只在城郊的郡上八幡I.C站停靠，还需走2公里至城镇中心。如果搭电车，从岐阜（¥500, 50分钟）或名古屋（¥810, 80分钟）搭乘JR至美浓太田（美濃太田/Mino-ōta）站，再转搭私营的长良川铁路（長良川鉄道/Nagaragawa Tetsudō）来郡上八幡（¥1350, 1.5小时，每小时1班），电车站距离城镇中心1.5公里。

之间的高速客车。营运时段随季节变化而调整,部分线路在冬季封路期间不运行。

火车

从东京或各大城市(京都、大阪、广岛、福冈)南下或北上,可以乘坐班次频繁的新干线先抵达名古屋,然后换乘JR高山线(JR Takayama sen;特急¥5510, 2.5小时)。

从东京出发的另一种选择是,先前往北部终点的富山(特急¥2840, 1.5小时),再换乘JR高山线。去富山也可以乘坐2015年开通的北陆新干线(Hokuriku Shinkansen),这些列车舒适极了。

此外还可以乘坐在山区沿飞驒川行驶的电车,景色十分壮观。

❶ 当地交通

高山的大多数景点都可以徒步游览。花上20分钟,你就从电车站溜达到了寺町。飞驒高山也很适合骑自行车旅行,但租金昂贵。你可以在ハラサイクル(Hara Cycle;见124页地图;☎32-1657;末广町/Suehiro-chō 61;首小时¥300,随后¥200/小时;¥1300/天;⊙周三至周一 9:00~19:30)租赁自行车。有些住宿地点免费提供自行车。

飞驒古川(Hida-Furukawa)
飛驒古川

☎0577/人口24,708

从高山搭乘15分钟的电车,就能来到飞驒古川这座令人精神放松的河畔小镇。当地很多人已近暮年,态度友好,对保护当地历史文化充满热情。漂亮的街道、平静的寺庙和有趣的博物馆与山峦遥相呼应。每年4月举行的古川祭(Furukawa Matsuri)会让这里热闹起来。

近年火热的日本动画《你的名字》(君の名は/Kiminonawa)让这个小镇声名大噪,在这部新海诚的作品中,男主角搭乘火车千里寻访女主角的下车地点,就是飞驒古川的车站。

◉ 景点

飞驒古川的电车站和巴士站相邻,都位于镇中心东侧。从电车站步行10分钟便能到达各景点。

濑户川与白壁土藏街 历史街区

(瀬戸川と白壁土蔵街/Seto-kawa to Shirakabe-dōzō)这一迷人的历史运河地区距离JR飞驒古川站(JR Hida-Furukawa Station)仅5分钟步程。这里遍布着白墙商店、仓库、私家住宅以及满是锦鲤的池塘。跨过运河,壱之町(Ichino-machi)上到处是售卖木制品的商店、清酒酿酒厂(以门口上挂着的巨大雪松球为标志)和传统仓库。

本光寺 佛教寺庙

(Honkō-ji;☎73-2938;古川町/Furukawa-chō 1-17)位于河畔的本光寺是飞驒最大的木结构寺庙,寺庙里繁复的雕刻显示了古川地区精湛的工艺。这座寺庙始建于1532年,但现在的建筑是1913年按照原来的设计重新修建的,此前的一场大火烧毁了城里90%的建筑。

飞驒之匠文化馆 博物馆

(飛驒の匠文化館/Hida no Takumi Bunkakan;☎73-3321;壱之町/Ichino-machi 10-1;成人/儿童¥300/100;⊙12月至次年2月 周五至周三 9:00~16:30, 3月至11月 每天 9:00~17:00)这间博物馆致力于展示日本木工的历史及其独特的工艺,是木作和设计爱好者必去之处。在手工作坊里,你可以试着将被切割成各种形状的木块拼凑在一起,这样的工作可不像听起来那么简单哦。

❺ 团队游

★Satoyama Experience 文化

(☎73-5715;www.satoyama-experience.com;弍之町/Nino-machi 8-8;半日游¥5400起;⊙周五至周三 9:00~18:00)这里的出色员工会迫不及待地向你介绍这片土地,以及这里的文化与人民。小团骑车游包括友好专业的英语导游服务、山地自行车出租和保险。各种团队游(含徒步)可以满足不同身体状况的旅行者,所有行程都能充分了

白壁土藏街

解飞驒的精神风貌。强烈推荐。

　　这里的员工还可帮你在小镇里或周边安排一些独特、传统的住宿（长期住宿），大胆开口询问吧。

😊 节日和活动

古川祭　　　　　　　　　　节日游行

　　（古川祭り/Furukawa Matsuri；⏱4月）通常被称作裸体祭（Hadaka Matsuri），每年4月19日至20日举行，有节日彩车（yatai）游行。节日的亮点是太鼓表演（Okoshi Daiko），表演在19日夜晚进行，届时一群光着膀子、穿着传统日式男士内裤（褌/fundoshi）的年轻人借着酒意在整个小镇游行。

　　他们会竞相把小鼓放到已经有一只大鼓的舞台上。好吧，其实也不是完全裸体，但这个名字也确实不是我们虚构出来的。

狐火祭　　　　　　　　　　节日游行

　　（きつね火祭り/Kitsunebi Matsuri；⏱9月）在9月的第四个周六举行，当地居民会化装成狐狸的样子在镇上打着灯笼游行，他们还会在当地的大仓稻荷神社（Okura Inari-jinja）表演一场婚礼。这样的祭礼旨在祈祷好运，当点起篝火时，仪式进入高潮。

🛏 食宿

飛驒ともえホテル　　　　　酒店¥¥

　　（Hida Tomoe Hotel；📞73-2056；www.tomoe-jp.com；金森町/Kanamori-chō 10-27；房间 每人 含/不含餐 ¥11,290/6250起；❄@）这家位于电车站旁的迷人的商务酒店提供西式和日式风格的客房。大部分客房配有浴室，不过这里也有一间相当漂亮的公共浴室。"含餐"的内容就是用当地农场新鲜食材烹饪的围炉（irori）式怀石料理。

壱之町珈琲店　　　　　　　咖啡馆¥

　　（Ichino-machi Cafe；📞73-7099；壱之町/Ichino-machi 1-12；蛋糕¥400起；⏱周三

至周一10:00~17:00；☎）你可以在这家修复后的传统町屋（machiya）的菜单里找到戚风蛋糕、甜瓜面包和当地的飞驒牛肉咖喱等佳肴。提供免费无线上网。

❶ 实用信息

巴士站有一处**旅游信息中心**，提供一些英文地图和单页资料，不过这里的员工几乎不讲英语。

❶ 到达和当地交通

名古屋（¥6030，2.75小时）和富山（¥3190，1小时17分）之间的飞驒特急列车可以到达飞驒古川。

飞驒古川与南边相隔三站距离的高山（¥240，15分钟）之间有班次频繁的本地列车。

从电车站出发可以轻松地步行前往古川中心地区的各处。你也可以在附近的Miyagawa Taxi（☎73-2321；古川町/Furukawa-cho 10-41；出租自行车¥200/小时）租自行车或者参加Satoyama Experience的团队游。

白川乡（白川郷/Shirakawa-gō）和五箇山（五箇山/Gokayama）

位于高山和金泽之间的白川乡和五箇山地区，偏远却引人入胜，有很多盖着茅草顶的合掌造（gasshō-zukuri）农舍，因此名声远扬。农舍富有乡村风味，无论是在色彩鲜艳的春季，薄雾弥漫的秋季，还是在大雪覆盖的冬季，都显得十分可爱。

白川乡的大多数景点都位于荻町村（Ogimachi），从高山过来的高速公路经过这里，使其成为该地区游客最多的地方。在人比较少的五箇山地区，营沼村（Suganuma）和相仓村（Ainokura）是景点最集中的地方。其他景点分布在156号国道沿线方圆几公里的村落中。这三座村庄都被列入了联合国教科文组织世界遗产名录。

不过一直以来，关于观光巴士对这片独特区域造成的不良影响，以及应该采取什么措施来保护当地人的日常生活，也始终存在着争论。若想避开熙熙攘攘的人群，建议你

不要在周末、假期以及樱花季和红叶季到这里观光。

记得带足现金，因为那里自动柜员机很少，且几乎不接受信用卡。

最好能在合掌造旅馆中住一宿，以便更好地体验此处的乡村生活。住宿设施能满足基本需求，建议提前预订。你也可以从高山或金泽来此一日游。

除了那几座访客集中的村庄有一些旅游咖啡馆之外，这里几乎没有多少用餐选择。如果你要过夜，住宿场所一般会提供餐食。

❶ 到达和当地交通

前往这些偏远居住地区的唯一方式是乘坐长途汽车或开车。

多家旅行社提供从高山和金泽出发的各种团队游。

长途汽车

浓飞巴士（濃飛バス/Nōhi Bus；☎32-1688；www.nouhibus.co.jp）及其分支机构有7班以上的车每天往返于荻町（白川乡）、高山（单程/往返 ¥2470/4420，50分钟）、金泽（¥1850/3290，1.5小时）和富山（¥1700/3060，1.75小时）之间。部分班车需要预订。12月至次年3月可能会受天气影响而延迟或取消。

金泽－高山线路上的一些长途汽车会在营沼停车。浓飞巴士还提供当日往返的白川乡和相仓（成人/儿童 ¥6690/4420）长途汽车团队游，从高山出发。

从北边过来的**加越能巴士**（加越能バス/Kaetsunou Bus；☎0766-22-4886；www.kaetsunou.co.jp）每天最少有4班车，从JR北陆新干线（JR Hokuriku Shinkansen）上的新高冈站（Shin-Takaoka）到相仓（¥1000，1小时），然后继续开往荻町（¥1800，2小时），途经所有主要景点。相仓和荻町之间的票价是¥1300。

荻町（Ogimachi） 荻町

☎05769/人口600

荻町（Ogimachi）位于白川乡地区的中

心，是最容易到达的落脚点，它有约600处民居及110多座合掌造建筑（gasshō-zukuri）。一般来说，作为旅游目的地，荻町和白川乡可以任选其一。

◎ 景点和活动

在荻町的**旅游信息中心**（白川郷観光案内所/Shirakawa go kankōan'naijo；☏6-1013；荻町/Ogimachi 2495-3；◷8:30~17:30）拿一份免费的多语种地图（办公室位于白川乡主巴士站附近，民俗村的外面）。

城山展望台 观景点

从古老的城堡遗址上的**城山展望台**（Shiroyama Tenbōdai）可以俯瞰山谷的美丽景色。沿城镇东侧后方的公路步行前往展望台需要15分钟。你可以从156号国道和360号国道交会处附近的小径爬上去（5分钟），也可以在白川乡巴士站乘坐往返班车（单程¥200）。

合掌造民俗村 博物馆

（合掌造り民家園/Gasshō-zukuri Minkaen；☏6-1231；www.shirakawago-minkaen.jp；荻町/Ogimachi 2499；成人/儿童¥600/400；◷4月至11月 8:40~17:00，12月至次年3月 周五至周三 9:00~16:00）这里拥有二十多座从别处迁移过来的合掌造建筑，但布置得稍显不够自然。其中几座被用来展示当地的传统工艺，如木工、麦秆手工艺和陶艺（只有日语，参观需预约），很多工艺品也是对外出售的。你可以在这些住宅间漫步，也可以在这里野餐，但一定要记得把自己的垃圾带出去。

和田家 历史建筑

（Wada-ke；☏6-1058；成人/儿童¥300/150；◷9:00~17:00）作为白川乡最大的合掌造住宅，它已被列为国宝。和田家曾属于一个富有的丝绸商家族，历史可追溯至江户时代的中期。楼上展示着制作丝绸的工具，还有一间非常有价值的漆器收藏室。

飞驒的古川祭

明善寺乡土馆　　　　　　　　博物馆

（明善寺郷土館/Myōzen-ji Kyōdo-kan；6-1009；成人/儿童￥300/100；4月至11月 8:30~17:00，12月至次年3月 9:00~16:00）与荻町一座小寺庙——明善寺相邻，里面展示了日常乡村生活的一些传统用具。

大白川露天浴场　　　　　　　　温泉

（大白川露天風呂/Ōshirakawa Rotemburo；6-1311；￥300；6月上旬至11月上旬 7:00~17:00，7月和8月 至18:00）这间卓然独立的小型露天浴场位于荻町40公里外，需要沿崎岖的山路而行，途中要经过很多视线不良的弯道，一年中的大部分时间都无法到达这里。浴场没有公共交通设施，但这也成了这里独特魅力的一部分，边泡汤还能饱览白水湖（Shiramizu-ko）的美景。从荻町到达这里不仅需要坚定的决心，还需要一辆私家车或出租车、大量现金以及至少90分钟的车程。

🎉 节日和活动

白川乡最大的节日是10月14日和15日在**白川八幡神社**（Shirakawa Hachiman-jinja，其他庆典会一直继续到19日）举行的祭祀。节日当天，当地居民会排成长队一起跳狮子舞和即兴舞蹈（niwaka）。这里的明星是浊酒（濁酒/doburoku），一种未经提纯的清酒。

🛏 住宿

要想在线预订荻町的合掌造旅馆，可以访问www.japaneseguesthouses.com。房费含两餐，天气冷的时候要交夜间取暖费（￥400起）。要不就住在高山或金泽，来此一日游。

★ 孙右ェ門　　　　　　　　旅馆￥￥

（Magoemon；6-1167；荻町/Ogimachi 360；房间含两餐￥11,300/人起；🅿🈶🛜）这家超过300年历史的旅馆非常适合感受正宗

白川乡的合掌造建筑雪夜景观

的当地氛围。友善的店主人不会讲英语，因此如果你会点日语交流就再好不过了。餐食是在围炉周围享用的。这里有6间大客房（设施公用），其中3间面对河流。

白川乡の汤　　　　　　　　　　小屋¥¥
(Shirakawa-gō-no-Yu; ☎6-0026; www.shirakawagou-onsen.jp; 荻町/Ogimachi 337; 房间含两餐¥10,800/人起; ❄❄❄) 镇里唯一的温泉, 7:00~21:30提供桑拿、小型露天浴场和大型公共浴池的日间洗浴（成人/儿童¥700/300）。住宿的客人可以在游客不多时享用设施。宜人、现代的榻榻米房间是公用卫浴; 价格较贵的房间(¥16,200起)有独立卫生间。另外还有西式标准间, 不过缺乏吸引力。

トヨタ白川乡自然学校　　　　　酒店¥¥
(Toyota Shirakawagō Eco-Institute; ☎6-1187; www.toyota.eco-inst.jp; 馬狩/Magari 223; 标双¥19,800/人起; ❄❄❄) 这是座生态度假村, 位于丘陵上, 距荻町10分钟车程。虽以接待团体游客为主, 但也欢迎个人旅行者。有丰富多彩的活动可供选择。这里还提供丰盛的法式料理。

幸エ門　　　　　　　　　　　　旅馆¥¥
(Kōemon; ☎6-1446; 荻町/Ogimachi 546; 房间含两餐¥9000/人起; ❄❄❄) 位于城镇中心, 有5间房, 内设地暖、黑木镶板以及公共浴室。第五代店主英语讲得很好, 他对白川乡的热爱之情非常感染人心。

志みづ　　　　　　　　　　　　旅馆¥¥
(Shimizu Inn, Minshuku Shimizu; ☎6-1914; http://shirakawa-go.com/~shimizuinn/; 荻町/Ogimachi 2613; 房间含两餐¥8800/人; ❄❄❄) 这间家庭味浓厚的旅馆位于城镇南端风景如画的地方, 有3个小房间和1间公共浴室。该建筑已有200多年的历史。

🍴 就餐

落人　　　　　　　　　　　　咖啡馆¥
(Ochūdo; ☎090-5458-0418; 荻町/Ogimachi 792; 午餐¥1000; ❄10:30~17:00; ❄) 咖啡馆设在有350年历史的合掌造住宅里, 餐桌沿围炉(irori)而设。供应咖喱饭、茶和咖啡。

いろり　　　　　　　　　　　　食堂¥
(Irori; ☎6-1737; 荻町/Ogimachi 374-1; 菜肴/套餐¥432/1296起; ❄10:00~14:00; ❄❄) 位于荻町入口处的这家餐厅以本地特色菜为主, 包括朴叶味噌、炸豆腐以及荞麦面或乌冬面定食。你可以围炉而坐或使用餐桌。

五箇山地区(Gokayama)
☎0763

在富山县境内, 沿庄川(Shō-gawa)一路向北, 便是人烟稀少、与世隔绝的五箇山地区。虽然在156号国道的两侧就建有一些合掌造房屋, 但菅沼(Suganuma)和相仓(Ainokura)才是其中最具特色的两个村庄。前往那里需沿156号国道从白川乡一路向北, 你会先到达菅沼, 然后再到相仓。

五箇山信息中心 (五箇山総合案内所/Gokayama Sōgō an'naisho; ☎66-2468; www.gokayama-info.jp; 上梨/Kaminashi 754; ❄9:00~17:00) 就在上梨(Kaminashi)村庄内。

◎ 景点和活动

菅沼(Suganuma)在荻町以北15公里一个陡峭山坡下的河边, 紧邻156号国道, 这里拥有九座合掌造房屋, 是一处世界文化遗产。与其说它是一座有生活气息的村庄, 不如说它是一处宅院式博物馆（无住宿设施）。

迷人的相仓（相倉/Ainokura）也是一处世界文化遗产所在地。它是五箇山的众多村庄中最受瞩目的一个, 二十多座合掌造建筑坐落在这片山谷中, 周围是壮丽的山景。偏远的地理位置让它不像荻町那样游客众多, 总能保持宁静。如果你希望穿越时空回到过去并聆听自己内心的声音, 那么就在这里留宿一夜吧——当巴士离去以后, 这里就会变得非常美妙。

合掌造 (GASSHŌ-ZUKURI)

飞驒的冬季是严酷的,在当地人有燃气取暖和越野车以前,居民们不得不忍受漫长的严寒。最能展现出适应这种严寒的标志,便是合掌造(gasshō-zukuri)建筑,在整个地区内,这种坡度极大的秸秆覆顶的建筑随处可见。

采用这种大坡度的屋顶是为了防积雪。积雪是这一地区面临的最严重的一个问题,从12月起至次年4月,几乎所有的山路都会被封闭。合掌(gasshō)一词来自日文中的祷告,因为房屋的形状看起来很像祈祷者合起来的双手。合掌造建筑通常采用结实的雪松做立柱,阁楼是养蚕的好地方。富人家的合掌造房子比较大,能容纳30人。农民家庭居住在小屋内,狭窄的民居现在多数只能被用来存放工具。

随着日本社会的不断发展,合掌造建筑正面临着消失的危险。很多民俗村里的合掌造建筑已被集中在一起,便于开展保护工作,包括高山地区的飞驒民俗村(Hida-no-sato;见85页)、荻町(Ogimachi;见94页)、菅沼(Sugan-uma;见97页)及相仓(Ainokura;见97页)。因此,现在相邻的两幢建筑,过去很可能处于相距很远的两个地方,彼此之间需要步行或乘雪橇几天才能到达。当地政府也一直在致力于营造周边的场景,极力重现飞驒山村过去的生活面貌。

从相仓口(Ainokura-guchi)车站往上坡走400米左右到达相仓,然后再下坡进入村庄。

五箇山民俗馆　　博物馆

(Gokayama Minzoku-kan;☎67-3652;菅沼/Suganuma 436;成人/儿童¥300/150;◎9:00~16:00)在这座位于菅沼的民俗博物馆里,你可以从展品中一窥传统生活,也可以看到传统的火药生产方式——该地区曾经以此闻名。

くろば温泉　　温泉

(Kuroba Onsen;☎67-3741;南砺市上平细岛/Kamitaira-hosojima, Nanto 1098;成人/儿童¥600/300;◎周三至周一10:00~21:00)沿156号国道行驶,在菅沼以北约1公里处。这是一处融合了室内和室外温泉浴池的地方,且可以欣赏到秀丽风景。它弱碱性的泉水能够有效地缓解疲劳、放松肌肉。

村上家　　历史建筑

(Murakami-ke;☎66-2711;www.murakamike.jp;上梨/Kaminashi 742;成人/儿童¥300/150;◎4月至11月8:30~17:00,12月至次年3月9:00~16:00)在菅沼和相仓之间的小村庄上梨,你会发现这个地区最古老的合掌造住宅之一(可追溯到1578年)——村上家。目前它是一座小型博物馆,自豪的主人会先带客人们在周围参观,有可能还会为他们唱起当地的民谣。附近还有一座**白山宫神社**(Hakusan-gū jinja),大殿始建于1502年,已被认定为日本重要文化遗产。

在9月25日和26日的**筑子节**(Kokiriko Matsuri)时,这里会用一种独特的舞蹈进行庆祝——届时舞者会戴着摇铃,模仿蛇爬行的样子。节日第二天,所有人都会参与进来。

相仓民俗馆　　博物馆

(Ainokura Minzoku-kan;☎66-2732;相倉/Ainokura 352;成人/儿童¥300/150;◎8:30~17:00)从村庄一路漫步就可以来到这间有趣的民俗博物馆,它展示了许多当地的工艺品和纸张。博物馆分为两栋建筑,即以前的尾崎(Ozaki)和中谷(Nakaya)住宅。

五箇山和纸之乡　　画廊

(五箇山和紙の里/Gokayama Washino-sato;☎66-2223;www.gokayama-washinosato.com;東中江/Higashinakae 215;◎9:00~17:00)位于相仓以北,在156

Explore every day

lonely planet

回复 "SOSA"

获取关注 Lonely Planet 微信公众号

春日物语
眼中的国家
顶级美景

号国道的路旁,你会在这里看到很多日本的和纸艺术品。你还可以自己尝试着做一些(¥500起,需预订,工作人员英语水平有限)。这里还有一家礼品店。

🛏 住宿

偏远的相仓非常适合体验合掌造(gasshō-zukuri)住宿。懂一些日语能有效地帮助你预订客房以及展开周边活动。因需收取取暖费,冬季的房价略高一些。

相仓キャンプ場　　　　　　　　露营地 ¥

(Ainokura kyanpuba; ☏66-2123; 相仓/Ainokura 611; 成人/儿童 ¥500/300; ⓧ4月上旬至11月中旬; ℗) 这片可爱的简单露营地距离相仓村庄仅1公里。

与茂四郎民宿　　　　　　　　　民宿 ¥¥

(Minshuku Yomoshirō; ☏66-2377; yomosirou.com; 相仓/Ainokura 395; 含两餐¥9200/人) 试试这间好客的民宿,它拥有4间客房,如果你提出要求,它的主人会在你入住的时候为你展示传统打击乐器——ささら(sasara)。

民宿長ヨ門　　　　　　　　　　民宿 ¥¥

(Minshuku Chōyomon; ☏66-2755; 相仓/Ainokura 418; 含两餐¥8000/人; 🅦) 这间位于相仓村中心地带的旅馆已有350年的历史,没有哪里比它更能体现乡村特色的了。

民宿五ヨ門　　　　　　　　　　民宿 ¥¥

(Minshuku Goyomon; ☏66-2154; www.goyomon.burari.biz; 相仓/Ainokura 438; 含两餐 ¥8800/人; 🅦) 是一家主要接待家庭游客的小型民宿。

金泽(Kanazawa)　　　　　　　　金沢

☏076/人口464,483

金泽的文化景点很多,使得这座城市一直受到前往北陆地区的旅行者的钟爱。而作为日本本土的历史瑰宝,它的确足以与京都相媲美。这里最有名的当属兼六园(Kenroku-en)。它曾是一座美丽的城堡庭园,历史可追溯至17世纪。保存良好的艺伎区和武士区的美丽街景、迷人的寺庙、大量的博物馆和美妙的市场都是金泽骄傲的资本。建议你安排2至3天的时间将这些地方一一走过。

15世纪,金泽曾处于佛教自治政府的控制下,1583年,强大的前田家族的领袖前田利家(Maeda Toshiie)取而代之,统治金泽。"金泽"的含义正如其名字"金色的沼泽"一样恰如其分,在其鼎盛时期,这里是日本最富有的区域,其每年的稻米产量高达约500万蒲式耳(约1.81亿升)。金泽的富饶使得前田家族著力保护各项文化和艺术事业。今天的金泽依然是日本的文化热点区域。

"二战"期间,因为这里没有军事目标,金泽并未遭到多少破坏,它无数的历史和文化景观也得以保存。现在,它们和谐地与当今城市中的许多现代建筑融合在了一起。

金泽城沿着两条几乎平行的河流(犀川和浅野川)不断延伸扩展。大多旅行者会先抵达曾入选"全世界最美丽车站"的JR金泽站(那个"鼓门"是能剧小鼓造型),只不过多数景点都与车站有相当的距离。近来,随着北陆新干线在2015年首次开通,这一地区也开始变得热闹起来。城中覆盖广阔的公交网络(乍看上去有些杂乱)也是以此作为总站。耐心一点,你很快就能确定自己的方位。

沿百万石通(Hyakumangoku-dōri)向南,在到达位于西川(Sai-gawa)河畔的片町(Katamachi)之前,你首先会到香林坊(Kōrinbō)商业购物区,这里是餐饮和娱乐区域。如果你住在电车站附近,要留意公交车晚上停止运营的时间可能会比较早,从这一带打车回来至少需要¥1300。你可以在香林坊和西川之间找到曾经的武士区——长町区(Nagamachi)。

从片町跨过桥,可以来到寺町(Tera-machi)和西茶屋街(Nishi-chaya-gai),然而最负盛名的景点还在片町东侧,包括金泽城公园和兼六园。在它们的北侧、浅野川(Asano-

兼六园的徽轸石灯笼

gawa)的对面，即是美丽的主计町茶屋街和东茶屋街(Higashi-chaya-gai)，连绵起伏的卯辰山(Utatsuyama)山上的寺庙就俯瞰着这里。向西走则可以经过不容错过的近江町市场绕回车站。

◎ 景点

◎ 金泽站（Kanazawa eki）和周边

近江町市场 市场

（Ōmi-chō Ichiba; 见125页地图; 近江町/Ōmi-chō 35; ◎9:00~17:00）位于金泽站和片町之间，与东京筑地市场有些类似。这里全天都很繁忙，鱼贩、买家和餐厅竞相来此抢购。在这里可以看到人们的日常活动并品尝最新鲜的刺身和当地特产。最近的巴士站是"**武蔵ヶ辻**"（Musashi-ga-tsuji）。

◎ 兼六园（Kenroku-en）和周边

★兼六园 庭园

（Kenroku-en; 见125页地图; ☎234-3800; www.pref.ishikawa.jp/siro-niwa/kenrokuen/e; 丸の内/Marunouchi 1-1; 成人/儿童 ¥310/100; ◎3月至10月中旬 7:00~18:00, 10月中旬至次年2月 8:00~17:00）它是日本园林的三甲之一，建于江户时代，其名字"兼六"的含义为"六者兼得"，源于中国宋朝诗人李格非（李清照的父亲）在《洛阳名园记》中"湖园"里所述："洛人云，园圃之胜，不能相兼者六。务宏大者少幽邃，人力胜者少苍古，多水泉者艰眺望。兼此六者，惟湖园而已。"而兼六园也具备了宏大、幽邃、人力、苍古、水泉和眺望这六大特点。早一些入园，在大批旅客到来前可享受片刻静思。

据信，兼六园起初只是作为金泽城外围别墅的园林，从17世纪20年代至19世纪40年代不断扩建，并于1822年得名。兼六园于1871年正式对外开放。

金泽城公园 城堡

（Kanazawa-jō Kōen; 见125页地图;

📞234-3800；www.pref.ishikawa.jp/siro-niwa/kanazawajou/e/；丸の内/Marunouchi 1-1；建筑物/院落 ¥300/免费；⏰院落 3月至10月中旬7:00~18:00，10月中旬至次年2月8:00~17:00，城堡 9:00~16:30）始建于1580年的这座大型建筑被称为"千榻之堡"，是前田氏14代人的故居，1881年曾被焚毁。现存雅致的大门——**石川门**（Ishikawa-mon）重建于1788年，正对着兼六园；塔楼上的小孔是专为石落（ishi-otoshi；在有入侵者的时候投掷石块）设计的。另外两栋建筑，**菱橹塔**（菱橹；Hishi-yagura）和**五十间长屋**（五十間長屋；Gojikken-Nagaya）则是2001年采用传统工艺进行重建的结果。

★ 玉泉院丸庭园 花园

（Gyokusen Inmaru Teien；见125页地图；📞234-3800；丸の内/Marunouchi 1-1；⏰7:00~18:00） 邻近金泽城公园，这座封建时代的游乐园林始建于1634年，明治时代被废弃。2015年，为期5年的重建工程完工。庭院特色在于有小桥流水和多种传统元素。庭院的中心是玉泉庵（Gyokusen-an Rest House），整体美观精致，给人留下最为深刻的印象。周五和周六的夜晚，从日落到21:00，庭院和茶馆灯火辉煌——记得准备好照相机。

玉泉庵

（Gyokusen-an；见125页地图；📞234-3800；丸の内/Marunouchi 1-1；茶道¥720；⏰9:00~16:30）玉泉院丸庭园内这家别致的茶馆是体验茶道的理想场所。茶道是日本最古老、最独特复杂的一种文化之一。

金泽21世纪美术馆 博物馆

（Kanazawa 21 seiki bijutsukan；见125页地图；📞220-2800；www.kanazawa21.jp；广坂/Hirosaka 1-2-1；⏰10:00~18:00，周五和周六 至20:00） 建筑外观是一个低矮的玻璃圆柱体，直径113米，圆形的大园区从上空俯瞰一定很有趣，馆内的画廊就像分布在托盘上的盒子。入馆免费，但观赏展览需要购票，包括当代日本和国际艺术家的各种作品，还有一个可以站在"游泳池中"向上仰望的作品。可登录英文网页了解活动信息和展览票价。

★ 铃木大拙馆 博物馆

（铃木大拙館/Suzuki taisetsu-kan；见125页地图；📞221-8011；www.kanazawa-museum.jp/daisetz；本多町/Honda-machi 3-4-20；成人/儿童 ¥300/免费；⏰9:30~17:00，周一休息）这间独特的宗教博物馆是为纪念铃木大拙（贞太郎/Teitarou）而建的。在英语世界中被称为D.T.Suzuki的铃木大拙，是我们这个时代最重要的佛教哲学家之一。他的主要功绩在于通过日文和英文的出版物，将禅宗引入西方。这栋令人惊叹的混凝土综合大楼体现了禅的精髓。来这里了解这位了不起的人物，并在水镜之庭中沉思一番吧。

◎ 寺町（Teramachi）

西川南岸的这个丘陵地带街区位于片町（Katamachi）对面，紧邻西茶屋街。当初修建时，这里曾作为城堡的第一道外围防线，现在则包括几十座寺庙。

★ 妙立寺 佛教寺庙

（Myōryū-ji；📞241-0888；www.myouryuji.or.jp；野町/Nomachi 1-2-12；成人/儿童¥1000/700；⏰3月至11月 9:00~16:30，12月至次年2月 9:00~16:00，需预约）这个寺庙又名忍者寺（Ninja-dera），位于寺町，始建于1643年，建造初衷是作为遇到攻击时的贵族避难所，内设隐蔽的楼梯、逃生线路、密室、藏匿地道和假门。与大众认知恰恰相反，这间古老的寺庙与忍者（Ninja）毫无关联。仅供团体参观（日文导游，提供中文手册）。必须电话预订（接受英文）。

✱ 节日和活动

加贺鸢登梯消防出初式 文化

（加賀鳶梯出初式/Kagatobi Dezomes-

近江町市场的摊档

hiki；⏰1月）每年都会举行的消防员誓师大会。在寒冷的1月初造访金泽城公园时，你可以看到勇敢的消防员在喝些清酒后，冒着严寒，登上高高的梯子展示古代消防技巧。

百万石夏祭　　　　　　　　　　　节日游行

（百万石まつり/Hyakumangoku Matsuri；⏰6月）这是金泽一年一度的主要节日，于6月上旬举行，以纪念当地米产量首次达到100万石（约15万吨）。乡民们身着16世纪的传统服装在街上游行，表演薪能（takiginō，点燃火炬表演能剧）、放水灯（灯籠流し/tōrō nagashi，黄昏时在河里放花灯）和表演茶道（茶の湯/chanoyu）。举办地点在兼六园。

🛏 住宿

JR金泽站周边有便利的旅宿，东茶屋街附近可以找到许多有情调的住宿地点。

★ Guest House Pongyi　　　青年旅舍¥

（ゲストハウス ポンギー；见125页地图；☎225-7369；www.pongyi.com；六枚町/Rokumai-machi 2-22；铺/标单/双¥3000/5500/7000；❄@📶）这家位于运河畔的迷人老店小巧却很有味道，"住持"是一位热情洋溢的日本大叔，他曾在东南亚当过一段时间和尚（Pongyi是缅甸语的僧侣）。晚间经常有各种活动，会邀请旅行者一同参与，从写书法、折纸、聚餐到泡汤，让你的旅行充满故事。

★ The Share Hotels Hachi　　青年旅舍¥

（见125页地图；☎03-5656-6916；www.thesharehotels.com；橋場町/Hashiba-cho 3-18；铺/私人间 每人¥3000/3800起；❄📶）位在东茶屋街入口附近，一楼是时尚咖啡馆和创意市集的结合，整栋旅舍都是工业风格设计，细节处使用日本各地职人打造的小物。宿舍房型是木造胶囊隔间，干净舒适，私人房还拥有自己的卫浴间。这家设计感满分的青旅还有另一家分店（KUMU），位于金泽城公园旁。

Holiday Inn ANA Kanazawa Sky 酒店 ¥¥

(见125页地图；233-2233；www.holidayinn.com；武藏町/Musashi-machi 15-1；标单/双 ¥7500/9400起；) 这家重新装修过的商务酒店是绝佳的中档住宿选择，提供舒适的床，大堂视野很好。就在名铁M'Za百货楼上，去百货店的地下美食广场非常方便。车站徒步过来约15分钟，有公车可达。

★ ホテル日航金沢 酒店 ¥¥¥

(Hotel Nikkō Kanazawa；见125页地图；234-1111；www.hnkanazawa.jp；本町/Honmachi 2-15-1；标单/双 ¥15,400/19,400起；) 金泽最豪华的酒店，JR金泽站有通道直达。各种房型可供选择，大多数房间带有超凡景观，家具细节也相当用心。此外，它还有数间令人印象深刻的餐厅和酒吧。

旅館やまむろ 日式旅馆 ¥¥

(Ryokan Yamamuro；见125页地图；263-7121；ryokan-yamamuro.com；尾張町/Owarichō 1-2-19；标单/双 ¥6800/11,600起；) 已经开张超过百年的旅馆，外观虽不起眼，内装仍然保留着传统氛围，服务也承袭了优良传统。有一间日式房附私人浴室。可免费借用自行车。优秀的位置到各景点都很方便。

餐饮

外观熠熠生辉、令人惊叹的JR金泽站建筑内设有多家小餐厅，邻近的 **Forus**（见125页地图；265-8111；www.forus.co.jp/kanazawa；堀川新町/Horikawa Shin-machi 3-1；10:00～21:00）百货商场有一流的美食楼层。名铁M'Za百货商店的地下层同样也有许多美食，而且对面还是不容错过的近江町市场（见100页），里面的餐馆供应的都是

金泽菜系

金泽加贺料理（Kaga ryōri）的主料是海鲜，就连电车站最朴素的便当通常都带有鱼类食材。押寿司（Oshi-zushi）是用模子压制而成的窄条寿司，在醋饭上面铺上薄薄的一层鱼片，据说现代寿司就起源于它。还有一种颇受欢迎的特色食品是治部煮（じぶに/jibuni），是在鸭块或鸡块的外面裹上面粉，与香菇和绿色蔬菜一起炖，最后泡在加糖的甜味汤汁里头，具有甜味的鸭肉口感独特，相当有嚼劲。

从渔船上下来的新鲜海鲜食材。除此以外，香林坊和片町周边的街巷是夜晚用餐的主要地带。

フルオブビーンズ 简餐店、咖啡馆 ¥

[Full of Beans；见125页地图；222-3315；www.fullofbeans.jp；里見町（Satomi-chō）41-1；餐 ¥800起；周日周一周四 11:30～14:30和18:00～22:00 周五、周六 11:30～14:30和18:00～22:30]位于片町较为安静的小巷中的时尚咖啡馆，供应各种日式和西式餐食，网站可以让你了解个大概。是个品尝美味的金泽特色炸物蛋包饭（はンﾄﾝライス/hanton raisu；饭上盖有煎蛋、炸海鲜、番茄酱和蛋黄酱）的好地方。

三幸 居酒屋 ¥

(Miyuki；见125页地图；222-6117；片町/Katamachi 1-10-3；单品¥110起；周一至周六 17:00至午夜；) 这间小巷子内的关东煮店兼居酒屋相当热门，为了冒着热气的美味关东煮，让人顶着寒风排队也值得，但建议提前预约。除了单点煮物，其他烧烤、炸物和刺身料理一应俱全，性价比很不错。

いたる本店 居酒屋 ¥¥

(Itaru Honten；见125页地图；221-

金泽的传统工艺品

金泽漆器（金沢塗/Kanazawa-nuri）和轮岛漆器（輪島塗/Wajima-nuri）

这两种黑亮的漆器都以莳绘（maki-e）或沉金的工艺装饰加以精雕细琢。工匠在刷最后一道漆之前都必须格外小心，以防止尘埃落到成品上。

大樋陶艺（大樋焼/Ōhi-yaki）

大樋陶艺特有的简洁质朴的设计、粗糙的表面、不规则的形状以及单色釉面，自江户时代初期以来就深受茶艺师的青睐。也是从那时起，一个艺名为长左卫门（Chōzaemon）的制陶家族就成了大樋传统的守护者，直到今天。

九谷瓷器（九谷焼/Kutani-yaki）

九谷瓷器以其雅致的造型、精致的设计以及对鲜艳颜色的大胆运用而著称。它的历史可以追溯到江户时代早期，兼具中式瓷器和日式伊万里（Imari）瓷器的风格；主要图案有飞鸟、花卉、树木和风景。

加贺友禅丝染（加贺友禅/Kaga Yūzen）

这种和服染色技术的特征是颜色鲜明，图案真实自然，如花瓣边缘泛黄的花朵图案。加贺友禅丝染的特征之一，是染色完成后的图案轮廓上会呈现出白线。

金箔（Kinpaku）

用一块大小如10日元硬币的纯金块，延展成榻榻米垫子大小、厚度约0.0001毫米的一大片。把这片金箔裁剪成10.9厘米见方的很多片金箔，便可用于修饰墙壁、绘制壁画和装饰画；也可用于为漆器或陶瓷贴金。日本98%的金箔产自金泽。

4194；www.itaru.ne.jp/honten；柿木畠/Kakinokibatake 3-8；2人份刺身￥2500起；⊙周一至周六 17:30~23:30； ）金泽最受欢迎的一家海鲜居酒屋，当地人和外国游客都喜欢它，所以你可能需要排队等位。这里有最好的寿司和刺身，还有用当日渔获制作的每日特供，值得期待。这里有英文菜单，晚餐套餐价￥3000起。

蛇之目寿司本店　　　　　　　　　寿司￥￥

（Janome-sushi Honten；见125页地图；231-0093；香林坊/Kōrinbō 1-1-12；套餐￥1200~3600，加贺料理￥4400起；⊙周一至周六 11:00~14:00和17:00~23:00，周日 11:00~23:00； ）蛇之目寿司本店自1931年以来就一直致力于加贺料理和刺身烹饪，我们的一位日本朋友表示，每当他在这里用餐，他就知道自己是真的置身金泽了。每日的特价午餐（サービスランチ/saabisu ranchi；￥1000）是个不错的选择。

自由轩　　　　　　　　　　　　　食堂￥￥

（レストラン自由軒/Restaurant Jiyūken；见125页地图；252-1996；www.jiyuken.com；東山/Higashiyama 1-6-6；餐￥760~1995；⊙11:30~15:00和17:00~21:00，周二休息）这家食堂位于东茶屋街中心，从1909年开始一直提供洋食（日式西餐），比如欧姆蛋包饭、汉堡和咖喱饭。每日午餐套餐（￥995）物有所值。

金沢とどろき亭　　　　　　　法式小馆￥￥

（Kanazawa Todoroki-tei；见125页地图；252-5755；東山/Higashiyama 1-2-1；菜肴￥1300起；⊙11:30~14:30和18:00~22:30）餐馆在东茶屋街附近，艺术装饰、木质家具、摇曳烛光都很吸引人。建筑本身建于大正时代（Taisho, 1912~1926年），拥有一个穹顶天花板，细节方面有些粗糙，但这正是它无尽魅力中的一部分——它不会给人一种傲慢的感觉。8道菜的晚餐每人￥3800起，十分超值。气氛浪漫。

★ Oriental Brewing　　　　精酿酒吧

（见125页地图；☎255-6378；www.orientalbrewing.com；東山/Higashiyama 3-2-22；⊙11:00～22:00）这家时髦的自酿酒吧位于东茶屋街入口，不容错过：喜欢悠闲、友好的气氛和独创自酿啤酒的当地人和外国游客总是让这里非常热闹。

スタージス　　　　酒吧

（Sturgis Rock Bar；见125页地图；☎262-9577；片町/Katamachi 1-7-15，キリンビル/Kinrin Bldg 4F；⊙20:00至次日5:00）这家金泽酒吧美妙非凡、生动有趣、粗犷新颖，几乎让我们想要占为己有……伴随着现场摇滚乐和从天花板上垂挂下来的一切，你会觉得自己仿佛身处旧金山，正在与一群日本游客享受一场迷幻之旅，一同向摇滚致敬。

Curio Espresso & Vintage Design　　　　咖啡馆

（见125页地图；☎231-5543；安江町/Yasue-cho 1-13；⊙周三至周一 9:00～18:00）即使是最固执、挑剔的墨尔本咖啡行家，也会对这里的西雅图式咖啡感到满意。这家亲切的小咖啡馆是开启一天旅程的好地方，有各种各样的简式早餐可以搭配你的拿铁咖啡。

☆ 娱乐

石川县立能乐堂　　　　剧院

（Ishikawa Prefectural Nō Theatre，石川県立能楽堂；见125页地图；☎264-2598；www.nohgaku.or.jp；出羽町/Dewa-machi 3-1；演出票价各异；⊙周二至周日 9:00～16:30）这座能剧剧场在金泽很活跃，运营得不错。夏季每周都会有演出在这里举行。

🛍 购物

在**香林坊109百货商场**（Kōrinbō 109）和兼六园之间的广坂（Hirosaka）购物街南侧有一些高档工艺品店。其他主要的百货公司则位于JR金泽站附近（Forus，名铁M'za）以及香林坊与片町之间的百万石通（Hyakumangoku-dōri）。在这里你还可以找到清新时尚的立町（Tatemachi）商店街。

金银箔工芸さくだ　　　　工艺品

（Kinginhaku kōgei Sakuda；见125页地图；☎251-6777；www.goldleaf-sakuda.jp；東山/Higashiyama 1-3-27；⊙9:00～18:00）在这里，你可以观察金箔制作的全过程，购买各种用到金箔的纪念品，包括陶器、漆器，呃……甚至高尔夫球。这里还供应含有金箔的茶水，据说对风湿病有良好疗效。就连洗手间的墙壁上都布满了黄金和铂金。

石川县观光物产馆　　　　工艺品

（石川県観光物産館/Ishikawa-ken Kankō-bussankan；见125页地图；☎222-7788；www.kanazawa-kankou.jp；兼六町/Kenroku-machi 2-20；⊙9:50～17:50）这里囊括了金泽所有类型的工艺品。

村上　　　　食品

（Murakami；见125页地图；☎264-4223；長町/Nagamachi 2-3-32；⊙8:30～17:00）在这间漂亮的和果子店里，你可以找到金箔冰激凌（金箔ソフトクリーム/Kinpaku soft cream）、ふくさ餅（fukusamochi，红豆和糯米糍为馅的饼）、垣穂（kakiho，以黄豆粉为馅、外裹黑芝麻的小卷）以及各种适合当伴手礼的甜点。

ℹ 实用信息

金泽旅游信息中心（石川県金沢観光情報センター/Ishikawaken Kanazawa kankojoho Center；见125页地图；☎232-6200，KGGN 076-232-3933；www.kanazawa-kankoukyoukai.or.jp；広岡町/Hirooka-machi 1；⊙8:30～20:00）这间出色的办公室位于金泽站内，是日本最好的旅游信息中心之一。工作人员乐于助人，中心内提供多语种地图和大量小册子。金泽志愿导游网（Kanazawa Goodwill Guide Network；KGGN）友

善的工作人员也能协助你预订酒店住宿并提供免费英语导游(需提前两周预约)。

可登录www4.city.kanazawa.lg.jp查询更多城市信息。

❶ 到达和离开

飞机

附近的**小松机场**(小松空港/Komatsu kūkō)有航班往来日本主要城市,以及首尔、上海和台北。

长途汽车

JR高速巴士从金泽站东出口发车,可至东京新宿站(¥8000, 7.5小时)。名铁巴士有开往名古屋(¥4180, 4小时)的班车。浓飞巴士(濃飛バス/Nōhi Bus; ☎32-1688; www.nouhibus.co.jp)运营至高山(¥3390, 2小时20分钟)的路线,途中经过白川乡。

火车

2015年3月,北陆新干线开通,从东京到这里的时间节省了一个多小时,也标志着金泽的繁荣新时期正式开始。如今金泽和东京(¥13,920)之间的直达列车仅耗时2.5小时。

JR北陆线(JR Hokuriku line)从金泽发车,至福井(特急¥2500, 45分钟;普通¥1320, 1.5小时)、大阪(特急¥7130, 2.75小时)和富山(普通¥980, 1小时)。

❶ 当地交通

抵离机场

小松机场有便利的机场巴士(小松空港リムジンバス/Komatsu kūkō rimujin bus; ¥1130, 45分钟)可以往返金泽。去机场的班车在金泽站东出口前的6号站台发车。部分会在片町和香林坊109百货商场短暂停留,到达机场的车程为1小时。

自行车

JR金泽站自行车租赁处(JR Kanazawa Station Rent-a-Cycle, 駅レンタサイクル;见125页地图; ☎261-1721;每小时/天 ¥200/1200; ◯8:00~20:30)及**北铁自行车租赁处**(Hokutetsu Rent-a-Cycle, 北鉄レンタサイクル;见125页地图; ☎263-0919;每4小时/天 ¥630/1050; ◯8:00~20:00)租赁各种型号的自行车,均位于电车站西出口旁边。

能登半岛一日游

能登半岛(Noto-hantō)是金泽以北、向着日本海突出的狭长区域,这里有崎岖的海岸、传统乡村生活、新鲜海味以及质朴的饮食文化,是远离都市的避风港。主要景点由西部海岸向半岛北部延伸。出产漆器的轮岛(Wajima)位于半岛的北部中央,也被称为奥能登(Oku-Noto),如果想在半岛漫游,这里是过夜的绝佳之地。

由于半岛的公共交通相当不便,可以在金泽报名一日旅行团,搭乘北陆铁道的能登半岛定期观光巴士"轮岛号"(わじま号/Wajima-gō; www.hokutetsu.co.jp/tourism-bus/oneday_bus;成人/儿童 ¥7500/4630含中餐;每天早上7:50由金泽站东口1号乘车处出发)。需要提前几天在北铁站前中心(北鉄駅前センター/Kitatetsu ekimae sentā;见125页地图; ◯9:00~18:00)预约付款,工作人员不通英语,可以准备网页画面并写好出发日期以便沟通。巴士有固定停靠点和固定时程,旅途中,车掌小姐会用日语亲切地导览,对于不谙日语的旅行者,唯一的任务便是记好每个景点的集合时间。

一日游的路线包括能登半岛大部分的景点。金泽出发一小时后,你将抵达轮岛朝市(Asa-

公共汽车

在车站东出口的环形公交总站前有各路巴士。从7号、8号、9号站台发出的任何巴士都可将乘客送往市中心（¥200）。乘坐金泽环线巴士（Kannazawa Loop Bus，单程/1日通票¥200/500；8:30~18:00，每15分钟1班）可在45分钟内环行经过主要游览景点。另外，周六、周日和节假日，还有一趟从金泽站开往香林坊的购物观光专线公交（Machi-bus，まちバス），票价¥100。

1日通票（¥500）性价比很高，但自从不会说日语的游客大量涌入城镇，沟通障碍无意间导致巴士网络出现混乱之后，这种票就不在车上出售了。可以在JR金泽站的北铁观光服务中心购买；近江町市场巴士站对面也有一处服务中心。

关于更多信息，可以登录www.hokutetsu.co.jp/en/en_round。

福井（Fukui）

0776/人口267,023

福井的前身是由战国武将柴田胜家，以及后继的德川家族所建立的城下町，因此拥有不少史迹。这座不幸的城市在20世纪中期遭受了二战和地震的摧残，居民们发表了不死鸟宣言，并重建城市。对于日本人来说，福井也是一个乡下地方，但有一些遗世独立的景点，适合爱好探索的旅行者。福井也是日本的恐龙化石宝库，拥有一座世界知名的博物馆。多数景点散落在福井市郊，公共交通班次较少，最好事先查好时刻表。

◉ 景点
★ 一乘谷朝仓氏遗迹   遗迹

（一乘谷朝倉氏遺跡/Ichijōdani Asakura-shi Iseki；41-2330；www3.fctv.ne.jp/~asakura；戸ノ内町/Kidonouchichō；¥210；9:00~17:00）这里保留着日本最大的城镇遗址，由战国大名（Daimyō，领主）朝仓家族历经五代建立，在战乱中灰飞烟灭，1967年才逐渐被挖掘出来，可说是日本的"庞贝城"，和金阁寺、严岛神社等并列为国定重要文化财产。整片遗迹位于峡谷中，遍地林木，春秋时节美不胜收，不难理解为何朝仓家族选择把居城建于此地。你可以在修复过的街道、民居中随意逛逛，也可以循着山坡上古建筑的遗迹在葱茏的草地上漫步。这里是个闲坐、野餐、沉思的好地方。

---

ichi）。在这个有趣的市集上，你可以看到上百位年长的渔家妇人贩售各种新鲜海鲜，还有著名的轮岛漆器（輪島塗/Wajima-nuri）、陶器和纪念品。不妨买个乌贼面包（塩辛ぱん/Shiokara-pan）吃，包着马铃薯泥和发酵乌贼的面包虽然连日本人都难以理解，却颇为顺口。接着会到达世界农业遗产之一的白米千枚田（Shiroyone Senmaida），挤在日本海边缘的层层梯田在四季都有不同景观。轮岛切子灯笼会馆（輪島キリコ会館/Wajima Kiriko Kaikan）是午餐前的最后一站。"キリコ"汉字又可写作"御神灯"，即节庆仪式中为神明引路的高大灯轿。会馆中展示轮岛大祭（Wajima Taisai）和其他地方节日中使用的涂漆彩车和切子，有些彩车高达15米，一字排开相当壮观。在海景餐厅用完中餐后，回程会经过能登金刚（Noto-kongō）海岸，欣赏海边的奇岩。

若要自行前往能登西部海岸，可搭电车从金泽至羽咋（Hakui；¥820，1小时），之后换乘班次不多的本地巴士。若要去奥能登，可以一直坐电车到和仓温泉（Wakura Onsen；¥1380，2小时），再换乘巴士，但那里的班次更少。

越前大野（ECHIZEN-ŌNO）

群山环绕、历史悠久的越前大野是1575年由金森长近（Kanamori Nagachika）按京都的布局设计的，因此有"小京都"之称。如今许多旅行线路都对这里视而不见，但这座小村庄仍有一项特别之处：就算全世界都忘了它的存在，逐渐老去的当地人也绝对不会。即使人口渐渐老龄化，建筑也在继续破败，但这里一尘不染的街道（尽管有时空空如也）却体现着当地人那种不服输的劲头。

大野的**寺町**（Teramachi）有并列式分布的约20座寺庙，有些仍在使用，有些已经关闭，多数由所有者和信众打理维护。这里特别适合一边漫步一边沉思，对于新人摄影师来说也是个拍照的好所在。

越前大野城（Echizen Ōno-jō；☎0779-66-0234；大野城町/Ono Shiromachi 3-109；¥200；⏱4月至11月 9:00~17:00，10月至11月 10:00~17:00）坐落在俯瞰村镇的小山上，要攀上长长的台阶才能欣赏。不管怎样，这座规模不起眼的山顶城堡仍能给人带来愉悦的感受。原来的城堡建于1576年，现在的建筑是在1968年按原来的模样修建的。周边山谷和群山的风光会是你视野中的一抹亮色；如果在合适的天气下远观，城堡看上去就会有如漂浮在云海之上。

旅游信息中心（越前大野観光案内所；☎0779-65-5521；https://www.ono-kankou.jp；元町Motomachi/10-23；⏱9:00~16:00）的工作人员基本不会说英语，但有一些英文出版物可供分享。

若是坐电车，可以在福井站（Fukui Station）搭乘通往越前大野站（Echizen-Ōno；¥670，1小时）的本地JR越美北线（Etsumi-hoku-sen），俗称"九头龙线"（Kuzuryu-sen，九頭竜線）。 ⓛⓟ

由JR福井站搭电车到一乘谷站（¥240，20分钟），再徒步20分钟可达，JR一乘谷站附近的一乘谷朝仓氏遗迹资料馆（⏱9:00~17:00）可免费租借自行车。或从JR福井站乘坐京福巴士（京福バス/Keifuku bus；¥650，25分钟，一日6班），在復原町並（Fukugen Machinami）下车，这条路线也通到永平寺。

★ 大本山永平寺 佛寺

（Daihonzan Eihei-ji；☎63-3118；daihonzan-eiheiji.com；永平寺志比/Eiheiji Shihi 5-15；成人/儿童 ¥500/200；⏱5月至10月 8:00~17:30，11月至次年4月 8:30~17:00，宗教仪式期间会关闭1周至10天）1244年，佛教禅宗曹洞宗（Sōtō）的创始人、禅宗大师道元（Dōgen）在福井附近的山林里创建了永平寺。如今它已是曹洞宗的两大寺庙之一，也是藏于高山、苔藓和古松间的一处圣地。话虽如此，由于大批游客和众多活动，参加一日游、观赏70多座建筑的旅行者们可能不会觉得这里是清修之地应有的样子。

你可以参加寺中2天1夜或4天3夜的**参禅体验**（さんぜん/Sanzen；¥10,000/20,000；☎63-4361），根据僧侣布道时间表，在凌晨3:50前完成诵经、打扫、打坐入定和进膳，进膳后一粒米都不能剩下。不要求懂日语，但需要一定的自律精神。必须提前一个月申请，以英文书写参加者姓名、地址、希望参加的活动和日期，邮寄或传真到永平寺国际部，收到申请书后填写寄回。另有体验寺庙氛围的一晚住宿**参笼**（さんろう/Sanrō，¥9000），也要提前1个月预订。

从JR福井站东口乘坐京福巴士（¥720，30分钟，一日6班）可达永平寺。

★ 福井县立恐龙博物馆 博物馆

（福井県立恐竜博物館/Fukuikenritsu kyōryūhakubutsukan；☎0779-88-0001；www.dinosaur.pref.fukui.jp；勝山市村岡町寺尾/Katsuyama-shi Muroko-chō Terao 51-11；成人/儿童 ¥720/260；⏱9:00~16:30，每月第

二和第四个周三休馆）世界三大恐龙博物馆之一，孩子们会喜欢馆内侏罗纪公园式的巨大复制品和恐龙化石。有大量英语解说和40多件主要展品（包括互动展品），介绍自然史、史前动植物和世界各地的恐龙。可租借中文语音导览（¥540）。

从JR福井站对面的越前线（えちぜん鉄道/Echizen tetsudō）福井站，可搭乘私营列车至胜山站（勝山/Katsuyama，¥770，1小时），再转乘公车或出租车抵达博物馆。售票处也贩售包含博物馆门票、电车票和当地公车票的一日通票，相当方便。

食宿

福井マンテンホテル駅前　　　酒店¥¥

（Fukui Manten Hotel Ekimae；20-0100；www.manten-hotel.com/fukui；中央/Chūō 1-11-1；标单/双 ¥7100/10,800起；P❄❄）距JR福井站非常近，这座酒店设备新颖，低调朴素的房间较一般商务酒店大一些。附设大浴场，晚上还有免费拉面供应。

あみだそば遊歩庵　　　面条¥¥

（Amida Soba Yūbuan；76-3519；www.amidasoba.com/yu-buan；中央/Chūō 1-9-1；荞麦面 ¥600~1300；11:30~14:00）位于福井站西出口外的历史之街（歴史のみち/Rekishi-no-michi），你在这家餐馆可以尝到福井县特产之一，美味的萝卜泥三味荞麦面（おろしそば三味/oroshi soba sanmai，¥1300），盘子上有双份扁面条配三种料——萝卜泥、山药泥和青芥末。

实用信息

福井旅游信息中心

（福井市観光案内所/Fukui-shi kankōan'naijo；20-5348；中央/Chūō 1-2-1；8:30~19:00）位于JR福井站内，可以索取地图、咨询旅行路线并购买当地交通票券。

福井县立恐龙博物馆内的展品

❶ 到达和当地交通

乘坐JR可以轻松地由下列城市抵达福井：金泽（特急¥3020，48分钟；普通¥1320，1.5小时）、敦贺（特急¥2670，35分钟；普通¥970，55分钟）和大阪（特急¥6030，2小时）。

上高地（Kamikōchi）

📞0260

19世纪后期，外国人"发现"了这一多山地区，并冠以"日本阿尔卑斯山"之称。英国传教士沃尔特·韦斯顿（Walter Weston）翻越了一座又一座山峰，不仅深入地记录了这一片秘境，也将西方的登山运动引入日本。出于敬意，6月第一个周日被定为他的节日，这天往往也是徒步旅行季的官方开始时间。如今上高地已成为众多一日游游客、徒步者和登山者的大本营，他们来这里观赏积雪的宏伟山峰、古老森林、水声汩汩的溪流、野生猴群和绚烂的高山花朵。走在山中小径中，处处可以看到壮阔的风景，每个弯都是惊喜。

上高地在11月16日至次年4月中旬之间会封山，所有通往上高地的交通和当地设施将停止营运，想在冬季入山需另外提出申请。旅游的旺季是7月下旬至8月下旬，以及10月的赏枫季，此时山中比东京新宿站还热闹。这里很适合一日游，但你会因此错过留宿山中、在清晨和傍晚避开人群漫步山野的乐趣。

❂ 活动

卜伝の湯　　　　　　　　　　　温泉

（Bokuden-no-yu；📞95-2407；www.nakanoyu-onsen.jp/spa；¥700；⏱12:00~17:00）不适合幽闭恐惧症者。这是一个狭小的山洞温泉，传说是剑圣塚原卜伝（Tsukahara Bokuden）曾泡过的秘汤，富含矿物质的泉水顺着山岩滴下。它就在中之汤（中の湯/Naka-no-yu）公交站附近，通往上高地的隧道左侧。在小卖店里付费并领取温泉小屋的钥匙，你能在此享受最多30分钟的私人温泉。

🛏 食宿

在上高地住宿很贵，而且要预订。一些住处在午夜会关掉电源（紧急照明灯常亮）。

数十间清苦的山间小屋（山小屋/yamagoya）沿路分布在山中小径上，每人约¥8000起，含两餐一宿；有的还供应简式午餐。动身前一定要查询一下，确保你要徒步的路线上有一间这样的小屋（可至上高地观光网www.kamikochi.org查询）。

🐦 白山国立公园 （HAKUSAN KOKURITSU KŌEN）

令人惊叹的白山国立公园非常适合真正的徒步者和大自然爱好者。它横跨石川、福井、富山和岐阜四县，公园内的多座山峰海拔都在2500米以上。最高峰为白山（Hakusan，海拔2702米），这是一座神圣的山峰，自古就受到日本人的膜拜。夏季时节，徒步爬山观日出是主要活动；而在冬季则可以滑雪和泡温泉。公园境内的阿尔卑斯山上纵横交错着多条小径，徒步路径长达25公里。对于装备精良的徒步旅行者来说，可以考虑跋涉26公里，由此前往庄川峡（Shōkawakyō），再接续白川乡的荻町（Ogimachi）。

若想大概了解徒步路线，可以查看网站www.kagahakusan.jp。

山顶的住宿场所有限，有以提供大型多人间为主的**白山室堂**（Hakusan Murodō；📞273-1001；www.kagahakusan.jp/en/murodo；铺¥5300/人；⏱5月至11月），以及**南龙山庄**（南竜山荘/Nanryū Sansō；📞259-2022；www.city-hakusan.com/hakusan/naryusanso；铺含2餐¥8800，露营地¥300，5人小屋¥13,700；⏱7月1日至10月15日）。后者有露营地

公交站周围的餐馆和商店选择有限,再往远处就什么都没有了。带上足够的零食,但要记得把垃圾打包带走。除非露营,否则基本上都得在夜晚住宿的地方用餐。

森のリゾート小梨　　　　　　露营地¥

(Mori no rizōto Konashi; 95-2321; www.nihonalpskankou.com;上高地4468;露营地¥800/人起,小屋¥4500/人起; 办公室8:30~17:00)过了上高地游客中心再走约200米便可到达。这个露营地有时会人满为患。提供各项露营用品出租,营地内有小商店、餐厅和公共澡堂。

上高地五千尺ホテル・ロッヂ　　酒店¥¥

(Kamikōchi Gosenjaku Hotel & Lodge; 酒店0263-95-2111,小屋0263-95-2221; www.gosenjaku.co.jp;上高地4468;小屋滑雪者床位 含两餐¥12,000/人起;酒店房间¥17,500起)位于河童桥畔,旅馆含34间日式风格客房以及一些"滑雪者床位"(类似宿舍床,有私人布帘可拉上)。所有房内均设有洗漱池和卫生间,但浴室是公用的。酒店客房则高档一些,并且提供西式和日式的客房,其中一些还带有阳台。

★上高地帝国饭店　　　　　　酒店¥¥¥

(上高地帝国ホテル/Kamikochi Teikoku Hotel; 95-2001; www.imperialhotel.co.jp; 安曇野上高地/Azumino Kamikochi;标双¥35,640起; @)这间1933年建成的小屋有着粗犷的石墙和红色屋瓦,是日本第一家顶级山岳度假酒店。阿尔卑斯山风格的客房有的还附阳台,提供卓越的服务和丰富的膳宿套餐选择,包含超值的高级法国料理。你可能需要提前半年预订!即使没住宿,也能在咖啡馆喝杯咖啡。

嘉门次小屋　　　　　　　　　食堂¥

(嘉門次小屋/Kamonji-goya; 95-2418; www.kamonjigoya.wordpress.com;菜肴¥600起; 8:30~16:30;)上高地的招牌菜是在围炉(囲炉裏/irori)上整条烤的河鳟鱼(Iwana)——这里就是品味这道菜的最佳地点。河鳟鱼套餐¥1500,也有关东煮、荞麦面、清酒泡干鳟鱼(骨酒/kotsu-zake)可选择,这些菜都盛在可爱的陶瓷碗里。它位于明神池(Myōjin-ike)入口处外面,后方小屋也提供住宿(含两餐¥8000/人)。

和受欢迎的简易小屋——在其他地方露营是被禁止的。

此外,在**一里野**(Ichirino)、**中宫温泉**(Chūgū Onsen)、**白峰村**(Shiramine)和**市之濑**(Ichinose)等村庄内,均有民宿、日式旅馆和露营地。露营地的人均费用约¥300起,度假宿舍或旅馆房间的费用约为¥7900,含两餐。

用餐的选择不多,仅限于公园附近各村庄的几家餐馆。山顶的度假屋提供简餐。

最近的登山口是别当出合(Bettōdeai)。从这里到白山室堂有6公里(步行约4.5小时),到南龙山庄有5公里(3.5小时)。

游览白山国立公园并非易事,主要交通方式就是乘**北铁观光**(Hokutetsu Kankō; 237-5115; www.hokutetsu.co.jp/en)汽车从金泽站至别当出合(¥2200,2小时)。从6月末至10月中旬,每天最多有3班车。

❶ 实用信息

旅游信息

上高地旅游信息中心（上高地インフォメーションセンター/Kamikōchi Information Center; ☎95-2433; ⊙8:00~17:00）这家位于巴士站建筑群内的信息中心很有用，提供天气情况与徒步游览指引，建议进来拿一份旅游指南，指南内的地图标明了主要步行道路。

上高地游客中心（上高地ビジターセンター/Kamikōchi Visitor Center; ☎95-2606; ⊙8:00~17:00）沿着主道从上高地巴士站步行10分钟可到。这里有关于上高地动植物、地质情况和历史的信息。你可以预订导览会（¥500/人起），目的地包括大正池（Taishō-ike）和明神池等；也可以请他们帮忙安排会说英语的观景导游（¥2000/小时起）和登山导游（约¥30,000/天）。

❶ 到达和当地交通

上高地可从松本和高山两个方向抵达。由松本来，需搭乘松本电铁到新岛岛站（新岛々/Shin-shimashima，30分钟），再转乘公车前往上高地（60分钟），可购买电车和巴士全包的车票（单程/往返 ¥2450/4550）。由高山来，需先搭公车到平汤温泉（平湯温泉/Hirayu-onsen，60分钟），再从平汤搭另一班公车到上高地（25分钟），可直接买包含两趟车班的车票（单程/往返 ¥2600/5040）。由松本和高山出发的来回票都要在七日内使用。

此外，东京、新宿、大阪、名古屋等地都有直行或夜行巴士可以直达上高地。

到达开阔的上高地汽车站后，沿梓川（Azusa-gawa）步行10分钟可到**河童桥**（Kappa-bashi），周边有许多住宿地点，多数人的徒步线路都从这座桥开始，河童桥到明神池这个短途路线来回约两小时。巴士途经中之汤和大正池，如果你有4到5个小时，可以考虑在大正池下车，沿路走到最远的德泽（徳沢/Tokusawa）再返回，这条大约10.5公里的路线包含了上高地的所有景点。

新穗高温泉（Shin-Hotaka Onsen）

☎0578

新穗高温泉是一座宜人静谧的山谷，最出名的是有一条日本最长的索道——新穗高索道、全国最大的一座露天浴场，以及几处奇妙的住所（包括惹人喜爱的河畔温泉旅馆）。

❂ 活动

★ **新穗高缆车** 　　　　　　　　　　缆车

（新穂高ロープウェイ/Shin-Hotaka Ropeway; ☎89-2252; www.shinhotaka-ropeway.jp; 新穗高; 单程/往返 ¥1600/2900; ⊙8:30~16:30）

黑部峡谷铁道电车（Kurobe kyōkoku torokko densha）

想要体验与众不同的电车经历，可以考虑乘坐**黑部峡谷铁道电车**（黒部峡谷トロッコ電車; ☎0765-62-1011; www.kurotetu.co.jp; 黑部峡谷口/Kurobe Kyokoku-guchi 11; 单程至榉平/Keyaki-daira ¥1710; ⊙周一至周五 9:00~16:00）。这是前往黑部峡谷中心的一次独特（虽说有些颠簸和寒冷）的探索，你需要乘坐小小的电车车厢（原先用于修建黑部水坝工程），从宇奈月（Unazuki）至榉平（Keyaki-daira）。这段行程会穿过看似望不到头的隧道，但当电车偶尔穿出隧道时，周边的群山风光会让你叹为观止，秋季时景色更是无与伦比。此外，探索一些真正称得上偏僻、令人惊奇不已的山间露天浴场和旅馆绝对是值得的。

北陆新干线上新近投入使用的黑部宇奈月温泉站（Kurobe Unazuki Onsen）极大地改善了前往此地的交通，游客数量也越来越多。在这个新干线车站附近的新黑部站（Shin-Kurobe）乘坐本地电车，前往宇奈月温泉站（Unazuki Onsen; ¥630, 25分钟），再从那儿步双层缆车从海拔1308米处出发，朝着西穗高山（Nishi Hotaka-dake，海拔2909米）的顶峰一路攀升，把你带到海拔2156米处。山顶的视野非常棒，观景台或步道上的风景也很不错。每年冬季，这里都会有齐肩深的积雪。到了登山季，身体健康、装备精良、时间充裕的登山者可以从西穗高口（Nishi Hotaka-guchi）山顶缆车站出发，在众多徒步路线中选上一条，其中包括翻越上高地的路线（3小时）——这条路线比其他的路线都容易得多。

新穗高之汤　　　　　　　　　　　温泉

（新穗高の汤/Shin-Hotaka-no-yu；☎89-2458；奥飞驒温泉乡神坂/Okuhida Onsengo Kansaka；◉5月至10月 8:00~21:00）对自己的裸体充满自信的人会喜欢这间极简的混浴露天浴场。它位于蒲田川（Kamata-gawa）桥畔，在桥上就可以看到。入场免费（或可募捐）。入场后穿过隔开的更衣室，就可以进入唯一的大浴池内。不过要记得入乡随俗，注意温泉礼仪。

中崎山庄奥飞驒之汤　　　　　　　温泉

（中崎山荘奥飛騨の湯/Nakazaki Sansou Okuhida-no-yu；☎89-2021；奥飛驒温泉乡神坂Okuhida Onsengo Kansaka 710；成人/儿童¥800/400；◉8:00~20:00）这家温泉有超过50年的历史，在2010年重建，能够纵览群山壮观景色。大型室内浴场和露天浴场的水呈乳白色，对干性皮肤有神奇功效。

🛏 住宿

风屋　　　　　　　　　　　日式旅馆¥¥

（風屋/Kazeya；☎89-0112；www.kazeyatakayamajapan.com；神坂/Kansaka 440-1；房间含早餐¥8000/人起；🅿❄🛜）这家华丽的传统小旅馆在2014年修葺一新，有10个带独立浴室的房间，颇有韵味，还有两个值得泡一泡的露天浴场。豪华房间自带温泉浴室，以这里的美丽风景来看，性价比十足。

佳留萱山庄　　　　　　　　　酒店¥¥

（佳留萱山荘/Karukaya Sansō；☎89-2801；www.karukaya.co.jp；神坂/Kansaka 555；房间含两餐¥14,000/人起；🅿❄🛜）这家友好的河畔旅馆有许多可以探索一番的空地。榻榻米房间干净整洁、普普通通，但较好的房间可以欣赏优美的景致。值得注意的是巨大的男女混浴露天浴场（自称是日本最大），可以看到一览无余的山景。

提供露营营地（成人/儿童 ¥3000/1500），你也可以只来使用露天浴场（¥600；10:00~15:00）。

★ 枪见馆　　　　　　　　　日式旅馆¥¥¥

（槍見舘/Yarimikan；☎89-2808；www.

行片刻，即可到达黑部峡谷铁道电车的始末站——宇奈月站（Unazuki）。

你必须在每座车站分段购买车票。因为大量的乘客需求，这列电车并不采用"随上随下"的通票制。从宇奈月到榉平的全程需要约80分钟。建议你先坐一个全程，回去的路上再决定在哪一站下车。关于如何前往那里、有哪些景点及如何游览的详细完整信息，可参考网站。

偏僻的**黑薙温泉**（Kuronagi-onsen）不容错过，沿途要小心熊。同样值得推荐的还有**岩浴场**（Iwa-buro），从钟钓站（鐘釣/Kanetsuri）步行很短距离即到。榉平的餐馆有时人满为患，可以带上三明治和零食充饥，也别忘了带保暖衣物，即便是夏季，隧道内也是很冷的。

在宇奈月乘车时一定要选右侧座位，回程的话要坐在电车左侧，不然你就会错过最佳的拍照时机，并且与邻座的乘客产生龃龉。车票上车厢是固定的，但座位是先到先得的。

yarimikan.com；奥飛騨温泉鄉神坂/Okuhida Onsengo Kansaka；房间含两餐¥18,510/人起；P※⑤）这是一间美妙的传统日式温泉旅馆，位于蒲田川上。有2个室内浴池，8座河畔露天浴场（有些可供私人使用），只有15间客房。客人可24小时洗浴（月光下更显惊艳效果），日间客人可于10:00～14:00享受这里的浴池，收费¥500。美食包括当地特色的飞驒牛肉和烤河鱼。

它就在475号国道（Rte 475）边上，离新穗高索道几公里不到的位置，旅馆有摆渡车可以接送到新穗高站。

❶ 实用信息

奥飞驒温泉旅游信息中心（奧飛騨温泉鄉観光案内所/Okuhidaonsenkyō kankōan'-naijo；☏89-2614；⊙10:00～17:00）位于471号国道上，快到桥时即可见，也是并入通往索道的475号国道的地点。

❶ 到达和离开

从高山开出的长途汽车先到平汤温泉，短暂停留后开往新穗高温泉最远端的新穗高索道（见112页）终点站（¥2160，1.5小时）。

从松本发车的一班快车开往新穗高索道终点站（¥2880，2小时），经过平汤温泉。

白骨温泉（Shirahone Onsen）

☏0263

隐秘的白骨温泉位于幽深的峡谷中，是日本最漂亮的温泉村之一，在红叶纷飞的秋季和白雪皑皑的冬日，简直就是人间天堂。这里有许多带有露天浴池的传统日式旅馆可以选择。据说白骨温泉中含有氢硫化物，使泉水呈柔滑的蓝色乳状。传说中，在这种泉水里泡3天能保你3年不感冒。

🛏 住宿

つるや旅馆 　　　　　　　日式旅馆¥¥

（つるや旅馆/Tsuruya Ryokan；☏93-2331；www.shirahone-tsuruya.com；白骨温泉/Shirahone Onsen 4202-6；房间含两餐¥13,000/人起；P）旅馆结合现代和传统，有很棒的室内外浴池。所有28间客房都能饱览峡谷的壮美风景，配有私人卫生间和洗手台的客房价格高一点。餐点都很美味。

★ 泡之汤旅馆 　　　　　　日式旅馆¥¥¥

（泡の湯旅馆/Awanoyu Ryokan；☏93-2101；www.awanoyu-ryokan.com；白骨温泉/Shirahone Onsen 4181；房间含两餐¥28,000/人起；P）这是一间典型的山间日式温泉旅馆，位于白骨温泉峡谷之上，已有100多年的历史，同名的公车站牌就在旅馆前方。光线充足的客房设有私人设施，也有分性别的公共浴室和混浴——水是乳白色的，你无法看到水面以下，所以不用害羞。

❶ 实用信息

白骨温泉旅游信息中心（白骨温泉観光案内所/Hakkotsuonsen kankōan'naijo；☏93-3251；www.shirahone.org；安曇/Azumino 4197-16；⊙9:00～17:00）提供一份每日向公众开放浴池（门票¥600起）的旅馆名单，冬季可能关闭。

❶ 到达和离开

从松本方向过来，需乘松本电铁前往新岛岛站（新島々/Shin-shimashima，¥700，30分钟），然后搭乘长途巴士抵达白骨温泉（¥1450，70分钟），中途需在泽渡（沢渡/Sawando）换车。时间表见www.alpico.co.jp/access/kamikochi/shirahone。

从高山、上高地、新穗高缆车过来，也是需要搭巴士到泽渡，然后换乘另外一班。时间表见www.alpico.co.jp/access/express/matsumoto_takayama。

巴士班次不多，最好事先查好联络时间。

松本（Matsumoto）

☏0263/人口240,470

松本坐落在一个宽不过20公里的丰美山谷里，西部有七大主峰围绕，包括枪岳（Yariga-take）、穗高岳（Hotaka-dake）以及乘鞍岳（Norikura-dake）这三座海拔均在3000米以上的山峰；东部有三座较小的山岗，包括美丽的美原高原（Utsukushi-ga-hara-kōgen）。从街道的尽头望去，巍峨的日本阿尔卑斯山近在眼前，此处的日落景观实在令人叹为观止。

前身是深志（Fukashi）城的松本市，从8世纪起就有聚落存在，目前是长野县的第二大城。在14~15世纪，这里曾是小笠原（Ogasawara）家族的城下町，它的繁华历经江户时代一直延续至今。

如今，随着日本年轻人对乡居生活的向往，乡村迎来了一波人口回流，松本也成了日本最精致的小城之一，世界各地的人们慕名而来，感受它超凡的城堡、美丽的街道、画廊、咖啡馆以及惹人喜爱的景色。日本重量级艺术家草间弥生（Kusama Yayoi）也出身松本，你在街上看到充满红色圆点的公车，便是出自她的设计风格。

松本是一个相当适合散步闲晃的城市，不论是街景还是远处的山景，都令人感到舒畅，官方也有推广观光用的免费自行车可以租借。当然，美景外少不了美食，从鲜美的山贼烧到怀石料理，你可以在充满历史氛围的老房子中享有多样化的选择。

◉ 景点
◉ 松本城周边
★ 松本城　　　　　　　　　　　　　　城堡

（Matsumoto-jō；见127页地图；☎32-2902；www.matsumoto-castle.jp；丸の内/Marunōchi 4-1；成人/儿童 ¥610/300；⏱8:30~16:30）宏伟的松本城是必去的一处景点，它是日本最古老的木结构城堡，也是被认定为国宝的四座城堡之一，其他三座是彦根城（Hikone）、姬路城（Himeji）和犬山城（Inuyama）。庄严的天守阁始建于1595年，外观呈黑白色调，也因此得到一个绰号——乌鸦城（乌城/Karasu-jō）。你可以通过陡峭的阶梯攀至顶楼，每一层都有令人难忘的

松本城

风景和历史展品。新修复的赏月阁（月见橹/tsukimi yagura）是用来赏月宴饮之处，在全日本城堡中，只有松本城的天守有此结构。可向**松本志愿导游团**（Goodwill Guide Group；📞32-7140；⏰4月中至10月末）预订1小时的免费导游服务。

★ 松本市美术馆　　　　　　　美术馆

（松本市美術館/Matsumoto-shi Bijutsukan；见127页地图；📞39-7400；www.matsumoto-artmuse.jp；中央/Chūō 4-2-22；成人/儿童 ¥410/200；⏰9:00～16:30，周一闭馆）这家时尚的美术馆中收藏了多位日本艺术家的作品，其中许多艺术家来自松本，或是作品中描绘了松本周边的乡村景色。亮点包括上條信山（Kamijō Shinzan）的书法作品，以及出身松本、后来享誉国际的草间弥生（Kusama Yayoi），你从美术馆外墙开始就能见到她引人注目的前卫风格。

旧开智学校　　　　　　　　　博物馆

（旧開智学校/Kyū Kaichi Gakkō；见127页地图；📞32-5275；開智/Kaichi 2-4-12；成人/儿童 ¥300/150；⏰9:00～16:30，12月至次年2月间周一闭馆）位于城堡以北几个街区的旧开智学校是一处重要的文化遗产，也是日本历史最悠久的小学之一。它在1873年建立，于1965年改为教育博物馆，里头保存着许多课桌椅和其他文物。建筑物本身就是明治时代的建筑典范，喜爱古典建筑的旅行者不容错过。

◎ 中町（Nakamachi）

这片迷人的旧商业区位于女鸟羽川（Metoba-gawa）河畔，有着独特的"海参墙"（なまこ壁/namako-kabe，用瓦片和石膏砌成的黑白纹理墙面像海参一样）仓库和江户时代的街景，是一处散步的好地方。你会发现很多仓库已经被改建为咖啡屋、画廊和售卖木器、玻璃制品、编织物、陶瓷以及古董的工艺品商店。

绳手通　　　　　　　　　　　街区

（縄手通り/Nawate-dōri；见127页地图）这是一处可闲庭信步的热门地区，距离城堡仅几个街区。沿江畔散布着售卖古董、纪念品的小店，以及售卖各种口味的美味鲷鱼烧（tai-yaki）的街头摊贩。桥边的大青蛙雕像仿佛是从卡通里蹦出来的。

松本市钟表博物馆　　　　　　博物馆

（松本市時計博物館/Matsumoto-shi Tokei Hakubutsukan；见127页地图；📞36-0969；matsu-haku.com/tokei；中央/Chūō 1-21-15；成人/学生 ¥300/150；⏰9:00～16:30，周一闭馆）这里是300件钟表的家，其中包括迷人的中世纪日本作品，还有日本最大的摆钟（位于建筑外墙），整间博物馆展示了日本对"造物"（ものづくり/monozukuri）的热爱。整点时许多时钟会一起鸣响，记得提早几分钟入馆。

◎ 松本周边

美原温泉[美ヶ原温泉/Utsukushi-ga-hara Onsen；不要与美原高原（Utsukushi-ga-hara-kōgen）混淆]是一处美丽的温泉村，有一条古色古香的主街，可以欣赏整个山谷的美景。**浅间温泉**（浅間温泉/Asama Onsen）如今看来普普通通，但它的历史据说可追溯至10世纪，很多诗人和作家与这里都有渊源。这两处温泉都位于松本东北方约6公里处，能从松本巴士总站坐车轻松到达。

松本东部有迷人的**美原高原**（美ヶ原高原/Utsukushi-ga-hara-kōgen；海拔2000米），这片日本阿尔卑斯高原有超过200种花卉，一到夏季它们便争奇斗艳。这里是从松本前来开展一日游的好地方。美原高原直通巴士在6月中旬至9月底不定期开放（单程¥1000，1.5小时，一天2班），乘车处在JR松本站西口，可向旅游信息中心或上网查询相关资讯。

美原高原美术馆　　　　　　　美术馆

（美ヶ原高原美術館/Utsukushi-ga-hara Bijutsukan；📞86-2331；www.utsukushi-oam.jp；成人/儿童 ¥1000/700；⏰4月下旬至11月初 9:00～16:30）位于美原高原顶部，这间看似不起眼的雕塑花园内藏有约350件作品，

大多出自日本雕刻家之手。四周的乡村景致能激发你许多艺术灵感。在附近走一走很舒服，还有机会看到牧场上的奶牛。在暖和的月份里，每天会有几班巴士（¥1550,1.5小时）到这里。

日本浮世绘美术馆　　　　　　　美术馆

（日本浮世絵美術館/Nihon ukiyoe bijutsukan; 47-4440; www.japan-ukiyoe-museum.com; 小柴/Koshiba 2206-1; 成人/儿童¥1000/500; 10:00~16:30,周一闭馆）这间声名显赫的博物馆收藏了10万余件木版画、绘画作品、屏风和旧书，相较于庞大数量的藏品，展出作品仅是其中微不足道的一部分而已。博物馆在JR松本站西边约3公里处，乘坐出租车约¥1600，或者乘松本电铁线（Matsumoto Dentetsu）到大庭站（Ōniwa, ¥170,6分钟），再步行15分钟可达。

松本市历史之乡　　　　　　　博物馆

（松本市歴史の里/Matsumoto-shi Reki-shi-no-sato; 47-4515; 島立/Shimadachi 2196-1; 成人/儿童 ¥400/免费; 9:00~16:30,周一闭馆）毗邻著名的日本浮世绘美术馆。这间博物馆坐落在田野中，5栋引人注目的昭和建筑等着你前来探索，包括旧法院的许多设施。交通方式详见日本浮世绘美术馆。

✪ 节日和活动

本地人热衷各种节庆，你随时随地都能感受到节日氛围。

松本城樱花祭　　　　　　　　文化

（松本城桜祭り/Matsumoto-jō Sakura Matsuri; 4月）樱花盛开后的第三日被视为花期全盛之时，通常在4月初，樱花树与城堡的灯光交相辉映，此时可以免费进入城堡的内区。

松本城太鼓祭　　　　　　　　音乐

（松本城太鼓祭り/Matsumoto-jō Taiko Matsuri; 7月）在这个节日里，整座城堡内外都回响着太鼓击打出来的声音与能量。节日于7月最后一个周末举行，气候也正适宜。

松本蹦蹦　　　　　　　　　节日游行

（松本ぼんぼん/Matsumoto Bonbon; 8月）松本蹦蹦是松本最大的节庆，于8月首个周六举行。届时将有超过25,000名老老少少在大街小巷共同跳起bonbon舞，直至盛夏的夜晚降临。要做好被拉入舞蹈队伍的心理准备。

薪能祭　　　　　　　　　　　戏剧

（薪能まつり/Takigi Nō Matsuri; 8月）这个颇有气氛的节日，特色是以火把照明的室外能剧表演（在空旷舞台上表演的风格化舞蹈剧）。表演一般在城堡下面的公园举行。

斋藤纪念音乐祭　　　　　　　音乐

（サイトウ・キネン・フェスティバル松本/Saitō Kinen Festival; www.saito-kinen.com; 8月中旬到9月中旬）期间举行大约十几场古典音乐会演出，目的是纪念日本的指挥家和音乐教育家斋藤秀雄（Saitō Hideo,1902~1972年）。音乐节的导演是小泽征尔（Ozawa Seiji），他曾是波士顿交响乐团的指挥。

浅间温泉松明祭　　　　　　节日游行

（浅間温泉松明祭り/Asama Onsen Taimatsu Matsuri; 10月）在10月初举行的火节壮观又疯狂，成群结队的男女和孩童像念咒语一样大喊着"wa-sshoi"（わっしょい，主要是抬轿时大家一起喊的口号），举着火把沿狭窄的街道一直游行到御射神社（Misha-jinjia）的篝火前。

🛏 住宿

ぬのや旅馆　　　　　　　　民宿¥

（Nunoya Ryokan; 见127页地图; 263-32-0545; www.mcci.or.jp/www/nunoya; 中央/Chūō 3-5-7; 房间¥4500/人起; ）位于镇中心的这家民宿，有着闪亮的深色木地板和富有情调的榻榻米房间，都是共用浴室，对于想体验日式房间的独行旅客来说性价比很高。

Matsumoto BackPackers　　　青年旅舍¥

（见127页地图；☎31-5848；www.matsumotobp.com；白板/Shiraita 1-1-6；铺¥3000/人；※⑦）位于河边，距JR松本站仅几分钟步程，旅舍整洁、气氛友好。提供城里最便宜、位置最靠近中心的宿舍床位，旅馆主人热心健谈，有个客厅可以和其他旅行者交流。

松本丸之内酒店　　　酒店¥¥

（松本丸の内ホテル/Matsumoto Marunouchi Hotel；见127页地图；☎35-4500；www.matsumoto-marunouchi.com；大手/Ōte 3-5-15；标单/双¥7500/10,800起；※⑦）这间城堡附近酒店房间价格合理，空间清新、时尚且宽敞，有些房间里甚至可以看见城堡，从车站过来约徒步10分钟。

★Premier Hotel Cabin Matsumoto　　　酒店¥¥

（プレミアホテル-CABIN-松本；见127页地图；☎38-0123；cabin.premierhotel-group.com/matsumoto；深志/Fukashi 1-2-31；标单/双含早餐¥7000/11,000起；※⑦）在JR松本站对面的商务酒店，拥有无敌的交通位置，房间不大但景观很好。一定要在十楼的景观餐厅享用丰盛的早餐，望着连绵的雪山真是心旷神怡。员工服务专业，也可以协助前往黑部立山的旅客寄送行李。

◎ 餐饮

面匠佐藏　　　拉面¥

（麺匠佐蔵/Menshō Sakura；见127页地图；☎34-1050；中央/Chūō 1-20-26；拉面¥760起；◎11:30~15:00和17:30~22:00，周二休息）味噌和拉面爱好者不应该错过这家美味拉面店。味噌拉面和黑味噌拉面是店里的特色，两种面条都广受好评。饺子酥脆，啤酒冰爽。如果不会用点单机的话，可以找态度友好的店员帮忙。

しづか　　　居酒屋¥

（Shizuka；见127页地图；☎32-0547；大手/Ōte 4-10-8；菜肴¥480起；◎周一至周六12:00~22:00；📶）这间优秀的居酒屋打造出传统民居风格的用餐环境，供应关东煮（おでん/oden）和日式串烧（焼き鳥/yakitori；肉类和蔬菜烤串），以及一些乡土料理，都用当地食材制成。

野麦　　　面条¥

（Nomugi；见127页地图；☎36-3753；中央/Chūō 2-9-11；荞麦面¥1100起；◎周四至周一11:30~14:00，周末至15:00；📶）位于中町，是日本中部最好的荞麦面店之一。店主在回归故里经营这家面店前，曾经在东京经营过法国餐厅。保持了禅宗的特色，仅有两道菜：冷荞麦面（ざるそば/zaru-soba，蘸酱汁的面）和荞麦汤面（かけそば/kake-soba，蘸热汤的面）。哦，还有啤酒。

松本炸鸡中心　　　日本菜¥¥

（松本からあげセンター/Matsumoto Kara-age Center；见127页地图；☎87-2229；www.karacen.com；深志/Fukashi 1-1-1 4楼；午餐和晚餐套餐¥780~1500；◎10:00~20:30）如果你喜爱炸物（炸鸡），不要错过这个位在车站大楼4楼的炸鸡圣地，松本出名的山贼烧（山賊焼/Sanzoku-yaki，炸鸡排）分量很大，鲜嫩多汁的无骨鸡肉搭配清爽的高丽菜。也可以点一碗丰盛的鸡汤拉面。

★ヒカリヤ ヒガシ　　　日本菜¥¥¥

（Hikariya higashi；见127页地图；☎38-0068；www.hikari-ya.com；大手/Ōte 4-7-14；套餐¥4104起；◎11:30~14:30和17:30~22:00，周三休息）在百年以上的老建筑里享怀石料理，真是再好不过的日本美食体验了，套餐中采用大量信州当地食材，服务也很好。午餐套餐比晚餐便宜一些，不过内容不同。旁边另一间老房子ヒカリヤ ニシ（Hikariya nishi）供应美味的法国菜，不要跑错了。

Old Rock　　　小酒馆

（见127页地图；☎38-0069；中央/Chūō 2-30-20；主菜¥750起；◎周一至周

五17:00~24:00，周六12:00~24:00，周日12:00~23:00）距离河南岸一个街区，面对中町，位置很好。这间受欢迎的小酒馆供应优质的特价午餐，酒类种类繁多，食物和精酿啤酒都很美味。

珈琲 まるも　　　　　　　　　　咖啡厅
（Coffee Marumo；见127页地图；☎32-0115；http://www.avis.ne.jp/~marumo/index.html；中央/Chūo 3-3-10；◎8:00~18:00）这家位在河畔、由旧日式仓库改装的咖啡馆，不论内装风格或外部建筑都相当有特色，深木色的家具有着古老的豪华感。咖啡和手工甜点人气都很高。咖啡厅的另一半是日式房间的旅馆（¥5000/人），在此下榻也是别具一番风味。

🛍 购物
松本盛产手球（手鞠/temari）和玩偶（人形/Ningyō）。中町以南一个街区的高砂通（高砂通り/Takasago-dōri）上有数家玩偶店。パルコ百货商店（Parco）占据了城市中心最好的位置，不容错过。

ちきりや工芸店　　　　　　　玻璃制品
（Chikiri-ya Kōgei-ten；见127页地图；☎33-2522；中央/Chūo 3-4-18；◎10:00~17:30）玻璃和陶器爱好者会将这间精品店视为必访之地。

中町・蔵シック館　　　　　　　工艺品
（Nakamachi Kura-chic-kan；见127页地图；☎36-3053；中央/Chūo 2-9-15；◎10:00~17:00）店名取自日语"kura"（藏）、法语"chic"（时髦）和英语"classic"（经典）的谐音，展示本地的艺术和手工艺品，老仓库改装的房子很有意思。

ベラミ人形　　　　　　　　　　工艺品
（Belle Amie Ningyō；见127页地图；☎33-1314；中央/Chūo 3-7-23；◎周一至周六 9:00~19:00，周日 10:00~18:00）手鞠和人偶都能在这里找到。娃娃款式包括七夕娃娃（七夕/Tanabata）和着装华丽的押絵雛（おしえびな/oshie-bina）娃娃。

ℹ 实用信息
旅游信息
官方旅游网站（visitmatsumoto.com/zh-hans）详细列出当地景点和餐厅。

松本旅游信息中心（松本市観光案内所/Matsumotoshi kankōan'naijo；见127页地图；☎32-2814；深志/Fukashi 1-1-1；◎9:00~17:45）位于JR松本站内，有会讲英语的工作人员以及精心制作的各种英文资料。

ℹ 到达和离开
长途汽车
Alpico巴士公司（www.alpico.co.jp）的长途汽车从松本往来于东京的新宿（¥3400，3.25小时，每天24班）、大阪（¥5850，5.75小时，每天2班；1班是行程时间较长的夜车）和名古屋（¥3600起，3.5小时，每天10班）。**浓飞巴士**（Nōhi Bus；见91页）运营开往高山（¥3900，2.5小时，每天至少6班）的线路，建议提前预订。

松本汽车总站大楼（松本バスターミナルビル/Matsumoto basutāminaru biru；见127页地图）位于JR松本站对面。

火车
松本与东京的新宿站（特急¥6696，2.75小时，每小时1班）、名古屋（特急¥5830，2小时）和长野（しなの特急/Shinano tokkyū，¥2320，50分钟；中央普通/Chūo futsū ¥1140，1.25小时）间都有列车往返。另有去大阪（特急¥8850，4.5小时）的列车，但班次不多。

ℹ 当地交通
你可以步行往返松本城和市中心，或者免费借一辆自行车（すいすいタウン/SuiSuiTown；www.city.matsumoto.nagano.jp/shisei/matidukuri/dorokotsu/suisui.html；租

借时间9:00~17:00,归还时间各设施不同),自行车在市内许多公共设施和停车场都可以借到,只要出示护照和填写资料就可以借到,向当地旅游信息中心咨询具体地点或上网查询。

松本的周游巴士(タウンスニーカー/Town Sneaker)目前有4条路线,环城镇中心运行,运行时间9:00~17:30,票价单次/一日票¥200/500;蓝色和橙色线路车经过城堡和中町。

中仙道(Nakasendō)

中仙道(又写作中山道)曾是江户时代5条连接江户(现在的东京)和京都的驿路之一。这些路线大多已经成为当今的国道,但是,丛林密布的木曾(Kiso)谷里依然留存着几段曲折、崎岖的道路,而且维护得很好。其中,令人印象最深刻的是马笼(馬籠/Magome)和妻笼(妻籠/Tsumago)间延绵7.8公里的道路——它们是中仙道最有吸引力的两座小镇,也被旅人称作马笼宿和妻笼宿。在这条怀旧路线上徒步游,是日本最有价值的旅游体验之一。

"马笼"位于岐阜县的中津川(Nakatsugawa)市,是木曾谷最南端的一座驿镇。它的建筑都在一条陡峭的鹅卵石步道上,这对拖着沉重行李箱的旅客来说不太友善,但充满古风的店面和群山美景却能让你的手指牢牢粘在快门上。"妻笼"则隶属长野县南木曾(Nagiso)町,像是一座露天博物馆,从一头走到另一头只需要15分钟。这座小镇已被政府指定为传统建筑保护区,所以没有任何电线杆或其他煞风景的现代化设施。建筑的正面装饰着木头格栅,在晨昏时分显得格外美丽。电影和电视节目时常来此取景。每年11月23日,沿妻笼的中仙道会有**风俗画卷游行**(風俗絵巻/Fuzoku Emaki),届时人们将穿上江户时代的服装参与游行。

你可以选择花3小时漫步这条古道,中间需要翻过一个小山头,整体来说并不难走。途中,你会发现一些不起眼的美丽民宿和日式旅馆,它们往往不会超出你的预算。如果想在充满情调的中仙道过夜,妻笼通常更受欢迎,那里的选择比山谷中的其他小镇多。这段路上用餐地点有限,只有几个选择,大多数过夜的人都会在住宿地点吃饭。

◎ 景点

胁本阵(奥谷)和历史史料馆　　博物馆

[脇本陣(奥谷)・歴史資料館/Wakihonjin(Okuya)・Rekishi Shiryōkan;吾妻/Azuma 2159-2;成人/儿童 ¥600/300;⏰9:00~17:00]位于妻笼的街道中央,曾是中仙道大名侍从的休息站。1877年,一位原城堡建筑师在明治天皇的命令下将其重建,内部还有可爱的青苔园和一个特殊盥洗室,相传是为驾临的明治天皇准备的,不过天皇从未驾临。隔壁的历史史料馆收藏了很多关于木曾和中仙道的雅致展品,部分有英文注释。

妻笼宿本阵　　历史建筑

(妻籠宿本陣/Tsumago-honjin;吾妻/Azuma 2190;成人/儿童 ¥300/150;⏰9:00~17:00)这里曾是大名们过夜的地方,不过建筑物本身比展品更值得观赏。联票(成人/儿童 ¥700/350)包括对面胁本阵和历史史料馆的门票。

🛏 食宿

吉村屋　　面条¥

(Yoshimura-ya;☎0264-57-3265;菜á¥720~1540;⏰10:00~16:00;🍴)如果你跋涉许久、又累又饿,这里的手工荞麦凉面(ざるそば/zaru-soba)可以让你恢复元气。小店隐身在妻笼的街道中,注意门口挂出的白布条。

★ 藤乙　　日式旅馆¥¥

(Fujioto;☎0264-57-3009;www.tsumago-fujioto.jp;妻笼/Tsumago 858-1;房间含两餐¥11,000/人起;🅿❄📶)这是间朴实无华却温馨的客栈兼餐馆,店主人会讲一些英语、意大利语和西班牙语,相当适合体验日式旅馆住宿,转角楼上的房间拥有迷人的景色,晚餐是美味的怀石料理。你也可以仅来此享用午餐——试试木曾谷鳟鱼(¥1350)。

御宿大吉　　　　　　　　　　民宿¥¥
(Oyado Daikichi; ☏0264-57-2595; 房间含两餐¥8600/人起; ➡※@)深受外国旅客喜爱的传统旅馆,位于妻笼最边缘的山坡上,所有房间都可以欣赏到美丽的风景。

民宿但马屋　　　　　　　　　　民宿¥
(民宿但馬屋/Minshuku Tajimaya; ☏0573-69-2048; www.kiso-tajimaya.com; 馬籠/Magome 4266; 房间含两餐¥9720/人起; ➡※🛜)这家历史悠久的宜人旅馆拥有小巧的房间与和善的工作人员,浴室和厕所皆为公用,不过整洁干净。餐厅的地方特色菜肴和桧木(hinoki)浴池会让你印象深刻。

❶ 实用信息
旅游信息

马笼和妻笼两个小镇都有旅客信息中心(観光案内所/Kankōan'naijo; ⊙8:30~17:00),如果有随身行李的旅客,可以在中心内付费运送行李到另一处(每件¥500,每年3月20日至11月30日间提供服务, ⊙8:30~11:30寄送,13:00送到),中心内还能买到木制的"完步证明书"。

❶ 到达和离开

欲前往马笼,可从名古屋(特急¥3220,50分钟)或松本(特急¥4490,75分钟)搭乘JR中央(Chūō)线至中津川(Nakatsugawa)站,再由中津川转乘开往马笼的公车(¥560,30分钟,每小时一班)。另一个便捷的方式,是在名古屋的名铁巴士站乘坐开往"饭田·伊那·箕轮"方向的高速巴士(¥1860,1小时50分钟),在中央道马笼(Chūōdō Magome)站下车。

欲前往妻笼,可从名古屋(特急¥3560,70分钟)或松本(特急¥3390,60分钟)搭乘JR中央(Chūō)线至南木曾(Nagiso)站,再转乘公车抵达妻笼(¥270,10分钟,每天8班),或者从南木曾站步行50分钟。

本州中部阿尔卑斯索引地图

1 名古屋城区
（见123页）

2 高山城区
（见124页）

3 金泽城区
（见125页）

4 松本城区
（见127页）

名古屋城区

◉ 景点 (见75页)
1. 大须观音 C4
2. 丰田产业技术纪念馆 A1
3. 空中大道 B2
4. 名古屋城 C1
5. 名古屋电视塔 D2
6. 名古屋市科学馆 C3

⊝ 住宿 (见79页)
7. Glocal Nagoya Hostel A2
8. Mitsui Garden Hotel
    Nagoya Premier B3
9. 京屋旅馆 B2

⊗ 餐饮 (见80页)
10. ボンボン E2
11. えびふや本店 C3
12. グロック C4
13. 铃波本店 D3
14. 鸟银本店 D2

ⓘ 实用信息
15. 名古屋站旅游信息中心 B2

◐ 到达和离开 (见81页)
16. 绿洲21 .... D2
17. 名古屋巴士总站 B2
18. 名铁巴士总站 B3

高山城区 地图索引见126页

去飞驒民俗村(2km);
飞驒高山美术馆(1.5km)

高山昭和馆

宫川

安川通り
国分寺通り
三町筋
三町通り
広小路通り

金泽城区 地图索引见126页

諸江通
昭和大通
百万石通
百万石通
中央通
広坂
本多通
去妙立寺
(400m)

1 兼六园
2 铃木大拙馆
玉泉院丸庭园

高山城区

地图见124页

◎ 重要景点 （见85页）
1 高山昭和馆 C2

◎ 景点 （见84页）
2 飞騨国分寺 B2
3 飞騨民族考古馆 C3
4 高山城遗址 D4
5 高山历史与艺术博物馆 D3
6 高山屋台会馆 C1
7 高山阵屋 C4
8 吉岛家 C1
9 飞騨高山狮子会馆 C1
10 日下部民艺馆 C1
11 樱山八幡宫 D1

✈ 活动 （见87页）
12 Green Cooking School C2
13 宫川早市 C2
14 阵屋前早市 C4

🛏 住宿 （见88页）
15 Country Hotel Takayama A3

16 K's House Takayama B4
17 おやど古都の夢 A3
18 旅馆清龙 B3
19 寿美吉旅馆 B2

❌ 餐饮 （见89页）
20 iCafe Takayama A3
21 レッド・ヒル B2
22 京や C1
23 惠比寿本店 C3
24 匠家 C2

🛒 购物 （见90页）
25 和纸の山崎 C3
26 铃木雕刻 B3

ℹ 实用信息 （见91页）
27 旅游信息中心 A3

🚌 交通 （见92页）
28 ハラサイクル B3

金泽城区

地图见125页

◎ 重要景点 （见100页）
1 兼六园 C4
2 铃木大拙馆 C5
3 玉泉院丸庭园 C4

◎ 景点 （见100页）
4 近江町市场 C3
5 金泽21世纪美术馆 C5
6 金泽城公园 C4
7 玉泉庵 C4

🛏 住宿 （见102页）
8 Guest House Pongyi A2
9 Holiday Inn ANA Kanazawa Sky B3
10 The Share Hotels Hachi D3
11 ホテル日航金泽 A2
12 旅馆やまむろ C3

❌ 餐饮 （见103页）
13 Curio Espresso & Vintage Design B2
14 Forus B1
15 Oriental Brewing D2

16 フルオブビーンズ B5
17 いたる本店 B5
18 スタージス B5
19 金沢とどろき亭 D2
20 三幸 B5
21 蛇之目寿司本店 B5
22 自由轩 D3

⭐ 娱乐 （见105页）
23 石川县立能乐堂 D5

🛒 购物 （见105页）
24 村上 B4
25 金银箔工艺さくだ D2
26 石川县观光物产馆 D4

ℹ 实用信息 （见105页）
27 金泽旅游信息中心 A1
28 北铁站前中心 B1

🚌 交通 （见106页）
29 JR金泽站自行车租赁处 A2
30 北铁自行车租赁处 A1

松本城区

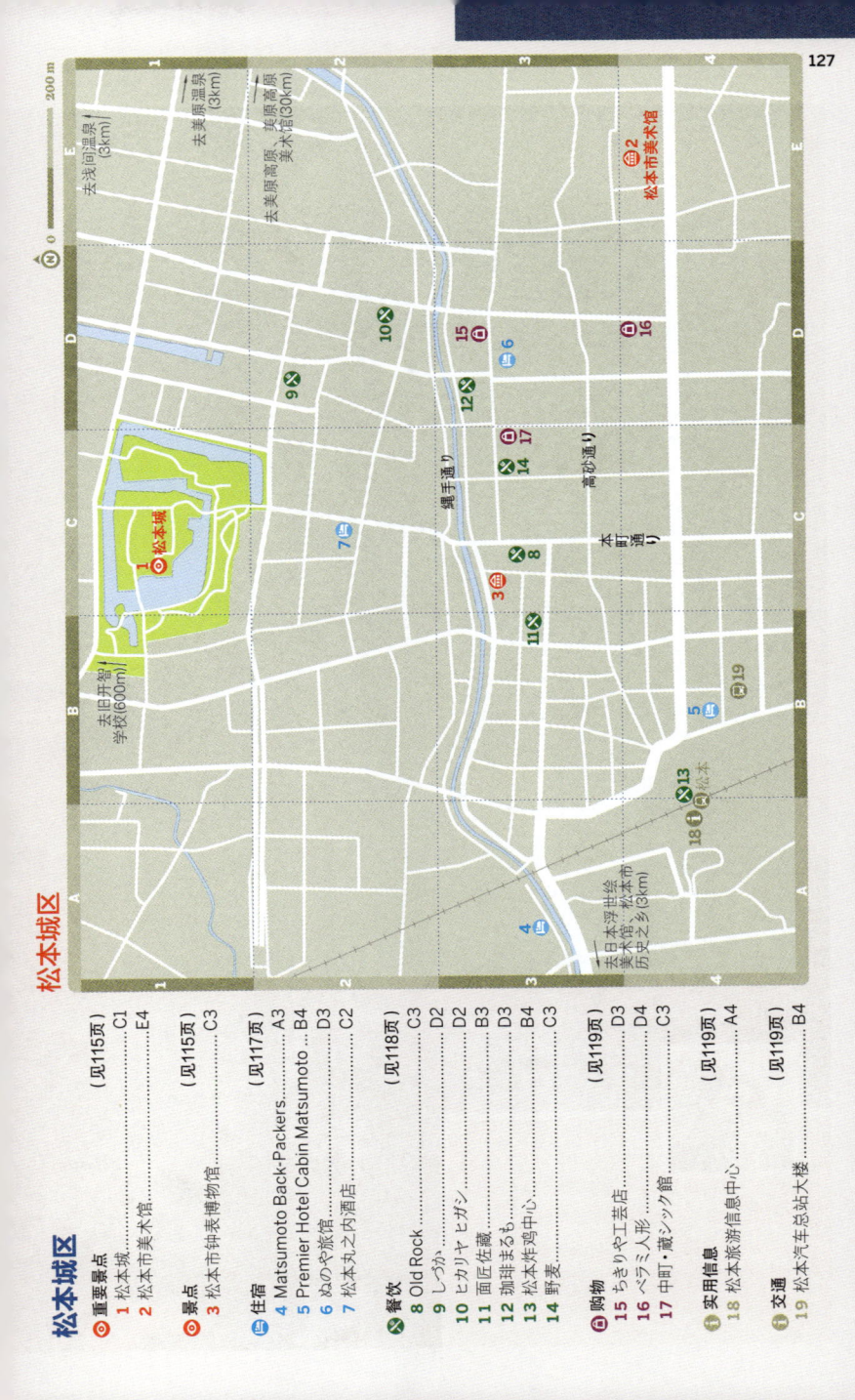

松本城区

◎ 重要景点 (见115页)
1. 松本城 C1
2. 松本市美术馆 E4

◎ 景点 (见115页)
3. 松本市钟表博物馆 C3

⌂ 住宿 (见117页)
4. Matsumoto Back-Packers A3
5. Premier Hotel Cabin Matsumoto B4
6. ぬのや旅馆 D3
7. 松本丸之内酒店 C2

⊗ 餐饮 (见118页)
8. Old Rock C3
9. しづか D2
10. ヒカリヤ ヒガシ D2
11. 面匠佐蔵 B3
12. 珈琲まるも D3
13. 松本烤肉中心 B4
14. 野麦 C3

☐ 购物 (见119页)
15. ちきりや工芸店 D3
16. ベラミ人形 D4
17. 中町・蔵シック館 C3

ⓘ 实用信息 (见119页)
18. 松本旅游信息中心 A4

ⓘ 交通 (见119页)
19. 松本汽车总站大楼 B4

在路上
本书作者 黄俊尧

　　一个人走在津和野空旷的老街上,清冽的空气舒缓了浑身燥热。回想爬上遗址的辛苦及那片独享的美景,淡季旅行的趣味就在于此。

进一步了解我们的作者,见414页。

严岛神社夜景

本州西部

本州西部

拜访本州西部的旅行者有两条色彩鲜明的线路可以选择，一条是山阳(山陽/San-yo,山的向阳面)海岸线，另一条是山阴(山陰/San-in,山的背阴面)海岸线，中间以中国(Chūgoku)山脉作为分隔。

新干线飞梭经过山阳海岸,这里坐落着数座较大的城市,乘车旅行时,经常可以看到宽广的濑户内海。城市们大多拥有令人印象深刻的历史故事:孕育出桃太郎神话的冈山,有着漂亮运河的仓敷美观区域,从悲惨的过去中重生的广岛,以及作为国际门户的下关港口。拥有"日本三景"之一水上鸟居的宫岛,更是旅人们的必访之地。

越过山脉,你会抵达面朝日本海的山阴地区,这里是日本的神话之乡,许多景点游客稀少、优美宁静。鸟取有日本唯一的沙丘,宍道湖边的松江有壮阔的日落,出云是众神集会之地,有着日本最古老的神社。津和野、山口和萩市的街道提供旅行者漫步沉思的机会,石见银山的世界遗产在山谷中遗世独立。想前往更加偏远的地方一探究竟,可以乘船前往日本海深处的隐岐诸岛。

精彩呈现

出云大社	140
冈山	142
仓敷	145
广岛	147
宫岛	152
鸟取	158
松江	160
出云	170
石见银山	171
山口	177

何时去

3月至5月,9月至11月 春季和秋季气候温和,风景如画,适合摄影,是最吸引游客的季节。

7月至9月 适合户外活动的季节,也是祭典和烟火的季节。

8月 广岛在8月6日举行纪念仪式,河里满是漂着的灯笼,点点烛光祈愿着和平。

★本州西部亮点（见136页）

① 漫步津和野　② 去宫岛住一晚　③ 参拜出云大社　④ 探访石见银山街道　⑤ 广岛的历史和美食　⑥ 钻进鬼斧神工的秋芳洞

交通

➡ **铁路**　如果你会搭乘新干线或JR特急列车，山阳山阴广域JR Pass通票（7日¥19,000）非常划算。JR西日本也有区域较小的多种JR Pass通票可选择。

➡ **巴士**　本州西部的交通以电车为主，上述的JR Pass广域周游券也可搭乘中国JR巴士（萩—山口这一段较常用到）。

➡ **城市轨道**　冈山、广岛都有市内有轨电车。

➡ **1日券**　每个大城市都有公共交通一日券，只要搭乘3次以上就能回本。

网络资源

岛根县观光网（www.kankou-shimane.com）提供丰富的岛根观光资源介绍，各语种版本的网页资料不同，繁体中文版较清晰，可以交叉参考。

广岛县旅游官网（cn.visithiroshima.net）制作精美、资料详尽，值得行前查阅。

山口县交通指南（www.oidemase.or.jp/secondary-traffic/zh-cn）和**山口县旅游指南**（www.visit-jy.com/zh-cn）提供山口县内的交通和景点资讯。

原爆圆顶屋

当地人推荐
广岛的历史和今天

受访者：志贺贤治，广岛和平纪念馆前馆长

请选出能够代表广岛过去和现在的两个地方。

一定要举例的话，应该是"原爆圆顶屋"（正式名称：广岛和平纪念碑）。

毫无疑问它是今日广岛的象征，这一点应无异议。而与此同时，它也几乎是能够让人凭吊昔日广岛的唯一场所——关于后者可能需要一些说明。

事实上，要从广岛的现在窥视它的过去，可以说几乎不可能。原子弹的破坏力是如此之大，以至于那些能够展现昔日广岛的场所和建筑几乎彻底灰飞烟灭。

约50年前，我和母亲走在名古屋的街头，她的一句感慨让我至今难以忘怀。看着城市中残存的古老的木建筑，她说："还留下了不少呢。"言下之意，比起被普通炸弹轰炸得体无

广岛和平纪念馆

完肤的名古屋（指1945年名古屋大空袭），广岛显得更加一无所存。

有人说，广岛仿佛是被抹去了作为城市的"记忆"。但在我看来，不如说广岛已经失去了作为城市的"基因"。所以广岛是死过一次的城市，换言之，是一座失去了历史的城市。

接着来说"原爆圆顶屋"所讲述的过去。今天广岛和平纪念公园所处的地区，在原子弹爆炸前曾是广岛最大的商业街，热闹的氛围往往持续到深夜。也正是在这样的地方，建起了近代建筑，以象征当时广岛的繁荣。其中最先建造的，就是这座"原爆圆顶屋"，值得一提的是，圆顶屋是由一位捷克建筑师设计的。

此外，如果想看看今日广岛的复兴，推荐前往"广岛市环境局中工场"，就在作为广岛复兴原点的"都市轴"（原爆圆顶屋、原子弹爆炸死难者纪念碑、广岛和平纪念馆三点所在的直线）的最南端。你可以透过玻璃看到最新的垃圾焚化方式，由此切身感受广岛在处理工业垃圾上的努力。

如果想进一步挖掘广岛的过去，不妨拜访广岛城、广岛乡土资料馆和似岛。

你觉得广岛和平纪念馆中最打动人心的展品是什么？

很难说，非要给出个答案的话，就是烧焦的饭盒以及人影之石。

饭盒是当时13岁的少年上学前从母亲手中接过的，爆炸后少年被母亲找到时，怀中就紧紧抱着这个饭盒，而此时的少年也已被烧得模糊难辨。现在纪念馆里还有这位寻找了三天的母亲的悲痛之言，参观时请一定读读看。

至于人影之石,虽然尚且不知是何人之影,但我们收到了几例报告,都表示这是自己的亲人。可以想见,大家至今仍在寻找亲人的遇难之处。

除了历史景点,还有哪些传统工艺、文化活动想推荐给旅行者?

对于广岛这座失去了历史的城市,要说普遍意义上的"传统工艺",我想不出有什么。不过旅行者或许可以了解下从江户时代秘传至今的"一国斋高盛绘"。另外,源于县北的传统表演"神乐"近年很热门,广岛市内也有面向旅行者的演出。

就整个广岛县而言,你最喜欢的街区是?

以我极其个人的观点来说,最喜欢尾道,我在那里度过了一段童年时光。

由于没有遭到战争破坏,尾道仍然保留着战前的街景和小巷。你仍能感受到它几十年前作为渔港的繁华,找到众多的佛教遗迹。对于在广岛长大的我而言,尾道有种时间倒流的感觉。

外国朋友来到广岛,你会带对方去吃点什么?

广岛最具人气的大众料理——"御好烧"。我会推荐去"御好烧村",十几家御好烧摊位都集中在这栋楼里。自然要点的是"荞麦面御好烧",而且我一定会加上炸鱿鱼。

可以给旅行者推荐一些能够深入了解广岛的书籍或电影吗?

首先是《广岛之恋》(阿伦·雷乃执导,法国,1959年),拍摄于广岛和平纪念馆建立后不久,你可以从电影中了解到当时纪念馆内的

尾道街景

模样,以及广岛街头凝重不安的氛围。

其次推荐《夕岚之街樱之国》(漫画作者:河野史代,双叶社,2004年;2007年拍成电影,佐佐部清导演),以及两本堪称经典的著作——《广岛》(约翰·赫西,1946年,中文版于2014年出版)和《夏之花》(原民喜,1949年)。

最后还有一本《广岛男孩》(*Hiroshima Boys*;平原直美,2018年),讲述了一位经历过原子弹爆炸、后来定居美国洛杉矶的第二代日裔美国人,解决了在广岛南端小岛(似岛)发生的一起命案。你可以在入籍美国的主人公的身上,看到广岛过去和现在的交织。

广岛风御好烧

☑ 不要错过

最佳庭园

➜ **足立美术馆** 和馆藏画作相比,蝉联十几年日本第一的庭园才是本体。(见161页)

➜ **由志园** 四季都能赏花的精美庭园,令人惊艳。(见161页)

➜ **后乐园** 日本三大庭园之一,来看看贵族的后花园。(见142页)

最佳神社

➜ **出云大社** 最古老的日本神社,拥有壮观的巨大注连绳。(见140页)

➜ **严岛神社** 建在海岸边的神社有着交错的朱红回廊,还有海上的大鸟居。(见153页)

➜ **太鼓谷稻成神社** 日本五大稻荷神社之一,红色的千鸟居日夜都充满魅力。(见173页)

➜ **赤间神宫** 面对着关门海峡的美景,红白相间的大门相当有气魄。(见156页)

最佳观景点

➜ **津和野城** 登上荒烟蔓草中的城堡遗址,山谷的景色美不胜收。(见173页)

➜ **火之山公园** 一眼望尽关门海峡,放松身心,遥想当年。(见156页)

➜ **纸鹤塔** 拜访城市顶端的"广岛之丘",欣赏这个创新迷人的观景台设计。(见149页)

➜ **观世音寺** 站在这座不起眼的古寺边缘,脚下的江户街道一览无遗。(见171页)

本州西部亮点

❶ 漫步津和野（见173页）

这个罕为人知的美丽小镇有着"山阴小京都"的称号，相较于挤满游客的京都，它的魅力毫不逊色。前身是历史悠久的城下町，你得以漫步在殿町保存良好的古老街道上，和一旁水道里悠游的鲤鱼，共同享受山谷中的宁静与闲适。一定要穿过层层鸟居，拾阶而上参访太鼓谷稻成神社，而后搭乘缆车或循着隐密的登山道，到山顶上的津和野城欣赏全景。天气良好时，你会见到一整片的红瓦屋顶在翠绿的田野中闪闪发光。

❷ 去宫岛住一晚（见152页）

宫岛拥有世界闻名的"水上鸟居"，这个朱红色的大鸟居可远观可亲近，涨潮时分独自立于海中央，退潮时露出小径，你可以顺着路和神圣的鸟居来一次近距离接触。此外，优美的严岛神社以及岛上其他寺庙都非常值得一看。岛上的弥山为热血旅行者提供进行徒步挑战的机会，山顶有着360度的濑户内海景观。你可以选择从广岛市内到此一日游，更推荐在此住上一晚，这样你才得以独自享受华灯初上的水上鸟居，以及人群散去后的宁静。

❸ 参拜出云大社（见140页）

每一位来到出云的旅行者，或许都应该怀着神圣的心情，朝拜全日本最古老的神道教神社。穿过四道鸟居和整齐的松林来到大社内部，森林环绕的建筑群散发出充满能量的气场。庄严的神社面前挂着全日本最大的注连绳，近看更加令人震撼。大社前的神门通有几家美味的荞麦面店，和出云限定的独特伴手礼。时间充裕的人，不妨散步到稻佐之滨欣赏日落，看看有没有运气碰上天使光。

左图：俯瞰津和野红瓦街景
上图：津和野街景

❹ 探访石见银山街道（见171页）

古色古香的石见银山村落遗址，就像一个完美的历史剧舞台。这片山谷得到联合国教科文组织世界遗产认证，值得花点时间四处探索。租辆自行车或徒步漫游大森小镇的古老街道，参观保存良好的武士宅邸、神秘的矿坑遗址，还有洞窟中奇异的罗汉雕像。这里没有什么炫目的景点，但能充分感受怡然自得的氛围。劳碌一整天之后，晚上入住温泉津的日式旅馆，享受美味的怀石料理，并在历史悠久的温泉中泡汤，好好犒赏自己一顿。

❺ 广岛的历史和美食（见147页）

因为"二战"浩劫而被写进历史课本的广岛，将令造访的旅行者大吃一惊。这座年轻的城市从废墟中快速重生，林荫大道和穿梭的电车共同组成了当地街景，行走其中相当舒适。你可以拜访那座著名的原爆圆顶屋遗迹，在和平纪念公园里散步吹风，在博物馆里深深沉思，然后前去品尝新鲜的牡蛎和热情的广岛烧。在这里，悲伤的历史已是难忘的昨日，充满活力的广岛正张开双臂，拥抱世界各地的和平爱好者们。

❻ 钻进鬼斧神工的秋芳洞（见177页）

秋芳洞是山口县内最知名的洞窟，也是全日本最大的石灰岩洞穴。在旅行中来一趟洞窟探险，一定会让你的旅途色彩更加丰富。规模庞大的秋芳洞相当安全，目前开放的1公里长步道不用2小时便可以走完，想寻求刺激的人，也有挑战步道可以尝试。洞内有地下河、"富士山""梯田"，还有各种壮观的巨柱。途中还可以回到地面，欣赏高低起伏的秋吉台公园。搭配便利的交通路线，这绝对是一场性价比很高的冒险。

涨潮时的水上鸟居

出云大社

石见银山

广岛风御好烧

秋芳洞内景观

★ 最佳景点
出云大社

作为本州西部的明星之一,出云大社并非坐落在云深不知处的山中,而是庄严地端坐在岛根县的滨海一隅。这里是众神聚集之地,也是祈求"结缘"(縁結び/Enmusubi)的场所。每年约有六百万人(和八百万神明)来此。

(出雲大社/Izumo Taisha或Izumo Ōyashiro;🚃搭乘一畑电车前往出云大社前站)

出云大社的二之鸟居

历史上的出云

出云大社(📞0853-53-3100;大社町杵築東/Taisha-chō Kizuki-higashi 195;🕕6:30-20:00;免费)是最古老的神道教神社,重要性仅次于供奉天照大神(太阳神)的伊势神宫。这座神社的历史可能跟日本的历史一样悠久,日本最古老的书籍《古事记》(Kojiki)中曾提到,出云是供奉姻缘之神大国主(Ōkuninushi)之地,人们把大国主当作能够带来好运的神明加以尊奉。有别于一般神社,信徒们参拜出云大社时要拍掌四次,而不是通常的两次(一般神社为二礼、二拍手、一礼)。

现今的神社建筑已非常雄伟,但它以前的规模更大。公元970年的记载中,它是日本最高的建筑。有证据证明,在平安时代,神社曾高达48米。但如此高度反对它不利——神社曾在1061年至1225年间倒塌过5次。现在神社的屋顶比以前低得多,只有24米高。神社目前的主建筑外观可追溯到1744年。主殿在2013年经过修复,再过60年还会进行一次修复。

前往神社

出云大社位于出云市中心西北8公里处。神社地区基本就是一条街道,沿街有餐馆和商店。这条街从一畑(Ichibata)电车线的出云大社前站(Izumo Taisha-mae)一直通向神社大门。出云大社事实上有4座鸟居,而电车的出云大社前站位在一之鸟居和二之鸟居中间。正确的参拜路径,应该是由白色的一之鸟居开始,依序穿越由远而近的"石""木""铁""铜"4座鸟居抵达大社,寓意洗净尘世的污秽,进入庄严的圣域。

沿着出云大社的表参道神门通(神門通り/Shinmondōri)走,途中会经过许多当地餐厅和伴手礼店。10分钟就能抵达木造的二之鸟居,也是神社的正门。再往前是"松之参道",你会见到层层林木簇拥的出云大社。巨大的稻草结"注连绳"(しめ縄/shimenawa)悬挂在神社本殿的入口上方,令人升起一股敬畏之感。不过,日本最大的注连绳其实挂在隔壁的结婚式场神乐殿(神楽殿/Kaguraden)。以往许多朝拜客会试图将硬币向上丢入注连绳的缝隙中,认为如果卡住就会带来好运,如今此举动已被禁止,因为这样做对神明相当失礼,而且会加速损坏注连绳。参观者不得进入神社的主要区域,大部分建筑都隐藏在高大的木栅栏后。院子两侧是长屋廊十九社(jūku-sha),

它被视作日本众神每年来此聚会时的居所。

顺带一提，前皇室公主典子（Noriko）在下嫁"平民"出云大社宫司之子的时候，放弃了皇室地位，如今就生活在神社附近。

诸神降临的海滩

在日本各地，阴历十月被称为"神无月"（Kan-na-zuki）。然而在出云，阴历十月被称作"神在月"（Kami-ari-zuki），因为在这个月，全国众神都到出云大社来开会了。神在祭（Kamiari-sai）便是出云举行的一系列的庆典活动，以迎接众神到来，庆典从阴历十月十一日持续到十月十七日，十月十日晚间会在稻佐之滨举行神迎祭，具体日期每年有所不同。

从挂有巨大注连绳的结婚式场直走出来后，顺着大路走到国道431号，然后右转。朝西边徒步15分钟，你就会抵达这片开阔的海滩。稻佐之滨（稻佐の浜/Inasa-no-hama）是一片充满灵气之地，也是看日落的好地方，这里经常能看到"天使光"出现，或许会让你对这个神明的国度更多几分敬畏。

亮点速览

➡ **大鸟居** 依序穿过四座庄严的鸟居

➡ **神门通** 在此品尝出云当地特产荞麦面

➡ **注连绳** 站在日本最巨大的注连绳下方，令人十分震撼

➡ **神在祭** 每年公历11月前后的出云总是挤满了神明和游客

➡ **稻佐之滨** 日本海滨百选之一，也是优秀的日落观景点

每年阴历十月十日，稻佐之滨会举行迎神祭典（神迎祭/Kami-mukae sai）。晚间7点，海滩上燃起熊熊火苗，恭迎全日本的八百万神明降临，神明们会合后，再从这里前往出云大社开"年会"。海滨的巨岩弁天岛（弁天島/Bentenjima）上有座可爱的小神社，据说就是众神们的"接待处"。

佐佐木希主演的《缘：出云新娘》以出云作为背景，电影开头便是稻佐之滨的迎神舞。

冈山（Okayama） 岡山

✆086／人口720,989

对许多前往广岛的旅行者来说，冈山只是新干线窗外的匆匆一瞥而已。不过，这个少雨的"晴天之国"，也值得你中途走下列车看看。花几个小时在日本三大庭园之一的后乐园周边漫步，或者从市内乌黑的城堡上俯瞰庭园全景。如果计划待几天，这里也可作为前往仓敷或濑户内海岛屿的基地。

冈山也是日本知名传说"桃太郎"（Momotarō）的起源地，城里随处可见他神采飞扬的笑脸。传说中，桃太郎是从河上漂流的大桃子里蹦出来的小孩，长大成人后，前往制伏困扰村民的妖魔，在猴子、雉鸡和小狗的帮助下，打败了长着3只眼睛、3个脚趾的吃人鬼怪。

不妨在这里品尝出名的水蜜桃，买一串冈山土产——桃太郎用来招揽动物同伴的吉备团子（吉備糰子／Kibidango），悠哉地在蓝天下惬意散步。

⦿ 景点

★ 后乐园 庭园

（後楽園／Kōraku-en；见181页地图；www.okayama-korakuen.jp；後楽園／Kōraku-en 1-5；¥400；⦿3月20日至9月30日7:30~18:00，10月1日至次年3月19日8:00~17:00，不定期举办夜间开园）园内大部分地方是广阔的草坪，若干池塘、茶舍及其他江户时代的建筑点缀其上，包括一座能剧（nō）舞台，甚至还有一片小型茶园和几片稻田。春季，树上的梅花和樱花盛开的景色十分迷人，夏季白莲招展，秋季的枫叶让摄影爱好者欣喜。这里还举办季节性活动，包括夜间的"幻想庭园"。

后乐园由大名（daimyō，当地领主）池田纲政（Ikeda Tsunamasa）下令修建。自1700年建成以来，它在20世纪30年代的水灾和40年代的空袭中遭到了严重的破坏，但依然保持着封建时代的大部分风貌。这座公园于明治时代（1884年）对公众开放。

从冈山站乘东山线（Higashi-yama）电车到城下（Shiroshita）站下车，然后步行约10分钟。18路公交车从冈山站开往这个庭园（后乐园前站）。由车站全程步行需要25分钟。

冈山城 城堡

（岡山城／Okayama-Jō；见181页地图；丸の内／Marunouchi 2-3-1；¥300，特展另收费，后乐园通票¥560；⦿9:00~17:30，17:00最后入场，夏秋有夜间开园活动）黑色的冈山城十分醒目，因这一颜色也被当地人称为"乌城"（U-jo）。城堡外部十分壮观——金鯱（Kinshachi，镀金的祥兽）在空中摆动着尾鳍。你可以站在院子里免费欣赏这一美景，亦可从河对岸眺望。夏秋夜间，城堡和附近的后乐园灯火辉煌。顶楼博物馆内的一些展品很有趣，观景视野极佳。

林原美术馆 博物馆

（林原美術館／Hayashibara Museum of Art；见181页地图；✆223-1733；www.hayashibara-museumofart.jp；丸の内／Marunouchi 2-7-15；¥300；⦿周二至周日10:00~17:00）这里展示曾属于池田家族的书卷、盔甲和绘画作品。靠近冈山城的后门。看到黑白两色的传统建筑就是。

✣ 节日和活动

西大寺会阳节 文化

（西大寺會陽／Saidai-ji Eyō；西大寺／Saidai-ji；⦿2月的第三个周六）号称日本三大奇祭之一，又称裸体祭（裸祭り／Hadaka Matsuri）。该仪式在西大寺观音院（Kannon-in）举行，届时会有近万名身着兜裆布的裸男混乱地拼抢两根"宝木"（shingi，木头短棒），人们会向他们泼冷水，抢到的"福男"可以获得一整年的幸福。活动从22:00开始，但在稍早的傍晚时分，读小学的男孩们也会进行一次这种仪式。参加仅限男性，但围观不分男女。

🛌 住宿

Lazy house 青年旅舍¥

（レイジーハウス；见181页地图；✆080-5614-7979；桑田町／Kuwada-chō 9-5；铺／标单／双¥3000/4000/6000；🌀🛜）外观像一

冈山城

栋小公寓的背包客栈,设备崭新齐全,没有电梯,但舒适的床会让你忘记任何辛劳。洗衣机免费使用。旅馆主人相当亲切,还会说一点中文。从冈山车站顺着Aeon购物中心的方向走10分钟即达。

★ 後楽ホテル　　　　　　　酒店¥¥

（Kōraku Hotel；见181页地图；☎221-7111；hotel.kooraku.co.jp；平和町/Heiwa-chō 5-1；标单/双¥8400/9400起，角落房间¥19,600起；🅿❄@🛜）这家饭店处处流露出"贵气"，每层楼都陈列着当地博物馆的收藏品，房间内有免费熏香炉。角落房间有大扇曲面窗户，特别宽敞。员工和热心的经理都会说英语（和其他外语）。自助早餐¥1080。地点相当方便。

✗ 餐饮

食事処 おかべ　　　　　　豆腐料理¥

（Shokujidokoro Okabe；见181页地图；☎222-1404；表町/Omote-chō 1-10-1；套餐¥820~870；⏰11:30~14:00，周四和周日休息）跟其他食客挤在这个简陋的小小午餐馆内，观看女店员们制作美味的豆腐套餐。只有3种定食，提供附图的中文菜单。餐馆位在街角，招牌上画着一位戴草帽、挑着一篮沉甸甸豆腐的小贩。

★ Teppan-Ku-Ya　　　　铁板料理¥¥

（テッパン クウヤ；见181页地图；☎224-8880；teppan-ku-ya.com；野田屋町/Nodaya-chō 1-1-17；餐¥2500~5000；⏰周一至周六18:00~23:00；❄🍴）备受热捧的创意餐馆，也有章鱼烧等日式传统菜肴。店内充满热情的氛围，和会说英语的员工。六道菜套餐性价比不错，包括偏向法式风味的南瓜汤、烤虾、和牛或三文鱼排，还有抹茶甜冰激凌。最后在舒服的爵士乐中喝着红酒，这里是冈山之夜的优良选择。

骑行 吉备平原

冈山附近的吉备（吉備/Kibi）区域相当适合骑自行车探索。乡村景观中散布着几座有趣的寺庙和神社，还有一座古墓。因此，这里辟了一条完善的自行车道（还是日本道路百选之一），穿越备前一宫（備前一宮/Bizen-Ichinomiya）和总社（総社/Sōja）之间的吉备平原。大约15公里的线路单纯骑行要两小时，如果想停下来溜达就要多留一点时间。

沿途你会经过美丽庄严的**吉备津神社**（吉備津神社/Kibitsu-jinja；www.kibitujinja.com；吉備津/Kibitsu 931；◯8:30~16:00；免费），相传这里就是桃太郎传说的发源地，神社本殿的双屋顶非常特别。线路还会经过可追溯到5世纪的**造山古坟**（造山古墳/Tsukuriyama-kofun；☎086-270-5066；◯24小时）免费，这是日本第四大古坟，推测是某位统治吉备地区的国王坟墓，陵墓形状是一个巨大的钥匙孔。另一个重要停留点是**备中国分寺**（備中国分寺/Bitchū Kokobunji；☎0866-92-0037；上林/Kanbayashi 1046；◯7:30~17:00）免费，这座寺庙内，有一尊古雅的五层宝塔，寺庙群中最古老的建筑可追溯至江户时代。

想骑行这块田野，从冈山站搭乘JR电车至备前一宫站（¥210，15分钟）或总社站（¥410，40分钟或¥500，30分钟，后者也经过仓敷），然后在站前的自行车店（◯9:00~18:00）租一辆车，可以在一处借另一处还，一日租金¥1000。随车会附线路图，或者直接顺着写有"吉备路"的蓝色指标骑行就好，迷路就向当地人询问方向（吉備路自転車道ルート/Kibiji jitensha-dō rūto）。LP

和风居酒屋Akari　　　　居酒屋¥¥

（和風居酒屋あかり/Wafu Izakaya Akari；见181页地图；☎803-5580；www.akari-delis.jp；野田屋町/Nodaya-chō 1-6-22；套餐¥3500~5500；◯周一至周四18:00~24:00，周五至周六17:00~24:00，周日和节假日17:00~23:00；❄🈁）这间灯火通明的大型居酒屋内，巧妙的用帘子隔出许多小空间。味道地道、摆盘精美，酒类选择众多。有中英文菜单，选择困难的人可以直接点套餐。建议先请旅馆员工打电话，或从网站预约（https://r.gnavi.co.jp/y120200）。

ℹ️ 实用信息

桃太郎游客信息中心（ももたろう観光センター/Momotarou kankō sentā；见181页地图；☎222-2912；www.okayama-kanko.net/sightseeing；◯9:00~20:00；☎）位于电车站下方的地下综合建筑内，提供许多冈山和周边的地图及信息，有免费Wi-Fi。

旅游信息台（観光案内所/Kankōan'naijo；见181页地图；◯9:00~18:00）在车站二楼，位于新干线入口旁。

ℹ️ 到达和离开

长途汽车

冈山站有往返关西国际机场的长途巴士（3小时25分钟，单程/往返¥4650/7700，每天7班）。

火车

冈山位于JR山阳（San-yō）线和新干线上，新干线向东通往新大阪站（¥6230，50分钟），向西通往广岛站（¥6230，40分钟）。

乘坐特急列车八云号（やくも/Yakumo），可以前往鸟取、松江、出云等山阴的景点。

ℹ️ 当地交通

步行就可游览冈山，也可以乘几站短途电车。市内有两条有轨电车，如要游览主要景点（冈山城和后乐园），可在JR冈山站东口搭乘东山（Higashi-yama）线，并在桃太郎大通（Momotarō-Ō-dōri）的最后一站"城下"（Shiroshita）下车。每趟¥100。

冈山也是个适合骑自行车游览的城市。**JR Eki-Rinkun Rent-a-cycle自行车租车店**（レンタサイクル駅リンくん；见181页地图；☎223-7081；元町/Moto-machi 1-2；租金每天¥350，持JR Pass免费，行李寄放服务¥500；⊗7:00~21:50）位于高架桥下。从冈山车站东口出来右转，经过7-Eleven，看到租车处之后再往前走一小段。

仓敷（Kura-shiki） 倉敷

☎086/人口483,776

仓敷拥有氛围浓郁的美观地区（美観地区/Bikan chiku），这里可说是日式的"江南水乡"：一整片白墙黑瓦的古建筑，坐落在古老的运河河畔，河岸上种着柳树，河中有人撑船经过。不过，这并不是一幅静止的画面。大部分的时间路上游人如织，相当热闹。

封建时代，人们用小船将附近乡村生产的稻米运到这里的仓库储存。后来小镇逐渐发展为重要的纺织中心，隶属仓敷纺绩株式会社（Kurabō）。公司所有者大原孙三郎（Ōhara Magosaburō）收集了大量的欧洲艺术品，并于1930年建立了大原美术馆，它是仓敷最知名的建筑。

仓敷的景点密集，许多古仓库被改建为博物馆或酒店。若想远离人群，就一头钻进小巷，巷弄两边都是漂亮的老屋和店铺，经常会有惊喜。你可以由冈山到此一日游，或者住下来，等待夜幕降临，灯火映照河面，那是一种更难忘的日本风情。

◉ 景点

★ 大原美术馆 画廊

（大原美術館/Ōhara Bijutsukan；见182页地图；www.ohara.or.jp；中央/Chūō 1-1-15；成人/儿童¥1300/500；⊗9:00~17:00，除7月末、8月和10月外，每周一闭馆）仓敷最好的美术馆，建筑正面是辉煌的古典风格，主要展示当地纺织业巨头大原孙三郎在艺术家儿岛虎次郎（児島虎次郎/Kojima Torajirō）帮助下收藏的西方艺术品，也有儿岛本人的画作。其藏品包括各种各样的绘画、版画和雕塑，其中具代表性的有毕加索、塞尚（Cézanne）、埃尔·格列柯（El Greco）和马蒂斯（Matisse）的作品，还有莫奈（Monet）的一幅睡莲画（据说是儿岛虎次郎1920年拜访莫奈时从他本人手中买到的）。虽然比不上欧洲的大型画廊丰富，但这里的藏品十分有趣。可租中文语音导览（¥500）。

本馆旁另有工艺·东洋馆，位于主建筑后侧的分馆展出当代日本艺术作品，前往分馆途中会经过大原的私人庭园"新溪园"。

★ 大桥家住宅 历史建筑

（大橋家住宅/Ōhashike Jūtaku；见182页地图；www.ohashi-ke.com；阿知/Achi 3-21-31；成人/儿童¥550/350；⊗9:00~17:00，周五闭馆）大桥家是仓敷最富有的家族之一，修复完好的旧住宅建于1793年。可以在宁静的屋内走走，感受那个时代的贵族生活。会日语的话，也能聆听工作人员热情的导览。隐蔽的入口位于停车场斜对面。

桃太郎机关博物馆 博物馆

（桃太郎のからくり博物館/Momotarō-no-Karakuri Hakubutsukan；见182页地图；☎423-2008；本町/Honmachi 5-11；成人/儿童¥600/400；⊗10:00~17:00）既是博物馆，也是乐园。这家小博物馆专门收藏与本地神话人物桃太郎有关的物品，包括纪念品、玩具和多年来刊登桃太郎故事的报刊杂志。一楼的展览很有趣，一系列机关都能引起视觉错觉：你可以给自己拍一张仿佛从桃子里蹦出来的照片（就像桃太郎一样）。"互动"展览有点过时（跟十几年前的电脑游戏差不多），但这也是博物馆的趣味之一。遇到下雨不妨来这里避雨。

阿智神社 神道教神社

（阿智神社/Achi-jinja；见182页地图；本町/Honmachi 12-1）离仓敷美观运河区不远

的地方，有处陡峭的石阶，通往位于鹤形山公园（Tsurugata-yama-kōen）内的神社。从绘马殿俯瞰整个仓敷。神社内有一棵据说有300～500岁的紫藤。

🛏 住宿

★ Cuore Kurashiki　　　　　青年旅舍¥
（クオーレ倉敷；见182页地图；☎486-3443；www.bs-cuore.com；中央/Chūo 1-9-4；铺/单/双床 ¥3780/4860/8100；😊🛜）房间和公共区域是员工自己装修的，富有艺术气息，美丽且时尚。一楼的休息厅、咖啡厅兼酒吧使这家青年旅舍的性价比大大提高。宿舍房间床铺是可爱的木板隔间。咖啡馆营业至午夜，也可以在这里听着轻柔的音乐享用早餐（¥500）。

Yuji Inn　　　　　　　　民宿¥
（ゆうじいん；见182页地图；☎441-1620；www.yuji-inn.com；中央/Chūo 1-10-13；铺/双人/家庭 ¥3800/7600/14,000；😊❄🛜）位于运河后面的榻榻米共用房间舒适且极为干净，如果想体验日本民居，或想在夜晚的运河畔漫步，这间友善的民宿是经济型选择。店内小餐厅中，偶有热络的晚间聚餐。工作人员都乐意解决你的诸多难题。

Centurion Hotel　　　　　酒店¥¥
（センチュリオンホテル；见182页地图；☎436-6631；www.centurion-hotel.com/kurashiki；阿知/Achi 2-4-6；标单/标双 ¥9300/11,600起；❄🛜）崭新装潢的酒店离车站不远，宽敞的房间附设能看到市景的小露台。有浴场可以泡汤，早餐（¥1300）丰盛。员工英文流利。

★ 旅馆くらしき　　　　　日式旅馆¥¥¥
（Ryokan Kurashiki；见182页地图；☎422-0730；www.ryokan-kurashiki.jp；本町/Honmachi 4-1；标单/双 含两餐 ¥47,000/64,000起；🅿❄🛜）位于美观区的核心，外观是江户时代的老屋，内部经过大幅翻新。宽敞的套房曾是古老的米仓，在双床外还有榻榻米休息区。晚餐的精致怀石料理可以在房内享用，早餐则设在日式庭园旁的明亮餐厅。店员会说基本的英语。

🍴 餐饮

美观区里有不计其数的餐饮场所，就餐氛围更佳，价格也较高。在中央通（Chūo-dōri）和连接电车站的商业街上可以找到较便宜的快餐。

★ 高田屋　　　　　　　　烧烤¥
（Takadaya；见182页地图；☎0120-810-190；本町/Honmachi 11-36；串烧 ¥120～420/串；⏰17:00～22:00，周一休息；❄📖）这家位在街角的酒吧洋溢着古老的日本风情，总是挤满当地和外国游客，如果没预约可能需要等候一段时间。有会说英语的员工和英文菜单，美味的烤串包括紫苏鸡肉卷和牛肉，也有套餐和酒单（鸡尾酒和梅酒）可选。

ぶっかけうどん ふるいち仲店　　乌冬面¥
（Bukkake Udon Furuichi-nakamise；见182页地图；阿知/Achi 2-3-23；乌冬面 ¥490～890；⏰9:00～21:00；❄📖）位于车站对面的BIOS仓敷商店街，这家本地连锁餐馆提供平价而美味的仓敷特色乌冬面（ぶっかけうどん/Bukkake udon），面条端上来，或冷或热的酱汁由自己倒入。店内的乌冬曾多次获奖，也备有中英文菜单。

★ 仓敷咖啡馆　　　　　　咖啡馆
（倉敷珈琲館/Kurashiki Kōhiikan；见182页地图；☎424-5516；www.kurashiki-coffeekan.com；本町/Honmachi 4-1；咖啡 ¥570～980；⏰10:00～17:00）将近50年的老店位在运河畔，从开店以来就坚持只卖咖啡。店内以木头和红砖装潢，弥漫着刚焙烤好的咖啡香。名为琥珀女王的招牌冰咖啡（10月到次年6月间季节限定），是在黑咖啡上铺上奶油和漂浮冰块，最后还能品尝杯底的水果酒和蜂蜜，层次丰富。

广岛 **147**

🛍 购物

★ つねき茶舗　　　　　　　　　茶店

（恒枝茶舗/Tsuneki Chaho；见182页地图；www.tsuneki.net；本町/Honmachi 3-9；⏰10:00~18:00）循着烘焙绿茶的香气来到这家茶叶专营店，门口的机器正在翻炒新鲜的焙茶（hōjicha），炒好后放在袋子里出售。你也可以买大麦茶。店方提供英文版煮茶过程说明书。

ℹ 实用信息

旅游信息

仓敷站前观光信息处（倉敷駅前観光案内所/Kurashiki Eki-mae Kankoannaisho；见182页地图；📞424-1220；阿知/Achi 1-7-2，倉敷City Plaza 2F；⏰9:00~18:00）建筑在电车站外面，上二楼右转即可。

仓敷馆观光信息处（倉敷館観光案内所/Kurashikikan Kankoannaisho；见182页地图；📞422-0542；www.kurashiki-tabi.jp；中央/Chūō 1-4-8；⏰9:00~18:00；📞）美观地区的主要游客中心，工作人员会说多种语言。

ℹ 到达和当地交通

JR仓敷站位于山阳线上、冈山（¥320，17分钟）西侧。新仓敷站（Shin-Kurashiki）位于新干线上，离仓敷两站（¥200，9分钟）。步行就可轻松游览仓敷，也可以骑自行车游览，不过骑车未必方便，因为街道狭窄，还常常挤满人。

广岛（Hiroshima）　　　　　広島

📞082/人口1,196,800

很多人对广岛的印象，都源于它被世人铭记的那一天——1945年8月6日，广岛成了世界上第一个遭受原子弹袭击的地方。广岛的和平纪念公园时刻提醒人们记住那个日子，立起的纪念碑和博物馆引人深思，每年都会吸引来自世界各地的旅行者。战后的广岛从废墟中快速重生，如今是一座树木葱

📓 第一颗原子弹

1945年8月6日，美国B-29轰炸机艾诺拉·盖号（Enola Gay）在广岛上方空投下原子弹"小男孩"。爆炸带来的2000℃高温将这座城市面积的90%夷为平地抹平了城市的90%范围，瞬间导致80,000多人丧命。炸弹爆炸的广岛中心全是木造住宅和商店，随后的大火在这座城市肆虐了三天，顺着破裂的煤气管道和电线，几乎摧毁了所有建筑。爆炸后，有毒的黑雨带着200种放射性同位素，倾盆而下30分钟，导致喝下这些水的饥渴伤患又受到放射性污染。

当天在场的大约有35万人。第二个月，又有13万人死于辐射暴露以及严重烧伤等后遗症。伤亡者大多是平民，包括前来救援的消防员和这座城市90%的医生、20,000多名受到迫迫的朝鲜劳工，以及6000多名在城里开辟防火隔离带的中学生。

2015年，日本政府声称约有187,000名原子弹爆炸的幸存者仍在世，很多人都遭受了心理创伤、癌症及其他的辐射影响（如今已经没有残留辐射）。Ⓛ

郁、遍布着林荫大道的都市，路面电车穿梭在街上，游人在河畔骑着自行车。沉重的历史和充满活力的现代氛围形成令人讶异的反差，值得你在此待上一两晚，了解它不为人知的一面。

👁 景点

除了和平公园内的少数建筑，你可以想见，大部分的广岛建筑物都很年轻。然而，重建后的景点仍然保有它们的历史风貌。你可以登上**广岛城**（広島城/Hiroshima-jō；见183页地图；成人/儿童￥370/免费；⏰3月至11月 9:00~17:30，12月至次年2月 至16:30；🚊纸屋町/Kamiya-chō）天守欣赏市景，之后

前往邻近的**缩景园**[縮景園/Shukkei-en；见183页地图；成人/儿童￥260/100；◎4月至9月9:00~18:00，10月至次年3月至17:00；🚋缩景园前（Shukkei-en-mae）]，在美丽的日式庭园中漫步。新开幕的**纸鹤塔**是另一个登高眺望的选择。喜爱艺术的人可以到缩景园旁的**广岛县立美术馆**[広島県立美術館/Hiroshima kenritsu bijutsukan；见183页地图；成人/儿童￥510/免费；◎周二至周日9:00~17:00；🚋缩景园前（Shukkei-en-mae）]，里面有幅萨尔瓦多·达利（Salvador Dali）的名画《维纳斯之梦》。

位于城市边缘的**比治山公园**（Hijiyama-kōen）是赏樱和赏枫的好去处，搭乘广电5号线至比治山下（Hijiyamashita）站即可到达。公园内坐落着收藏许多老漫画的**广岛市漫画图书馆**（広島市まんが図書館/Hiroshima Manga-toshokan；见183页地图；免费；◎周二至周日10:00~17:00），以及**广岛市现代美术馆**（広島市現代美術館/Hiroshima Gendai-bijutsukan；见183页地图；www.hiroshima-moca.jp；成人/儿童￥300/150；◎周二至周日10:00~17:00）。

对另一些旅行者来说，广岛是前往宫岛参访海上鸟居的停留基地。有兴趣在干潮时走近鸟居的人记得先查好潮汐时刻表，并预留出交通时间（不要睡过头啦）。

和平纪念公园　　　　　　　文化广场

（平和記念公園/Heiwa-kinen-kōen；见183页地图；🚋原爆ドーム前/Genbaku-dōmu-mae）这座大型公园位于两条河流之间，树木茂密，步道纵横。正中央是长条形的和平池（平和の池/Heiwanoike），池两侧绿树成荫，池中有持续燃烧的**和平之灯**（平和の灯/Heiwanotou；见183页地图）——只有在地球上最后一件核武器被销毁之后，和平之灯才

广岛城

会熄灭。和平池通向刻着所有已知死难者姓名的原子弹爆炸死难者纪念碑(原爆死没者慰霊碑/Genbaku-shibotsusha-ireihi;见183页地图)。

站在公园纪念碑这一端,朝着和平池往远处看,会看到和平之灯和河对岸的**原爆圆顶屋**,而和平纪念馆位于公园最南端——所有的建筑被特意摆放在一条线上。

在横穿公园的道路北侧矗立着儿童和平纪念碑(原爆の子の像/Genbaku-no-konozō;见183页地图),此碑是为了纪念受害者佐佐木贞子(Sasaki Sadako)而建。原子弹爆炸时她年仅2岁,11岁时贞子被确诊为白血病,她决定折1000只纸鹤。在日本,鹤是长寿与幸福的象征,贞子相信只要她能折完1000只纸鹤,就能恢复健康。她在达成目标前去世了,但她的同学们完成了她的遗愿。这个纪念碑建于1958年,贞子的故事在日本广为流传,至今很多人都在效仿这个小女孩,折纸鹤祈福。纪念碑周围是一串串的彩色纸鹤,它们是日本各地乃至全世界的小学生送来这里的。

公园内还有其他纪念碑和雕像,河岸边的长椅遥望着对岸的原爆圆顶屋,使得这里成为一个适合休憩和缅怀历史的地方。

★ 原爆圆顶屋　　　　　　　历史建筑

(原爆ドーム/Genbaku Dome;见183页地图;原爆ドーム前/Genbaku-dōmu-mae)这或许是广岛在"二战"的灾难中所留下的最严酷的纪念品。原先是广岛县产业奖励馆,最初由一位捷克建筑师于1915年建造。那一天,原子弹直接在其上空爆炸,里面的人全部遇难,建筑本身却是爆炸中心附近屈指可数的幸存建筑之一。战后,人们决定将其外壳作为纪念馆保留下来。

★ 广岛和平纪念馆　　　　　博物馆

(広島平和記念資料館/Hiroshima Heiwakinen Shiryōkan;见183页地图;hpmmuseum.jp;中区中岛町/Naka-ku Nakajima-chō 1-2;成人/儿童 ¥200/免费;⊙8:30~18:00,8月 19:00闭馆,12月至次年2月 17:00闭馆;原爆ドーム前或中电前/Chūden-mae)广岛首屈一指的博物馆,主楼内收藏着原子弹爆炸后抢救出来的物品。这些展品多为私人物品——破旧的衣物、熔化的儿童午餐盒、一只时针永远定格在上午8点15分的手表,同时还有令人沉痛的遇难者照片。虽然有些人会觉得这里令人压抑,但这里是广岛的一处必游之地。东楼内是介绍广岛历史、核武器发展及其破坏力量的展览。

不要错过出口的第一人称录像讲述,还有世界各国领导的来客签名簿——包括前美国总统巴拉克·奥巴马。2016年,他首次前来参观并送上纸鹤。

★ 纸鹤塔　　　　　　　　　观景点

[おりづるタワー/Orizuru Tower;见183页地图;www.orizurutower.jp;中区大手町/Naka-ku Ōtemachi 1-2-1;展望台门票 ¥1700(外国人不定期优惠);⊙10:00~19:00(展望台门票贩售至18:00);原爆ドーム前]2016年底开幕的纸鹤塔或许象征了广岛从历史迈向未来的一大步,这栋13层楼高的商办混合大楼就建在原爆圆顶旁,一楼是如同小市集的物产和咖啡馆,然而,顶楼的"广岛之丘"更为迷人:大片木质地板从丘顶延伸,你可以向四方远眺,或点些咖啡轻食,在暮色中享受微风吹拂,感受底下都市的和平与重生。

🔴 团队游

广岛观光环线巴士　　　　　巴士游

(ひろしま観光ループバス/Hiroshima kankō rūpubasu; www.chugoku-jrbus.co.jp/teikan/meipurupu/;单程票/日票 ¥200/400)环线巴士(めいぷる～ぷ/meipurū-pu)有橘线、绿线和柠檬线3条,都经过城市主要的景点和博物馆,包括和平纪念公园和原爆圆顶屋。路线的起点和终点都在广岛车站新干线入口(北侧)的2号乘车处,运营时间是9:00到18:00(夏季绿线运营时间略长)。

乘客可以在任何一站上下车。大约每隔15分钟就有一班车。可向司机购买车票和日票,或在乘车处附近的交通案内所购买。大部分涵盖广岛的JR Pass通票都可以免费乘

🎋 节日和活动

和平纪念仪式 纪念活动
在8月6日的原子弹爆炸纪念日,和平纪念公园内会举行纪念活动,届时人们会将数以千计的纸灯笼放入原爆圆顶屋前的旧太田川(Kyūota-gawa),以慰死者之灵。

🛏 住宿

广岛的酒店集中在车站附近、和平纪念公园周围以及主干道相生通(Aioi-dōri)、平和大通(Heiwa-Ōdōri)沿线,但因为市区很小,所以无论您住在哪里,皆可步行一小段路或乘坐有轨电车前往景点。

广岛花宿 青年旅舍¥
(Hiroshima Hana Hostel;见183页地图;☎082-263-2980;www.hiroshima.hanahostel.com;荒神町/Kojin-machi 1-15;铺/标双¥2300/6200起;🚭❄@🛜)有日式与西式客房可选,有些带独立厕所,有些有全套卫浴。拥有舒适灯光和传统装饰的榻榻米房间是最佳选择。唯一的缺点是,偶尔会从街道和铁路传来嘈杂声。独行客如需要独立房间,就得花上双床房的费用。从电车站南出口左转走5分钟即到,旅舍位于寺庙对面。

广岛之宿 胶囊旅馆¥
(広島のお宿/Hiroshima-no-oyado;见183页地图;☎082-506-3111;hiroshima-oyado.com;松原町/Matsubara-chō 10-1, Full Focus Building 2F;铺¥2980起;🚭❄🛜)广岛车站对面的这间崭新的胶囊旅馆,对那些轻装备或时间紧迫的旅行者而言非常适合。卫浴设备干净齐全,原木色的隔间大而舒适,不过置物柜只能放小背包,太大的行李可寄放在柜台。位于一栋墙上挂满招牌的建筑的二楼。

Hotel Sunroute Hiroshima 酒店¥¥
(ホテルサンルート広島;见183页地图;☎082-249-3600;www.sunroutehiroshima.jp;大手町/Ōmote-chō 3-3-1;标单/双¥6400/10,800起;🅿❄🛜;🚊中電前/Chūden-mae)这家老字号的商务酒店拥有极佳窗景,角落房间大而舒适,俯瞰着和平纪念公园与元安川。员工乐于助人且英文不错。自助式早餐(¥1566)丰盛,很适合搭配美景开启广岛的一日。

相生 日式旅馆¥¥¥
(広島の宿相生/Hiroshima-no-yado Aioi;见183页地图;☎082-247-9331;galilei.ne.jp/aioi;大手町/Ōmote-chō 1-3-14;含餐¥17,900/人起;🚭❄@;🚊原爆ドーム前站)在这家地点和服务优良的传统旅馆里,你可以穿上浴衣,在榻榻米房间或是7楼浴场,瞭望含有原爆圆顶屋的城市夜景。餐食都是精致的传统美食,房钱含早餐或晚餐(可选择)。尽管只会讲一点点英语,但热情的员工还是会尽力满足客人的要求。

🍴 餐饮

广岛以牡蛎和"御好烧"(okonomiyaki,用面糊、卷心菜配上其他蔬菜、海鲜或肉在铁板上烹制而成的铁板烧)最为出名,广岛风味的御好烧是分层制作的,面是关键成分。你可以在拥有3层楼摊位的**"御好烧村"**(お好み村/Okonomi-mura;见183页地图;新天地/Shintanchi 5-13, 2~4F;御好烧¥800~1300;⏰11:00至次日2:00;🈸;🚊八丁堀/Hatchōbori)里慢慢挑选自己中意的口味。

红叶馒头(もみじ饅頭/momiji-manjū)是广岛出名的甜食,它是一种枫叶形状的蛋糕,中间包着甜丝丝的豆沙馅。

广岛也适合在夜晚出来走走,主要娱乐区由数百家居酒屋、餐厅和卡拉OK厅组成,分布在相生通(Aioi-dōri)与平和大通(Heiwa-Ōdōri)之间的街巷里。

★八诚 御好烧¥
(八誠/Hassei;见183页地图;☎082-242-8123;富士见町/Fujimi-chō 4-17;御好烧¥600~1300;⏰周二至周六11:30~14:00和17:30~23:00,周日17:30~23:00;🈸;🚊中

广岛特产牡蛎

電前/Chūden-mae)这家空间不大的御好烧餐馆人头攒动,墙上满是留言。食物美味,分量十足,性价比极高。唯一缺点是可能要等候半小时以上,晚餐时段建议预约。

★豆匠 豆腐料理¥¥

(Tōshō;见183页地图;☎082-506-1028;www.toufu-tosho.jp;比治山町/Hijiyama-chō 6-24;套餐¥2000~7000;⊙周一至周六11:00~15:00和17:00~22:00,周日至21:00;📶📷;段原一丁目/Danbara-1-chōme)位于传统木建筑内,就餐时可以欣赏优美的日式庭园。专供美味的自制豆腐,口味多样,摆盘精致,连甜品都是用豆腐做的。有多重套餐可选,菜单配有图片,附简单的英文说明。

牡蛎亭 海鲜¥¥

(牡蠣亭/Kakitei;见183页地图;☎082-221-8990;www.kakitei.jp;桥本町/Hashimoto-chō 11-11;主菜¥800~1800;⊙11:30~14:30和17:00~22:00,周二休息;📷;银山町/Kanayama-chō)想吃牡蛎,就来这个安静的河边餐馆品尝吧。午餐提供各种做法的牡蛎套餐,搭配沙拉和汤。晚餐则可以按菜单随心点。

广岛酒吞童子 居酒屋¥¥

(広島酒吞童子/Hiroshima Shutendoji;见183页地图;☎082-247-9300;www.h-shutendoji.jp;大手町/Ōmote-chō 1-4-25;午餐¥700起,晚餐人均¥1500起;⊙11:30~14:00和17:00~24:00,周日休息;❄📷)广受当地人喜爱的居酒屋,用当地新鲜食材做成色彩缤纷的日式料理。清酒种类繁多,午间套餐的性价比不错。有简单的英文菜单,也可以请员工推荐。周末建议预约。

❶ 实用信息

旅游信息

广岛和平公园休息处(広島市平和記念公

園レストハウス/Hiroshima Rest House；见183页地图；☏082-247-6738；中島町1-1；⊙10:00～17:00；🚇原爆ドーム前/Genbaku-dōmu-mae）在和平纪念公园内，元安桥（Motoyasu-bashi）旁，提供全方位的信息，员工会说英语，附设一个出售纪念品的小商店。本书写作期间，休息处整修中，临时信息办公室位于和平之泉旁。

另外，广岛站南口地下广场（⊙11:00～18:00，周二和周日休息）和新干线北出口二楼（⊙6:00～24:00）都有旅游信息中心。

可上"广旅"（www.hiroshima-navi.or.jp）查询各种有用的旅游信息。

❶ 到达和离开

飞机

广岛机场（広島空港/Hiroshima kūkō；☏0848-86-8151；www.hij.airport.jp）位于广岛市以东40公里处，中国国际航空和中国东方航空分别运营从大连和上海直飞广岛的航班。机场大巴来往于JR广岛站（¥1340，45分钟，15～30分钟一班）。从机场出发开往JR广岛站（新干线口）的始末班车时间是7:25和22:30，JR广岛站发车始末则为5:55和20:15。

船

广岛港有开往宫岛的高速渡船（单程¥1850，30分钟，每隔1~2小时一班）。

可乘坐开往宇品（Ujina）方向的1、3和5号线电车，终点站即为广岛港（35～50分钟）。

长途汽车

广岛和所有主要城市间都有长途巴士来往，从**广岛巴士中心**（広島バスセンター/Hiroshima Bus Center；见183页地图；www.h-buscenter.com；基町/Motomachi 6-27；🚇纸屋町西/Kamiya-chō-nishi）发车。该中心位于市中心Sogo和AQ'A购物中心之间的三楼。

广岛电铁经营的长途巴士往来于松江和广岛（成人/儿童 ¥3900/1950，3.5小时）之间的热门线路。注意有时会为促进当地旅游而进行促销，单程车票可低至¥500。可向松江国际旅游信息办公室（见186页）询问是否仍有促销，或者上网查询（www.hiroden.co.jp/en/e-matue.html）。

火车

JR广岛站在JR山阳线和山阳新干线上，新干线向西可达新下关站（¥6550，1小时），向东往新大阪站（¥10,240，1.5小时）。

❶ 当地交通

广岛的大部分景点可以步行或乘坐短途有轨电车到达。还有一条连接主要景点的观光巴士（见183页），随上随下。

自行车

广岛城市布局相当紧凑，适合骑自行车。许多青年旅舍和酒店都有可租赁的自行车，价格在每天¥500左右。

有轨电车

广岛的路面电车（www.hiroden.co.jp）几乎可以载你前往城里的任何地方，均一票价为¥180。下车时，将票钱投入司机身旁的机器内就可以。如果中途必须换乘电车，应索取换乘券（乗換券/Norikae-ken）。

市内电车一日通票¥600，含广岛至宫岛往返渡轮的一日通票售价¥840。有效期三日的广岛旅游通票（Visit Hiroshima Tourist Pass-Small Area）很划算，价格为¥1000，持票可以乘坐有轨电车、观光环线巴士、环线巴士和宫岛渡轮。在电车站的有轨电车终点站、各大酒店和青年旅舍都能买到通票。也可以上车后跟车上的售票员购买，但仅限一日通票。

宫岛（Miyajima） 宮島

☏0829/人口1674

宫岛是联合国教科文组织认定的世界文化遗产，也是日本最著名的景点之一。严岛神社的朱红色鸟居（鳥居/torii，神社的入口）被列入"日本三景"：涨潮时，鸟居的大柱子完全被淹没，变身神秘的"海上神社"。如果想在干潮时踩着沙地小径靠近鸟居，要先查好潮汐时刻（www.miyajima.or.jp/sio/sio01）。

除了这一景致，宫岛神圣的弥山上还有一些不错的徒步路线和寺庙。鹿们肆无忌惮地走动，如果你不注意，它们甚至会把你的地图（或钞票）从你口袋里叼出来吃掉。

你可以选择从广岛市内到此一日游，或在此住上一晚，享受华灯初上的水上鸟居，以及人群散去后的宁静。

👁 景点

若想直接前往严岛神社的大鸟居（Ōtorii），从港口出来后向右转，沿海滨步行10分钟即可。主购物街表参道要从海滨向内一个街区，街边排满了纪念品商店和餐馆。你可以品尝烤牡蛎或红叶馒头，这里也有世界上最大的饭勺（杓子/shakushi）。

★ 严岛神社　　　　　　　　　　神道教神社

（厳島神社/Itsukushima-jinja；见184页地图；宫岛町/Miyajima-chō 1-1；成人/儿童¥300/100；◎1~11月6:30~17:30,12月至17:00）早在6世纪末，严岛神社就为该岛定下了真正的名字（宫岛其实是俗称）。神社支柱结构的式样缘于小岛神圣的地位：普通人不得踏上岛屿，必须乘船经由海湾上的大鸟居（见184页地图）进入神社。神社现在的外观可追溯到1168年，是由平家领袖平清盛（Taira-no Kiyomori）重建的。一侧坐落着由当地大名浅野纲长（Asano Tsunanaga）于1680年建造的水上能剧舞台（能舞台/Nō butai；见184页地图）。每年4月16至18日，这里会举办能剧（日本传统舞蹈剧）演出，是桃花节（桃花祭/Tokasai）的一部分。

时间充沛的旅行者，可以顺道拜访严岛神社北边山丘上的大经堂，这是丰臣秀吉于1587年建造的**千叠阁**（千疊閣/Senjō-kaku；见184页地图；宫岛町1-1；¥100；◎8:30~16:30），其对面有座华美的五重塔。严岛神社西侧有座建于1201年（平安时代）的**大愿寺**（大願寺/Daigan-ji；见184页地图；宫岛町3；免费；◎8:30~17:00），里头供奉着弁财天（Benzaiten）。

大圣院　　　　　　　　　　　　佛教寺庙

（大聖院/Daishō-in；见184页地图；宫岛町210；◎8:00~17:00）免费 这座真言宗寺院位于弥山脚下，是往返弥山途中值得停留的地方，到处都能发现有趣的东西：从千姿百态的佛像、转经筒到鼻子长长的天狗（tengu）。还有一个洞穴，里面有四国八十八寺的佛像。从渡轮码头步行20分钟可达。

🏃 活动

★ 弥山　　　　　　　　　　　　　徒步

（弥山/Misen；www.miyajima-ropeway.info；缆车单程/往返 成人¥1000/1800，儿童¥500/900；◎缆车9:00~17:00）神圣而宁静的弥山是宫岛最高峰（535米），大片的原始森林里有许多野生弥猴和鹿出没，攀登弥山是岛上最好的徒步游路线。你可以由大圣院（需120分钟）或红叶谷公园（需90分钟）上山，也可乘坐分为两段的缆车（共20分钟），以避开登山过程中的大部分上坡路，还可以观赏令人目眩的海景。缆车站从红叶谷公园（Momiji-dani-kōen）往山上步行约10分钟可到达，也可在公园入口乘坐20分钟一班的免费接驳巴士。缆车终点为狮子岩展望台，再走30分钟就能到达山顶。

到达山顶瞭望台后，你可以懒洋洋躺在木质平台上，欣赏360度全景：在天气好的日子里，能看到大海对面四国的群山。接近山顶的地方有一座寺庙。9世纪，弘法大师从中国归来后，曾在此沉思百日。主殿旁有一盏灯，自弘法大师在1200年前将其点亮以来，一直燃烧不灭。一条小路从寺庙顺山坡向下延伸，通往大圣院和严岛神社。徒步下山需要1个多小时。

👥 团队游

Paddle Park　　　　　　　　　　皮划艇

（☎0829-50-4340；www.paddlepark.

com；半天/全天路线 ¥6480/10,800）乘坐皮划艇旅行，从一个不同的视角欣赏大鸟居。提供半天（3小时）和全天（8小时）路线，从JR前空站（Maezora，JR宫岛口往南一站）附近的岸边出发。如果情况允许，你甚至可以乘坐皮划艇穿越大鸟居。

❋ 节日和活动

★ 管弦祭　　　　　　　　　　文化

（管絃祭/Kangen-sai）载着神灵的"御座船"漂浮而过，伴随阵阵鼓声和笛声，重现平安时代皇室贵族的管弦游乐。仪式从每年阴历6月17日（阳历7月末/8月初）的傍晚开始。可向游客中心咨询当年仪式的具体日期。

🛏 住宿

★ 三国屋　　　　　　　　　　民宿¥

（三國屋/Mikuniya；见184页地图；📞0829-44-1641；miyajimamikuniya.com；宫岛町中江町/Miyajima-chō Chue-machi 327；铺/和室 ¥4000/5000/人；❄🌐）整洁且设备齐全（含厨房）的民宿，你可以用青年旅舍的价格享受日式旅馆的美好体验，民宿里有可爱的日式中庭和狸猫。老板英文流利，相当热心。附简单的免费宵夜和早餐。离码头稍远，在严岛神社附近。

★ 岩惣　　　　　　　　　日式旅馆¥¥¥

（Iwasō Ryokan；见184页地图；📞0829-44-2233；www.iwaso.com；宫岛町紅葉谷/Miyajima-chō Momijidani；含两餐 ¥21,000/人起；❄❄@）于1854年开门营业的老字号，历代天皇和清朝末代皇帝溥仪都曾在此下榻。日式旅馆相当豪华，位于精致的庭园内。不是所有房间都有浴室，但你可以享用主建筑内的温泉。当红叶谷在秋叶转红的时候，这里的景色更为迷人。从渡船码头步行约15分钟可到达，也可以打电话请旅馆派人接你。

宫岛的表参道商店街

😋 餐饮

各式海鲜餐厅、大阪烧和咖啡馆聚集在主要街道表参道,以及向内一个街区的町家通(Machiya-dōri)上。大多数餐厅在人群归去后就打烊了,旅游办公室提供营业时间较长的餐馆名单。

★ Cafe Lente　　　　　　　咖啡馆¥

(见184页地图;☎0829-44-1204;北大西町/Kitaonishi-chō 1167-3;主菜约¥900;⏰11:00~18:00;❄🌐✏🍴)这家舒适的咖啡馆拥有超凡海景,可以看到大鸟居。店内风格低调时尚,提供令人赏心悦目的午餐,比如广岛风味沾面或鸡肉番茄咖喱饭。

★ 豆狸　　　　　　　　　　居酒屋¥¥

(まめたぬき/Mame-tanuki;见184页地图;☎0829-44-2152;www.miyajima-mametanuki.com;宫岛町/Miyajima-chō 1133;菜肴¥500~1500,午餐套餐¥1400~3240;⏰11:00~15:00和17:00~22:00;🌐🍴)"小狸猫"居酒屋供应出名的午餐套餐,例如鳗鱼饭(穴子饭/anagomeshi)和炸牡蛎。夜间,这里是少数很晚打烊的店铺之一,供应饮品和居酒屋风格的小菜。注意门口的狸猫招牌。

ℹ️ 实用信息

游客信息中心(宫岛観光案内所/Miyajima kankōan'naijo;见184页地图;☎0829-44-2011;visit-miyajima-japan.com;⏰9:00~18:00)就在宫岛码头内,提供旅游信息。内陆侧的两座渡轮码头之间也有一处信息台。

ℹ️ 到达和离开

乘坐渡船可到达宫岛,这里通常被来到广岛的游客作为一日游目的地。

从内陆渡船码头步行一小段路就可到JR山阳线上的宫岛口站(Miyajimaguchi),该站位于JR广岛(¥410,30分钟)和岩国中间。

从广电广岛站搭乘2号线电车也可到达渡船码头(¥260,70分钟;注意,非JR广岛站),这条电车线路始发于广岛站,途经原爆圆顶馆。两家渡轮公司的渡船定期往返宫岛口(单程¥180,10分钟)。持JR Pass可免费乘坐JR运营的渡船。

濑户内海汽船渡轮运营的高速渡船从广岛港直接开往宫岛,也可以乘坐从广岛和平纪念公园发船的**Aqua Net Ferry**(单程/往返¥2000/3600,45分钟,每天17班;☎082-240-5955;www.aqua-net-h.co.jp/en)直接前往宫岛。这些渡船无须预订。

ℹ️ 当地交通

步行即可轻松到达宫岛的任何地方。自行车将受到宫岛起伏的地形和大批游客夹击,不是个好主意。

下关(Shimonoseki)　　　　下関

☎083/人口269,699

下关位于本州岛最西南端,与北九州岛的门司港(Moji-kō)仅隔着一条狭窄的海峡,因12世纪宫本武藏(Miyamoto Musashi)和佐佐木小次郎(Sasaki Kojirō)在此进行的一场决战而闻名,那座有名的无人岛——严流岛(巌流島/Ganryū-jima)上还有他们两人的雕像。旧称马关的下关港,同时也是1895年中日签立《马关条约》之地。身为重要的交通枢纽,下关有国际渡轮开往韩国釜山和苏州太仓。该市又以海鲜闻名,尤其是可能致命的河豚(ふぐ/fugu)。

⊙ 景点

★ 唐户市场　　　　　　　　市场

(唐戸市場/Karato Ichiba;见188页地图;www.karatoichiba.com;唐户/Karato 5-50;⏰周一至周六 5:00~13:00,周日与节假日 8:00~15:00)到下关旅行的亮点是在清晨前往唐户市场。在早餐或午餐时品尝生鱼片(刺身/Sashimi),顺便观赏那些活蹦乱跳的鱼。来到这里的最佳时机是周五到周日的时段,摊贩们布置好桌子,销售刺身便当和新鲜的鱼肉理料。你可以外带或在吧台享用。注意鱼市偶尔在周三会闭市。

JR下关站外面就有巴士去往唐户市场（¥220），大约10分钟就能到达。

赤间神宫　　　　　　　　　　　神道教神社
（赤間神宮/Akama-jingū；见188页地图；阿弥陀寺町/Amidaiji-chō 4-1；⏰24小时）赤间神宫供奉着年仅7岁的安德（Antoku）天皇，1185年他在坛之浦（Dan-no-ura）战役（源平合战的最后一战）中身亡。神宫左侧矗立着无耳芳一（Miminashi Hou-ichi）像，在作家小泉八云（Lafcadio Hearn）笔下的著名怪谈中，这位盲人乐师的音乐天赋使自己陷入与恶鬼的纠缠中。

朱红色的神宫位于唐户和火之山之间，从唐户市场步行约5分钟即可到达。可在电车站坐巴士，于赤间神宫前站（Akama-jingū-mae）下车即到（¥260，10分钟）。

对历史有兴趣的旅行者，从唐户市场前往赤间神宫的顺路上，可留意左侧写着"春帆楼"的招牌，左转顺着斜坡往上，你会发现**日清讲和纪念馆**（⏰9:00~17:00；免费入场），这里即是光绪二十年（1895年）4月17日，清方代表李鸿章和日方代表伊藤博文签订《马关条约》之地。

英国领事馆旧址　　　　　　　　历史建筑
（旧下関英国領事館/Kyu Shimonoseki Eikoku Ryōjikan；见188页地图；📞083-235-1906；www.kyu-eikoku-ryoujikan.com；唐戸/Karato 4-11；⏰9:00~17:00，周二休息）这幢漂亮的建筑修建于1906年，是明治年代建筑的典范，也是日本少数现存的原有建筑之一（大多数都已毁坏或搬迁）。如今，它是一座古香古色的小型博物馆，还有一家小咖啡馆（兼）酒馆（兼）餐馆（正宗英式！）。

火之山公园　　　　　　　　　　公园
（火の山公園/Hino-yama-kōen；见188页地图）位于JR下关站东北约5公里处。在268米高的火之山山顶上可以眺望关门海峡美不胜收的景色。要前往瞭望台需搭乘缆车（火の山ロープウエイ/Hinoyama Ropeway；见188页地图；单程/往返¥300/500；⏰3月中旬至11月中旬 周四至周一10:00~17:00），可乘巴士到御裳川（Mimosusōgawa；¥260，12分钟），再走上10分钟坡道即可到缆车站入口。下关站还有开往火之山公园缆车站（¥290，15分钟，每小时1班）的巴士，在缆车入口处停车。

🎎 节日和活动

先帝祭　　　　　　　　　　　　文化
（Sentei-sai）每年5月2日至4日在赤间神宫举行的先帝祭，纪念的是在坛之浦战役灭门的平家一族及安德天皇。5月3日，扮作平安时代宫女模样的女性会在神宫排成多彩的队伍，4日当天更是能看到华丽的平安绘卷队伍来回步行约14公里的姿态。

关门海峡花火大会　　　　　　　烟花
（関門海峡花火大会/Kanmon Kaikyo Hanabi Taikai）每年8月13日，关门海峡两岸将同时进行壮观的烟花表演，大会约在19:40开始。

🛏 住宿

★ Hinoyama Youth Hostel　青年旅舍¥
（火の山ユースホステル；见188页地图；📞083-222-3753；www.e-yh.net/shimonoseki；みもすそ川町/Mimosusōgawa-chō 7-1；铺/标双¥3500/4000；😊@🛜）美妙的海峡风光和令人放松的服务，使这里成为本州岛西部最好的青年旅舍之一。在电车站乘坐巴士到火之山公园缆车站（¥290，15分钟，每小时1班），之后步行一小段路即可到达。注意，看门人有时比较繁忙，如果你要存放行李，早点通知他们。

下关海峡景观旅馆　　　　　　酒店¥¥¥
（海峡ビューしものせき；见188页地图；📞083-229-0117；www.kv-shimonoseki.com；みもすそ川町/Mimosusogawa-chō 3-58；住宿含一餐/两餐¥8100/11,880/人起；🅿❄🛜）位于火之山，有日式或西式客

房可选。有些日式客房不设私人浴室。酒店有一处能欣赏海景的温泉——周二至周四11:00～16:00对非住客开放（¥720，最晚入浴时间15:00）。

❌ 就餐

如果想在电车站附近简单就餐，可前往シーモール下关(Sea Mall Shimonoseki；见188页地图；☎083-232-4705；竹崎町/Takezaki-chō 4-8；◐10:00～20:00)综合商场的楼上，这里有一些餐馆供应当地和外国食品，窗户上展示着菜单和样品。唐户市场二楼是另一个选择，有许多平价餐馆，还有回转寿司。

唐户市场旁边的综合商场カモンワーフ(Kamon Wharf；见188页地图；☎083-228-0330；唐户/Karato 6-1；◐9:00～22:00)有些"特殊料理"，比如海胆味冰激凌（うにソフトクリーム/Uni soft-cream）或河豚汉堡（ふぐバーガー/Fugu burger）。

下关很多海鲜餐馆的菜单上都有鲸鱼肉（kujira），如果你不希望吃鲸鱼肉，可注意避开"くじら"或"クジラ"等名称。

河久　　　　　　　　　　海鲜 ¥

（ふくの河久/Fukunokawaku；见188页地图；☎083-235-4129；唐户/Karato 5-1；菜品¥250～880，套餐¥500起；◐10:00～18:00；📷）没有豪华的装修，但在这个位于码头上的休闲小餐馆，你能吃到新鲜的河豚套餐，甚至还能享受到凉凉的海风。提供英文的图片菜单。看到入口上方有白色门帘的地方就是。

★ やぶれかぶれ　　　　海鲜 ¥¥¥

（Yabure-Kabure；见188页地图；☎083-234-3711；www.yaburekabure.jp；豊前田町/Buzenda-chō 2-25；午餐套餐¥3240，晚餐套餐¥5000～12,000；◐11:00～14:00，17:00～21:00）这家喧闹餐馆的菜单上的唯一料理就是河豚（ふぐ/fugu）。从一系列河豚定食中任选一款，如晚餐的惠比寿套餐（Ebisu），其特色是将美味的小河豚做成刺身，或者将其干烧、油炸或泡在米酒里烹制。午餐时可以点铁板河豚定食（鉄やきセット/tetsuyaki setto）。菜肴也可以单点。店外标志为一只蓝白两色的河豚。

ℹ 实用信息

下关站旅游信息办公室（下関駅観光案内所/Shimonoseki Station Tourist Information Office；见188页地图；☎083-232-8383；www.city.shimonoseki.lg.jp；◐9:00～18:00）在检票口出口的楼下，对面是间超市。新下关站检票口出来也有一间小办公室（◐9:00～18:00，13:00～14:00休息）。

ℹ 到达和离开

船

可以坐关门汽船（関門汽船/Kanmon Kisen；见188页地图；☎083-222-1488；www.kanmon-kisen.co.jp）到严流岛（巌流島/Ganryujima，10分钟，成人来回¥800）。

火车

JR下关站是JR山阳本线的终点站，也连接沿日本海岸向北的山阴线。连通新干线的JR新下关站距JR下关站两站远（¥200，10分钟）。

ℹ 当地交通

可以在电车站（见188页地图）乘坐定时发车的巴士前往市中心以外的主要景点。要去唐户码头和鱼市场地区，也可以沿水边往东步行2公里，路上景色宜人。

下关也是适合骑自行车游览的地方。可在电车站外、巴士终点站旁停车场里的摊位（駅レンタカー/JR Rent-A-Car；见188页地图；租金每天¥500，持JR Pass免费；◐8:00～19:00）租自行车。

可以在巴士总站的亭子处或唐户巴士总站购买巴士一日通票（1日フリー乗車券/Ichi-nichi furī jōsha-ken；¥720），坐4次以上就回本了。终点站内另有贩卖一些特殊通票（如下关站到唐户市场间的一日通票¥360）。

鸟取，海边的沙丘

鸟取（Tottori） 鳥取

☎0857/人口190,747

鸟取是日本人口最少的县，在日本人眼中，曾多次荣获"最不有名"的县排行榜冠军（仅有岛根县与其竞争）。然而，这里是日本唯一能骑骆驼体验的地方。鸟取有闻名的沙丘和沙雕博物馆。滨海的沙漠景致相当特别，也有许多户外活动可以参加。夏季是游览鸟取的最佳季节，可以在海滩尽情游玩。此外，这里盛产的螃蟹和梨也都广负盛名。不论将其作为本州西部旅行的起点还是终点，鸟取都能给你独树一格的感受。

动画《名侦探柯南》的作者青山刚昌，以及《鬼太郎》的作者水木茂皆出身鸟取，你有机会在旅行时"遇见"这些动漫人物。资深柯南迷可以由JR鸟取搭车到附近的JR由良站（¥840，1小时），拜访柯南故乡的街道和博物馆。

◎ 景点

★ 鸟取沙丘　　　　　　　　　　沙丘

（鳥取砂丘/Tottori-sakyū）敕使河原宏（Teshigahara Hiroshi）于1964年执导的经典影片《沙丘之女》（*Suna-no-onna*，砂の女）就是在这里拍摄的。鸟取沙丘在距离城市约5公里远的海岸线上，由车站坐出租车约15分钟。可以鸟瞰沙丘的山坡上有一个观景点，还有一座停车场以及旅游区常见的大批廉价商品。旅行者甚至能骑在骆驼上摆出"阿拉伯的劳伦斯"式的造型。可以在鸟取沙丘信息中心（Tottori Shikokusai Kankō-kyaku Sapōtosentā；见159页）领取地图，这里也提供拖鞋租借和洗脚的地方。鸟取沙丘市营停车场对面的"鸟取砂丘会馆""骆驼屋"则提供长靴的租借。

沙丘沿海岸绵延10多公里，有些地方可达2公里宽。开往沙丘的巴士也在山坡上的沙丘中心（砂丘センター/Sakyū-Sentā）停靠，从这里乘坐座椅式缆车（单程/往返

¥200/300；◎9:00~17:00）是前往沙丘的快捷方式之一，免费提供长筒雨鞋替换。

★ 沙之美术馆 美术馆

（砂の美术馆/Suna-no-Bijutsukan；☏0857-20-2231；www.sand-museum.jp；福部町湯山/Fukube-chō Yuyama 2083-17；成人/儿童 ¥600/300；◎每年展览不同时间也不同，闭展前30分钟停止入场）这座令人印象深刻的沙雕美术馆里，聚集了来自世界各地的沙子爱好者，展现他们的巧手技术，根据特定主题制作巨大又惊人的细致作品。展览每年都会变化，你可在其官方网站或在游客办公室查阅当年的主题和开放日期。美术馆就在沙丘附近。

🛏 食宿

Drop Inn Tottori 青年旅舍¥

（ホステル ドロップイン鳥取；☏0857-30-0311；www.dropinn-tottori.com；今町/Imamachi 2-276；铺¥2320起；😊※📶）位置就在JR车站北口出来左手边的巷弄中。虽然是胶囊旅馆，不过个人床位空间颇大，还配备平板电视，行李可以安稳地放在下方。公共空间除了厨房之外什么都有。提供免费早餐，楼下咖啡馆的咖啡很棒。

Y Pub & Hostel TOTTORI 青年旅舍¥

（ワイパブ＆ホステル鳥取；☏0857-30-7553；y-tottori.com；今町/Imamachi 2-201；铺¥3200；😊※📶）这家干净的青年旅舍位于离车站不远的街角，木板打造的床铺隔间观感舒适，不过在人多时会有点吵杂，贴心地提供全套盥洗和化妆用品。一楼酒吧在晚上散发出温暖的昏黄灯光，适合和当地人或其他旅行者把酒言欢。额外加购的早晚餐味道都不错。

丸茂温泉旅馆 日式旅馆¥¥

（温泉旅館 丸茂/Onsen Ryokan Marumo；☏0857-23-1311；www.marumo.cc；永楽温泉町/Eirakuonsencho 458；每人含/不含早餐 ¥8100/7020；📶）外观看似老旧的温泉旅馆，刚翻新的浴场有着可以观赏日式庭园的大落地窗。宽敞而舒适的日式房间内，难得地附有私人卫生间。不妨在馆内加点晚餐（成人¥5000~7000）。车站徒步5分钟即可抵达。

Tottori串烧店 日式串烧¥

（とっ鳥屋/Tottori-ya；☏0857-26-3038；末広温泉町/Suehiro Onsen-chō 771；烤串¥84起；◎17:00至次日1:00；📶）这家喧闹的烤鸡肉串（焼鳥/yakitori）店菜单内容丰富，想什么都试试的话可以考虑什锦烤串（6/12串，¥626/1242）。也可以试试日本的平民美食釜饭（Kamameshi）。餐馆位于末広通（Suehiro-dōri）与駅前通（Ekimae-dōri）的交叉口东侧。留意门上挂着的绳门帘。备有英文菜单。

炭火烧Jujuan 烧烤、海鲜¥¥

（炭火焼ジュジュアン/Sumibi Jujuan；☏0857-21-1919；sumibi-jujuan.info；末広温泉/Suehiro Onsen-chō 751；主菜 ¥980~3000；◎17:00~24:00，点餐 至23:00）这家受当地人欢迎的餐馆的气氛热络，以新鲜海鲜和炭烤鸟取和牛为特色。可以选择涮涮锅或"海鲜御膳"（kaisen gozen，包含烤海鲜、蔬菜和配菜）。店内另有季节菜单，会有应季的当地美食和螃蟹等海产。

ℹ 实用信息

鸟取市游客信息中心（鳥取市国際観光客サポートセンター/Tottorishi Kokusai Kankōkyaku Sapōtosentā；☏0857-22-3318；www.torican.jp/chinese_kantai；◎9:30~18:30）从电车站北口出来，鸟取市游客信息中心就在右侧，提供英语旅游手册和地图。会说中英文的员工可帮忙预约出租车（3小时/¥2000）。要预订住宿只能去位于车站入口内侧的另一家旅游办公室。

鸟取沙丘信息中心（サンドパルとっとり/Sando Paru Tottori；福部町湯山/Fukube-chō Yuyama 2083-17；◎9:00~18:00）专门提供

关于沙雕和沙丘的一切信息,也提供前往附近海岸短途旅行的建议。

❶ 到达和离开

鸟取坐落在JR山阴本线上,可以从松江(特急¥4420,1.5小时)过来。

持有三种通票(JR山阴冈山Pass/JR山阳山阴Pass/JR关西广域Pass)之一,便可以乘坐最快的两种特急列车抵达鸟取(无须另付费):超级白兔号(スーパーはくと/Super Hakuto,京都始发,途经大阪、姬路,2小时一班,大阪至鸟取约2.5小时)与超级因幡号(スーパーいなば/Super Inaba,冈山始发,单程约2小时)。由于这些列车单程车资颇高,建议视行程安排直接购买JR Pass通票,来回乘坐便已回本。

持其他JR Pass通票由关西和山阳的城市过来(例如姬路、冈山、大阪),必须在上车后或订票时交纳一笔额外的现金费用(约¥1800),因为上郡至鸟取间有一段非JR运行的路线(智头急行线)。

❶ 当地交通

公共汽车

麒麟狮子环线巴士(ループ麒麟獅子バス/Kirin-jishi loop bus;单程/一日通票¥300/600)只在周末、节假日以及每年8月运营,途经主要景点,可到达沙丘。红顶和蓝顶的くる梨(Kururi)小型巴士(单程¥100)运营内城环线线路,每20分钟一班,从电车站出发,途经城市主要景点,但不经过沙丘。也有许多巴士定时从电车站开往沙丘地区(¥370,20分钟)。可在旅游信息办公室获取地图和时刻表或上网查询(www.torican.jp/bus)。

自行车

レンタサイクル/Rent-a-Cycle(普通/电动自行车每天¥500/1000;⏱8:30~18:30)就在电车站北口出来往东的鸟取站高架下第2驻轮场。你也可以在沙丘附近的鸟取沙丘信息中心(见本节"实用信息")租到自行车。

出租车

在本书写作期间,鸟取推出了促进观光的出租车方案(需为外国人且出示有效证件,¥2000/人,含等候时间可搭乘3小时;⏱8:30~17:30),想在短时间内游览多个景点,这个方案是再理想不过了。要在车站的游客信息中心预约。一辆出租车最多可乘坐4人,租车乘客还会收到优惠券,持这种券在某些景点购买门票可以享受折扣,还能得到免费纪念品(大多是小玩意儿)。如果时间不足,可以选择巴士路线上的景点作为最后一站以便回程。

松江(Matsue)

📞0852/人口204,090

松江拥有雄伟的城堡,以及被列入"日本夕阳百选"的宍道湖(Shinji-ko,宍读音ròu)日落景色,是一座舒适怡人、悠闲自得的城市,有一些有趣的历史景点。大桥川(Ōhashi-gawa)横穿城市,将宍道湖与名为"中海(Nakanoumi)"的咸水湖相连。大多数主要景点挤在河川北面的一小片区域内,这里有一座被列为国宝的城堡,罕见地维持了天守的原貌。松江可作为在岛根县或山阴海岸旅行的优良基地,或者,你也可以在此轻松度过几天慵懒的时光。

◎ 景点

松江有很多景点针对外国旅行者有折扣,所以记得带上你的护照。这里有很多适合观赏夕阳的好去处,你可以从白泻公园(白潟公園/Shirakata kōen)开始,公园从JR松江站北口一直朝西走15分钟即可抵达。从这里远眺如同白色飞碟般的岛根县立美术馆,停泊在湖的一角,以及长有几棵可爱松树的嫁岛(嫁ケ島/Yomegashima)。打算进入美术馆参观的话得预留一些时间。向南漫步,到美术馆湖畔欣赏那些有趣的雕塑。要清楚看到嫁岛的观景点还必须往南走,直到看到袖师地藏(Sodeshi-jizo),这里也是经典的日落风景拍摄处。官方贴心地制作了夕阳预报(www.kankou-matsue.jp/shinjiko_yuuhi)

可供参考。

★ 松江城　　　　　　　　　　城堡

（松江城/Matsue-jō；见186页地图；☎21-4030；www.matsue-castle.jp/殿町/Tono-machi 1-5；¥670/外国人¥330；⏱4月至9月 8:30~18:30，10月至次年3月 8:30~17:00，关门前半小时停止登阁）风景如画的松江城始建于1611年，此后200多年间都由松平（Matsudaira）家管辖，穿透数层楼的巨大木柱是这座城堡的特色（找找"城内最大柱"在哪里吧）。外观漆黑的城堡因为檐角飞扬、造型优雅，又被称为"千鸟城"（Chidori-jō）或黑城，是日本保存了原貌的12座古城之一，2015年被列入日本国宝。城堡内有城市造景，还陈设一系列包含头盔收藏的军械展示。据说，每一顶头盔的设计都反映了穿戴者的个性。

登上天守可欣赏一望无际的美景。在城堡庭院（免费进入）和护城河外围漫步也是十分愉快的体验，富有魅力的桥和松树伸展到了水面上。建议乘坐堀川观光船（见186页）欣赏城堡。

★ 岛根县立美术馆　　　　　　美术馆

（島根県立美術館/Shimane Kenritsu Bijutsukan；见186页地图；www.shimane-art-museum.jp；袖師町/Sodeshi-chō 1-5；¥300/外国人¥150/特展¥1000；⏱10月至次年2月周三至周一 10:00~18:30，3月至9月 开放到日落后30分钟）白色的波浪形屋顶和巨型玻璃窗正对着湖面，这座建筑本身就是一幅美景。里面轮替展出馆内收藏的木版画（包括葛饰北斋的一些作品）、欧洲绘画和当代艺术品。从博物馆二楼平台或室外的湖岸可以欣赏到日落景色，电车站向西南方步行20分钟可到。

小泉八云（拉夫卡蒂奥·赫恩）纪念馆　　　　　　　　　　博物馆

[小泉八雲紀念館/Koizumi Yakumo（Lafcadio Hearn）Kinen-kan；见186页地图；☎21-2147；www.hearn-museum-matsue.jp；奥古町/Okudani-chō 322；外国人¥200；⏱4月至9月 8:30~18:30，10月至次年3月 8:30~17:00]这座纪念馆展示有名的松江居民小泉八云（拉夫卡蒂奥·赫恩）的生平、作品，还展出了这位作家的个人物品，包括他的哑铃、眼镜和一摞日文报纸，八云曾在上面写了一些单词和短语，以便教儿子英语。喜爱他的人还应该看看隔壁的**小泉八云故居**（小泉八云旧居/Koizumi Yakumo Kyukyo；见186页地图；☎23-0714；北堀町/Kitahori-chō 315；外国人¥150；⏱4月至9月 8:30~18:30，10月至次年3月 8:30~17:00）。

武士住宅　　　　　　　　　　历史建筑

（武家屋敷/Buke Yashiki；见186页地图；☎22-2243；www.matsue-bukeyashiki.jp；北堀町/Kitahori-chō 305；¥300/外国人¥150；⏱4月至9月 8:30~18:30，10月至次年3月 8:30~17:00）房屋和花园是18世纪初期为一户中层武士家庭而建的，保存完好，详尽地呈现了那个时代的生活样貌。

★ 由志园　　　　　　　　　　庭园

（由志園/Yūshien；☎76-2255；www.yuushien.com；八束町波入/Hanyū, Yatsuka-chō 1206-2；成人/儿童 ¥800/400；⏱9:00~17:00，16:30最后入场）这座美丽的花园占地约40,000平方米，1975年由私人兴建于松江和境港之间的中海湖（Nakaumi）大根岛（Daikon-shima）上。四季都能赏花，园中的牡丹最出名，连冬天也盛开着。另外还可以欣赏假山庭院、水景设计及许多日本传统元素。4月下旬至5月上旬，以及11月下旬，是拜访这里的好时节。乘坐从JR松江站6号乘车处发出的市营巴士（¥680，50分钟，约1小时一班）或9号乘车处发出的松江境港直达巴士（¥700，25分钟，10:40、12:05、14:20各一班）可以到达。

★ 足立美术馆　　　　　　　　庭园

（足立美術館/Adachi Bijutsukan；

松江城

☎0854-28-7111；www.adachi-museum.or.jp；安来市古川町/Yasugi-shi, Furukawa-chō 320；外国人 ¥1150；⊙9:00～17:00；Ⓟ）这座出众的美术馆位于松江以东的安来（Yasugi），由当地商人和艺术收藏家足立全康（Adachi Zenkō）创办，藏品包括100多幅横山大观（Yokoyama Taikan，1868～1958年）的画作，还有其他20世纪重要的日本画家的优秀作品。定期有特展作品展出。

然而，真正吸引人的是令人惊叹的庭园，它已经连续15年被选为日本第一的庭园。坐下来凝视枯山水中经过完美修建的土堆——从远处看，隆起的山峦就好像是庭园本身的一部分。

可从松江乘JR列车到安来（普通车¥410，22分钟），那里有开往美术馆的免费班车（从8:50开始，每天17班，单程20分钟），从米子（Yonago）车站出发的免费接驳车每天只有1班（9:20，30分钟），入馆前记得先挑选回程时段的接驳车整理券。

❀ 团队游

堀川观光船　　　　　　　乘船游

（堀川めぐり/Horikawa meguri；见186页地图；☎27-0417；www.matsue-horikawameguri.jp；黑田町/Kuroda-chō 507-1；外国人¥820；⊙每15～20分钟1班，9:00～17:00，10月至次年2月 至16:00）酷酷的船夫边唱着船歌，边驾船环游护城河。50分钟的航行还包括城市河道的路线，途中会经过一系列桥梁（记得低头），一览水都松江的风光。有几个登船点，主要登船点在松江城入口附近。

❀ 节日和活动

松江水灯路　　　　　　　文化

（松江水燈路/Matsue Suitōro；www.suitouro.jp；松江城/Matsue-jō）每年9月中旬至10月中旬的周末和节假日，夜里的松江城都会映照着曳曳灯光。沿护城河悬挂的手绘灯笼照亮了幽暗的小路，直通城内的院子。庭院里有一群人赛鼓，城外则摆满了食物摊。这个期间还可以在夜间登阁或乘坐夜间观光船。

🛏 住宿

JR松江站附近有些不错的商务酒店，宍道湖周边的旅馆能享受优美的湖景。

★ Hotel Knut　　　　　　　青年旅舍￥

(ホテルクヌート；见186页地图；📞61-1400；hotel-knut.jp；朝日町/Asahi-machi 481-7；铺/标单/标双￥3000/4200/5200起；❄🛜)位置是这间旅馆的主要卖点，特别是当你不远千里来到松江时，JR松江北口出来便可达。新改装的旅店洋溢着北欧风格，一楼是明亮的咖啡厅，早餐可以在晨光下享用免费面包和咖啡。所有房间都要共用厕所和卫生间。有24小时免费咖啡机，也有免费单车出借。

寺津屋旅馆　　　　　　　日式旅馆￥

(旅馆寺津屋/Ryokan Terazuya；见186页地图；📞21-3480；www.mable.ne.jp/~terazuya；天神町/Tenjin-machi 60-3；每人含/不含早餐￥5300/4600；@🛜)这家日式旅馆位于一座神社对面，提供温暖而简朴的榻榻米客房。店主能说点英语，可以去电车站接你。浴室皆为公用，22:00以后宵禁闭门。即便选择不含早餐的住宿，他们也提供咖啡和吐司。注意只收现金。

旅馆后面流淌着一条小河，JR列车也经过其后方——所幸晚上该地区几乎没有车辆经过。

★ 皆美馆　　　　　　　　日式旅馆￥￥￥

(皆美馆/Minamikan；见186页地图；📞21-5131；www.minami-g.co.jp/minamikan；末次本町/Suetsugu Hon-machi 14；日式房间每人含二餐￥24,230起；🅿❄🛜)这座精致的日式旅馆坐落在湖边，有"现代""复古"和"经典"客房可供选择，所有客房都可享受到湖面的宽阔视野。四楼顶级的"现代"客房在西式床铺外，还有榻榻米房间和私人柏木温泉。文学巨匠川端康成等名人曾在价格较低的"经典"客房住过。这里还有一间顶级餐厅。沿着路旁的指标便能找到旅馆入口。

🍴 何谓七珍

松江的乡土料理(kyōdo ryōri)中，宍道湖的"七珍"（しっちん/Shitchin）相当出名，你可能会在餐桌上见到：

➡ 鲈鱼（スズキ/suzuki）蒸烤和纸包鲈鱼

➡ 银鱼（シラウオ/shirauo）天妇罗或刺身

➡ 公鱼（アマサギ/amasagi）天妇罗或照烧

➡ 蚬（シジミ/shijimi）通常做成味噌汤

➡ 沙虾（モロゲエビ/moroge ebi）蒸虾

➡ 鲤鱼（コイ/koi）酱烤鲤鱼

➡ 鳗鱼（ウナギ/unagi）烤淡水鳗鱼 🅛🅟

🍴 餐饮

逗留松江期间，有很多出色的餐馆可以选择。JR松江站的美食广场有一些方便好吃的用餐或外卖选择。

从车站北口左转，步行一个街区，到达朝日町(Asahi-chō)路口，右转可以找到许多居酒屋，还有从主街辐射过来的城镇夜生活区域。

★ 八云庵　　　　　　　　　面条￥

(八云庵/Yakumo-an；见186页地图；www.yakumoan.jp；北堀口/Kita-Horiuchi 308；荞麦面￥720~1520；🕙10:00~15:00；📖)这家繁忙的荞麦面馆及其漂亮的日式庭院是品尝当地荞麦面的好地方。主打是可口的葱花鸭肉面（鸭南蛮そば/kamo nanban soba）。位于武士住宅隔壁，店外有木招牌。

小泉八云：日本的养子

你在松江的许多景点告示牌上，可能会经常看到他的名字，这个外国人竟然是日本怪谈文学的鼻祖，相当令人惊讶。

帕特里克·拉夫卡蒂奥·赫恩（Patrick Lafcadio Hearn；1850~1904年）出生在希腊爱奥尼亚海（Ionian Sea）的莱夫卡扎（Lefkada）岛屿，母亲是希腊人，父亲是英裔爱尔兰军医。他在都柏林长大，求学英国，19岁时被一张单程船票送到了美国。他在辛辛那提当记者，在新奥尔良写了一些关于伏都教的文章，由此产生了对异国风情的喜爱，最终开启他以日本为对象的写作生涯。在法属西印度群岛待了两年后，赫恩接受哈帕期刊的任命，奔赴这个"旭日之国"。

赫恩为自己的新国家创作文章和书籍，不久便声名鹊起。与哈帕的合同到期之后，渴想留下来的他找了一份教英语的工作，悠闲地在松江生活了15个月，并娶了当地武士家族的女儿、也是他的英语教师同事小泉节子（Koizumi Setsu）。后来他旅居日本多年，并被东京帝国大学聘为英国文学教师。

赫恩把他从妻子那边听来的日本怪谈写为故事，在东西方都广为流传，为文化交流做出了极大贡献。在他第一部日本主题选集《陌生日本的一瞥》（Glimpses of Unfamiliar Japan；1894）中，收录他描述松江的著名散文——"诸神之城"（Chief City of the Province of the Gods），其他篇讲述了他前往出云旅行的经历，他是那儿第一位获准进入古代神社大门的欧洲人。

★ 川京　　　　　　　　　　居酒屋 ¥¥

（川京/Kawa-kyō；见186页地图；22-1312；末次本町/Suetsugu Hon-chō 65；菜肴 ¥800~1575；周一至周六 18:00~22:30；）这家居酒屋专营来自宍道湖的"七珍"，也是品尝当地米酒的好地方。老板的女儿会说英语。店外展示着菜单，上面是竹子屋顶。周末客人很多，因此要提前预订。

KARLY　　　　　　　　　　咖哩饭 ¥

（见186页地图；26-5707；殿町/Tono-machi 61；咖哩饭 ¥750起；11:00~15:00和17:30~21:00）小小的店面位于今井书店旁边，总是挤满了人。用当地产米饭和新鲜蔬菜佐上香料，辛辣浓郁的咖哩饭让人胃口大开，还可以自行调整辣度。一定要试试加了香草的炸鸡块（唐扬げ/Kara-age）。

味处浪花本店　　　　　　日本料理 ¥¥

（味処 なにわ本店/Aji-dokoro Naniwa Honten；见186页地图；21-2835；honten.naniwa-i.com；末次本町/Suetsugu Hon-chō 21；餐食 ¥1300~10,000；11:00~14:00和17:00~21:00；）这家明亮的木头主题餐馆在松江大桥旁边，从低档的套餐到高档的怀石料理都有，包括限量的岛根和牛套餐（¥2700）。可以边欣赏宍道湖风光边享用打捞上来的新鲜渔获。

味工房矶之家　　　　　　日本料理 ¥¥

（味工房矶の家/Aji-kobo Isonoya；见186页地图；22-3767；伊势宫町/Isemiya-chō 530；无菜单定食 ¥1500；11:00~14:00和17:30~22:00）在夜晚穿过松江人迹稀少的夜生活街时，也许你会遇见和你方向相同的食客们。食肆位于巷内的停车场旁边，想吃鱼来这里就对了。点一份"无菜单"定食（おまかせ定食/Omakase teishoku），可以一餐吃到当地新鲜的生鱼片、煎鱼、烤鱼和煮鱼。没有英文菜单，不过店员会努力和你沟通。

Cafe Bar EAD　　　　　酒吧、咖啡馆 ¥

（カフェバー EAD；见186页地图；852-28-3130；www.ameblo.jp/bar-ead；末次本町/

Suetsugu Hon-chō 36；各种酒类 ¥600起；
⏰21:00至次日1:00，周二休息）轻柔的灯光、
舒适的沙发、可以欣赏到河景的木板露台，这
家悠闲的咖啡馆兼酒吧是你深夜小酌的好去
处，小吃包括自制比萨等。它位于桥边一座建
筑的三楼。

❶ 实用信息

旅游信息

松江市国际旅游咨询处（松江国際観光案内
所/Matsue kokusai kankōan'naijo；见186页地
图；☎21-4034；www.kankou-matsue.jp；朝日
町/Asahi-machi 665；⏰9:00~18:00，6月至
10月至19:00；📶）提供多种语言服务，就在
JR松江站前。Wi-Fi免费。

❶ 到达和离开

松江在沿山阴海岸运行的JR山阴本线
上，向西到出云（¥580，45分钟），向东到
米子（¥500，30分钟），之后可乘JR伯备线
（伯備線/Hakubi sen）上的特急列车八云
号到冈山（¥5270，约2小时15分钟，60分
钟一班），八云号经停冈山到出云的较大
市镇。

高速巴士从电车站前的公交车总站开往
日本各主要城市（到广岛见152页）。

❶ 当地交通

步行就可游览各景点，骑自行车绕湖
兜风也很惬意；可以在JR松江站南口西侧的
Rent-A-Cycle（駅レンタカーレンタサイク
ル；见186页地图；☎23-8880；朝日町/Asahi-
machi 483-5；出示JR电车票根¥300/天，持
有JR Pass免费；⏰9:00~19:00）租用自行
车。有些旅馆可免费出借自行车，不妨问问。

前往所有景点最简单的方式是乘坐便
利的环城巴士。红色的湖区线（レイクライン/
Lake Line）巴士外观犹如电车，每20~30分钟
就有一班，沿固定路线经过城市各景点。单
程收费¥200，一日通票售价¥500。时刻表可
上网查询（matsue-bus.jp/lakeline）。

隐岐诸岛（Oki Shotō）
隠岐諸島

偏远、壮观的隐岐群岛在隐岐群岛地
质公园之内，位于松江以北的日本海上，其
海岸地区是大山隐岐国立公园（大山隠岐
国立公園/Daisen-Oki Kokuritsu Kōen）的
一部分。这里曾是流放政治斗争失败者（包
括两位天皇）的地方。4座岛上有人居住：
岛前（Dōzen）三岛——西之岛（Nishino-
shima）、知夫里岛（Chiburi-jima）、中之
岛（Nakano-shima），以及更大的岛后岛
（Dōgo）。由于与内陆隔绝，一些在日本其他
地方都已不见踪迹的文化与宗教传统在当地
完整保存，这里的生活节奏显然更为悠闲，
旅游景点也保持较多原生态，令人备感新鲜。
建议至少在这里游览几天，不过要记住，渡
船有可能在天气恶劣的情况下变更航期，甚
至停航。

🍴 食宿

所有岛上都有日式旅馆、民宿和露营地
（不过你需要自带帐篷）。

出发前，应联系你想要游览的岛屿的
旅游协会；工作人员会帮助你预订游览和住
处，并告诉你交通方式——这点很重要，因
为岛上的住宿场所很分散，而且外观看起来
都一样。

群岛偏僻，大多数蔬果都由渡轮运来，
价格会高出一般商品。本地菜单上的海鲜丰
富多样。过了比较繁忙的夏季，每座岛都还有
少数小餐馆营业，营业时间不固定。像当地人
一样放松自在，随心所欲。

❶ 实用信息

现金

4座主岛有邮局，设有可使用银联卡的自
动柜员机。

旅游信息

每座岛上都有旅游协会，设有旅游信息
办公室，提供免费Wi-Fi，至少有一名会说英

水木茂的恐怖漫画

出租车身的眼珠、隐岐诸岛渡轮与港口上的妖怪图案——它们都是境港（Sakai-minato）最有名的居民、恐怖漫画家水木茂（Mizuki Shigeru）的作品。

他的著名暗黑漫画系列《鬼太郎》（ゲゲゲの鬼太郎/GeGeGe No Kitarō，又名《咯咯咯的鬼太郎》）取材自日本民间故事。从米子开往境港的四趟列车上，车身和内部都画着鬼太郎的漫画，就连列车上的播音员都扮成鬼太郎漫画里的人物。

大批粉丝专程来到位于境港车站门外的水木茂路，摆出各种姿势跟134座妖怪铜像合影，并参观**水木茂纪念馆**（水木しげる記念館/Mizuki Shigeru Museum；☎0859-42-2171；mizuki.sakaiminato.net；本町/Hon-machi 5；外国人 ¥300；◎9:30~16:30）。这个多媒体博物馆有免费的中文语音导游器，为客人介绍所有妖魔鬼怪，还有几间展厅再现了古代日本的场景。

水木茂笔下的经典人物包括：出生在墓地里的男孩鬼太郎（Kitarō），他的父亲、一只死而复活的眼珠"眼珠老爹"（目玉親父/Medama-oyaji），长着一口尖牙、双重性格的猫女（猫娘/Neko Musume），以及用口臭和放屁当武器的鼠男（ねずみ男/Nezumi Otoko）。

语的本地人，可以帮忙预订活动和住宿。

如需了解隐岐诸岛自然与文化特色的更多信息，隐岐诸岛地质公园推广委员会（Oki Yunesuko Sekai Jiopōku Suishin Kyōgi-kai；☎08512-2-9636；www.oki-geopark.jp）提供非常不错的英文指南与地图。

❶ 到达和离开

飞机

群岛的隐岐机场（Oki Airport；☎08512-2-0703；www.oki-airport.jp）位于岛后岛，运营从出云机场和大阪（伊丹）机场定期直飞的航班。

船

抵达群岛最常用的方式是乘坐渡轮或水翼船（Rainbow Jet）。航船由隐岐汽船（Oki Kisen，☎08512-2-1122；www.oki-kisen.co.jp）运营，从岛根县七类（Shichirui）码头和鸟取县的境港码头出发。

船沿途经过多座岛屿，取决于你出发的码头和最终目的地。有镜港至岛后岛（渡轮 ¥3240，2.5小时；水翼船 ¥6170，70分钟）和西之岛（渡轮 ¥3240，1.5小时；水翼船 ¥6170，1小时）等线路可安排。

虽然渡轮上有座位区，但大多数当地人会躺在脏乎乎的毯子上睡觉。竟然还有毯子出租！上船后，如果你想多花点儿钱，可以"升舱"进入¥4000起价的独立船舱。Rainbow Jet全是座席。

即使你会说日语，购票似乎也比看起来复杂。你可以预订Rainbow Jet，但只能当天支付票款。前往隐岐汽船所有办公室的购票窗口前都要填写登船卡。一定要在出发前留出足够时间。如有疑问，可以致电旅游办公室。

松江电车站（¥1000，40分钟）和米子电车站（¥870，40分钟）有巴士开往七类港。境港位于JR境线（JR Sakai-sen）的终点，该列车线路在米子与日铁山阴线相连（境港到米子，¥320，45分钟）。

❶ 当地交通

你可以骑自行车前往几处主要景点，但若想尽览群岛，最好租一辆车或搭乘出租车，还可以使用生态旅游向导服务。

いそかぜ（Isokaze）和どうぜん（Dōzen）渡船运行于群岛之间的岛际渡船（☎089514-6-0016；¥300/一程）线路。

岛后岛（Dōgo） 島後

☎08512／人口14,850

岛后岛是隐岐诸岛中最大的岛屿，尽管

明显比岛前群岛拥有更多的文明迹象，但这里的生活节奏依然缓慢，依然找不到多少连锁和知名品牌。这座岛屿以巨大而枯瘦的古老雪松树闻名：800岁的乳房杉（Chichi-sugi）被认为是保佑女性的神明的居所；玉若酢命神社（Tamakawasu-no-mikoto-jinja）里据说有2000岁的八百杉（Yao-sugi），相传由八百比丘尼所植，树枝扭曲蔓延需要靠桩子来支撑。

这座岛还以自然与海滨步道著称，在西乡港（Saigō port）地区和北部的白岛（Shirashima）海岸有游船运营。

✈ 活动

隐岐温泉GOKA 澡堂

（Oki Onsen GOKA；☏08512-5-3200；南方/Nanpō 296-1；¥500/人；◷周二至周日14:00~24:00）岛后岛唯一的澡堂，老式、安静，令人赏心悦目，神清气爽。它位于岛上的西北角，距离西乡港约25分钟车程处。

🛏 食宿

吉浦野营场 露营¥

（吉浦野営場/Kichiura yaeijō；☏08512-5-2211；隠岐の島町久見/Okinoshi-ma-chō Hisami；露営地¥200/人；◷7月至9月）坐落在岛屿西北，这处偏远、迷人的露营地配备现代化设施，沿一道陡坡延伸至小海滩。出租帐篷（¥1500）。

ホテル海音里 酒店¥¥

（Hotel Uneri；☏08512-5-3211；gokanosato.jp；小屋¥14,200起；🅿）酒店位于岛屿的西北边缘，距离西乡港约16公里，偏僻宜人，有滨水原木木屋，环境静谧；你可以自己做饭或者预订早餐和晚餐。

Cafe Spuntino 咖啡馆¥

（☏08512-2-7417；餐¥600~950；◷周二至周日 11:00~17:00）这家现代的咖啡馆由新潮的年轻岛民经营，制作入口即化的美味奶酪咖喱和不错的咖啡。咖啡馆位于渡轮站对面。

ℹ 实用信息

隐岐诸岛旅游信息中心（Okinoshima kankō-an'naijo；隠岐の島観光案内所；☏8512-2-0787；www.oki-dougo.info；◷9:00~17:00；📶）位于渡轮码头对面，顺着路标走就能找到。

ℹ 当地交通

在渡轮码头找一辆出租车（约2小时¥12,720）是观赏和探索这座岛屿的方式之一，或者在旅游信息中心询问旅行社的观光团，搭乘观光巴士可以跑遍所有景点。岛内也有巴士，但班次很少。有体力的人不妨租辆自行车（一天¥1500起）。

岛前群岛（Dōzen） 岛前列岛

岛后岛西侧是西之岛（Nishino-shima，西ノ島），该岛以壮观而密布岩石的国贺（Kuniga）海岸线而着称，这里有257米高的陡峭的摩天崖（Matengai）悬崖。强烈建议在这里的海滨漫步游览。这座岛还有几座有趣的神社，包括坐落于一道小水湾附近的由良比女神社（Yurahime-jinja）。传说，每年秋冬，乌贼集体来到这道水湾，以此乞求神灵的原谅（神社中有图片）。西之岛还以马而闻名，你会看到马群在山坡上漫步。

较小的知夫里岛（Chiburi-jima，或"Chibu"）上流传的口号是"逍遥自在，知夫里岛"（のんびり知夫里島/Nonbiri Chiburi-jima），这里的海岸线几乎都令人惊艳，壮观的赤壁（Sekiheki）——大片铁锈色的峭壁尤为出名。你还可以看到岛上遗留的石墙，这是此处从中世纪开始实施的谷物轮耕制遗留下来的古迹。中之岛（Nakano-shima，中ノ島）在当地也被称作海士（Ama），该岛吸引人的景点包括明屋（Akiya）海岸和隐岐神社（Oki-jinja）。

✈ 活动

Club Noah Oki 划皮划艇、潜水

（クラブノア隠岐；☏08514-6-0825；www.oki.club-noah.net；夜潜¥8400，皮划艇

黄昏探洞 ¥5500）参加黄昏探洞游，潜水和划皮划艇，还可以夜间潜水。教练会说基本的英语。

食宿

国贺庄　　　　　　　　　　日式旅馆 ¥¥

（国賀荘/Kuniga-so；☎08514-6-0301；www.kunigasou.com；浦郷/Urago 192；标单/双 ¥7020/12,040起；Ⓟ❄）西之岛最好的住宿场所，家族经营，热情友好，特色是可以俯瞰海湾的落地窗房间和能够同赏这番美景的公共浴室。20世纪90年代，这样的装修真是顶级时尚了。如今，尽管过时，这里仍然既宜人又散发着岛屿风情。提供膳食安排。

Oki Seaside Hotel Tsurumaru　　酒店 ¥¥

（隠岐シーサイドホテル鶴丸；☎08514-6-1111；www.oki-tsurumaru.jp；日式房间含两餐 ¥10,800/人起；Ⓟ）西之岛的这家酒店紧靠海滨，地理位置优越，内有大型餐馆，经营定期出发的游轮游。老板在日本本土的松江也经营一家隐岐料理餐馆。

Hotel Chibu-no-Sato　　　　　酒店 ¥¥

（ホテル知夫の里；☎08514-8-2500；www.tibunosato.com；知夫/Chibu 1242-1；日式房间含两餐 ¥10,800/人起；Ⓟ）此处是知夫里岛的绝佳住宿选择。带阳台的客房享有壮观的海景视野，酒店内还有一座露天浴场（4月至10月），并为住店客人提供免费自行车。

实用信息

西之岛町观光协会（西ノ島町観光協会/Nishinoshima-chō Kankō Kyōkai；☎08514-7-8888；www.nkk-oki.com；◐6月至10月 8:30~19:00,11月至次年5月 至17:30；🛜）

当地交通

西之岛有开往国贺海岸的本地巴士，不过班次不多。

在较小的岛屿上租一辆自行车就足够了，不过如果你打算探索更大的西之岛，最好租一

日本神话面面观

神社与神道教

参访日本时，"神社"是不可错过的一环。神社是日本神道教的中心，其中的设施都与神道教文化、日本神话息息相关，外人看来神秘的鸟居、注连绳、净身仪式等元素，事实上都来有自。

日本人尊重自己的传统文化，约九成的日本人信仰神道教或佛教。在信仰方面日本人也显得相当"功利"，只要灵验都可信，所以两者都信的人也比比皆是。"神道教"（しんとう/Shintō）是一种泛灵多神信仰，特色是将万事万物中令人敬畏的物体或灵魂均视为神（かみ/Kami），其中的神明大多来自日本神话。有趣的是，日本原来也无"神话"这个概念，是后来从欧洲神话研究中引入的。现今存在的日本神话体系，主要是从日本古籍中整理出来的。

上图：出云大社中的巨大注连绳　上图：©HUGO TREMOLIERE/500PX

日本众神的起源

如果要从日本的历史典籍中，选出一本最重要的书，那就是鼎鼎有名的《古事记》（Kojiki）。此书在公元712年完成，由稗田阿礼口述故事，太安万侣受命记载，呈献给当时的元明天皇。在这本全由汉字写成的书中，建构了古代日本的宇宙观，描述日本从何而来。可以说，《古事记》之于日本神话等同于《山海经》之于中国神话。

根据《古事记》，日本的山川国土、各个小岛，以及泥沙草木等，皆是由男神伊邪那岐（イザナギ/Izanagi）和女神伊邪那美（イザナミ/Izanami）这对夫妻所生。他们得到神启，要于海上生成国土。他们在天庭上，用天神所赐的矛搅拌海洋，矛提起时有盐水滴落，形成了一座最初的小岛。伊邪那岐和伊邪那美便从天庭降落岛上，并结婚生子，诞下的那些不同名字的孩子，形成了日本诸岛的面貌（譬如其中有一个身体四个头的孩子，就是四国）。生完岛屿，又生下和生活相关的神，生到最后一个孩子火神（迦具土）时，伊邪那美反被烧死，踏入"黄泉"这个地底世界，伊邪那岐在愤怒之下杀死了火神，斩杀时的眼泪、武器、血渍也都化为各路神明。

思念妻子的伊邪那岐，决定前往黄泉探望伊邪那美，接她回去以生下更多岛屿。但却因不耐烦未能信守承诺，狼狈地逃离黄泉国，还用石头堵住了入口[传说通往地底世界的入口"黄泉比良坂"（Yomotsu Hirasaka），就在岛根县的松江市附近]。

惊魂未定的伊邪那岐，决定到海中洗净黄泉国的污秽。清洗时生成了日本神话中3位著名的神：洗左眼时生出太阳神"天照大神"（あまてらす/Amaterasu或おおかみ/O-okami），洗右眼时生出月神"月读"（つきよみ/Tsukiyomi），洗鼻子时生出风神"素戋嗚尊"（すさのお/ ➡

← Susanō，又名须佐之男）。这个清洗的动作称为"禊"（xì，みそぎ/Misogi），后来演变成神道教仪式中的净化过程。得到三子的伊邪那岐非常高兴，命他们分别治理昼国（高天原）、夜国（夜食国）和大海（海原）。

注连绳的由来

末子素戋呜尊个性暴躁，四处惹是生非，于是伊邪那岐将他放逐。素戋呜尊相当不甘，想要前往姐姐天照的领土，希望姐姐代为求情。姐弟两人进行了一场比赛（每个动作中又诞生了许多神明），最终素戋呜尊得以进入高天原。没想到，他不仅破坏耕地、填埋灌溉沟渠，还在举办丰年祭的神社中大便。天照大神非常伤心，把自己关进洞穴"天岩户"中不肯出来，由于天照是太阳的化身，整个世界顿失光明。

众神聚集起来，商讨如何让天照复出。他们先搭了一个木架，让长鸣鸟（也就是现在的鸡）停在上头不停啼叫，这个洞口外的木架逐渐演变为现今的"鸟居"，意义是神与人之间的结界。洞里的天照觉得有些疑惑：为什么黑夜中会有鸟叫？后来，众神们举行了一场载歌载舞的脱衣秀。天照听到乐声，又觉得非常奇怪：为什么失去光明的世界还能如此欢乐？她忍不住搬开洞口探头一瞧。众神趁机一把抓住天照的手，将她拉出洞外，同时用稻草编织成的"注连绳"封住洞口，防止天照再跑回去。

从那时起，注连绳就成了神圣领域的结界标记，提醒人们这里是"神明降临栖息之地"。你可以在出云大社（见140页）内看到日本最大的注连绳。偶尔，在树干或石头上也能看到这个标记，参访时记得不要触碰这些"御神木"和"灵石"。 LP

辆车。每座岛的旅游办公室都可以帮忙预订。

乘坐定时发船的岛前群岛岛际渡轮，票价¥300。

出云（Izumo） 出雲

☏0853/人口147,390

位于松江西南，轻松宜人的出云是座美丽小城，拥有一处重量级的景点——出云大社，它与关西的伊势神宫（Ise-jingū）一样，是日本最重要的神社之一。可以从松江出发，前往神社及周边地区一日游。

◉ 景点

（见140页最佳景点）

🛏 食宿

相对于拥有著名旅游景点的城市来说，这里的住宿选择十分有限。最好的选择就是在车站附近廉价舒适的商务酒店找间房。

出云站两侧有许多价格合理的餐馆，海鲜是常见的饮食主题。北侧的餐馆更集中。

Green Hotel Morris 商务酒店¥¥

（☏24-7700；www.hotel-morris.co.jp/izumo；駅南町/Ekiminami-machi 2-3-4；标单/双¥4900/7800起；🅿@🛜）房间比一般的日本商务酒店更大，还可以到大浴场泡汤，房钱包含物超所值的自助早餐与夜宵拉面，算上这一切，价格相当合理。酒店就在车站的南出口外。

鱼鲜水产 居酒屋¥¥

（鱼鲜水产/Uosensuisan；☏24-7091；uosensuisan-official.com；駅南町/Ekiminami-machi 1-2-6；菜肴¥575~2380，套餐¥2800起；⏰17:00~24:00）这家巨大的海鲜居酒屋位于车站南口附近，总是人声鼎沸、水泄不通——你可能必须等位。如果你喜欢无限畅饮和海鲜盛宴，来这里便不虚此行。内容翔实的配图菜单上有许多受欢迎的日式料理，从刺身到锅料理，应有尽有。

ℹ 实用信息

旅游信息

神门通旅游信息中心（神門通り観光案内所/Shinmondōri kankōan'naijo；☏53-2298；

大社町杵築南/Taisha-chō Kizuki-minami 780-4；◎9:00~17:00）在主要街道上，从出云大社前站（Izumo Taisha-mae）往大社方向走，过第一个红绿灯，留意右手边的木造建筑。

❶ 到达和离开

私营的一畑（Ichibata）老式电车从松江的松江宍道湖温泉站（Matsue Shinjiko-onsen）出发，一路沿宍道湖北侧往出云大社前站（Izumo Taisha-mae；¥810，1小时）。另一个方法是从JR松江站（Matsue）搭JR前往出云市站（Izumo-shi；¥580，40分钟），然后换乘一畑电车前往出云大社前站（¥490，20分钟）。两者都需在川迹（Kawato）换乘。

途经松江的JR特急列车八云号（やくも，Yakumo）往返于冈山和出云之间（¥6380，3小时，约每小时1班）。

也有巴士从JR出云市站直接开往神社（¥520，25分钟）。

有长途汽车来往本州西部的其他都市，包括广岛、冈山和京都。

石见银山（石见銀山/Iwami Ginzan）和温泉津（Yunotsu）

从出云往西南方向走，再由山阴海岸上的JR仁万站（Nima）深入内陆约6公里，就会来到这处迷人的遗迹群：入选联合国教科文组织世界遗产的前石见银山银矿。石见银山并非单指一座山，而是包括周边的采矿遗迹和保存完善的古风建筑。广义来说，邻近的温泉津也包含在区域内。

17世纪初期，矿山每年可产38吨白银，是日本最重要的矿山，而当时日本每年所产的白银约占全球产量的三分之一。德川幕府直接控制着该地区的500多座矿山。

从仁万继续向南走3站，你会来到海边的温泉镇——温泉津，曾经作为出口矿银的港口之一。现在是一个受保护的历史区域，该地有两条保存完好的狭窄街道以及两个饶有风味的公共浴场——可与当地人一起在富含矿物质的水里泡澡。

从松江或出云前往石见银山半日游是可行的，不过时程会非常紧凑。推荐在温泉津住上一晚，这里住宿选择较多。

◎ 景点

银矿沿着一座峡谷延伸，峡谷中心是名为大森（Ōmori）的小镇，其主要街道和步行小径沿着河流两侧分布，大致构成了一个长而窄的椭圆，银矿的竖井、寺庙、历史旧宅和遗迹散落在这个圈形线上，两端之间的距离约为2.3公里；建议至少用4个小时沿着这个圈漫步，悠闲地欣赏各种景点。

熊谷家宅 　　　　　　　　　历史建筑

（熊谷家住宅/Kumayakejūtaku；☎0854-89-9003；kumagai.city.ohda.lg.jp；大森町ハ/Omori-chō Ha 63；外国人 ¥300；◎9:30~17:00，每月最后一个周二闭馆）1800年的一场地震将镇子毁掉了大半，这座宅第却在第二年有幸得到精心修复。宅第属于一个商人家族，他们担任白银贸易官员并因此发迹。工作人员热心导览，里面完善地保存着生活方面的器物。

观世音寺 　　　　　　　　　观景点

（観世音寺/Kanzeonji）沿着石阶爬上这座荒废的古庙，可以俯瞰整个大森地区的街道。从熊谷家宅再往前300米可达。

五百罗汉 　　　　　　　　　雕刻

（五百羅漢/Gohyakurakan；外国人 ¥300；◎9:30~17:00）挤在两座小洞穴中，500尊罗汉小石像表情各异，有的微笑，有的转头与旁人聊天。这些罗汉石像经过25年的制作，于1766年完成。

石见银山世界遗产中心 　　　博物馆

（石見銀山世界遺産センター/Ishimi-ginzan seikaiisan sentā；☎0854-89-0183；ginzan.city.ohda.lg.jp；大森町イ/Omori-chō i 1597-3；外国人 ¥200；◎8:30~17:30，每月最后一个周二闭馆）中心内有这座矿井及周边地区历史的英文展示。在山区的另一边，需

石见银山遗迹,龙源寺坑道

搭公车或骑（电动）自行车前往,时间紧凑的旅行者可跳过这里。

清水谷制炼所遗迹　　　　　　　历史建筑

（清水谷製錬所跡/Shimizudani seirenjoato）[免费]一处荒废的遗址,当初的繁华只剩巨大石墙和防空洞似的凹陷,在阴雨中更添神秘感。

龙源寺坑道　　　　　　　　　　　　矿井

（龍源寺間歩/Ryūgenjimabu；☏0854-89-0347；外国人¥200；◉3月至11月 9:00～17:00,12月至次年2月 至16:00）龙源寺坑道是通向银矿的隧道。从能够进入的区域尽头看看栅栏外保持着原样的古老坑道,就足以让大多数人庆幸自己不是17世纪的矿工。

🛏 食宿

辉云庄　　　　　　　　　　　　日式旅馆¥¥

（輝雲荘/Kiunsō；☏0855-65-2008；www.kiunsoh.com；温泉津口/Yunotsu Ro 202-1；标单不含餐/标双含两餐 ¥6000/13,000/人）就在药师汤温泉的对面,本馆与别馆都可以使用本馆的温泉浴场。日式房间和浴场都相当舒适,不含餐的房型也能加点怀石料理（另有迷你套餐¥2000）,分馆的厨房设备齐全,对单独旅行的人是个好选择。工作人员相当热心。

Cafe 住留　　　　　　　　　　　　简餐¥

（Cafe Jūru；☏0854-89-0866；大田市大森町ハ/Ōda-shi Ōmorichō.ha 206；主菜¥850~1250；◉10:00~17:00）位在石见银山街道中段的一个叉路口,这栋温暖的小咖啡馆在冬季餐厅纷纷闭馆时,仍然对旅行者敞开着。提供咖喱和比萨等洋食,气氛舒适,老板友善且健谈。

ℹ 实用信息

大森代官所遗迹车站附近有座亭子,你

可以在那里拿份地图，租用一部中文音频导游设备（￥500），在罗汉寺停车场旁边的**旅游信息办公室**（☏0854-89-0333；◷8:30～17:00）也可以获取地图和音频导游设备。更多信息，见www.ginzan-wm.jp。

温泉津有两间小型超市，不过都在18:30左右关门，晚上几乎没有餐厅。大部分的人都在旅馆用餐，想自炊或买夜宵的人要趁早。

❶ 到达和当地交通

巴士从大田市站（Ōda-shi，￥630，25分钟，每天10班）和仁万站（Nima，￥440，15分钟，每天5班）开往大森代官所遗迹（Ōmori Daikansho Ato）站，大森代官所遗迹还有开往广岛的长途汽车（￥3090，170分钟，每天2班）。

在银矿地区，有往返班车来往于大森代官所遗迹和世界遗产中心之间，每20分钟1班（￥240）。

对于时间紧凑的旅行者，推荐租自行车（￥500/3小时，电动自行车￥700/2小时）游览石见银山，由于到龙源寺坑道的后半路程为上坡，电动自行车会轻松一些。自行车租赁行有两家：大森代官所遗迹巴士站附近，以及五百罗汉附近各有一家，冬季只有后者有开。

温泉津坐落在JR山阴线上，从松江沿海岸往下行进就可到达（￥1490，1小时30分钟至2小时15分钟），距离仁万和大田站也只有几站，从大田站可以前往石见银山。

当你从温泉津电车站出来的时候，向左转，然后顺着右边的路沿着海岸走，可以到达分布着旅馆的主街。这段路大约需步行15分钟（出租车约￥700）。

津和野（Tsuwano）

☏0856/人口7478

有"山阴小京都"之称的津和野，是一座有着700年历史的宁静小镇。小镇位在翠绿的山谷中，河流从中经过，两岸遍布有着红色屋瓦的古老房舍。旧时的武士居住区整理得宽广整齐，镇上的神社和城堡遗迹都非常值得一逛。五颜六色的鲤鱼在路边水渠里畅游，大多数的日子中，鲤鱼的数量比游客多。小镇范围不大，步行即可到达各景点。甜点爱好者们不要错过此地名产源氏卷（Genji maki，口感类似包着红豆馅的蛋糕）。

津和野可作为从山口出发的一日游目的地，但若在镇上住一晚，你将有机会体验镇上的民宿或日式旅馆，还可以在夜晚漫步于空无一人、安静的灯光街道。

◉ 景点

原为武士居住区的殿町（Tonomachi），虽然只剩下一些墙壁和精美的旧大门，仍不失为一处吸引人的漫步胜地。水渠沿着风景如画的殿町大街伸展，渠里有数不清的肥硕鲤鱼，它们是作为紧急情况下的备用食物饲养的。漫步的时候，可以观察一些古老酿酒厂外挂着的"杉玉"（sugidama；杉叶扎的球，酿酒厂的标志）。

★ 太鼓谷稻成神社　　　　　　神道教神社

（太鼓谷稻成神社/Taikodani-Inari-jinja；见185页地图；◷9:30～16:30）这座兴旺的神社就在城堡升降椅站的上方，它由第七代藩主龟井矩贞（Kamei Norisada）于1773年修建，是日本五大稻荷（Inari）神社之一。如同京都的伏见稻荷大社般，你将沿山坡穿过由数百座鸟居组成的通道步行到达神社（约15分钟）。晚上，当鸟居的灯光点亮时，可从山脚下欣赏到这幅美景。从神社可观赏峡谷和山脉的壮丽景色。

★ 津和野城　　　　　　　　　　　　遗迹

（津和野城/Tsuwano-jō；见185页地图；缆车单程/往返￥350/450；◷缆车 9:00～16:30，12月至次年2月仅周末运营）津和野城的残垣断壁散落在山谷上方。一部有些破旧的单座升降椅将旅行者送上山坡，再步行15分钟，穿过树林，即可到达城堡。这里除了断壁什么都没有，但是能欣赏到城镇和山谷的绝佳美景。如果你想让风景印象更深刻，也可以选择走林间步道（约花30分钟）一路爬上去。步道入口在神社和缆车站中间。

安野光雅美术馆　　　　　　　　　画廊

（安野光雅美術館/Anno Mitsumasa bijutsukan；见185页地图；☎0856-72-4155；後田イ/Ushiroda-I 60-1；¥800；⊙9:00～16:45，周四闭馆）安野光雅出生在津和野，以他精彩而翔实的绘本闻名，是日本在国际间最知名的图画书作家，出版了《ABC之书》《旅之绘本》等书籍。你可以在电车站附近的白色建筑内参观他的作品，大量的藏品全年循环展出。

节日和活动

★骑射比武　　　　　　　　　　　文化

鷺原八幡宮（Washibara Hachimangū）神社位于镇南，距电车站约4公里远。每年4月的第二个周日，这里都会举办骑射比武（流鏑馬/Yabusame），并吸引人潮前来观看。

住宿

みやけ　　　　　　　　　　　　民宿¥

（Miyake；见185页地图；☎0856-72-0216；后田口/Ushiroda-ro 665；不含餐/含早餐/含早晚餐¥4800/6300/8000/人；⊚）由一对夫妻经营的小民宿，距电车站仅需步行1分钟。榻榻米客房不大，使用家庭式公共浴室。不过，最大的亮点在于食物，早晚餐都令人讶异地丰盛美味，晚餐前不要偷吃零食，会后悔的。

のれん宿明月　　　　　　　日式旅馆¥¥

（Noren Yado Meigetsu；见185页地图；☎0856-72-0685；后田口/Ushiroda-ro 665；含两餐¥11,000/人起；❄⊚）一家传统的日式旅馆，位于殿町附近的窄巷内。拉开客房内的和式移门就能欣赏庭园风景，店内提供可舒缓身心的木头浴场。有些客房有私人浴室。留意旧式大门和红砖屋顶。

就餐

殿町主街上坐落着几家咖啡馆和餐厅，在从电车站直接向南延伸的街道（景色不如主街）上也有一些。晚上营业的场所不多，因为人们一般都在住宿的地方就餐。如果街上没什么人，餐厅也可能关门，特别是在冬季。

つるべ　　　　　　　　　　　　面条¥

（Tsurube；见185页地图；后田口/Ushiroda-ro 384-1；面条¥575～840；⊙11:00～16:00，周五休息；⊚）特色是现场制作的新鲜全麦面条，如山菜乌冬面（sansai udon）和梅干乌冬面（umeboshi udon）。如果想再来点儿别的美味，可以品尝饭团（おむすび/omusubi）。店铺位于一座小型墓地旁。

★あおき寿司　　　　　　　　居酒屋¥¥

（Aoki Sushi；见185页地图；☎0856-72-0444；後田イ/Ushiroda-I 78-10；寿司¥330~2180；⊙11:00～14:30和17:00～21:30，周二休息）当地人会推荐的名店，距离车站不远。这家寿司店兼居酒屋提供难得的英文菜单，座位很少，不过很有气氛。可以点一份¥1300的津和野特产"埋饭"（うずめ飯/Uzume meshi）定食——刚送上来时不要太失望，白饭下有着丰富的配料。

实用信息

津和野町观光协会（津和野町観光協会/Tsuwano-chō kankō kyōkai；见185页地图；☎0856-72-1771；www.tsuwano-kanko.net；⊙9:00～17:00；⊚）从电车站出来，就在右侧。可租赁音频观光导游设备（¥300/天）。这里有免费Wi-Fi，即使办公室下班了，也能连上。

日本遗产中心（日本遺産センター/Nihon isan sentā；见185页地图；☎0856-72-1901；tsuwano100.net；⊙9:00～17:00）里面有关于津和野的各种图画和文化介绍，包括江户时代有趣的"百景图"。工作人员（其中还有西方人）会亲切详尽地跟你谈谈这个小镇的历史故事。

到达和离开

津和野位在JR山口线上，位于北方山阴线的益田站（Masuda，¥580，50分钟）

和南部海岸新干线/JR的新山口站（Shin-Yamaguchi）之间。也可从JR山口站过来（Yamaguchi，¥970，80分钟）。特急列车超级隐岐（Super Oki）号有停留此站（持JR Pass免费乘坐）。

津和野长途汽车中心（津和野バスセンター/Tsuwano Bus Center；见185页地图）有开往东萩（Higashi-Hagi；¥2190，100分钟，每天5班 8:10～17:10，JR Pass通票无效）的长途汽车。

❶ 当地交通

从电车站出发，步行或骑自行车就可到达大多数景点。可在车站对面的Kamai（貸自転車かまい；见185页地图；自行车租金每¥500/2小时，或¥800/24小时；⊙8:00至日落时分）租到自行车。

萩市（Hagi）

☏0838/人口48,546

萩市是山口这座皇冠上的一颗明珠，有保存完好的古代武士居住区。这里出产的陶瓷在日本数一数二。封建时代，萩市是长州藩（Chōshū）的城下町，它和萨摩（Satsuma，现九州岛南部的鹿儿岛，见360页）共同推翻了德川幕府的统治，并促进了明治维新后的现代化。2015年，联合国教科文组织对萩市在日本现代化历程中起到的重要作用加以认可，授予五处具有历史意义的工业旧址"世界文化遗产"的名号。

这里生活节奏平静，散发着田园风情，商业化程度不高，是个很棒的"慢游"城市。不过，由于萩市在历史上都不曾被国外游客列入旅游清单，所以英语沟通也许较为困难。

许多旅馆和餐厅都在东萩，长途巴士的总站也位于东萩，因此搭乘电车时至JR东萩站下车是比较好的选择。

◎ 景点

萩市是一座规模庞大的城市，挤占了海岸线和四周山脉之间的每一寸土地。城市的主要景点区域是风景如画的武士区城下町（Jōkamachi；自从入选联合国教科文组织的世界遗产名录之后，又称"萩城下町"——那里许多街道的两边都是优美宅院的白色围墙——及其世界文化遗产。大多数景点相距很远，租辆自行车是个好主意。

★ 菊屋家宅　　　　　　　历史建筑

（菊屋家住宅/Kikuyake jūtaku；见190页地图；吴服町/Gofuku-machi 1-1；¥600；⊙9:00～17:15）菊屋家族其实是商人而非武士。作为大名的官方商人，他们的财富与人脉让他们能建起高于自身地位的宅邸。住宅的历史可追溯到1604年，有一扇古风大门和几座迷人的花园，若干有趣的展览展示着旧时的日常生活用品（包括一座公共电话亭）。不要错过萩市的几幅巨大旧地图，你可从中发现，这座小镇的布局几乎没有什么变化。

★ 东光寺　　　　　　　　佛寺

（東光寺/Tōkō-ji；见190页地图；www.toukouji.net；椿东/Chintō 1647；¥300；⊙8:30～17:00）河流东岸靠近松阴神社的地方坐落着美丽的禅宗寺院——东光寺，该寺建于1691年，是五位毛利藩主的坟墓所在地。寺院后侧山坡上的石路旁排列着近500盏石灯笼，皆由藩主的家臣所建。

松阴神社　　　　　　　神道教神社

（松陰神社/Shōin-jinja；见190页地图）神社内有一座庭园，建于1890年，是为了纪念明治维新运动的领袖吉田松阴（Yoshida Shōin）。这里仍然保留着他的故居（吉田松陰幽囚の旧宅/Yoshida Shōin Yūshū-no-kyūtaku）和他授课的地方（松下村塾/Matsushita murajuku）——他曾在此宣讲倒幕思想，最终引领了革命。神社位于东萩站东南方。环线巴士在神社前停靠。

🛏 住宿

Ruco　　　　　　　　　青年旅舍¥

（ゲストハウスRuco；见190页地图；☏0838-21-7435；www.guesthouse-ruco.

动手做萩烧

日本茶道在战国时代迅速发展,因此对精美朝鲜陶瓷的需求日益增加。1592年至1598年的朝鲜半岛战争期间,丰臣秀吉便将许多制陶人家庭全部掳走。他们带到日本的烧制技艺传承了几个世纪,至今仍在日本陶瓷业中发挥作用。萩烧(萩焼/Hagi-yaki)的始祖就是这批朝鲜人,以精美釉色和精致粉彩而闻名,日本陶瓷鉴赏家将其评为最好的陶瓷。

萩市内有上百家店铺和陶窑,旅游信息办公室提供该地区陶窑的完整目录。在**萩城窑**(萩城窯/Hagijōgama;见190页地图;☎0838-22-5226;堀内/Horiuchi 2-5; ⊙8:00~17:00) 免费,你可以亲眼观赏工匠的制作过程和成品。另一家有名的城山窑(城山/Jōzan;见190页地图;☎0838-25-1666;堀内/Horiuchi 37-1;手拉胚体验¥1680;⊙8:00~16:00)可以让你一试身手,亲自制作萩烧,完成后他们可替你将作品运至日本各地。城山的门口是个大型陶窑。

---

com;唐樋町/Karahimachi 92;铺/双人,公用浴室¥2800/7500;😊❄🛜)如果打算搭巴士进出萩市,这间青旅的位置相当完美。布置时髦而有趣,有各种复古的装饰品和手工艺品。楼梯和宿舍房间都很小,不过每个铺位都有独立拉帘,日式双人房较宽敞。店员很热情,能说一点英语。

萩グランドホテル天空　　　酒店¥¥

(Hagi Grand Hotel Tenku;见190页地图;☎0838-25-1211;hagi-gh.com;古萩町/Furuhagimachi 25;标单/双¥7560~10,800; 😊❄🛜)虽然没有一般商务旅馆的新颖感,但这栋巨大的酒店仍提供优秀的早餐、温泉浴场和顶楼的萩市全景。日式房间相当宽敞,也有西式房间。从JR东萩站走10分钟即到。

★ 萩の宿常茂恵　　　日式旅馆¥¥¥

(Hagi no Yado Tomoe;见190页地图;☎0838-22-0150;www.tomoehagi.jp;土原/Hijiwara 608-53;房含两餐¥15,000/人起; 😊❄@)萩市最好的旅馆,已颇具年代,有上好的日式客房,可以欣赏花园景色,还有高档料理和豪华浴场。价格视季节而定,网站上提供优惠价格(如果你看不懂日语,用英文通过电子邮件进行预订会比较容易)。从电车站穿过桥,沿河边的道路走不远即可到达。

❌ 餐饮

★ 畔亭　　　咖啡馆¥¥

(Hotoritei;见190页地图;☎0838-22-1755;www.hotoritei.com;南片河町/Minami-Katakawa 62;餐食¥1100~1850;⊙2月至12月 周五至周三11:00~17:00)一家宁静的休憩之地,位于城下町附近,坐落在庭园环抱的一座大型建筑内。店内主要供应咖啡、茶和蛋糕,也有主食。你可以坐在榻榻米上,品尝松软的奶油馅抹茶蛋糕卷。

まる　　　居酒屋¥¥

(Maru;见190页地图;☎0838-26-5060;吉田町/Yoshida-chō 78;菜品¥750~1850;⊙周一至周六17:00~23:00)这家居酒屋气氛热络,使用新鲜的本地食材烹制菜肴。有各种寿司和生鱼片可以享用,也提供其他一些热菜,搭配清酒是不错的选择。绝对要事先预订,服务生较难用英文沟通。

La Ceiba　　　创意菜¥¥

(见190页地图;☎0838-21-4311;東田町/Higashitamachi 92;菜品¥1000~1500;⊙周二、四、五、六12:00~14:00和18:00~21:00,周二、周四只开中午)这家播着轻柔音乐的创意餐厅兼酒吧,就像长途旅行归来的文青会开的那一种小店,你可以在彩色的店内看到机票、地图以及吉他。晚餐套餐(¥3500)堪称意式"怀石料理",食材新鲜健康。老板英文很好,只有一个人忙,不过等待时间是值得的。小店位在萩市的商店街里面。

山口和秋芳洞 177

❶ 实用信息

JR东萩站内有**旅游信息办公室**（東萩駅観光案内所/Higashihagi-eki kankōan'naijo；见190页地图；☏0838-25-3145；⊙9:00～17:45，12月至次年2月 至17:00）。员工会说英语，提供有自行车和步行线路的英文地图。

JR萩市站出来左手边也有一个办公室。

❶ 到达和离开

长途汽车

巴士是往来萩市的好选择，长途巴士停靠东萩市区的萩市巴士中心（萩バスセンター/Hagi Bus Centre；见190页地图），可通往新山口（¥2100，90分钟，至少每小时1班）、津和野（¥2290，105分钟，每天5班）和山口（¥1860，70分钟，每天9～11班，只有此线路可以使用JR Pass通票）。

火车

萩市在JR山阴线上，这条线路沿海岸运行，途经鸟取（Tottori）和松江（Matsue）。下关和东萩间仅有一般列车往来（¥1940），行程最长3小时，取决于换乘情况。想前往津和野，可以向北搭到JR益田站（¥970，70分钟），然后换乘JR山口线（¥580，40分钟）前往津和野。如果你不得不在沉闷的益田长时间等候换车，可以去车站北侧一个街区之外的餐饮街（位置隐蔽）吃喝。

❶ 当地交通

步行即可在萩市中心和城下町周围游览。可是包括世界遗产在内的许多景点位于城镇边上，借助于交通工具更合适。

公共汽车

环线巴士（まるバス/māru basu）途经萩市中心所有景点。包括东环线（東回り/Higashi mawari）和西环线（西回り/Nishi mawari），每似每小时有两班车经过。单程票价¥100，一日/二日通票售价¥500/700。两条线路都在东萩站停靠。

自行车

貸自転車スマイル（Smile Rental Bike；见190页地图；☏0838-22-2914；租自行车 每1小时/24小时 ¥200/1000；⊙8:00～17:00）在东萩的巴士中心旁，允许第二天再还车。

山口（Yamaguchi）和秋芳洞（Akiyoshi-dō）

☏083/人口197,500

在德川家康17世纪初再次统一日本之前，纷扰的战国时代给这个国家造成了巨大的破坏，其间山口曾代替混乱的京都作为首都，因而繁荣一时。1550年，耶稣会传教士方济·沙勿略在去往京都时，曾在山口停留了2个月。然而，因为无法找到京都的天皇，他很快又返回了这个安全地带。

如今，山口是一座小得惊人的县首府所在地。来到山口的人，大部分都会前往位于秋吉台国家公园的秋芳洞，这个洞窟的确值得一看，也是让你在山口会住下一晚的主要原因。

◉ 景点

★ 香山公园　　　　　　　　　公园

（香山公園/Kōzan-kōen；见192页地图）镇中心北侧坐落着香山公园，园内有瑠璃光寺（瑠璃光寺/Rurikō-ji）壮观的五重塔（Gojūnotō）。该塔是日本国宝，其历史可追溯到1404年，位于小湖边，风景如画。寺内的小博物馆陈列着日本其他地方的50多个五重塔的微缩模型。洞春寺（Tōshun-ji）和毛利（Mōri）藩主们的坟墓也在公园内。

从城镇中心（米屋町）附近走20分钟可达。

★ 秋芳洞　　　　　　　　　石灰岩洞穴

（Akiyoshi-dō/秋芳洞；外国人 ¥700；⊙8:30～16:30）在秋吉台固定公园（秋吉台国定公園/Akiyoshi-dai Kokutei Kōen）内坐落着高低起伏的秋吉台台地，地表散布着古怪的岩柱，地下有数以百计的石灰岩洞穴。

琉璃光寺内的五重塔

其中之一是秋芳洞,它是日本最大的石灰岩洞穴。

秋芳洞规模庞大,岩洞总长达10公里左右,有的地方足有100米宽(不过参观者只能进入1公里长的小部分区域),还有一条河穿过洞穴。高耸的穴壁在水中的倒影有时会令人晕眩,仿佛你正步行在深深的峡谷之上。但是你不必带上洞穴探险装备——这里有一条铺砌完善的道路,常规的按钮操作信息点播放着多语种解说。想冒险的人,也有一小段付费的体验步道可走。步道中段有一座电梯可升至地面,再走10分钟到秋吉台的瞭望台,没打算在秋吉台停留的人,拍照完后可再原路返回。

关于洞穴和周边高原地区(非常适合漫步大自然的地方)的更多信息,可以登录www.karusuto.com。

山口(¥1210)、东萩(¥1800)和下关(¥1800)都有开往洞穴的长途汽车。各条线路用时均为1小时左右。最近的出发点是新山口(¥1170),从那儿前往洞穴需要45分钟。秋芳洞可作为在山口县内移动时的中途点,游客中心内有许多行李置物柜,太大件的行李可请工作人员保管。

方济·沙勿略纪念教堂 教堂

(サビエル記念聖堂/Sabieru Kinen Seidō;见192页地图;083-920-1549;www.xavier.jp;龟山町/Kameyama-chō 4-1;捐款¥100;参观时间周四至周二 9:00~17:00)在基督教于1589年被禁之前,山口是日本主要的传教中心。这座教堂位于龟山公园(Kameyama-kōen)内,俯瞰着市中心,外形像是一座大帐篷。1952年,为纪念方济·沙勿略,人们建立了这座教堂,1991年的大火烧毁了教堂,但1998年又进行了重建。一楼的基督教博物馆(¥300;9:00~17:00)有关于沙勿略生平以及日本基督教早期历史的展览,大多数只有日文说明。教堂对面的台阶通往山顶,可眺望山口的景色。

🛏 食宿

太阳堂旅馆　　　　　　　　　日式旅馆¥

（太陽堂旅館/Taiyō-dō Ryokan；见192页地图；☏083-922-0897；米屋町/Komeya-chō 2-3；¥3200/人起；🛜）在离驿通（Ekidōri）不远的购物廊上，是一家友好而古老的日式旅馆。榻榻米客房空间宽敞，还有大型公共浴室（如果没其他人，你也可以一个人使用）。服务员都不会说英语。

Sunroute Kokusai Hotel　　　酒店¥¥

（サンルート国際ホテル山口；见192页地图；☏083-923-3610；www.hsy.co.jp；中河原町/Nakagawarachō 1-1；标单/双¥5500/11,775起；🅿♨❄@🛜）这家现代的酒店拥有时髦的中性色调客房，位于林荫大道公园路（パークロード/Park Road）的底部，地点绝佳。酒店二楼新开了一家男性限定的胶囊旅馆**First Cube Yamaguchi**（ファーストキューブ山口；www.firstcube-yamaguchi.jp；¥2980/人），同样在一楼报到，可共用酒店设施（如免费自行车），是个经济实惠的选择。

★ 茶房幸　　　　　　　　　　咖啡馆¥

（Sabō Kō；见192页地图；道场门前/Dōjōmonzen 1-2-39；菜品¥620~980；⏲周三至周一 11:30~17:00；❄）这家小咖啡馆楼层低矮，弥漫着惬意的氛围，客人可在木凳上就座并品尝咖啡。只有日文菜单，特色菜是分量十足、风味香甜的日式蛋包饭，也供应咖喱和荞麦面。小屋外观不太起眼，留意电线杆旁屋顶长满藤蔓的房子。

ℹ 实用信息

山口观光信息处（山口観光案内所/Yamaguchi kankōan'naijo；见192页地图；☏083-933-0090；www.yamaguchi-city.jp；⏲9:00~18:00）位于山口电车站内。在新山口站的新干线出口处也设有一间**办公室**（☏083-972-6373；新山口駅/Shin-Yamaguchi Eki 2F；⏲9:00~18:00）。

ℹ 到达和离开

长途汽车

中国JR巴士（Chūgoku JR Bus；☏083-922-2519；www.chugoku-jrbus.co.jp）每天约有10班车从JR山口站前往东萩巴士中心（¥1780，70分钟，仅此路线可用JR Pass）。

防长交通（Bōchō Bus；☏0834-32-7733；www.bochobus.co.jp）有巴士往返新山口站和东萩站（¥2080，90分钟，每小时至少有一班）。

火车

山口站位于JR山口线上，新山口站（原名小郡/Ogōri）则位于山口线和山阳新干线上，地处山口西南10公里。两者相距六站（¥240，25分钟）。

3月中旬至11月底的周末和节假日，蒸汽火车**SL山口号**（SL Yamaguchigō；www.c571.jp；成人/儿童¥1660/830）从新山口穿过风景如画的峡谷，开往津和野（全程约两小时）。这条线路十分有趣，很受欢迎；可上网查询最新时刻表，务必提前预订。

ℹ 当地交通

从山口站步行至景点是可行的，如需租用自行车，推荐**福武自行车租赁**（Fukutake；见192页地图；☏083-922-0915；駅通/Ekidōri 1-4-6；¥700/天；⏲8:00~19:00），就在电车站对面。

本州西部索引地图

1. 冈山城区（见181页）
2. 仓敷城区（见182页）
3. 广岛城区（见183页）
4. 宫岛城区（见184页）
5. 津和野城区（见185页）
6. 松江城区（见186页）
7. 下关城区（见188页）
8. 萩市城区（见190页）
9. 山口城区（见192页）

冈山城区

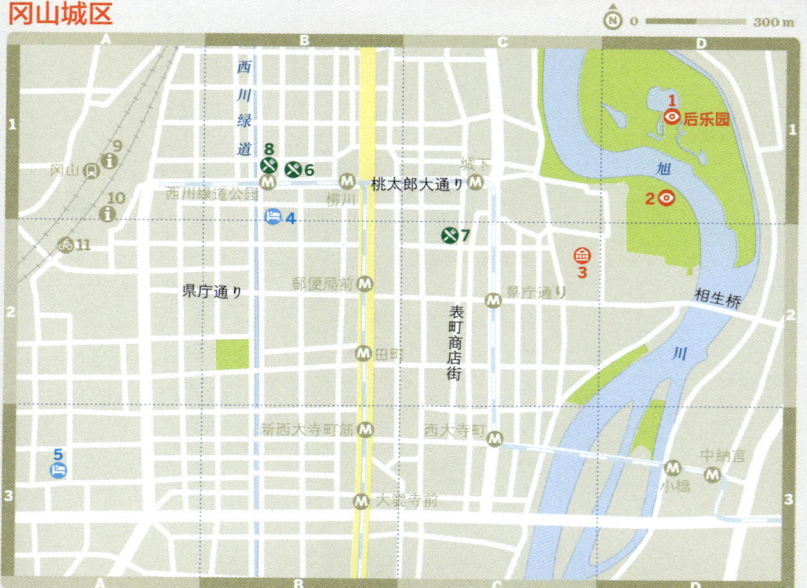

冈山城区

◎ 重要景点 （见142页）
1 后乐园 D1

◎ 景点 （见142页）
2 冈山城 D1
3 林原美术馆 C2

🛏 住宿 （见142页）
4 後楽ホテル B1
5 Lazy house A3

✗ 餐饮 （见143页）
6 和风居酒屋Akari B1
7 食事处 おかべ C2
8 Teppan-Ku-Ya B1

ℹ 实用信息 （见144页）
9 旅游信息台 A1
10 桃太郎游客信息中心 A1

ℹ 交通 （见145页）
11 JR Eki-Rinkun Rent-a-cycle A2

仓敷城区

◎ 重要景点	（见145页）
1 大桥家住宅	A1
2 大原美术馆	B2

◎ 景点	（见145页）
3 阿智神社	D1
4 桃太郎机关博物馆	C3

🛏 住宿	（见146页）
5 Cuore Kurashiki	B3
6 旅館くらしき	C2
7 Yuji Inn	C3

✕ 餐饮	（见146页）
8 仓敷咖啡馆	C2
9 高田屋	D1

🔒 购物	（见147页）
10 つねき茶舗	C1

ℹ 实用信息	（见147页）
11 仓敷馆观光信息处	C2

广岛城区

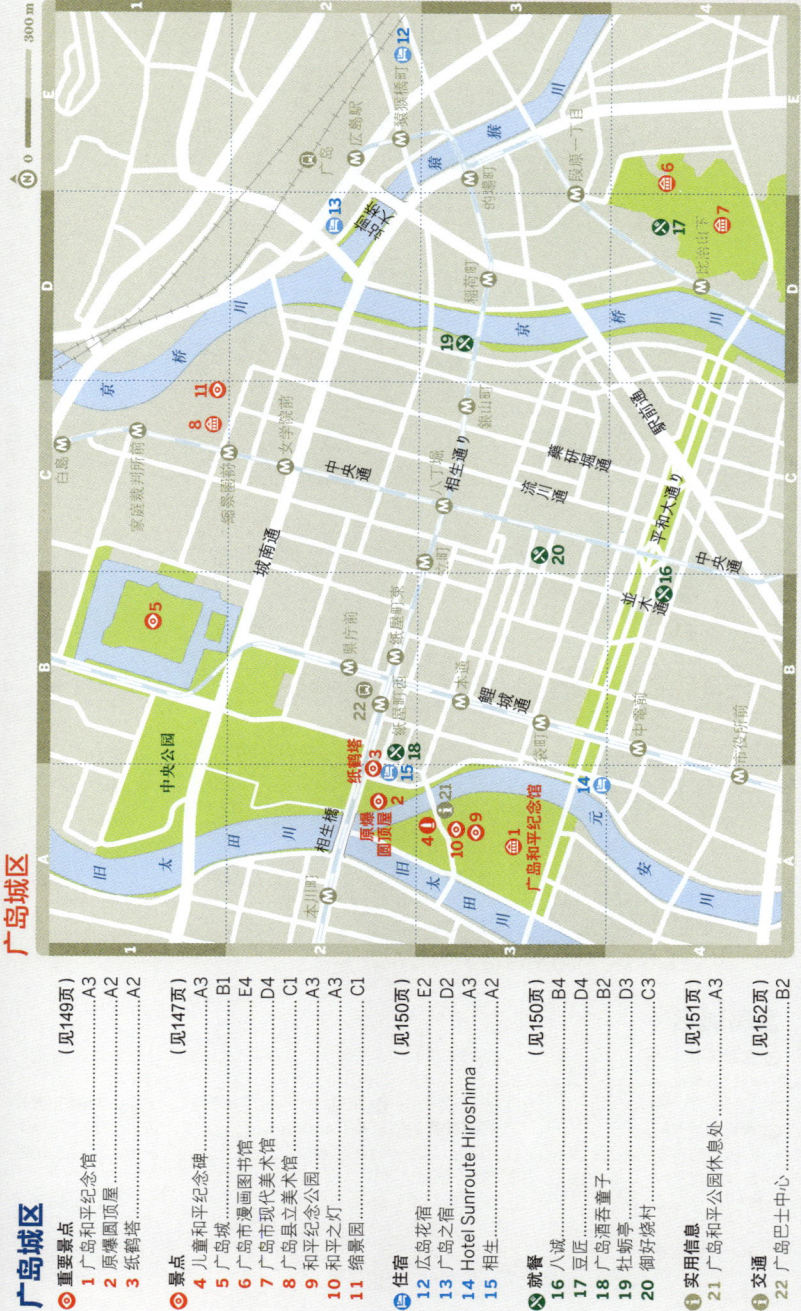

◎ 重要景点 (见149页)
- 1 广岛和平纪念馆 ... A3
- 2 原爆圆顶屋 ... A2
- 3 纸鹤塔 ... A2

◎ 景点 (见147页)
- 4 儿童和平纪念碑 ... A3
- 5 广岛城 ... B1
- 6 广岛市漫画图书馆 ... E4
- 7 广岛市现代美术馆 ... D4
- 8 广岛县立美术馆 ... C1
- 9 和平纪念公园 ... A3
- 10 和平之灯 ... A3
- 11 缩景园 ... C1

◎ 住宿 (见150页)
- 12 广岛花宿 ... E2
- 13 广岛之宿 ... D2
- 14 Hotel Sunroute Hiroshima ... A3
- 15 相生 ... A2

◎ 就餐 (见150页)
- 16 八诚 ... B4
- 17 豆匠 ... D4
- 18 广岛酒香童子 ... B2
- 19 牡蛎亭 ... D3
- 20 御好烧村 ... C3

◎ 实用信息 (见151页)
- 21 广岛和平公园休息处 ... A3

◎ 交通 (见152页)
- 22 广岛巴士中心 ... B2

宫岛城区

宫岛城区

◎ 重要景点	（见153页）
1 严岛神社	B3

◎ 景点	（见153页）
2 大鸟居	A3
3 大圣院	A5
4 大愿寺	A4
5 千叠阁	B3
6 水上能剧舞台	B4

🛏 住宿	（见154页）
7 三国屋	B4
8 岩惣	B4

❌ 就餐	（见155页）
9 Cafe Lente	A4
10 豆狸	B2

ⓘ 实用信息	（见155页）
11 宫岛游客信息中心	B1

ⓘ 交通	（见155页）
12 宫岛车站红叶谷车站	D5

津和野城区

津和野城区

◎ 重要景点 （见173页）
1 太鼓谷稻成神社 A4

◎ 景点 （见174页）
2 安野光雅美术馆 C1

🛏 住宿 （见174页）
3 みやけ C1
4 のれん宿明月 C2

✖ 就餐 （见174页）
5 あおき寿司 B2
6 つるべ B2

ℹ 实用信息 （见174页）
7 津和野町观光协会 C1
8 日本遗产中心 C2

ℹ 交通 （见175页）
9 貸自転車かまい C1
10 津和野长途汽车中心 B3

186 松江城区

- 塩見縄手
- 松江城
- 大手前通
- 城山東通り
- 去由志园 (15km)
- 宍道湖大桥
- 松江大桥
- 大桥川
- くにびき大橋
- 去足立美术馆 (22km)
- 天神町商店街
- 宍道湖
- 白潟公园
- 岛根县立美术馆
- 袖师地藏
- アベニュ通
- 去嫁岛观景点 (200m)
- 松江

松江城区

◎ 重要景点 （见161页）
- 1 岛根县立美术馆......................................B5
- 2 松江城..B2

◎ 景点 （见161页）
- 3 武士住宅..B1
- 4 小泉八云故居...A1
- 5 小泉八云（拉夫卡蒂奥·赫恩）纪念馆....A1

◎ 团队游 （见162页）
- 6 堀川观光船..B2

◎ 住宿 （见163页）
- 7 皆美馆..B3
- 8 Hotel Knut C4
- 9 寺津屋旅馆..B4

◎ 餐饮 （见163页）
- 10 八云庵...B1
- 11 Cafe Bar EAD B3
- 12 川京..B3
- 13 KARLY B2
- 14 味处浪花本店.......................................B3
- 15 味工房矶之家.......................................C3

◎ 实用信息 （见165页）
- 16 松江市国际旅游咨询处 D4

◎ 交通 （见165页）
- 17 Rent-A-Cycle...C4

下关城区

关门桥

唐户市场

去严流岛
(2km)

下关

下关城区

◎ **重要景点** (见155页)
1 唐户市场 C3

◎ **景点** (见156页)
2 赤间神宫 D3
3 火之山公园 E1
4 日清讲和纪念馆 D3
5 英国领事馆旧址 C3

☒ **住宿** (见156页)
6 Hinoyama Youth Hostel E2
7 下关海峡景观旅馆 E2

☒ **旅餐** (见157页)
8 カモンワーフ C3
9 河久 C3
10 シーモール下关 A4
11 やぶれかぶれ B4

◎ **实用信息** (见157页)
12 下关站旅游信息办公室 A4

◎ **交通** (见157页)
13 关门汽船 C3
14 JR Rent-A-Car A4
15 火之山公园缆车站 E2

萩市城区

500 m

东光寺 1

3

东萩 12

4 5

8 7
13 14 6
菊屋家宅
城下町 9 2

北浦街道

北浦街道

萩往还

松本川

桥本川

日本海

萩城跡指月公園

11
10

萩市城区

萩市城区

◎ **重要景点** （见175页）
1 东光寺 E2
2 菊屋家宅 B2

◎ **景点** （见175页）
3 松阴神社 D2

⚑ **住宿** （见175页）
4 萩グランドホテル天空 C2
5 萩の宿常茂恵 C2

6 Ruco C3

✕ **餐饮**
7 La Ceiba .... C2 （见176页）
8 まる C2
9 畔亭 B2

✪ **活动** （见176页）
10 城山窑 A2
11 萩城窑 A2

ⓘ **实用信息** （见177页）
12 东萩站旅游信息办公室 D2

🚌 **交通** （见177页）
13 赁自転車スマイル C3
14 萩市巴士中心 C3

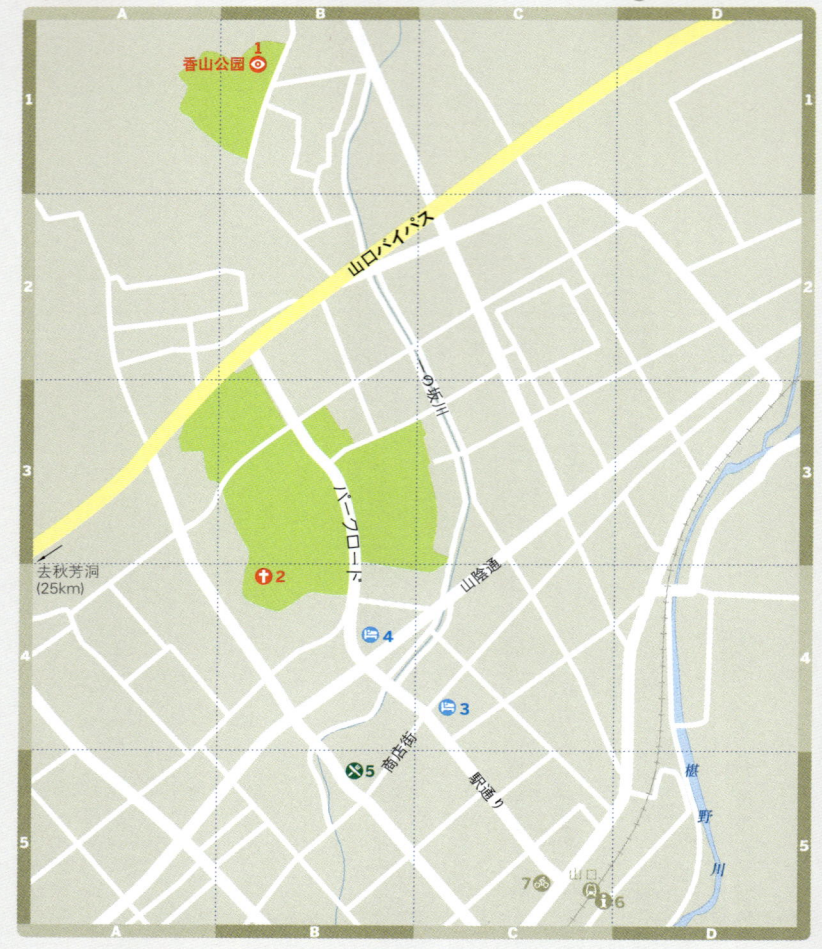

山口城区

香山公園
山口バイパス
一の坂川
パークロード
去秋芳洞
(25km)
山陰通
商店街
駅通り
樹野川
山口

山口城区

◉ **重要景点** （见177页）
1 香山公园 B1

◉ **景点** （见178页）
2 方济·沙勿略纪念教堂 B4

🛏 **住宿** （见179页）
3 太阳堂旅馆 C4
4 Sunroute Kokusai Hotel /
　First Cube Yamaguchi B4

✖ **就餐** （见179页）
5 茶房幸 B5

ℹ **实用信息** （见179页）
6 山口观光信息处 C5

ℹ **交通** （见179页）
7 福武自行车租赁 C5

在路上
本书作者 钱晓艳

坐新干线北上,特别在盛冈停了两小时,就为了挑战一下碗仔荞麦面。结果在服务员的声声鼓励之中,斩获75碗。

进一步了解我们的作者,见414页。

福岛县的海岸公路

本州北部·东北

本州北部·东北

"大海翻狂澜,银河横卧佐渡天。"——《奥之细道》,郑民钦译。

著名俳句诗人松尾芭蕉的时代,本州北部如同世界尽头般遥远,即便如此,他仍然花了半年时间游历了这片地区,留下无数千古名句。今天,东北新干线一路向北而来,甚至可以跨越津轻海峡而去。过去深藏在山间的美好,渐渐呈现在人们眼前。

藩主们打造的一座座天守阁,见证了惨烈的战场蜕变成安宁的小城;高僧开山辟壤建成的寺庙掩藏在山海之间,穿越巨大杉木组成的表参道仿佛穿越了几个世纪。茂密的山林、荒凉的火山和海岸沼泽交替出现,三座国立公园为户外爱好者带来无限可能。中部的仙台是都市化的代言,北部的青森更像是城市与山林的过渡带。

地震和海啸已过经年,壮丽的海岸线伤口未愈。稍加留意,你会发现人们为援助东北开发了许多有意思的项目,大家依然为了振兴这片曾经的乐土而呼吁奔走。加油,东北!

精彩呈现

五能线之旅	204
会津若松	206
仙台	210
松岛	214
鸣子温泉	217
平泉	219
青森	221
弘前	225
乳头温泉	236
出羽三山	237

何时去

4月至5月 不用挤那些"著名"的赏花地,这里的樱花开得晚,让你可以从容赏花。

7月至8月 从青森的睡魔祭到仙台的七夕祭,大家都投身到节日季当中,花火大会是最好的谢幕式。

9月至10月 山野之间的彩林比本州别处来得早,无论摄影还是徒步都让人沉醉。

12月至次年2月 滑雪活动丰富,冬季节庆场面盛大,但其他活动几乎都停了。

本州北部·东北 197

★ **本州北部·东北亮点**（见200页）
① 松岛的千岛魅力　② 四寺回廊　③ 赏樱胜地弘前
④ 奥入濑到十和田湖　⑤ 青森睡魔祭　⑥ 盛冈，挑战碗仔面

交通

➡ **自驾** 在日本驾车必须有国际驾照，开车依然是游览本州北部最好的方式。可以在旅游观光中心或App看看包车的情况。

➡ **铁路** JR Pass东日本通票（¥20,000）可在14日内任意使用5天，更为便利，是助你飞奔的利器。只是新干线以外的列车班次都不多，要注意查好时刻表。

➡ **巴士** 东北高速巴士通票（4天/7天¥10,000/13,000），可以随意乘坐六县的高速巴士和城市部分巴士。开往山林的巴士在4月至10月以外的时间可能停运或减少班次。

实用信息

东北的春天基本从4月下旬才开始，美好的季节最多持续到10月。从9月下旬开始，一些巴士路线开始缩短甚至取消，一些景点的关闭时间也开始提前。冬天来到这里，一定要有充分的路线和心理准备。

如果你热衷买买买，试试看仙台和青森的药妆店，一般会比东京更便宜。

拿着JR Pass "急行军"的时候，别忘了车站有投币行李寄存柜。

如果你为滑雪而来，初学者一定要听从教练安排，高手们更需谨慎。

黄金崎不老不死温泉

当地人推荐
都市人的后花园

徐秋婷，驻扎东京，热爱行走和美食的攻略派，常带着小四的女儿举家出行。

对东北的印象是什么？

可能是北海道的光环太过耀眼，位于北海道和关东之间的东北地区就显得存在感比较薄弱。但随着青函隧道的开通，又一次把这里拉回大众的视线。去仙台吃个牛舌套餐或者去弘前赏个樱，去吃个著名拉面，去看个旧武士家建筑，都为关东人的短途旅行提供了更多选择。

令你印象最深的旅途经验是？

JR五能线上的黄金崎不老不死温泉是东北地区最著名的绝境秘汤。它的露天池和海岸合二为一，眼望无边的日本海，若是有幸遇上日出或日落必定是难忘的回忆。

另外，我在十和田湖乘坐过比传统游览船更刺激的RIB快艇。不仅可以近距离观察悬崖峭壁，甚至能看到因2011年大地震而意外从湖底浮现出的耶稣石像，它跟耶稣墓地竟然处于同一纬度。RIB快艇在极端恶劣天气下也能高速行驶，被广泛用于军事领域和极地探险。十和田湖上的快艇是日本第一个RIB游览项目，世界上也只有为数不多的几个国家才有。

你最喜欢的地方是？

我最喜欢的地方是八户。除了充满人情

味的商贩集合地八食中心，还有一条全长约12公里、由天然草坪和海浪相连成一线的海岸线——种差海岸。这里的芜岛是全日本最大的海鸥繁殖基地，你甚至有机会能近距离观察鸟巢。供奉着福神的芜岛神社也吸引了很多虔诚的信奉者前来参拜。

带孩子游玩，哪里最合适？

特别推荐弘前苹果公园。除了能看到著名的富士苹果，还有包括名为"世界第一"这种珍稀种类在内的60多种苹果。收获季还能参加摘苹果和榨果汁的体验，同时制作和分派可供上百人食用的大型苹果派。大一些的孩子可以挑战徒步世界遗产白神山地。这里有世界上屈指可数的原生山毛榉林。可以按照自己的体能选择不同的路线。

☑ 不要错过

最佳节日

➡ **仙台七夕祭** 源自中国七夕的节日，垂着飘带的巨大灯笼出现在各处。（见211页）

➡ **青森睡魔祭** 巨大的花车描绘了古代传说或历史故事，边上围着卖力的舞者。（见223页）

➡ **弘前樱花祭** 2600株樱花将弘前城包围，上演着东北地区最大的粉色节日。（见227页）

最佳温泉

➡ **乳头温泉** 山路尽头的温泉乡，在月光下泡汤的感受很不一样，尤其在你徒步之后。（见236页）

➡ **酸汤温泉** 回到江户时代，全民在质朴的木制大澡堂里享受美好的国民保养温泉。（见231页）

➡ **鸣子温泉** 占据了日本11种泉质之中的9种，看看你能不能泡全吧。（见217页）

➡ **藏王温泉** 宫城和山形交界处的藏王山区，汇聚了两大著名的温泉乡，让你泡个够。（见218页）

最佳徒步

➡ **奥入濑溪流** 东北地区最受欢迎的14公里步道，将你从绿色林间引至蓝色湖泊。（见229页）

➡ **五色沼** 火山矿物质让磐梯高原上的小湖变得五光十色，边走边惊叹的1小时让人意犹未尽。（见208页）

➡ **秋田驹之岳** 花两天时间领略野花或红叶，以及罕见的湿地物种，最后以温泉收官。（见235页）

➡ **出羽三山** 拜访三座圣山的路途只在夏天通行，跟着山伏们一同行走两天吧。（见237页）

本州北部·东北亮点

❶ 松岛的千岛魅力

有一句描写松岛的俳句是这样:"松岛やああ松岛や松岛や"(读起来就像:松岛呀啊啊松岛呀松岛呀)。或许作者的本意已不可考,但这种重重叠叠的感觉,跟松岛260多座漂浮在水上的岛屿非常接近。大海上点点小岛,仿佛湛蓝锦缎上的绿色刺绣,也好像上天排布的海中枯山水——诗人松尾芭蕉(Matsuo Bashō)就这么比喻过。走过几座鲜红的小桥登临附近的小岛,那是陆上观赏松岛的最佳方式。

❷ 四寺回廊

在松岛瑞严寺里观赏金光四射的屏风画;在平泉的斜坡上参拜中尊寺大大小小的庙堂;邂逅毛越寺里的净土庭园;在山寺登上一千多级台阶,山形的原野和高山一览无遗。虽然分布在三县,但四座寺院却都是由慈觉大师在1000多年前开山的,兼容了风水和自然,申请一本特别的朱印册,来个四寺巡游吧,这将成为你旅途中的意外收获。

❸ 赏樱胜地弘前

东北的樱花开得更晚一些,这里的人们在"花见"时分更为自由和展现真我。本州最后的赏樱胜地弘前,凭借弘前公园里的52个品种、2600株樱花,成为真正的粉红颜值担当。4月底、5月初的樱花祭已有过百年历史,三重护城河边,高大石垣旁,鲜红木桥之上,不同层次粉色花海蔓延着,飞舞着,抬头一望,连威严的天守阁都添上了一份浪漫气息。

❹ 奥入濑到十和田湖

从青森坐两小时巴士,就能来到奥入濑

左图：松岛，通往福浦岛的道路
上图：松岛的落日水景

溪流的徒步入口。沿着这条蜿蜒曲折的河流行走，上有峡谷瀑布层叠飞落，下有清澈溪流时而平缓时而激烈，水中青苔碧绿，林间四季多彩——新绿和红叶交替上演。步道的尽头豁然开阔，本州最大的火山湖十和田湖就在眼前。如果预算充裕，不妨住进星野集团旗下的酒店，为这段行程锦上添花。

❺ 青森睡魔祭

夏日的青森还有些凉意，但睡魔祭立刻可以将整个城市点燃，阵仗如此巨大，难道真的是为了"驱赶睡意"？热情的人们抬出精心准备了一年的灯笼花车，重达四吨的花车上面可能是你熟悉的神话传说或是历史人物。"Sera-se"的口号声声响起，伴随着表演者的铃铛和音乐，一片欢腾。花火大会是压轴大戏，灯笼和烟花让这个滨海小城充满了魔幻气息。

❻ 盛冈，挑战碗仔面

挑战大胃王？你也可以。乘坐JR东北新干线时，把饭点时间留给盛冈，你一定会不虚此行。在榻榻米上坐成一个舒服的姿势，打开碗盖，端起木碗，操起筷子，战斗开始了！女服务员会不断地把小碗里装着的一口面条往你的面碗里加，一次15碗，速度越来越快，看看你能挑战多少碗？最后别忘了拿着你的证书和面前堆起来的"碗山"来一张合影，纪念品又多了一份。

瑞严寺，鳗冢

弘前公园内的樱花树

十和田湖的落日风光

青森睡魔祭

盛冈特产，碗仔荞麦面

★ 最佳体验
五能线之旅

从青森到秋田,搭乘JR奥羽本线的特急列车最快,但如果不赶时间,为何不来体验一下日本人"一生必须坐一次"的五能线呢?虽然铁路连通了两县首府,但五能线是特指从青森县川部(Kawabe)到秋田县东能代(Higashi-noshiro)的铁路线。列车沿着日本海行驶,沿途全海景赏心悦目。

观光列车"リゾートしらかみ"(白神号)有"三兄弟":绿色的"橅"(Buna)、藏青的"青池"(Aoike)、红黄色的"くまげら"(Kumagera),列车上有特别设计的座椅、宽大的玻璃车窗、专门的观景车厢,包厢坐席甚至能把座椅拼成床榻。4月至9月,车上还推出不定期的民艺表演,让5小时的路途变得乐趣满满。

(见247页地图;五能線/Gono-sen;青森/秋田)

五能线列车

千叠敷的"榻榻米"

日本不止一处有千叠敷(Senjojiki),青森海岸线上的这一片岩石海岸因为1792年的地震而隆起形成,因为海浪的冲刷和风化作用形成了形似一块块榻榻米的岩石,中间还立着几块奇岩。这些岩层沿着海岸绵延12公里,传说中津轻的贵族们曾在此地举办过铺设千张榻榻米的酒宴,这里因此而得名。千叠敷还是观赏日本海落日的绝佳之地。

五能线列车共有6号,2至5号车经过千叠敷站时停车15分钟之久,旅客们可以下车"到此一游",离开之前列车会鸣笛召唤。另两辆列车经过时,也会放慢速度,让大家尽情欣赏海景。

ウェスパ椿山的温泉

很多人选择在**ウェスパ椿山**(Wesupa Tsubaki-yama-eki;温泉¥500)下车,就为了这里的温泉。离车站步行五分钟即达,面向大海的窗可以开合,在4月至10月的晴天,窗全部打开成为露天温泉,让你直接面对日本海泡汤。

更令人激动的是**黄金崎不老不死温泉**(黄金崎不老ふ死温泉/Gokanesaki-furofushi-onsen;☎0173-74-3500;温泉¥600,8:00~15:30),仿佛是仙侠剧里出来的名所,其实是建在海边岩石上的露天温泉,泉色是土黄色(也算金黄),有混浴汤池和女性独立汤池。海岸线的泡汤感受绝无仅有,这样的享受堪称"不老不死",但要边泡汤边欣赏日落,就要在温泉旅馆住一晚。餐厅里的金枪鱼三吃套餐也是必吃项。

温泉旅馆的免费接驳巴士往来于JR站和温泉,班次与观光列车相合,如果乘坐普通列车前来,需要提前电话预约。

十二湖

白神山地(见247页地图)是东北隐藏最好的秘密之一,它的西麓分布着三十多个大小

湖沼群，被统称为十二湖（Juniko）。乘坐五能线到十二湖，然后乘坐弘南巴士的十二湖线就能来到山林深处的**青池**（Aoike），这里以清澈透明的蓝色而著称。可以根据时间在周边漫步（40分钟），也可以走一个略大的环线到**沸壶の池**（Wakitsubo-no-ike），中间还能经过几个小池；如果有时间也可以花上2到3小时把周边的湖沼都逛一遍，但需要留意返程巴士时间。万一列车和巴士没有接上，从十二湖站还有到"アオーネ白神十二湖"（Aone-shirakami-juniko）的免费巴士，但需要预约（☎0173-77-3311），下车还有很长一段路要走。这个预约电话同时也可以预约收费的游览行程。

如何搭乘五能线

　　五能线观光列车都是指定席，可以在www.jreast.co.jp/sc/joyful/shirakami.html查询列车详情和时刻表（非常重要），无论你是否持JR东日本通票，记得在JR窗口预订指定席。4月至9月的旺季车次非常多，可以根据

亮点速览

➡ **三兄弟** 三部观光列车的设计各异，挑你喜欢的乘坐。

➡ **千叠敷** 连列车都会专门停下来让你游览的特别海边奇景。

➡ **黄金崎不老不死温泉** 面对日本海尽情泡汤，欣赏落日。

➡ **十二湖** 深入世界自然遗产白神山地，欣赏湖沼群。

行程看是从青森和秋田的哪一头开始比较合适。冬季出行的话就有些困难，有些接驳巴士也会停运。

　　如果没有JR通票，五能线的2日通票（¥3810）也可以无限次上下，包括观光列车。五能线上也行驶着普通列车，如果赶时间，坐一趟看看海景也不错。

福岛县（Fukushima）
福岛县

会津若松（Aizu-Wakamatsu）

☏0242／人口122,715

如今看着这个位于磐梯高原乡村风光之间的小城，很难让人想到在150多年前这里曾是幕末腥风血雨的"戊辰战争"的主战场之一。东北各藩组成的"奥羽越列藩同盟"最终在会津之战中败北，白虎队少年集体切腹，也让会津地区受到明治政府的苛待。如果你对历史感兴趣，可以在此地找到很多遗迹。

在宽阔、安静的街道上闲逛是一种消磨时光的快乐方式，你还可以在四周的丘陵之间沿着火车摇摇晃晃经过的线路寻找传统村庄。会津城区周边有若干著名的清酒酿酒厂，值得前往参观品尝。别忘了拿出一张千元日币看看，出身猪苗代的野口英世（Noguchi Hideyo，1876~1928年）曾在这里度过几年青春。

◉ 景点

会津的主要景点都排列于城市外缘。景点标志明确，使得步行游览非常简单（游览需要一定程度的步行）。记得一定要去饭盛山周边的地区看看。七日町通（Nanoka-machi-dori）是一条古老的街道，既有洋馆（西式楼房）又有日式建筑，有许多老式店铺出售本地手工艺品，行走其间是一种消磨时光的快乐方式。

鹤城（会津城） 城堡

（鶴ヶ城／Tsuruga-jō；见244页地图；☏27-4005；www.tsurugajo.com；追手町／Ōte-machi 1-1；成人／儿童 ¥410/150；⏰8:30~16:30；🚌鶴ヶ城入口／Tsuruga-jō Iriguji）在内战中受到重创的鹤城于1965年重建，矗立在原有的壮观的护城河和部分城墙之中，它的"赤瓦"独树一帜。堡内是一座博物馆，展示有关战争和日常生活的文物，但最有吸引力的还是从5楼远眺出去的景色，晴天可以一直望到磐梯高原。在拥有400年历史的茶室**麟阁**体验茶道（¥1000），当年城堡被毁时一个本地家庭把它抢救了出来，直至1990年才移回原处。樱花与红叶季，鹤城都会美上加美。

会津武士宅邸 历史建筑

（会津武家屋敷／Aizu Bukeyashiki；见244页地图；☏28-2525；bukeyashiki.com/access；東山町大字石山字院内／Higashiyama-machi Ōza Ishiyama Innai 1；成人／儿童 ¥850/450；⏰4月至11月 8:30~17:00，12月至次年3月 9:00~16:30；🚌会津武家屋敷前／Aizu Bukeyashiki Mae）这是会津藩家臣西乡赖母（Saigō Tanomo）的宅第，已经过精心修复。宅中共有38间房间，其间有关于会津历史的资料馆，甚至还有涉嫌策划刺杀坂本龙马（见292页）的京都见回组（京都見廻組／Kyoto Mimawarigumi）成员佐佐木只三郎（Sasaki Tadasaburo）的墓地。

饭盛山 古迹

（飯盛山／Iimori-yama；见244页地图；🚌飯盛山下／Iimori-yama Shita）会津城的东面就是饭盛山——戊辰内战（1868年1月至6月）期间白虎队员们自杀的地方。乘坐自动扶梯（¥250）或步行都可以上山，山上是白虎队员的墓地。

山脚下就是**白虎队纪念馆**（白虎隊記念館／Byakkotai Kinenkan；见244页地图；☏24-9170；弁天下／Bentenshita 33；成人／儿童 ¥400/200；⏰4月至10月 8:00~17:00，11月至次年3月 9:00~16:00）。白虎队是一支由一群十几岁的少年武士组成的队伍，当时会津藩与德川幕府一同对抗明治天皇政府，当他们看见鹤城被浓烟笼罩时以为会津失守（其实战败是在几星期后），纷纷切腹自尽。因为这个，会津的战败名闻日本，白虎队成为忠诚团结的有力象征。山上的天宁寺还有土方岁三为新选组局长近藤勇（Kondo Isami）建造的墓地。

在半山腰的寺庙群中，不要错过**荣螺堂**

（さざえ堂/Sazae-dō；见244页地图；22-3163；¥400；1月至3月 9:00~16:00，4月至12月 8:15至日落），这座古老的六角形木质建筑建于1796年，是世界上少见的双重螺旋结构，上楼人和下楼人不会照面，一定要走一走。

食宿

在会津若松一日游足矣，但如果还想继续深入福岛腹地，也可考虑在此住宿。

会津藩的**轮箱饭**（わっぱ飯/Wappa meshi）非常有名，将鱼或蔬菜铺在米饭上，一起放入杉树皮做成的圆盒中蒸，饭与菜都带有木头的清香。酱汁猪排饭（ソースカツ丼/Sosukatsudon）是另一道民间美食，据说大正时代就有了，比普通炸猪排多了一道酱汁，每家秘方各有不同。鹤城附近有不少店铺都能吃到。

民宿多贺来　　　　　　　民宿 ¥

(Minshuku Takaku；见244页地图；26-6299；www.naf.co.jp/takaku；東山町/Higashiyama-machi，大字石山字院内/Ōza Ishiyama Innai 104；房含两餐 ¥4200/6300/人；P ⊝ @）从根本上说，这里表现出来的是正宗的日式审美，与这座封建时代的城镇交相辉映，相当低调，榻榻米客房恰到好处，这里还有舒适的日式澡堂和高雅的公共就餐区。旅馆位于会津武士住宅巴士站的东侧：从车站沿公路向前走，到邮局左转，旅馆就在路的左边。

满田屋　　　　　　　日本料理 ¥

(Mitsutaya；见244页地图；27-1345；www.mitsutaya.jp/；大町/Ō-machi 1-1-25；串烧 ¥120起；10:00~17:00，周二休息；七日町白木屋前/Nanoka-machi Shiroki-ya Mae）这家从前的味噌专门店可追溯至1834年，万能的黄豆在这里被完全捣碎，制作成美味的各色味噌。特色菜是田乐（田楽/Dengaku），就是把豆腐、年糕或蔬菜串在竹签子上，抹上甜味噌，然后放在炭火上烧烤。选择你想要的，或是直接点品尝套餐（¥1150,7串烤串）。

藩政时代遗风——大内宿

可能来大内宿（Ouchijuku；见243页地图）的人要比来会津若松的多。顾名思义，大内宿是住宿地，这里曾经是会津和日光之间的重要驿站，江户时代非常热闹。现在，大约40座茅草屋顶的建筑仿佛又让人回到了藩政时代。可以去大内宿街景展示馆（大内宿町並み展示館/Ouchijuku Nami Tenjikan；门票 ¥250；9:00~16:30），5月中旬至6月的新绿和10月中旬至11月上旬的红叶时节，是这里最美的季节。每年7月2日的"半夏祭"时，穿着古装的人们会走上街头。

大内宿一种叫"高遠そば"（Kouen Soba）的荞麦面，也译作"大葱荞麦面"，是以一截大葱为筷子，挑起萝卜泥荞麦面来吃，记得到**三泽屋**（三澤屋/Misawaya；10:00~16:30）点上一碗（¥1080）。

从会津若松乘坐会津铁道列车到汤野上温泉（¥1030,40分钟），再坐复古巴士"猿游号"（4月至11月运营，往返¥1000,20分钟）即可到达大内宿。如果还有时间，在返回汤野上温泉站时继续坐电车去下一站**塔のへつり**（To-no-hetsuri，¥270,4分钟），走过吊桥，看看天然风化的断崖，这算一处当地秘境，红叶季尤其惊艳。

田季野　　　　　　　日本料理 ¥¥

(Takino；见244页地图；25-0808；www.takino.jp；栄町/Sakae-machi 5-31；轮箱饭 ¥1480起；11:00~20:00；市役所前/Shiyakusho-mae）品尝顶级轮箱饭最受欢迎的地方之一，供应三文鱼、螃蟹和野生蘑菇等多个品种。相对于分量来说，价格不算特别便宜，不过点菜方便，上菜迅速。用餐是在一间有趣的老房子里，气氛很棒。

实用信息

会津若松旅游观光中心（会津若松観光案内

所/Aizu-Wakamatsu Kanko Annaisho；见244页地图；☎032-0688；www.e.samurai-city.jp；⊙9:00～17:30）位于JR站内，提供很多地图和小册子。

❶ 到达和当地交通

JR东北新干线（Tōhoku Shinkansen）每小时1班往返于东京与郡山之间（¥7680，1小时15分钟）。从郡山到会津若松可乘坐JR磐越西线（Ban-etsu Nishi-sen）快速列车（¥1144，1小时15分钟），每小时1班，沿途风景宜人。东京与会津若松之间有高速巴士运行（¥4800，4小时48分）。

复古巴士（まちなか周遊バス/Machi-naka Shuyu Basu；见244页地图；www.aizubus.com/sightseeing/bus/asobo；单程／一日券¥210/600）由JR站外发车，绕着市内各主要景点缓缓运行；另有一辆观光巴士"あかべえ"（Akabei）开往饭盛山方向。市内多处可租自行车，价格为¥500/天，具体可咨询旅游观光中心。

磐梯高原（Bandai）

☎0241／人口4000

乘坐列车路过时，你会发现几座连绵的山头很是壮观，其中一座的圆锥很完美，这就是"会津富士"**磐梯山**（Bandai-san；1819米）。这座休眠火山曾在1888年突然醒来，喷发出大量火山灰，据说山体高度因此降低了600米。这次喷发摧毁了许多村庄，也彻底改变了当地地貌，最终形成了今天的磐梯高原。

这里是**磐梯朝日国立公园**（Bandai-Asahi Kokuritsu kōen）的一部分，壮观的景色和可开展独立探险的巨大潜力吸引着无数徒步者、登山者、垂钓爱好者、滑雪爱好者。靠近猪苗代（Inawashiro）小镇的磐梯山南侧有猪苗代湖和一些神社、纪念馆，但更贴近自然的风景都在山北的里磐梯（裏磐梯/Ura Bandai）地区，星罗棋布的湖泊和高地风光令人赞叹，星野集团在这里有一间温泉酒店，意味着什么？你懂的。

❸ 活动

如果你从猪苗代以东的64号国道出发，会依次经过本地三条经典的自驾路线——**磐梯吾妻黄金线**（磐梯吾妻ゴールドライン/Bandai-azuma Gorudo-rain，16.6公里，开始逼近磐梯山）、**磐梯吾妻湖畔线**（磐梯吾妻レークライン/Bandai-azuma Reku-rain，13.1公里，可以看到山林中的秋元湖、小野川湖和桧原湖）、**磐梯吾妻天际线**（磐梯吾妻スカイライン/Bandai-azuma Sukai-rain，28.7公里，曲折的发卡弯，最高海拔达1622米），它们只在4月至11月对外开放——东北节奏（其他时间访问难度激增，满山绚烂的红叶是最好的谢幕。如果你没有国际驾照，但（自行）车技不错，体力尚可，骑行巡游也不错。

猪苗代站以南，是巨大的有"天镜湖"之称的猪苗代湖（Inawashiro-ko），坐船游览或是绕湖骑行55公里，随你选。

五色沼　　　　　　　　　　　　徒步

（Goshiki-numa；见244页地图）这里最受欢迎的五色沼步行路线是一条环绕整个五色沼湖沼群的天然小径，全长3.7公里，大约70分钟可以走完。1888年那次火山喷发喷出的矿物赋予了湖水多变的色彩——艳蓝、鲜绿、红棕，颜色随天气而变化。五色沼入口（Goshiki-numa Iriguchi）和里磐梯高原（Ura Bandai Kogen）两个巴士站是徒步路线的两端，都是桧原湖（Hibara-ko，高原上最大湖泊）附近的交通枢纽。可以在JR猪苗代站前坐车。

磐梯山　　　　　　　　　　　　徒步

（Bandai-san；见244页地图；⊙5月至10月可以登顶）6条登山道从各个方向通往磐梯山顶，站在山顶环顾四周群峰，还能远眺南面的猪苗代湖。从JR猪苗代站出发，乘坐开往里磐梯高原的巴士来到里磐梯登山口（Ura-Bandai Tozan-guchi）——乘坐公交工具最方便。上下山往返需要7小时，最有挑战性。

如果想花最少时间登山，那么从八方台（Happō-dai）登山口出发的路线是最短和最受欢迎的一条，约4小时可以往返。另外，从

湖面弥漫着雾气的桧原湖

猪苗代登山口、涩谷（Shibuya）登山口和翁岛（Okinashima）登山口的往返时间大约都在6小时，从川上登山口上下山也接近7小时。

猪苗代滑雪场　　　　　　　　　　滑雪
（猪苗代スキー場/Inawashiro Suki-jo；见244页地图；☎62-5100；葉山/Hayama 7105；成人/儿童一日票￥4600/3800，设备租金每天￥4000；⏰12月至次年3月）磐梯山有多个天然滑雪场，此处共18条雪道，大部分都适合初级和中级滑雪者。工作日人流较少，因此都很适合初学者或带小孩的家庭。在雪季，往返JR猪苗代站与滑雪场的班车非常频繁。

🏠 食宿
猪苗代的住宿选择最齐全，也是最佳就餐地点。

裏磐梯ユースホステル　　　青年旅舍￥
（Urabandai；见244页地图；☎32-2811；urabandai.travel.coocan.jp/yh.html；北塩原村大字桧原字剣ヶ峯/Kita-Shiobara Hibara Kengamine 1093；宿营每人￥1080，铺/含两餐￥3780/5630起，小屋￥5900起；⏰5月至10月）这家可爱旅舍就在五色沼小路起点旁，距离汽车站步行仅7分钟（车站有指示牌），可以抚慰徒步者的心灵。如果想感受社交氛围，可以住宿舍；若只想凑合一晚上，也可以在隔壁的营地露营；至于林中的浪漫小屋，就好好和你的另一半共享吧。

アン・イングリッシュ・イン　家庭旅馆￥￥
（An Ingurishu-in；见244页地图；☎63-0101；aei.inawasiro.com；長田東中丸/Higashi-Nakamaru 3449-84；房 含一/两餐￥6500/9200/人起）英文就是An English Inn，位于猪苗代的旅馆由一对英国—日本夫妇经营，提供相当英式的住宿加早餐（还有晚餐）。滑雪之后，别致的餐厅适合聊天，舒适的西式房间，不由得让你想要好好睡个懒

喜多方，日本拉面三分之一

日本拉面有三大流派，九州的博多豚骨拉面可能粉丝最多，北海道札幌味噌拉面里的汤头浓郁更适合御寒，福岛县小镇喜多方（Kitakata）竟然也能引领一方潮流，颇令人意外。

拉面端上来，立刻可以看出特别之处，面汤清澈见底，偶泛油花——用的是猪骨和小鱼干的混煮高汤，略以酱油着味；浇头不是叉烧而是五花肉，肩肉却不多见；至于面就更奇特了，面条又宽又卷——这种多加了水分的面条称为"平打熟成多加水面"，尝一口，这筋道程度感觉跟中国西北的拉面有得一比。

喜多方拉面的鼻祖是20世纪20年代从中国来的年轻人潘钦星沿街叫卖的小面摊，后来他开设了餐馆**源来轩**（Genraiken；⊙10:00~19:30，周二休息），就在JR喜多方站不远。它也是**喜多方老麺会**（Kitakata Ramenkai）的成员，这个1987年成立的协会的会员有43家拉面馆，其中坂内食堂、上海等名店也在其中。车站附近的**食堂なまえ**（Shokudo Namae；⊙10:00~18:00）是很受当地人欢迎的夫妻老婆店。喜多方还有"朝ラー"（Asara，早上吃拉面）的习惯，有些铺子7:00就开了。

你可以从会津若松坐电车（¥324，25分钟，约1小时1班）过来，在车站的旅游观光中心里拿一份老面会地图，就可以按图索骥，大快朵颐了！

觉，旅馆共用卫生间。这里还有一处不错的温泉。

磐梯山温泉ホテル 度假酒店¥
（Bandai-san Onsen Hoteru；见244页地图；订房 ☎0570-073-022；www.bandaisan.co.jp；大字更科字清水平/Sarashina Shimizudaira 6838-68；房¥15,464起）这间星野度假村旗下的温泉酒店，除了酒店还拥有高尔夫球场和两间滑雪场。酒店设施当然是本地一流，还能帮忙安排一些接送和路线推荐，单是网站上"周边观光"一项就十分详尽，非常实用。如果坐车前来，可以乘坐JR磐越西线到磐梯町下，酒店有免费巴士接送。

❶ 实用信息

猪苗代旅游信息中心（猪苗代観光協会；见244页地图；☎62-2048；www.bandaisan.or.jp；⊙8:30~17:00）位于JR猪苗代站外，这里有很多关于猪苗代和磐梯山的地图和介绍，其中A4纸1/3大小的中文版旅游指南很有用，也可以在这里咨询住宿和租车信息。

裏磐梯游客中心（裏磐梯ビジターセンター/Ura-Bandai Vijita Senta；见244页地图；☎32-2850；www.urabandai-vc.jp/；桧原字剣ケ峯/Kengamine, Hibara 1093-697；⊙4月至11月9:00~17:00，12月至次年3月9:00~16:00，周二休息）靠近五色沼入口小路。

❶ 到达和当地交通

每天有几班快速列车沿磐越西线（¥496，30分钟）往返于会津若松和猪苗代之间。

JR猪苗代站外，巴士频繁由第3站台发出，经五色沼入口站（¥770，25分钟）开往里磐梯高原汽车站（¥890，30分钟）。

4月至11月（周二至周四不运行，假期全周通行），从里磐梯高原站发出的怀旧巴士"森のくまさん"（Mori-no-kumasan）分为桧原湖路线（周游券¥1000）和高原路线（周游券¥500），更深入地运行于山林之中。

宫城县（Miyagi-ken）
宮城県

仙台（Sendai）

☎022/人口1,063,100

从东京出发一路向北，仙台是第一座也是唯一一座活力四射的大城市——人口超过一百万。一切得益于伊达政宗（Date Masamune）这位野心勃勃又善于审时度势的藩主，他很早就将仙台变成了东北地区主要的商贸中心，在鼎盛时期的繁荣程度据说甚至超过了江户城。如今，与他有关的遗迹成为人们来到仙台的理由。如果你还记得鲁迅的《藤野先生》，就知道他也与仙台这座城市有着渊源，在街头看到他的雕像时不必惊讶。

把仙台作为据点略作停留很不错，在游览了周边的小地方之后，你可以继续北上，也可以返回东京。每逢夏季，场面宏大的七夕祭挤占了这座城市绿树林立的宽阔街道，整个城市都沸腾起来。当然，这丝毫不影响你边吃牛舌边喝啤酒。

◉ 景点

乘坐Loople（见214页）旅游巴士可以到达大部分景点，除了我们提及的，若你有更多时间，可以去巴士沿线继续探寻。

★ 瑞凤殿　　　　　　　　历史建筑

（瑞鳳殿/Zuihō-den；见246页地图；☎262-6250；www.zuihoden.com；霊屋下/Otamayashita 23-2；成人/儿童 ¥550/200；⏱9:00～16:30，12月至次年1月 至16:00；🚌观光巴士第4站）伊达政宗（Date Masamune, 1567~1636年）的陵墓坐落在广濑川（Hirose-gawa）旁一座树木葱茏的小山顶上，遵从他的遗言所建，极其雄伟。陵墓建于1637年，"二战"期间被盟军的轰炸摧毁，1979年严格按照原建筑重新修建，忠实再现了奢华的桃山（Momoyama）风格。2001年整修时，所有的颜色都被翻新过，看上去更为华丽。

仙台多媒体文化中心　　　　图书馆

（仙台メディアテーク/Sendai Mediateku；见246页地图；☎713-3171；www.smt.city.sendai.jp；春日町/Kasugamachi 2-1；⏱9:00～22:00，画廊开放时间不定；🚌观光巴士第14站）免费 由日本建筑设计师伊东丰雄（Itō Toyō）设计，也是在建筑结构上备受赞誉的获奖作品。这座文化中心包含有一个图书馆、数间画廊和活动场地。去之前可以先通过网站查查到时是否有活动举办。

仙台城遗址　　　　　　　　城堡

（仙台城跡/Sendai-jōato；见246页地图；☎261-1111；www.sendaijyo.com；川内/Kawauchi 1；🚌观光巴士第6站）仙台城（Sendai-jō）由伊达政宗于1602年修建于青叶山（Aoba-yama）之上，作为62万石俸禄的大名（差点成为100万石）的居所，城堡气势非凡。可惜"二战"时被盟军炸毁，遗址如今看来依然非常引人注目。巨大的城墙满布青苔，一如当年般壮观，令人印象深刻。站在遗址上可俯瞰全城。

✱ 节日和活动

仙台七夕祭　　　　　　　　文化

（仙台七夕まつり/Sendai Tanabata Matsuri；www.sendaitanabata.com；⏱8月6日至8日）仙台规模最大的节庆活动，用以纪念有关牛郎织女星的中国传说。每年农历七月初七，无数喜鹊会用它们的翅膀搭起一座鹊桥，让被分隔在银河两岸的牛郎织女得以相会。

定禅寺街头爵士音乐节　　　音乐节

（定禅寺ストリートジャズフェスティバル/Jōzenji Storito Jiazu Fesutibaru；www.j-streetjazz.com；⏱9月第二个周末）上百位来自全国各地的街头艺人云集于此，在仙台的大街小巷和各处游廊下表演。定禅寺通（Jōzenji-dori）本身也是一条绿荫宜人的步行道。千万记得要尽早预订住宿。

🛏 住宿

仙台有各种各样的中高档酒店，经济型住宿场所的数量也很可观。

★ 欅ゲストハウス　　　　　民宿¥

（Keyaki Gesuto-hawusu；见246页地图；☎796-4946；keyaki2014.com；立町/Tachi-machi 13-4；铺/双 ¥2800/7600；

仙台七夕祭，七夕笹飾

❄☎）由一家古老餐馆改建成的"欅"是仙台最好的客栈，全部铺着光滑的木地板，还有一尘不染的宿舍和一流的酒吧。在国分町（Kokubunchō）中心，这家民宿物有所值，对于独自旅行或预算有限的人来说，绝对是不二之选。

晚翠亭いこい荘 日式旅馆 ¥¥

（Bansuitei Ikoiso；见246页地图；☎222-7885；www.ikoisouryokan.co.jp；木町通/Kimachi-dori 1-8-31；带卫生间 每人¥6200起；❄☎）城里最好的传统日式旅馆并不显眼，性价比很高。对于那些想找更具个性的住处而非普通商务酒店的人来说，这里很有吸引力。嘎吱作响的旧地板、散发香气的燃油炉和保养良好的共用卫生间，令入住这里成为一次难忘的日本体验。

Westin 酒店 ¥¥¥

（ウェスティンホテル仙台/Wesutin Hoteru Sendai；见246页地图；☎722-1234；www.westin.com；一番町/Ichibanchō 1-9-1；房¥14,500起；Ⓟ❄☎）Westin位于贯穿仙台的主路上，坐落在一座别致的购物中心顶端，是整个东北地区最好的五星级连锁酒店。在鸡尾酒吧可以欣赏壮观景色，房间本身舒适奢华——就是你能想象到的那样，足够大。

❌ 就餐

除了老藩主，炭烤牛舌（牛たん焼き/Gyūtan-yaki）就是仙台另一张名片，甚至有张专门的美食地图。这是仙台人在"二战"之后一个将错就错的发明，居然意外风靡至今。毛豆麻糬（ずんだもち/Zunda Mochi）也是本地特产，带有小清新的绿色毛豆馅还衍生出很多名物。三陆海岸的丰富海产品当然要试试，除此之外，仙台牛、芹菜锅（せり鍋/Seri-nabe）等也值得一尝。

可以把仙台站作为你的美食前线，三

楼推出了三条特色美食小路，分别是**牛舌通**（牛たん通り/Gyutan-dori）、**寿司通**（すし通り/Gyutan-dori）和**毛豆麻糬小径**（ずんだこみち/Zunda-komichi）。这里二楼的仙台特产店里也有不少好吃的当地点心。

★牛たん炭焼 利久 西口本店　　日本菜 ¥

（Gyutan-sumiyaki Rikyu Nishikuchi Honten；见246页地图；☎266-5077；中央/Chuō 1-6-1 Herb Sendai大楼5F；菜肴 ¥650起；⏱11:30～14:30和17:00～22:30，周六、日11:00营业）炭烤牛舌分为不同部位，价格也不同，最好吃的部位是厚切牛舌中段。腌制过的牛舌在炭火上现烤之后，呈现出美丽的截面，中间还有些粉红。配上腌菜、麦饭（加了小麦的米饭），再来一碗铺着青葱的牛尾清汤，这才是一套完整的炭烤牛舌定食。牛舌"极"定食（牛たん「極」定食/Gyutan Goku Teishoku, ¥2494）豪华美味，普通版（¥1650）也很好吃。就在仙台站西口。

地酒と旬味 東家　　海鲜 ¥

（Jizake-to-shumi Azumaya；见246页地图；☎211-5801；中央/Chuō 3-8-5 新仙台駅前ビル/Shin-sendai-ekimae Biru B1；海鲜饭¥800起；⏱11:00～14:00和17:00～22:30）这间人气居酒屋里最吸引人的是午市供应的海鲜饭"おみくじ丼"（Omikuji-don），近十种海鲜铺在饭上，简直太奢侈了，但价格却很亲民。每月10日和24日的"本日のおみくじ丼"半价出售，只要¥400，记得中午去试试。

三太郎　　日本菜 ¥¥¥

（Santarō；见246页地图；☎224-1671；www.santarou.jp；立町/Tachi-machi 1-20；菜肴 ¥1200起,怀石料理 每人 ¥8000～16,000；⏱11:30～14:00和17:00～22:00）这栋引人遐思的传统建筑位于国分町（Kokubunchō）中心，晚餐的怀石料理看起来很壮观，中午也出售松脆的天妇罗午餐。最适合跟两三个友人一起就餐。

📖 鲁迅先生和仙台

发表于1926年《藤野先生》可能是我们读到最早的关于鲁迅先生在日本留学的故事。他于1904年9月到1906年3月共一年零六个月在仙台医学专门学校留学，师从于藤野严九郎教授学习解剖学。后来发生了几件令人不快的事，最终令鲁迅决定弃医从文，离开仙台前往东京，并从此以文字针砭时弊，成为思想家和文学家。与他道别之际，藤野教授还以照片相赠。

1960年，仙台在仙台市博物馆门口设立了鲁迅纪念碑，2001年，鲁迅的出生地中国绍兴向仙台市赠送了鲁迅雕像，也立在博物馆门口。鲁迅留学的学校已经并入东北大学（東北大学/Tohoku Daigaku），如今校舍里依然保留着当时医学专门学校的阶梯教室，还有鲁迅先生固定的座位。他曾经住过的片平丁的故居，也可以参观。

ⓘ 实用信息

仙台市旅游观光中心（仙台市観光案内所/Sendai-shi Kanko Annaisho；见246页地图；☎222-4069；www.sentabi.jp；JR仙台站2楼；⏱8:30～19:00）地方挺大，这里还有一个羽生结弦（Hanyu Yuzuru）的等身像，这位出色的花样滑冰选手是仙台的新代言人。这里的资讯全面，服务人员也够热情。

ⓘ 到达和离开

飞机

仙台机场（仙台空港/Sendai Kuko；见243页地图）位于市区以南18公里处，有航班飞往东京、大阪、名古屋、广岛、札幌和许多其他目的地。仙台空港专线每20分钟1班，由JR仙台站发往机场（¥630, 25分钟）。

长途巴士

在电车站东出口外的**JR东北巴士**

中心（JR東北バスセンタ/JR Tōhoku Basu Senta；见246页地图；☎256-6646；www.jrbustohoku.co.jp；⏰6:50~19:30）有高速大巴开往东北地区各大主要城市。

火车

JR东北新干线每小时各发出1班，分别往返于东京和仙台（¥11,400，1.5小时）以及仙台和盛冈（¥6870，40分钟）之间。

仙台每天有多趟快速列车沿JR仙山线（Senzan-sen）开往山形县（¥1140，1小时15分钟，途中会经过山寺（¥840，1小时）。地方列车沿JR仙石线（Senseki-sen）运行，连接仙台与松岛海岸（¥410，40分钟）。

ℹ️ 当地交通

Loople巴士（见246页地图；单程/一日通票¥260/620）的起点在**西巴士站**（西バスターミナル/Nishi Basu Taminaru），9:00至16:00每半小时1班，沿顺时针方向环城行驶。

松岛（Matsushima） 松岛

☎022 / 人口14,733

对于日本旅行者来说，松岛是个无比浪漫的地方，因为它位列"日本三景"。诗人松尾芭蕉（Matsuo Bashō）对绚丽海湾中间的260多座岛屿大加推崇，将松林覆盖、风浪侵袭的岛屿塑造成大海上的禅意假山，从而流传不朽。如果你是南方人，眼前会有"千岛海"之感，晴空碧海，夕阳西下，美不胜收。松岛有几座精美的古寺、令人印象深刻的日式旅馆、海鲜棚屋和奇特别致的海滨气息，从仙台出发一日游非常合适。尽量避开盛夏时节的周末人潮。

👁️ 景点和活动

从JR松岛海岸站（不是松岛站）出发，只要步行就能把经典的几处都看完。

瑞严寺 佛教寺庙

（瑞巌寺/Zuigan-ji；¥700；⏰4月至9月8:00~17:00；10月至次年3月 关门较早）还未

📖 松尾芭蕉和《奥之细道》

"不觉岁已暮，斗笠草履行一路，餐风又宿露。"（郑民钦译）
——松尾芭蕉，《野曝纪行》（1685年）

出生在武士家庭的松尾芭蕉（Matsuo Bashō，1644~1695年）被视为日本的俳句大师。何为俳句（はいく/Haiku）？它是日本的一种古典短诗，由17个日语字音组成，但又要求严格，据说是由中国的绝句发展而成。一般遵循"五-七-五"的格律，分别代表三行句子的字音数而不是字数；同时必须有表明季节的"季语"，比如"春、夏、秋、冬"这些直接点出季节的词汇，还需要有季节性动植物名称；最后还得有"切字"，就是需要一些助词或助动词来表示赞叹或调整结构，这样才构成了一首俳句。当然也有无季语俳句和自由律俳句。俳句虽总是短短两三行，但好的俳句寓意总是很深长。松尾芭

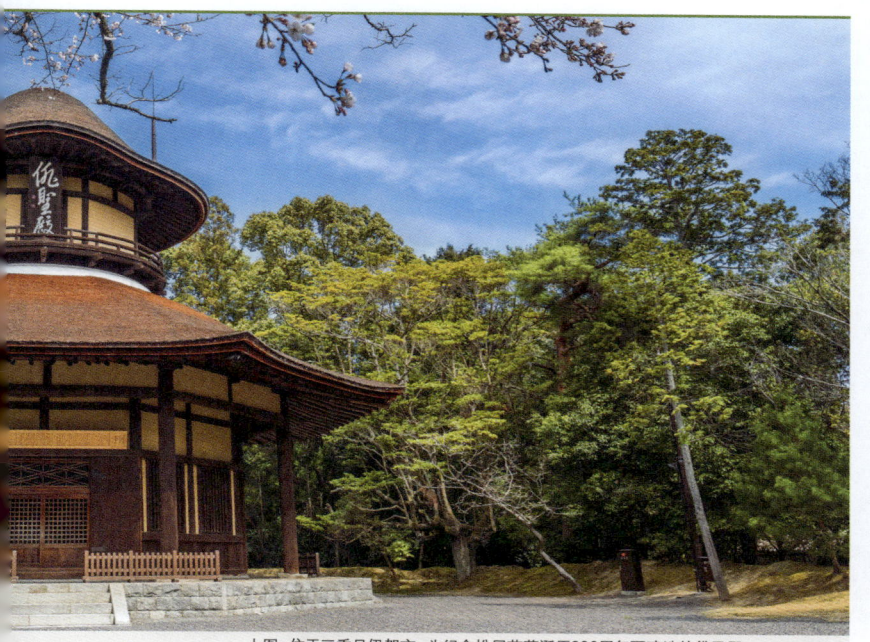

上图：位于三重县伊贺市、为纪念松尾芭蕉诞辰300周年而建造的俳圣殿 上图：◎视觉中国

蕉最著名的俳句"古池や/蛙飞びこむ/水の音"，格律上就是Fu-ru-i-ke-ya（5）/Ka-e-ru-to-bi-ko-mu（7）/Mi-zu-no-o-to（5），表现的是青蛙跳入古池的瞬间，却也能看出作者在一动一静之间的心境。

芭蕉曾给自己取过很多笔名，有一个叫"桃青"，与中国的"诗仙"李白的名字正好相对。他很年轻时就发表了自己的作品，到了32岁时正式被公认为俳句大师。芭蕉是他最后一个笔名，源自弟子送了一棵芭蕉树并种在他隐居的小院里，小院后来被称为"芭蕉庵堂"，弟子都称出自"蕉门"。日本人一般不以松尾来称呼他而是直称芭蕉或是芭蕉翁，也是这个道理。

松尾芭蕉把当时俳句的两大派别融合到了一起，将贞门派的古典技巧和谈林派的自由奔放结合，并加以发展，将俳句艺术推至了顶峰。他在成名后转向了禅宗以求慰藉，抛开繁华的都市而开始隐居，同时利用禅宗的哲思将俳句诙谐的诗体提高为追求意境美的严肃诗体。芭蕉的俳句宛如禅宗的偈子，都倾向于启发听者的顿悟。芭蕉还深受道家哲人庄子的自然哲学的影响，他的俳句表现出对自然韵律和法则的思索。后来，他吸收"侘寂"（wabi-sabi）的思想并形成了自己的诗学原则。

40岁之后，芭蕉抛下已有的事业，开始游历日本各地，力图亲近自然，并与之融为一体。他以旅途中的见闻感受创作了几部作品，包括《野曝纪行》（野ざらし纪行/Yasarashi Kiko）、《笈之小文》（笈の小文/Kyu-no-kobumi），不过最负盛名的还是《奥之细道》（奥の细道/Oku-no-hosomichi）。芭蕉与弟子河合曾良（Kawai Sora, 1649~1710年）于1689年5月16日从江户（东京）出发，经过156天的跋山涉水，到达大垣，全程大约476里。之后五年，他将沿途见闻和感悟写成了雅致的俳句，45篇文章集合成了《奥之细道》。细细读来，令人感觉芭蕉不

← 仅是"俳圣",也堪称日本的徐霞客。

如此振奋人心,不由让人生出跟着《奥之细道》行走的念头,在交通如此便利的今天,一切都成为可能。基本路线:东京—日光—郡山—福岛—仙台—松岛—平泉—新庄—山寺—出羽三山—象泻—酒田—鹤冈—新潟—滑川—高冈—金泽—松冈—福井—大垣。如果你在东北旅行,完全可以跟上其中一段,追随这位伟大的诗人和旅行家,也记得在各个名胜中留意找寻芭蕉翁的足迹(通常是雕像和文字纪念碑)。

"月日は百代(はくたい)の過客(くわかく)にして、行きかふ年も又(また)旅人なり。舟の上に生涯をうかべ、馬の口とらえて老(おい)をむかふる物は、日々旅にして旅を栖(すみか)とす。"

"月日者百代之过客,来往之年亦旅人也。有浮其生涯于舟上,或执其马鞭以迎老者,日日行役而以旅次为家"。(郑清茂译)。

或许你可以通过这段《奥之细道》的开篇,在日本的旅途中得以与芭蕉产生共鸣。 ⓛⓟ

进寺院,就会被一片参天大树震撼,这座东北地区最好的禅宗寺庙始建于公元828年,现在的建筑建于1606年,曾是伊达政宗的家庙。2008年,瑞严寺进行了400年来最大规模的整修,几乎从瓦片到木板都重新翻修了一遍,再现了桃山风格的建筑,直到2018年中才对外开放。其间还经历了东日本大地震,寺院里的全木制厕所中正是用那些被地震破坏而不得不锯掉的百年杉木来建造的。脱下鞋子参观大殿,多扇屏风门上的壁画都令人惊叹,以"室中孔雀の間"(Shichukujiakuno-ma)的孔雀画尤为突出。殿外的宝物馆展示着大量来自伊达家族的保存完好的艺术品,包括一些国宝,中门外的高耸的杉木和中门内盛开的梅花也都是瑞严寺的宝物。

隔壁的圆通院(円通院/Entsuin)是19岁就去世的伊达政宗之孙光宗的灵庙,枯山水式庭院在红叶季会开放夜灯。瑞严寺在JR松岛海岸站以北500米处,按照路标的指示走即可。

五大堂　　　　　　　　　　　　佛教寺庙

(Godai-dō)伊达政宗在1604年建造了这座木结构的小寺庙。尽管就矗立在海湾中的一座小岛上,与主岛仅靠两座红色小桥相连,却在2011年的海啸中毫发无伤。寺庙每33年才向公众开放一次(下一次开放是2039年)。现在只能看看海景以及屋檐上的十二生肖动物雕刻。它隶属瑞严寺,位于观光船码头东边。

福浦岛　　　　　　　　　　　　岛屿

(Fuku-ura-jima; ¥200; ⊙3月至10月8:00~17:00,11月至次年2月 8:00~16:30)与主岛之间有一座252米长的红色木桥(福浦桥)相连,非常显眼。这里绿树成荫,海风穿过松林和植物园而来,花上个把小时漫步其中也是一种享受。如果你还有时间,也可以去一下海岸西边的雄岛,那里一向清静,同样也有一座红色的渡月桥。

松岛湾巡游　　　　　　　　　　游轮

(Matsushima-wan Kurusu; www.matsushima.or.jp;成人/儿童 ¥1500/750; ⊙9:00~16:00,11月至次年3月 至15:00,1小时1班)只有到海上去看看,才能对整个海湾的规模和那些松林覆盖的小岛有个概念——这些小岛就像是一个个漂浮在硕大的池塘中的小小盆栽。巡游分为好几种,最基础的是仁王丸コース(Ninomatu-kosu,50分钟),经过松岛湾内5个岛屿后返回码头。在旅游信息中心(见217页)可以拿一份船票打折的海报。这里还有开往盐釜(塩釜/Shiokama)的渡船(成人/儿童 ¥1500/750; ⊙10:00~15:00,1小时1班),约1小时到达,当地的寿司特别出名,可以从盐釜搭乘JR线回仙台。在每年4月至10月间,你还可以选择一条更长的航线(¥2700,1小时45分钟)直抵奥松岛(Oku-Matsushima)。

鸣子温泉 **217**

🛏 食宿

一日游完全可行，不过这里也有许多迷人的日式酒店和海滨日式旅馆，大多价格高昂。松岛的渡船码头附近有几家不错的休闲餐馆，松岛出产的牡蛎（生蚝）很有名，秋冬季节风味最佳。

松岛小松馆 好風亭 日式旅馆 ¥¥¥

（Matsushima Komatsukan Kofu-tei; ☎354-5065; www.new-komatsu.co.jp; 松岛仙随/Matsushima Senzui 35-2; 房 含两餐 ¥18,000/人起; P❄️📶）这家高档的海滨日式旅馆/酒店采用独特、朴素的日式风格。房间既现代又和谐，艺术品和家居用品都出自设计师之手。户外温泉非常舒适，只是规模较小，不过足浴时俯瞰海湾将成为旅途中的特别时刻。怀石料理与你走过的任何地方相比都毫不逊色。提供到松岛海岸站和松岛站的接送服务。

さんとり茶屋 日本菜 ¥

（Santori Chaya; ☎353-2622; 仙随/Senzui 24-4-1; 餐 ¥980起; ⏰11:30～15:00, 17:00～20:30, 周三休息）离五大堂不远的茶屋提供当地特色海陆美食，如海鲜丼（Kaisen-don, 海鲜盖饭）和炭烤牛舌; 此外还有季节性的特色美食，比如大名鼎鼎的松岛牡蛎; 需要预约的松岛产鳗鱼饭也很棒。座位在二楼，是席地而坐的传统日式座位，找一张靠窗的桌子吧。餐厅位于一幢米黄色建筑里，靛蓝色的招牌，菜单上配有图片。

🔒 购物

松岛雪竹屋 礼品和纪念品

（Matsushima Yukitakeya; ☎354-2612; 松岛字町内/Matsushimajichōnai 109; ⏰10:00～18:00, 12月至次年3月 周二休息）这家别致的面包房和礼品店位于渡船码头对面，出售手工制作的首饰和家居用品，还有美味的烘焙食品，包括巴掌大的米饼。

ℹ 实用信息

松岛旅游信息中心（松岛观光协会; ☎354-

> ### 💬 松岛海岸站vs. 松岛站
>
> "松岛海岸"站是离松岛景点最近的车站，从站台就能俯瞰松岛湾。如果你从仙台出发，千万要看清，需要坐的是JR仙石线的列车（10站台）。停在3站台的JR东北本线（Tohoku-honsen）上有"松岛"站，在松岛各景点的东北边，步行略远，如果你不小心还是坐错了，往西南走就是了，我们"不幸"也这么干过。记住：去往各景点，应该在松岛海岸车站而不是松岛车站下车！

2233; www.matsushima-kanko.com; ⏰周一至周五 9:30～16:30, 周六和周日 8:30～17:00）已经从JR车站搬迁到了游轮售票处边上的旅客休息室内，提供中文手册、住宿预订服务和奥松岛的最新信息，服务人员很乐于讲英文。

ℹ 到达和离开

JR仙石线（Senseki-sen）有多班列车往返于仙台和松岛海岸之间（¥410, 35分钟）。

鸣子温泉（Naruko Onsen）

鸣子温泉

☎0229/人口8000

从仙台出发，进行一次愉快的一日游或过夜游，在温泉中泡个够。鸣子温泉乡其实是由"鸣子温泉""东鸣子温泉""川渡温泉""中山平温泉""鬼首温泉"五处温泉地组成。这里有近400个泉眼，许多温泉旅馆都从泉眼直接取水。在日本11种温泉水质中，鸣子温泉乡占了9种，这让它成为东北著名的温泉疗养地。

✈ 活动

如果你买一张泡汤巡游票（湯めぐりチケット/Yu-meguri Chikkito, ¥1300），就能在当地各家浴场和酒店泡6个汤，再加¥350

仙台周边的温泉

秋保温泉（Akiu-onsen；见243页地图）开汤1500年，是伊达家族的御汤所在地，离仙台约19公里。从JR仙台站乘坐巴士至秋保温泉汤元（Akiu-onsen-yumoto，¥840，55分钟）可达。

作并温泉（作並温泉/Sakunami-onsen；见243页地图）奈良时代发现的温泉，离仙台约32公里。从仙台站出发坐JR仙山线至作并站（¥500，40分钟），若要去山寺（见241页），同班车再坐20分钟即可。

远刈田温泉（Togatta-onsen；见243页地图）在藏王山麓330米处的高地温泉，也有400年以上的历史。从仙台坐JR东北新干线到白石藏王（Shiroishi-zao，¥1620，13分钟）转乘巴士到**远刈田温泉汤の町**（Togatta-onsen Yu-no-machi，¥930，47分钟）下车。

藏王温泉（蔵王温泉/Zao-onsen；见243页地图）跟远刈田温泉同在藏王山区，但属于山形县。从JR山形站（Yamakata）乘坐巴士到藏王温泉バスターミナル（Zao-onsen Basu Taminaru，¥1000，33分钟）即可。冬季，藏王山区的树冰也是奇景之一。⒧

就能送一个**小芥子人偶**（こけし/Kogeshi，画在小木棒上的人偶，拥有200年历史的鸣子乡土玩具）。

滝の湯　　　　　　　　　　温泉

（Taki-no-yu；¥150；◎7:30～21:30）这个奇妙的木槽浴场热气腾腾，150年来几乎从来没有改变过，而且是一个纯粹的欢乐之地。水从柏木水槽涌入，含有各种成分和矿物质，包括硫黄、碳酸氢钠和氯化钠。这座温泉尤其以治疗高血压和动脉硬化而出名。

鸣子峡　　　　　　　　　　徒步

（鳴子峡/Naruko-kyō）这座峡谷位于鸣子镇西南，深达100米，它连接着鸣子温泉和中山平温泉，狭窄处只有10米，U字形峡谷宽度可达百米。每年红叶季，许多日本人前往这里，为了观赏如油画般铺陈眼前的红、黄、绿色组成的视觉盛宴。

可以从JR陆羽东线（陸羽東線/Riku-tosen）上的鸣子温泉坐一站电车到达中山平温泉（Nakayama-daira Onsen），然后步行大约45分钟到达。10月中旬到11月上旬（每年略有不同），"红叶号"巴士往来于鸣子温泉和中山平温泉，可以坐到**鸣子峡中山平入口**（Naruko-kyō Nakayama-daira Iriguchi），边上就是2.5公里的**大深泽游步道**（大深沢遊步道/Daifukazawa-yohodo）。路途十分平缓，途中与"出羽仙台街道中山越"的道路交会，这条路就是著名的"奥之细道"（见214页）的一部分。但最壮观的景色，还是站在游客中心边上的见晴台和回顾桥上看险峻的峡谷以及从隧道穿出来的列车。

道路的情况多变，建议你在旅游信息中心获取最新的地图和徒步信息。

🍴 食宿

你可以在电车站附近的餐馆或者旅游信息中心的咖啡馆享用不错的一餐，温泉旅店也会提供很美的餐食。

ゆさや旅馆　　　　　　日式旅馆¥¥

（Yusaya Ryokan；☎83-2565；www.yusaya.co.jp；汤元/Yumoto 84；房含两餐¥14,800/人起；🅿@）这家乡村旅馆据说有将近400年的历史，位于密林间的一栋孤零零的建筑内，迷人之处很多，其中之一就是令人印象深刻的露天浴场，提供3种不同泉质的温泉。有榻榻米卧室，还有可以滑动和纸屏风隔开的西式休息区。餐食由山珍河鲜组成，如同高雅的宴会。

ℹ️ 实用信息

鸣子旅游信息中心（鳴子観光・旅館案内センター/Naruko Kanko Ryokan Annai

Senta; ☎83-3441; www.naruko.gr.jp; ⊕8:30~18:00)就位于JR鸣子温泉站外边。

❶ 到达和离开

每小时一趟的JR东北新干线连接仙台和古川(Furukawa, ¥3420, 15分钟)。JR东北线(Tōhoku-sen)也定时运营从仙台经小牛田(Kogota)至古川的电车(¥972, 1小时)。每小时发一趟的JR陆羽东线连接古川和鸣子温泉(¥670, 45分钟)

岩手县(Iwate) 岩手県
平泉(Hiraizumi)

☎0191 / 人口8000

"夏草萋萋,将士用命求仁,梦幻一场"——松尾芭蕉《奥之细道》,郑清茂译。

东北地区最先入选联合国教科文组织世界遗产名录的平泉是一座美丽的平安时代城市,建筑遗风得益于12世纪统治这里并开采金矿的奥州藤原氏(Ōshu Fujiwara)。平泉的命运与悲剧英雄源义经(Minamoto-no-Yoshitsune)相关,他受到哥哥源赖朝(Minamoto-no-Yoritomo, 日本首位幕府将军)的妒忌,于是避居到了平泉,但最终也没有逃过死亡的命运。据说,源赖朝见到平泉的寺庙时非常震撼,也正是他当政的镰仓幕府赞助了第一木殿的建造,用以保护中尊寺的陵墓金色堂(Konjiki-dō)。

◉ 景点和活动

虽然今天平泉是个安静的小镇,但在11世纪后半叶,它居然是日本第二大都市,有了产金的背景,建筑的豪华程度不输京都,也被称为"黄金之都"。平泉有很不错的观光巴士系统(见221页当地交通),可以把主要的佛教景点一日看完。

★ 中尊寺 佛教寺庙

(Chūson-ji; ☎46-2211; www.chusonji.or.jp; 金色堂和赞衡藏联票 成人/大学生/中学生/小学生及以下 ¥800/500/300/200; ⊕8:30~17:00, 11月至次年2月 至16:30)中尊寺于公元850年由慈觉大师圆仁(Jikaku-daishi Ennin)始建,是天台宗的东北大本山。12世纪时,富有的奥州藤原氏在原址基础上将其扩建成为拥有近300座建筑的建筑群,其中包括40座寺庙。讽刺的是,在把平泉建设成佛教乌托邦的宏伟计划进行的同时,这座城镇却也未能远离悲剧:1337年,一场大火几乎将这里焚烧殆尽。最终只有两栋建筑——金色堂(Konjiki-dō)和藏经阁(Kyōzō)——幸存了下来,孤零零地立在新建的寺庙旁。

通往寺庙略有难度,需要走过几百米的坡道,但两边高耸的杉树会让你感叹。大大小小的寺院建筑遍布路边,一直到本堂。顺着路标继续走才能到达**赞衡藏**(讚衡藏/Sankozo),这是藏着3000多件重要国宝的博物馆,在这里购买两馆联票,也可以租赁语音导览(¥500)。继续往前就是**金色堂**(真的是纯金色的),它是1124年汇集了京都的能工巧匠用金、银和夜光贝以多种工艺打造的净土世界。三座神坛下面是奥州藤原氏家族的三代遗骨。金色堂能够幸存至今似乎是一个奇迹。为了保护文物,现在只能从玻璃外边看看防火围墙里面的楼阁。这里不准拍照,但真是值得带个望远镜仔细看看。继续向前就是由文殊菩萨和四大金刚守卫着的低调的藏经阁,里面曾经存放着神圣的经书和工艺品。

如果你是朱印(御朱印/Goshuin, 寺院授予参拜者的凭证,一般用毛笔当场撰写,¥300/个)爱好者,集齐这里所有朱印需要花费不少。

毛越寺 日式庭园

(Mōtsū-ji; ☎46-2331; 门票 ¥500; ⊕8:30~17:00)与中尊寺一样,毛越寺也是慈觉大师在公元850年修建的,这里曾经是东北地区最大、最庄严华丽的寺庙群。可惜古老的建筑都已化为尘烟,只有一座修建于12世纪的"净土式庭园"保留了下来,此原本是根据佛经里的描述而修建的"人间

毛越寺内的建筑

乐土"。1989年仿造复建的本堂，保持了鲜明的平安时代风格。每年5月的第四个周日，这里会仿照平安时代举办曲水之宴（Gokusui-no-en）。

平泉文化遗产中心　　　博物馆

（平泉文化遗产センター/Hiraizumi Bunka Yisan Senta；✆46-4012；花立/Hanadate 44；⏰9:00~17:00）免费 这座低调亲切的博物馆展示了平泉的兴衰，适合把它作为拜访的第一站，去其他景点前先来补充知识。

猊鼻溪　　　游船

（猊鼻溪/Geibikei；90分钟乘船游¥1600；⏰8:30~16:30,9月至次年3月 会提前30分钟到1小时结束）唱着歌儿的船夫驾着平底木舟将乘客带到砂铁川（Satetsu-gawa）河面上，沿峡谷奔流，两旁是高耸的石灰岩壁。猊鼻溪位于平泉东面15公里处，可以先坐电车到一关（一関/Ichinoseki；¥195, 8分钟），站外7号站台每小时出发的长途巴士前往此处，也可选择从一关乘JR大船渡线（Ōfunato-sen；¥500, 30分钟）快速列车到猊鼻溪下车。

食宿

一般不用在平泉住宿，用餐的地方集中在JR平泉站周边和大景点周边，大多以简单的荞麦面和套餐为主。

民泊平泉町　　　民宿¥

（Minpaku Hiraizumi；✆48-5866；平泉志羅山/Hiraizumi Shirayama 117-17；房 含早餐¥6000/人；P❄️📶）这栋迷人的房子里有两个房间，常常客满。负责这里的那对老夫妻亲切慈祥，细心地打理他们的家，从明亮时尚的卧室区域到丰盛的早餐，还有安静的起居室。

そば処義家　　　　　　　　　　荞麦面 ¥

（Sobadokoro Yoshiie；☎46-4369；衣関/Koromonoseki 43；餐¥800起）这家适合游客的小餐馆位于中尊寺的月见坂边上，除了普通荞麦面，也提供碗仔荞麦面（わんこそば/Wanko-soba，见本页方框），一碗很小，是最好的日本乡村快餐。寺院群里没有吃饭的地方，可以先在这里填饱肚子，或是下山到汽车站附近吃。

❶ 实用信息

平泉旅游信息中心（平泉町観光協会/Hiraizumi-cho Kanko Kyokai；☎46-2110；www.hiraizui.or.jp；◉8:30~17:00）紧邻电车站，提供不少信息。可以在这里打听出租自行车的地方。

❶ 到达和离开

从仙台到一关车站，每小时有1班新干线列车沿JR东北线运行（¥4320，28分钟）。地方电车（¥1660，1小时45分钟）以同样的路线沿JR东北本线运行，每小时1至2班，需要在小牛田（Kogota）换一次车。在一关坐车很快能到平泉（¥195，7分钟，1小时1班）。

从一关到盛冈（Morioka）可乘坐JR东北新干线列车（¥4320，30分钟）和JR东北本线普通列车（¥1660，1.5小时）。

❶ 当地交通

平泉巡回巴士"Run Run"（平泉巡回バスるんるん/Hiraizumi Junkai Basu Run-run，9:45~16:15，每隔半小时1班）从平泉站出发经过主要景点后回到平泉站，每次乘车¥150，建议购买一日券¥400，一天游遍平泉。

青森县（Aomori-ken）
青森県

青森（Aomori）
☎017/人口288,029

许多去往北海道的旅行者会经过青森，作为中转地的它也逐渐亮出自己的魅力。在整个东北地区（特别是北部），青森可能是最适合作为基地进行地区游的目的地——资源丰富，交通相对便利。如果想在本州领略北部风情，直奔这里也不错。

🍴 你能吃下几十碗？

如果路过岩手县的首府盛冈（Morioka，见243页地图），千万要去挑战一下碗仔荞麦面（わんこそば/Wanko-soba）。

它的吃法非常独特，店家会先端上一些过面的配料，咸菜、蔬菜、肉、海苔、芝麻等，给你一个带着盖子的日式木碗，边上还有略大的木桶。每次女服务员会端着15个小碗上来，每个小碗里的面条就一口那么多（大约10克）。如果你准备好了，就打开木碗的盖子，把碗拿高一些，身后的服务员就会把小碗面倒在你的碗中，吃完再继续加一小碗。就这样一口一碗地吃下去，中间也可以略停下来加点配料过面。可能会产生些面汤，不想喝就可以倒在那个木桶之中。服务员会喊着"Hi, jiang-jiang""Hi, don-don"来帮你加面（和加油）。如果你觉得饱了，就把碗盖盖上，但碗里也不能剩下面条。服务员会计算堆在你身边的小碗一共有多少，一般女生可以吃40到50碗，男生可以吃60到80碗。

我们在JR盛冈站外的**東家駅前店**（Azumaya Ekimae-ten；☎019-622-3344；駅前通/Ekimae-dori 8-11 2F；碗仔荞麦面中套餐¥3460；◉11:00~15:30，17:00~20:00）挑战的结果是75碗，拿到了一份纪念证书。你也可以来挑战，吃完可以在盛冈来一场城市徒步（问站内的旅游观光中心要地图即可），正好消食。

盛冈有著名的"三大面"，除了这许多碗，还有盛冈冷面（Reimen，由朝鲜人带来）和盛冈炸酱面（じゃじゃ麺/Jia-jia-men，出处你想到了吗？），JR盛冈站附近就有好几家名店。

青森最著名的莫过于8月份的睡魔祭，其他时间这里散发着一种沉寂的海滨气息——电车站出来不远就是大海。夏季是很好的避暑之地，冬季就有些寒风刺骨。小城的好处是，景点集中，美食不用排队，周边一日游方便，这是我们喜欢青森的理由。

⊙ 景点

睡魔之家　　　　　　　　　　　　　博物馆

（ねぶたの家ワ・ラッセ/Nebuta no le Wa Rasse；见248页地图；☎752-1311；www.nebuta.jp/warasse/foreign/hantai.html；安方/Yasukata 1-1-1；成人/高中以上/以下￥600/450/250；⏰5月至8月 9:00~19:00，9月至次年4月 9:00~18:00）就算赶不上睡魔祭，你还是可以在这座红色的海滨博物馆里见识一下那些超棒的睡魔祭花车，并为它们所惊叹迷醉。看一段睡魔祭的影片，赶上11:00、13:00和15:00的舞蹈和太鼓表演，现场了解一下花车内部构造，甚至可以按照你的思路设计一个睡魔的样子。或许这是你最快了解青森的方式，因为从JR青森站走几步路就到了。

八甲田丸　　　　　　　　　　　　　博物馆

（Hakodamaru；见248页地图；☎752-1311；aomori-hakkoudamaru.com；柳川一丁目/Yanakawa Ichome 112-15；成人/高中以上/以下￥500/300/100；⏰4月至10月 9:00~19:00，无休，11月至次年3月 9:00~17:00，周一休息）这条黄白色的泊船是青森航运史上一个里程碑，从1908年到1988年，往来于本州岛青森和北海道函馆之间的铁道联络船"八甲田丸"（八甲田号）在津轻海峡之间运载了1亿6千万人次的乘客。最终，青函隧道和更快速的渡轮取代了它，也让它变成了一间有意思的博物馆，记得留意下一楼和三楼的展厅。从青森站出来走5分钟即到。

睡魔之家

青森县观光物产馆   展览馆

(青森県観光物産館アスパム/Aomori-ken Kanko Busankan Asupamu;见248页地图;☏735-5311;www.aomori-kanko.or.jp;安方/Yasukata 1-1-40;馆内免费,展望台 成人/高中以上/以下 ¥400/300/200;◎9:00~22:00,物产展示 至19:00,11月至次年3月 至18:00)外表"A"字形的建筑模拟的是青森(Aomori)的首字母,里头是热热闹闹的地方土特产展示,包括青森最享有盛誉的苹果和相关产品,有时候还有些民俗类的活动和表演。十五层楼里吃喝玩乐一应俱全,小心你的荷包失血过多。

以上三处分别有两馆和三馆联票推出,离JR青森站都很近,彼此间也就五六分钟步行距离,都能成为你迅速解码青森之地。

青森县立美术馆   博物馆

(Aomori Kenritsu Bijutsukan;☏783-3000;www.aomori-museum.jp/en/index.html;安田字近野/Chikano,Yasuta 185;成人/儿童 ¥510/300;◎6月至9月 9:00~17:30,10月至次年5月 9:30~16:30,每月第二和第四个周一休息;🚌县立美术馆前/Kenritsu-bijyutsukan-mae)这里非常适合儿童,引人入胜、奇特古怪的展品来自青森县的当代艺术家,他们是这里永久馆藏的主力创作者,包括当代艺术代表奈良美智(Nara Yoshitomo)——娃娃们不怀好意的双眼以及8.5米高的大白狗、版画大师栋方志功(Munakata Shikō)和成田亨(Narita Tōru,《奥特曼》中众多怪兽形象的设计者)。位于JR青森车站以西约5公里处,紧邻三内丸山遗址,博物馆设计者青木淳(Aoki Jun)的灵感就来自该遗址。

在JR青森站乘坐"睡魔号"观光巴士(见225页当地交通),可以到美术馆和遗址。

三内丸山遗迹   考古遗迹

(三内丸山遺跡/Sannai Murayama Iseki;☏766-8282;sannaimaruyama.pref.aomori.jp;三内丸山/Sannai Maru-yama 305;◎6月至9月 9:00~17:30,10月至次年5月 9:00~16:30)免费 这个遗址出土了数量惊人的日本绳文时代(Jōmon Jidai;12,000年前至公元前3世纪)的文物,堪称日本第一。现在这些文物都陈列在遗址内的博物馆中。展品以泥塑、玉珠和红棕色的大柱子为主,另外通过对部分住宅的整理重建,遗址上再现了当年的景象,三层立柱也很惊人。

🎎 节日和活动

青森睡魔祭   游行

(青森ねぶた祭り/Aomori Nebuta Matsuri;www.nebuta.or.jp;◎8月2日至7日)睡魔祭源自中国的七夕祭,每晚都有盛大的花车(钢丝做龙骨,和纸做外皮,再画上人物和景致的巨大灯笼)游行,成千上万名舞者跟随彩车边唱边跳。游行从日落时分开始,大约持续1小时,而最后一天的游行从中午就开始了。这是日本最著名的节庆之一,每年有300万人涌入青森。如果想来看看,一定要尽早预订住宿。

🛏 住宿

一如他处,青森有各种商务酒店,JR站对面的东横(東横イン/Toyoko-in;www.toyoko-inn.com)是最为便利的一家。从电车站沿新町通(Shin-machi-dori)有顶拱廊往北走,也有很多不错的酒店。它们的房间可能不大,但都有很不错的早饭,可以让你开始元气满满的一天。

如果你轻装前往,我们推荐**ホテルセレクトイン青森**(Hoteru Serekuto-in Aomori;☏721-5288;古川/Furugawa 2-9-1;标单 含早 ¥3200起;❄🛜),略走远一点,性价比一流,早餐物超所值。

Art Hotel Color   酒店 ¥

(アートホテルカラー/Ato Hoteru Kara;☏775-4311;www.arthotelcolor.com;新町/Shin-machi 2-5-6;标单/双 ¥3200/5300起;🅿❄🛜)友好的管理人员会将你引至略有时尚感的小房间。顶层才算有"颜色"——一定要住那儿的房间,到了早上,公共用餐区有诱人的饭菜。

青森苹果酒

相信你已经在青森街头看到很多苹果摊，这里的苹果有十几种之多，有的个头巨大——非常适合拍照。在A-Factory里有不少苹果制品，包括苹果汁和苹果酒等，你还能透过玻璃看到巨大的酿造设备。我们推荐你移步2楼，这里有完全自助的**苹果酒试饮**(Apple Wine Tasting)。饮料机里装了8种苹果酒（其中7种各¥100，1种为¥200），每种都有介绍，有些甜有些酸有些烈。你可以根据需要在隔壁餐厅前台购买试饮卡(¥300/600/900)，三种价格对应不同数量的酒，最贵的可以品尝所有8种酒。然后就插卡点酒，用一次性塑料杯装上大约两三口的酒，就可以品尝了。还能在餐厅前台点上佐餐小食（各¥500）来配酒。最后把试饮卡投在回收盒里即可。这的确是我们见到最不同的品酒方式。(lp)

ハイパーホテルズパサージュ　　酒店¥¥

(Haipa Hoteruzu Pasaju；见248页地图；☏721-5656；www.hyperhotel.co.jp；新町/Shin-machi 1-8-6；标单/双 ¥5080/7180起；P🈴🈶）这家连锁的商务酒店，大堂内有枝形大吊灯，房间一尘不染，面积比一般房间大，服务热情而周到，早餐也很不错。

🍴 就餐

这座港口城市的明星是海鲜；本地著名的扇贝（帆立贝/Hotate-gai，大多写成はたて/Hotate）在许多地方都能吃到。具有地方特色的一道菜叫**扇贝味噌烧**（はたて味噌貝焼き/Hotate Miso Gai-yaki），将味噌、鸡蛋和扇贝一起煨熟，然后盛在扇贝壳里享用。

JR青森站对面就有一间**帆立小屋**(Hotate-go-ya；☏752-9454；安方/Yasukata 1-3-2；扇贝味噌烧 ¥700；⏱11:00~22:00)，不仅有这道名菜，而且还推出"500日元钓扇贝"，2分钟内钓到的扇贝都归你，如果一无所获，也会送你两只做成刺身或烧烤。

★ 青森鱼菜センータ　　海鲜¥

(Aomori Gyosai Senta；见248页地图；☏718-0151；nokkedon.jp；古川/Furugawa 1-11-16；餐 ¥650起；⏱7:00~16:00，周二休息)海鲜、熟食、小菜，应有尽有的市场里，最特别的是独树一帜的"**のつけ丼**"(Nokke-don)。先在门口买**食事券**(¥650/5张，¥1300/10张)，然后盛一碗饭（大碗2张，小碗1张）放在托盘上，就能端着满市场跑，寻找你喜欢的海鲜或者小菜，用券来交易即可。很好的金枪鱼肚腩（大トロ/Otoro）也只要两张券。便宜的海鲜，实在太令人振奋了。

おさない　　海鲜¥

(Osanai；见248页地图；☏722-6834；新町/Shin-machi 1-1-17；单品 ¥450起；⏱7:00~14:00，16:00~21:00，周一休息)在这座专精于吃贝壳类海产的城镇里，这家餐馆在当地人中也做到了有口皆碑，因为它的扇贝做法简单，价格便宜，就位于热闹的新町通(Shinmachi-dōri)起点。扇贝组合定食(ほたて組合せ定食/Hotate Kumiawase Teishoku，¥2270)集合了扇贝刺身和烧烤。

🛍 购物

A-Factory　　特产

(エーファクトリー；见248页地图；☏752-1890；www.jre-abc.com/wp/afactory/index；柳川/Yanagikawa 1-4-2；⏱10:00~20:00)作为这座城市新的滨海开发区的一部分，A-Factory本身就是一个明亮而时髦的存在，一排简约的灰白色房子就在青森大桥底下。里面有青森的各种特产，看起来颜值都很高，还有餐厅和咖啡馆，带一瓶自酿的苹果酒走也很不错。

ℹ 实用信息

青森市旅游观光中心（青森市観光交流情報センター/Aomori-shi Kanko Koryu Jouho Senta；☏723-4670；www.city.aomori.

aomori.jp；◎8:30~19:00）就在JR青森站对面，提供有关青森的全面的信息，巴士信息中心也在这里。

新青森站旅游信息中心（あおもり観光情報センター/Aomori Kanko Koryu Jouho Senta；☎752-6311；◎8:30~19:00）位于新干线车站内的二楼。可以在这里打听关于青森和北上北海道旅行的各种信息。

❶ 到达和离开

飞机

青森机场（青森空港/Aomori Kuko，见243页地图）位于市中心以南11公里处。从那里有航班往返于东京、大阪和札幌。机场巴士配合航班时间运行，起点是JR青森站前的11号站台（¥700，40分钟）。

船

津轻海峡（津軽海峡/Tsugaru-kaikyo；☎766-4733；www.tsugarukaikyo.co.jp）航线每天有8个班次往返于青森和函馆（Hakodate；¥2000起，3小时40分钟）之间。轮船由北边的**青森客运码头**（青森フェリーターミナル）开出，从青森站乘出租车10分钟可到码头（约¥1600）。

长途巴士

开往**八甲田山**（Hakkōda；¥1100，50分钟）和**十和田湖**（Towada-ko；¥3090，2小时45分钟）的青森市长途巴士由11站台发车；时刻表受季节影响很大，冬季极少有班车运行。可在www.jrbustohoku.co.jp查询时刻表。

火车

每小时都有1班东北新干线列车从东京车站发出，经过仙台、盛冈，开往终点站新青森站（Shin-Aomori Station；¥17,350，3.5小时）。

普通列车沿JR奥羽本线（Ōu Honsen）运行，将青森与新青森（¥190，5分钟）及弘前（¥670，45分钟）串联起来。每天有几趟JR津轻特快列车（Tsugaru Tokkyū）沿同样的线路往返于青森和秋田之间（¥5080，2小时40分钟）。

从青森到北海道函馆最快的方式是往返于新青森（Shin-aomori）和新函馆北斗（Shin Hokodate Hokuto）的新干线列车（¥6740，1小时）。

❶ 当地交通

"睡魔号"观光巴士（シャトルdeルートバス ねぶた号/Shatoru-de-ruto-basu Nebuta-ko，单程/一日券 ¥200/500，每天10班左右），沿途经过JR新青森站、JR青森站、青森客运码头和大部分市内景点，是游览全城的最经济实惠的方式。其他巴士也可以到达一些景点，只是经停站点比较多。

弘前（Hirosaki）

☎0172/人口176,590

坐上列车从青森前往弘前是一段美妙的旅程，原野之上，"津轻富士"岩木山一直在右边陪伴着你，而左边是八甲田山。作为北部曾经的古都，弘前更是青森县当之无愧的文化之都，与首府青森相隔不远，却比它更胜一筹。美丽的公园、奇妙的寺庙区和分散小巷之中等待发掘的鲜活历史，弥补了半乡村环境的不足之处，而多姿多彩的新潮精品服装店和时尚的城市景观都给旅行者们留下了难以忘怀的印象。

◎ 景点

★ 弘前城和弘前公园　　　　　　城堡

（A Hirosaki-jō；见247页地图；☎33-0813；www.hirosakipark.jp；成人/儿童¥310/250；◎4月至11月 9:00~17:00，樱花季可到21:00；🚏市役所前/Shiyakusho-mae）这座古老的城堡遗址坐落在弘前公园中心，始建于1611年。非常不幸，建成仅16年，五层楼高的城堡就被闪电击中并烧成灰烬。两个世纪之后的1811年，其中一座角楼被改成三层的天守阁而重建起来，如今里面是一家收藏武士兵器的小型博物馆。弘前城背后是壮观的岩木山（Iwakisan，1625米）。我们调研

远眺岩木山

时,弘前城天守阁因为石垣整修而搬迁了位置,预计2021年恢复原位。

一定要在樱花季来弘前公园。每年4月底5月初,园内52个品种的2600多株樱花竞相盛放,遮云蔽日,三条护城河都被粉红笼罩,弘前城掩映在樱花丛中,红色的木桥跟不同层次的粉色花海构成了日本独特的赏樱风景。待到夜晚亮灯,又是另一番令人目不暇接的美。

苹果公园　　　　　　　　　　公园

(りんご公園/Ringo-koen; ☏36-7439; www.city.hirosaki.aomori.jp/ringopark; 清水富田字寺沢/Shimizu Tomita Aza Terasawa 125; ⊙苹果收获季节 8月至11月; 🚌りんご公園/Ringo-koen)天气暖和的时候,来到这个果园,眺望皇家属地岩木山,是理想的家庭活动项目。苹果任君采摘(2公斤只要¥200),好吃极了!从弘前巴士总站搭乘巴士到常盤坂入口(Tokiwa-saka, ¥290)后徒步约7分钟,或是搭乘"ためのぶ号"(Tamenobu-ko, ¥200, 4月至11月运行)到终点即可。

藤田纪念庭园　　　　　　　日式庭园

(藤田記念庭園/Fujita Kinen Teien; 见247页地图; ☏37-5525; www.hirosakipark.or.jp/hujita/index.html; 上白銀町/Kamishirogane-cho 8-1; 成人/儿童 ¥310/100; ⊙4月至11月 9:00~17:00; 🚌市役所前/Shiyakusho-mae)曾是富人藤田家的宅邸和庭园,这座精心修剪的日式庭园非常美丽,堪称日式庭园的典范,同时也是东北部第二大的庭园。园内有一个茶屋,还有一栋明治时代的西式大宅。如今大宅改建成了咖啡馆,里面摆放着一架大钢琴。

睡魔村　　　　　　　　　　知名建筑

(ねぶた村/Neputa-mura; 见247页地图; ☏39-1511; www.neputamura.com; 亀甲町/Kamenoko-machi 61; 成人/儿童

¥550/350；⏰9:00~17:00；🚏文化センター前/Bunka Senta-mae）在这里可以看到弘前睡魔节的部分花车，也可以聆听三味线演奏，亲手敲敲巨大的太鼓。此外，这里还有一些本地手工艺品的展览。

长胜寺　　　　　　　　　　佛教寺庙

（長勝寺/Chōshō-ji；📞32-0813；西茂森/Nishi-Shigemori 1-23-8；门票 ¥300；⏰4月至11月 9:00~16:00）从城堡遗址向西南方向走10分钟，你就会进入一片散发着封建时代气息的庄严的寺庙区。途中的寺庙也有不少看点。长胜寺位于山顶，由青森县最古老的木质建筑和昔日藩主津轻氏（Tsugaru）的众多家墓组成。站在主殿右侧的佛塔那里眺望岩木山，景色壮丽。

岩木山　　　　　　　　　　　　山

（Iwaki-san, 1625米）这座"津轻富士"高耸于弘前市城上方，有时候近得令人感觉几乎触手可得。它同样是一座火山，上一次喷发是1863年。如果你是登山爱好者，可以乘坐长途巴士从弘前出发，开往**岩木山神社**（Iwaki-san-jinja；¥720，40分钟，4月至10月），固守传统的信徒在登顶之前都会先进献贡品。登山道全程9公里，往返大约需要7到8小时。在山顶俯瞰，景色极美。可以选择另一条道路下山，沿途会经过一座稍小的山峰**鸟海山**（鳥ノ海山/Tori-no-umi-san），最终抵达**岳温泉**（Dake-onsen）村——那里有开往弘前的巴士（¥1050，1小时），但班次很少。只要早点儿起床，你就可以轻松在一天内完成整个岩木山的登顶之旅。当然，利用到八合目的巴士和到九合目的缆车往返能飞快完成登山之旅。

岩木山西南面就是与世隔绝的**白神山地**（Shirakami-sanchi），这是一片被联合国教科文组织列入保护名录的日本山毛榉原生林。人们可进入森林并到达**暗门瀑布**（暗門の滝/Anmon-no-taki）。每天上午有两趟班车从弘前站发车，开往暗门水村（Anmon-suimura，单程/往返 ¥1650/2470，1.5小时，5月至10月），午后返回。

去前两者之前，记得去弘前站旅游观光中心（见228页）获取地图和时刻表。冬季巴士停运，不建议前往。

🎊 节日和活动

弘前睡魔祭　　　　　　　　游行

（弘前ねぷたまつり/Hirosaki Neputa Matsuri；⏰8月1日至7日）弘前的睡魔祭以每天傍晚伴随着长笛和鼓乐演奏的灯笼花车游行而著称。这个庆典被认为是战斗之前的重要仪式，也是与青森睡魔祭抗衡的节日，同为睡魔祭，它们的日文发音居然是不同的（青森的是Nebuta）。

弘前樱花祭　　　　　　　　赏花

（弘前さくらまつり/Hirosaki Sakura

> ## 🔭 弘前城边的洋馆
>
> 从市役所前站下车，对面就是弘前城的追手门。但你可以在周边略走几步，看看弘前的"洋馆"。首先，车站边这座古老的建筑就是**弘前市长公舍**（Hirosaki Shicho Kousha），现在是一间星巴克咖啡，继续往西走一段就是**藤田纪念庭园**。如果往东，就能看到台阶上的**弘前市立观光馆**（见228页），这里也是旅游观光中心，里面有很多展示。继续往东走，还有几个免费的展示馆，然后就能看到一座带有双塔的三层西洋建筑——这是**旧弘前市立图书馆**（Kyu Hirosaki Shiritsu Toshokan），继续向前是**旧东奥义塾外人教师馆**（Kyu Toogijuku Gaigin-kyoshi-kan）。这些景点均可免费参观。隔开一条马路之外，是1904年建造的**青森银行纪念馆**（Aomori Ginko Kinenkan；¥200；⏰9:00~16:30，周二休息）。如果还有兴趣，附近的两座教堂也都有超过百年的历史了。🌐

Matsuri；⏰4月下旬至5月上旬）这是弘前春天最美的节日，每年有超过200万人在此期间到访。

弘前城雪灯节　　　　　　　　灯光表演
（ひろさきじょゆきどうろうまつり/Hirosaki-jo Yukidoro Matsuri；⏰2月）弘前公园中，200多盏雪灯笼和300座迷你圆形灯照亮了冬日的夜晚。

🛏 住宿

★石場旅館　　　　　　　　　日式旅馆
（Ishiba Ryokan；见247页地图；📞32-9118；www.ishibaryokan.com；元寺町/Mototera-machi 55；房￥4860/人起；❄🛜🚉ホテルニュきゃっセル前/Hoteru Nyukiaseru-mae）这是弘前唯一一家不错的日式旅馆，不过幸好它物超所值。坐落在一栋19世纪末叶的房屋内，距离城堡一个街区，明亮、宽敞的榻榻米房间挂着素朴却温暖的窗帘，面朝树木茂密的花园。提供餐食，也出租自行车。

Dormy Inn Hirosaki　　　　　酒店￥￥
（ドーミーイン弘前；见247页地图；📞37-5489；www.hotespa.net/hotels/hirosaki；本町/Hon-machi 71-1；标单/双￥8700/10,200起；❄🛜）这家色彩艳丽的旅馆位于弘前公园附近的山坡上，位置优越，从屋顶温泉和露天浴场可以看到绚丽的景色。它还位于热闹的夜生活区域边缘。房间干净、实用，21:00至23:00提供免费赠送的拉面。在车站乘坐出租车过来，很快就到了。

🍴 餐饮

海鲜当然不在话下。有意思的是，弘前以法式料理著称，以人口来对应，这里的法国餐厅密度非常高，弘前公园周围就有10多家。

かだれ横丁　　　　　　　　　美食广场￥
（Kadare Yokochō；见247页地图；📞38-2256；www.kadare.info；百石町/Hyakkoku-machi 2-1；⏰11:00至次日2:00）傍晚，大学生涌入这栋毫不起眼的办公楼，里面有8家小餐馆，大多还是酒吧。这里是本地人常来的热闹场所。日向ぼっこ（Hinata-bokko）值得特别推荐，这对母女经营的摊档供应非常棒的本地风味，比如扇贝味噌烧（Hotate Miso-yaki；￥600）和イカメンチ（Ikamenchi；乌贼切碎调糊后油炸；￥400），门口挂着橘色门帘。

★レストラン山崎　　　新派法国菜￥￥￥
（Resutoran Yamazaki；见247页地图；📞38-5515；www.r-yamazaki.com；親方町/Oyakata-machi 41；午餐套餐￥1260起，晚餐￥5400起；⏰11:30～14:00，17:30～20:30，周一休息；🚉下土手町/Shimo Dote-machi）这家小餐馆令人印象深刻，白天是法式蛋糕店，晚上就成了悠闲的法国餐厅。独自前来的客人可以坐在吧台品品咖啡，不过在红桌布上享用五道菜当然更好。食材一律出自本地，主要特色是猪肉、鸡肉和新鲜的蔬菜。用有机苹果制作的冷汤是镇店之宝。

万茶ン　　　　　　　　　　　咖啡馆￥
（Manchan；见247页地图；📞55-6888；manchan.jp；土手町/Dote-machi 36-6；甜品￥600起；⏰10:00～18:00，周二休息）据说，1929年开业的这家老派蛋糕店和茶馆可以说是整个东北地区最老的老字号了。估计你会见到手中握着笔（或手指划过平板电脑）的艺术人士，他们会小口吃着有名的奶油苹果派。门口立着一把从中劈为两半的大提琴。

ℹ 实用信息

弘前站旅游观光中心（弘前市観光案内所/Hirosaki-shi Kanko Annaisho；见247页地图；📞26-3600；www.hirosaki-kanko.or.jp；⏰8:45～18:00）位于JR弘前站一楼。游览弘前的最佳方式是骑自行车，可以在此租赁（1小时/全天￥200/500，17:00以前还车）。

弘前市立观光馆（Hirosaki Shiritsu Kankokan；见247页地图；☎37-5501；www.hirosaki-kanko.or.jp；下白银町/Shimo-Shirogane-chō 2-1；⊙9:00~18:00）这里有旅游信息中心，出租自行车，提供各种英文资料。记得到周边走一走（见228页）。

❶ 到达和离开

JR奥羽本线上的特快列车每小时1班运行于青森和弘前之间（¥670, 45分钟）及弘前和秋田之间（¥3930, 2小时）。

持**津轻自由券**（津軽フリーパス/Tsugaru Free Pass；成人/儿童 ¥2060/1030）可在连续的两天内无限次乘坐区域内的所有巴士和电车，包括前往岩木山和白神山地及附近几处不错的温泉的班车。可以在弘前站旅游观光中心询问。

❶ 当地交通

土手町环线巴士（土手町循環バス/Dotemachi Junkan Busu，¥100/次，10:00~17:00，每隔10分钟一班）在市中心运行，从JR弘前站前发车，覆盖了旅游景点。

JR弘前站外就是市内巴士，乘坐长途巴士需要从JR站西出口走200米到**弘前巴士总站**（弘前バスターミナル/Hirosaki Basu Taminaru；见247页地图）。5月至11月，旅游信息中心都出租自行车。

十和田湖（Towada-ko）

☎0176/人口6000

十和田湖是本州最大的火山湖（周长52公里），深度位居日本第三。周边是火山岩湖岸和茂密的森林，还是一处超凡绝伦的自然景点，适合许多寻找清静的人。十和田—八幡平国立公园（Towada-Hachimantai Kokuritsu-kōen）曾经见证了一系列火山喷发，如今这里唯一的活动就是奥入濑溪流（Oirase Keiryū）默默流淌，蜿蜒流入太平洋。主要旅游中心休屋（Yasumiya）会让你的脉搏放缓，就像湖床上的史前变形虫那样。

青荷温泉

遗世独立的青荷温泉（Aoni Onsen）非常独特，这儿只有一家小旅馆。来到这里，就是最彻底的逃离，不单单是逃离现代文明，也是逃离当下。当然，一定要提前预订。

灯之宿（ランプの宿/Ranpu-no-yado；☎54-8588；www.yo.rim.or.jp/~aoni；青荷沢滝ノ上/Aoni-sawa Taki-no-ue 1-7；房含两餐 ¥14,000/人起，日间温泉 ¥520；⊙日间温泉 10:00~15:00）环保既浪漫又幽静，富有田园风味。位于一个深深的峡谷内，周围是被密林覆盖的山峰，不仅让你逃离城市，甚至能逃离当下——走廊里点的是古老的油灯，不过简单朴素的榻榻米房间已经通了电，也没有Wi-Fi。当太阳落山，繁星满布山谷的夜空，一切都是那么神奇、那么梦幻。准备好相机和三脚架。

青荷温泉位于102国道旁，介于弘前和十和田湖之间。如果自己没有车，过去就得费点儿周折。可以在弘前乘坐私营弘南铁道线（Kōnan Tetsudō）到黑石市（¥460, 30分钟），然后弘南公共汽车会将乘客送往彩虹湖（虹の湖/Niji-no-ko；¥830, 30分钟），接下来有专门的接驳班车开往青荷（免费，30分钟，每天4班）。LP

春、夏、秋三季都各有千秋，冬天交通受限，不便前来。

⊙ 活动

奥入濑溪流   徒步

（奥入瀬渓流/Oirase Keiryū）这是目前青森县最热门的自然景点。这条蜿蜒曲折的河流以层层跌落的瀑布（日语为滝/taki）、两岸的峡谷和湍急的水流而著称，还能看到绿色的青苔。一条全长14公里的游步道贯穿其中，通常从烧山（Yakeyama）开始，先经过1.5小时行走后看到浅滩**三乱**

の流れ（Samidare-no-nagare），这里是高人气的摄影地，10分钟后就能看到**石ケ戸**（Ishikedo）——巨大树木和岩石搭起来的"小屋"。继续走30分钟，**阿修羅の流れ**（Ashura-no-nagare）是奥入濑的代表景致，激流四射，动人心魄，不远就是**九十九岛**（Kujiuku-shima）的水中青苔。接下来的接近2小时的行程，就可以看到许多瀑布群，落差25米的**雲井の滝**（Kumoi-no-taki），水流纤细的**白糸の滝**（Shiraito-no-taki），从岩石中渗透出来的**九段の滝**（Shiraito-no-taki），还有高7米、宽20米的**銚子大滝**（Choushi-otaki），是其中比较著名的几个。从铫子大滝徒步到终点子之口（子ノ口/Neokuchi）的路程是最后的30分钟，然后就能看到十和田湖了。

烧山有许多班车可以返回子之口（¥680，30分钟）或前往休屋（Yasumiya，¥1210，1小时）。全程徒步需要4.5小时左右，也可以以坐车加徒步的方式进行，清早或傍晚出发（需要过夜）可以避开磨磨蹭蹭的旅行团。

十和田湖　　　　　　　　　　　　　游船

（Towada-ko；8:00~16:00）要想了解十和田湖究竟有多大，就一定要从子之口出发，乘坐40分钟的观光游船（¥1400，4月至11月）。休屋和子之口之间也有渡船（¥1400）。你可以在码头隔壁租手划船和脚踏船。

🏠 食宿

在每年游客众多的8月和漫山红叶的10月，住宿费会急剧飙升。休屋的十和田湖汽车站有几家普通餐馆和一家食品杂货店。最好在你住的地方吃饭。

十和田湖バックパッカーズ　　　青年旅舍¥

（Towadako Bakupakazu；75-2606；www.laketowada.wordpress.com；休屋/Yasumiya 16-201；铺/标单 含两餐 ¥4000/6000）这家不显山不露水的青年旅舍具有浓

奥入濑溪流徒步道

郁的社区氛围。共用设施干净,空间宽敞,西式宿舍非常舒适,只是略显拥挤;两座小屋更受欢迎。位置优越,只需沿陡坡步行10分钟就能到湖边。自行车免费出借。

★ **奥入濑溪流ホテル** 酒店¥¥
(Oirase Keiryū Hoteru; ☎0570-073-022; www.oirase-keiryuu.jp; 栃久保/Tochikubo 231; 房含两餐¥18,500/人起; ※②) 星野旗下的这座酒店确实尽如人意,是我们在东北最爱的酒店之一。它靠近奥入濑溪流徒步线路的起点,走完小径之后,坐在河边的温泉木边浴缸里,太惬意了。房间是日本和西方装修风格的时尚结合,餐厅是面朝森林的硬木大堂。更出色的是各种附加服务,带导游的数条徒步路线,到青森、新青森和八户(Hachinohe)的免费接送(需预约),各方面都物超所值。

❶ 实用信息

十和田湖旅游观光中心 (十和田湖综合案内所/Towada-ko Sogo Annaisho; towadako.or.jp; ☎75-2425; 休屋/Yasumiya 486; ⊙8:00~17:00) 位于休屋,紧邻长途巴士站。

❶ 到达和当地交通

在青森或弘前租一辆车可以让你充分感受这个风景如画的偏远地区。

JR的长途车从青森开出,经烧山(Yakeyama;¥2300,2小时)到达位于休屋的十和田湖站(Towada-ko-eki;¥3090,2小时45分钟)。运行班次(可查询www.jrbustohoku.co.jp/route/detail.php?r=45&rc=11)的季节性很强,冬天封山,班车在11月至次年3月会停运。沿湖一带的本地巴士线路很有限,各地之间往来不便。

八甲田山(Hakkōda-san)
☎017

5月至10月期间,本州最北部的火山区域是徒步者的天堂,到了冬季月份,厉害的滑雪

> **别忘了**
> **JR PASS**
>
> **JR东日本通票**(JR East Pass; www.jreast.co.jp)推出了"东北地区"任意5日通票(¥20,000),它比JR全日本通票更便宜,在发行后14天内(含当日)可选任意5天使用,非常灵活。只不过你在这14天内不能购买其他JR通票。另有一种东北+南北海道的任意6日票,可以在14天内任选6天,很适合想跨越津轻海峡两边的旅行者。只需每次使用当天第一次进站时让闸口人员盖章即可。值得一提的是,持JR东日本通票也可以免费乘坐一些区间(非全部)的JR巴士,比如去往十和田湖、八甲田山等。
>
> 你可以到达日本后购买,也可以从日本境外的指定代理机构购买(优惠至¥19,000),然后拿凭证到各大机场或车站的JR旅游服务中心换票。通票仅限持有外国护照的短期停留旅客使用。

高手会从日本最有待开发的滑雪和滑板越野场地冲下去。喜欢暖和一点的话,八甲田山有东北最好的温泉:酸汤温泉。

◉ 景点和活动

★ **酸汤温泉** 温泉
(酸ヶ湯温泉/Sukayu Onsen,见243页地图; ☎738-6400; www.sukayu.jp; 南荒川山国有林酸湯50番地/Minami-arakawa-san Kokurin Sukayu 50 Banji; 日间温泉包含毛巾¥1000,房含两餐¥12,000/人起; ⊙日间温泉7:00~17:30) 就好像直接从日本浮世绘上搬下来似的,那巨穴般的浴场和黝深的木头能够满足你所有的感官需求。这里是人气的"国民保养温泉","千人混浴"大浴场是招牌。在**冷の湯**(Hiya-no-yu)舀水清洁身体,接着进入巨大的浴室,先去**热の湯**(Atsu-no-yu)泡一会儿,然后再去水温更热的**四分六分の湯**(Yonbun-rokubun-no-yu)。两个

浴池中间有一条悬着的分割线，划分了男女半场，水色是不透明的青绿色，很有温泉感。如果你不习惯混浴（其实大多是老人家），也可以去男女分开的**玉の湯**（Tama-no-yu）。

混浴浴场的开放时间是7:00至17:30，其中8:00至9:00是女性专用。男女分浴的开放时间是9:00至17:00。温泉富含酸性物质和硫，身上别戴首饰，泡完最好再冲一冲身子。泡汤完到入口这里的餐馆吃一碗荞麦面太舒服了！这里也有很多客房可以住宿。

八甲田山索道　　　　　　　　　　缆车
（八甲田山ロープウェー/Hakkōda Ropuwei; ☎738-0343; www.hakkoda-ropeway.jp; 荒寒水沢/Kansuizawa, Arakawa 1-12; 单程/往返 ¥1180/1850; ◷9:00~16:20）想要感受高山风光和鼓不起攀登峭壁的勇气？缆车可以将你们迅速送上田茂谷峰（田茂范岳/Tamayachi-dake; 1324米）之巅。从这里开始，你可以循着精心规划好的散步路线轻松观光，也可以选择真正壮观的一日登山环线，这条线的起点和终点都是酸汤温泉门口。

八甲田山　　　　　　　　　　　　徒步
（Hakkōda-san; 见243页地图）八甲田山最精华的徒步往返路线长12公里，起点在酸汤温泉附近。沿途经过大岳峰（大岳/Ōdake, 1584米）、井户峰（井戸岳/Ido-dake, 1550米）和赤仓峰（赤倉岳/Akakura-dake, 1548米），最后经过田茂谷峰，然后经八甲田山索道回到酸汤温泉。

开始时地势相对平坦，然后穿过沼泽，难度越来越大。只适合体力足、有经验的徒步者。如果你计划在10月中下旬徒步，初秋五彩斑斓的树叶可能会从你的相机中呼之欲出。

八甲田山滑雪场　　　　　　　　雪上运动
（八甲田スキー場/Hakkōda Suki-jo; ☎738-0343; www.hakkoda-ropeway.jp; 5次通票 ¥5050; ◷9:00~16:20）想要全方位接触松软洁白的雪中精华，田茂谷峰是一个相当低调的地方，只有两条正式的雪道（中级），雪道起点是位于山顶的八甲田山索道。但是，5公里长的森林雪道沿途穿过树林，有几段路程非常具有挑战性，只适合高手。天气状况很可能在转眼之间变得很糟糕，因此很容易迷路。

春天来这里，可以尝试去挑战一些非正式的雪道，这些雪道通常会一直延伸到附近的山峰处。就算是非常有经验的登山者，也一定要找个当地向导同行。滑雪场出租设备（每天¥3500），索道终点站那里还有十几间餐厅。

🍴 食宿

如果你选择徒步，需要带上吃喝补给品。大多数住宿地提供不错的饭菜。

酸ヶ湯キャンプ場　　　　　　　露营地 ¥
（Asuyu Kianpu-jo; ☎738-6566; www.sukayu.jp/camp; 酸汤温泉边 ¥500/人，露营地 ¥500起; ◷6月末到10月末）一个扎营的好地方，设施干净，出租露营用品，位于酸汤温泉南侧一条小路的尽头。

八甲田ホテル　　　　　　　　　酒店 ¥¥¥
（Hakkōda Hoteru; ☎728-2000; www.hakkodahotel.co.jp; 南荒川山/Minami-arakawa-san 1-1; 标单/双 含早 ¥17,000/26,000起; ❄☺）这家山间度假村有大房间，吸引着来滑雪后肌肉酸疼的人，他们喜欢扔下装备就躺倒，晚餐时分才醒过来，像王室成员一样用餐。空间宽敞，靠近八甲田最好的小径。冬季的滑雪者和夏季的徒步者饥肠辘辘，这里非常适合他们。价格不便宜，但你可以自己做饭，节省开支。

ℹ 到达和离开

JR巴士从JR青森站外的11号站台发车，经停八甲田山索道（¥1100, 50分钟），下一站就是酸汤温泉（¥1340, 1小时），之后一直开到十和田湖车站（¥2070, 1.5小时）。汽车时刻表安排受季节影响很大。冬季大雪封山，巴士只到酸汤温泉，但会有划算的一日券（¥2000），不仅无限次坐车，还可以在乘坐索道和泡温泉时打折。当然，你也可以用JR东日本通票免费乘坐。

秋田县（Akita）秋田県

角馆（Kakunodate） 角館

☎0187／人口28,300

角馆佐竹（Satake）氏的后代可以从建筑和美学的角度骄傲地追忆他们的祖先。这里的武士住宅区无疑是全国最美的；大多数建筑依然可以正常使用并向公众开放。园艺师乐于打理园林，修剪樱树，樱花盛放时，巨大的枝垂樱宛如艺伎头上的发簪，把角馆直接带入江户时代，这个时节最完美。

这座城镇建成于1620年，由佐竹（Sataka）氏领主芦名胜（Ashina Yoshikatsu）兴建，三面环山的地理位置让它获得了"小京都"的名号。确实很小，也确实很美。

◎ 景点

这里有多座别墅对公众开放，从电车站朝西北方向沿着樱花树掩映的街道走20分钟就到了。其中一些更精美、内容更丰富的被建成了小型的博物馆；而另一些则简单朴素，一直以来就是参观者免费歇脚的好去处。

★ 角馆历史村青柳家 博物馆

（Kakunodate Rekishi-mura Aoyagi-ke；☎54-3257；www.samuraiworld.com；表町下丁／Omote-machi-shimochō 3；成人／儿童¥500/300；☉4月至11月 9:00～17:00，12月至次年3月 至16:30）当地占地面积最大的青柳家族住宅区令人印象深刻，每栋建筑都维护得很好，室内展示着各种奇妙迷人的传家宝。馆藏跨越了多个年代，有古老的武士武器、民间艺术品、贵重的古董，甚至还有老留声机和经典爵士唱片。可以试试那些武士刀的重量，也可以戴上头盔扮作武士，孩子们有福气了，"大孩子"们也尽可一试。

石黑家武士宅邸 历史建筑

（武家屋敷石黑家／Bukeyashiki Ishi-

青森周边 拾遗补缺

偏远的下北半岛呈斧头形状，短腿的野马、嶙峋的岩石和边境的历史赋予其一种旅行传奇的气质。当地人认为如果佛教徒的灵魂不能安息，就会来到这里。

恐山菩提寺 这座位于恐山山顶的寺庙（Osorezan-bodaiji；见243页地图；☎0175-22-3825；成人／儿童¥500/200；田名部字宇曽利山／Tanabu Usori-yama 3-2；☉5月至10月 6:00～18:00）有一种既可怕又奇妙的氛围，供奉着在日本神话中被视为儿童保护神的地藏菩萨塑像。据说，这座寺庙所在的地方还是地狱入口：一条小溪流入美丽的火山口湖宇曽利湖（Usori）。这个湖被认为代表了传说中要投胎的亡魂必须经过的三途河。因此，这座寺庙吸引着那些刚刚失去了亲人或试图与亡者沟通的人们。每年两次的恐山大祭（Osorezan Taisai，7月20日至24日和10月9日至11日），吸引了很多人前来。青森到下北（Shimokita）每天有1趟快速专列沿JR大凑线（Ōminato line）运行（¥2700，1.5小时），然后转乘恐山线巴士大约45分钟。

八户 如果你乘坐新干线北上青森，有机会应该在八户（Hachinohe，见243页地图）停一停。这里是青森地区的海鲜聚集地。**八食中心**（八食センター／Hatsushoku Senta；☎0178-28-9311；www.849net.com；河原木字神才／Kawaragi Kansai 22-2；☉9:00～18:00，周三休息）有60多家铺子汇集其中，各种海鲜制品扑面而来，即使肚子饱了眼睛都不会饱。最有意思的是，你可以自己买好鱼虾贝，然后在市场提供的烤炉边自己动手。另外，八户有很多朝市（Asaichi）都集中在JR陆奥凑站（陸奥湊／Mutsuminato）附近，尤其以周日朝市（日曜朝市／Richiyou Asaichi）规模巨大。Ⓛ Ⓟ

角馆，河畔的樱花盛放

guro-ke；☏55-1496；www.ldt.co.jp/kakunodate/street/2_1.html；表町下丁/Omote-machi-shimochō 1；成人/儿童 ¥400/200；◎9:00~17:00）这是角馆最古老的建筑之一，据说有350年历史了，是佐竹氏的谋士石黑家（Ishiguro）的宅邸。该家族的后代依然在这里生活，可以带你游览房屋的部分地方。除了武士的装备外，也别错过气象图和称米用的秤。

安藤酿造厂 　　　　　　　　　工厂

（安藤醸造元本店/Andō Jyozo Motohonten；☏53-2008；www.andojyozo.co.jp；下新町/Shimo-Shinmachi 27；◎2月至11月 8:30~18:00，12月至次年3月 8:30~17:00）一排排雏祭玩偶正在欢迎游客们来到这座有秋田县最古老的家族经营百年的酿造厂。安藤从19世纪下半叶以来就一直在一幢漂亮的砖石房子里酿造酱油和味噌（抱歉了酒鬼们，这不是酿酒厂）。你可以参观几个房间，在舒适的咖啡馆（免费！）里品尝几种咸菜和味噌汤。

角馆桦细工传承馆 　　　　　　艺术中心

（角館樺細工伝承館/Kakunodate Kabazaiku Denshōkan；☏54-1700；表町下丁/Omote-machi-shimochō 10-1；成人/儿童 ¥300/150；◎4月至11月 9:00~17:00，12月至次年3月 9:00~16:30）馆内主要陈列展示桦细工（Kabazaiku）工艺品，包括用樱树皮制作的日常用品和装饰品。这种工艺最初是在困难时期由无业武士发明的。

❀ 节日和活动

角馆樱花祭 　　　　　　　　　文化节

（角館の桜まつり/Kakunodate-no-sakura Matsuri；◎4月中旬至5月上旬）花季到来时，在河边的堤岸上，绵延2公里的樱花筑起了一条长长的粉色隧道。武士住宅区里的一些巨大的枝垂樱（Shidare-zakura）已经将近300岁了。

🛏 住宿

要留意，旅游旺季时旅馆价格会有相应上涨，比如在樱花开放的时候。

★ 町家ホテル角館　　酒店 ¥¥

(Machiya Hoteru Kakunodate; ☎55-2001; machiyahotel.jp; 七日町/Nanoka-machi 1-1; 房 含早 ¥7000/人起; ❄ 🌐) 这家开业才2年的酒店仿佛是古老的町家改建而来，又充满了现代设计。床罩是蓝印花布，从窗帘到可以转动的床头灯到崭新的浴室和所用护肤品的牌子，都让人感觉到细节的美好。早餐是在隔壁一个特产店的二楼，供应的是现做的日式套餐，还配一杯香浓的咖啡。前台人员可以说英文，对于你规划旅途非常有帮助。

田町武家屋敷ホテル　　精品酒店 ¥¥

(Tamachi Bukeyashiki Hoteru; ☎52-1700; www.bukeyashiki.jp; 田町下丁/Ta-machi Shimo-chō 23; 房 每人 不含/含两餐 ¥8500/13,800起; P ❄ 🌐) 位于历史悠久的武士住宅区，环境闲适，是一家出奇现代的酒店，融合了日本和西方的审美情趣。所有房间都有必不可少的深色木梁和纸灯笼，不过公共区基本具有欧洲精品酒店的典型特征。

🍴 就餐

秋田县的乡土美食不少，**稻庭乌冬**（稲庭うどん/Inaniwa-udon）位列"日本三大乌冬"，它是少见的细面，最初是被用来放在当地另一特产**比内地鸡**（比内地鶏/Hinaijidori）的汤锅之中，把锅里的东西吃完后，高汤下乌冬，实在美好。

电车站有许多令人愉悦的小餐馆，但最好的选择是观光区。大多数餐馆关门较早。

古泉洞　　面条 ¥

(Kosendō; ☎53-2902; 東勝楽丁/Higashikatsurakuchō 9; 面条 ¥1050起;

角館 **235**

🔭 泡温泉前的户外活动

暖和的月份，田泽湖（田沢湖/Tazawa-ko，见32页地图）深受日本旅行者欢迎，尽管可以乘坐新干线到达，但那儿总有一种与世隔绝的感觉。这里有设施完备的湖滩。蓝色潟湖里的生物或许会浮上水面——水深423米，田泽湖是日本最深的湖泊。

环湖道路绵延20公里，非常适合租一辆自行车边骑边欣赏美景。田泽湖畔（Tazawa Kohan）村可租到自行车（¥400/小时）。从田泽湖站到田泽湖畔每天有几趟巴士沿湖边运行，会在田子雕像处暂停15分钟。

秋田驹之岳（秋田駒ヶ岳/Akita Komaga-take，1637米，见243页地图）以夏季繁茂的野花、秋季瑰丽的霜叶和罕见的旱地及湿地植物物种而著称。

起点在驹之岳八合目（Hachigōme），每天有7趟巴士（都在13:30之前发车）从田泽湖站（Tazawa-ko）开往这里（¥1120，1小时）。从起点出发登上**男女岳**（Oname-dake，1637米）需要1~2个小时。继续向前，走到椭圆形池塘东侧的下方，找到你晚上的落脚点**阿弥陀池避难小屋**（Amida-ike Hinan Goya）并稍加安顿。这座小屋虽然无人值守，但我们还是建议你留下一点儿小费（¥1000）。然后，你可以花大约20分钟时间循原路返回，并开始攀登**男岳**（O-dake，1623米）。

第二天需要走7个小时才能下山抵达乳头温泉，途中会经过第一峰**横岳**（Yoko-dake，1583米）。下山路线大部分是沿着山脊伸展的，最后需要曲折地穿越一片栖息着众多鸟类的大沼泽，来到终点——乳头温泉巴士站。这里到温泉浴场只有几步之遥。

出发前，可在田泽湖旅游信息中心（田沢湖観光情報センター/Tozawa-ko Kanko Joho Senta; ☎43-2111; ⏰8:30-17:30）获取信息。

9:00~16:30）这栋江户时代的木造校舍有250年的历史，有城里最好的面条。招牌菜是配有竹笋和天妇罗（大紫苏叶）的**武家荞麦面**（Buke-soba）。多年来什么都没变，包括老客人和寻找它的旅行者。小餐馆就在武士住宅区里，入口处上方挂着木头招牌。

あきた角館西宮家　　　　　　日本菜￥

[Akita Kakunodate Nishinomiyke; ☏52-2438; nishinomiyake.jp; 田町上丁(Kamichō, Tamachi)11-1; 餐￥1100; ◎10:00~16:30] 位于电车站和观光区的中间，这栋武士住宅经过部分改造，变身为一座舒适宜人的咖啡和餐馆。菜单老少咸宜，但主要提供传统洋食（日式西餐）。茶和蛋糕同样诱人。说实话，餐馆本身就很适合参观一番。

❶ 实用信息

角館旅游信息中心（角館町観光協会/Kakunodate-machi Kanko Kyokai; ☏54-2700; kakunodate-kanko.jp; ◎9:00~18:00）位于电车站外一栋形状像仓库似的小房子里。

❶ 到达和当地交通

角館站本身就很古朴，外面就有樱花。每小时有多趟新干线列车沿秋田线（Akita-sen）运行于角館—田泽湖（￥1070，15分钟）和角館—秋田（￥2500，45分钟）之间。JR角館站提供自行车出租服务（￥300/小时）。

乳头温泉（Nyūtō Onsen）
乳頭温泉

☏0187

这个藏在山路尽头的温泉乡，是在东北乃至全日本都很受青睐的温泉之一。虽然温泉水是乳白色，但温泉得名于形似乳头的山峰。把它作为你在秋田县的收尾最合适不过，经过了舟车劳顿或是徒步行程，没有比温泉更好的犒劳自己的方式了。

更好的是，如果你是这里的住客，就可以持一张通票进入所有温泉旅馆泡汤。从鹤之汤温泉到休暇村乳头温泉乡之间有条3公里左右的游步道，风评极佳，走一走，泡一泡，完美。

✪ 活动和食宿

乳头温泉（见243页地图）一共有8座温泉旅馆，每间都各有特色。本地推出了对住宿客人的优惠，推出了每个温泉泡一次汤和巡回巴士"湯めぐり号"（Yu-meguri-ko）的通票（￥1800，一年内有效）。

乳头温泉的完整旅馆名录，请查阅www.nyuto-onsenkyo.com。如果时间充裕，你应该在这种幽静的环境中住一晚。在月光下泡露天温泉，或者在独立浴池里入浴。

所有日式旅馆都提供早晚两餐，均十分精美；不在旅馆就餐的话，你需要下山前往田泽湖的餐馆或超市。

★ 鶴の湯温泉　　　　　　　　温泉

（Tsuru-no-yu Onsen; ☏46-2139; www.tsurunoyu.com; 先達沢国有林/Sendatsui-zawa Kokuyurin 50; 房含两餐￥8790~16,350/人; 日间温泉￥600; ◎日间温泉10:00~15:00) 当地传说称，曾经有位猎人无意间看到一只鹤在泉水中治好了身上的伤口，很快这个温泉就被秋田氏指定为官方经营的浴场，专供上层人士使用。室外的混浴池总是非常热闹，而害羞的人则可以选择室内男女分隔的浴室。

它是日式旅馆的典范：低调奢华，富有韵味。从面朝森林的豪华套间到墙上排列的江户时代艺术品，一步一景。夜晚，令人难忘的餐食和穿着浴衣的客人在灯笼照明下聊天的场景都会勾起你的思乡之情。必须预订。比较新的别馆**山の宿**（Yama-no-yado）位于往内陆方向1公里处，非常舒适。

妙乃湯　　　　　　　　　　　温泉

（Tae-no-yu; ☏46-2740; www.taenoyu.com; 駒ヶ岳/Komagatake 2-1; 房含两餐13,100/人起，日间温泉￥800; ◎日间温泉10:00~15:00，周二休息) ⚑这家小型日式旅馆是乳头温泉中风格最现代的。时尚的住所将都市情调与森林环境完美融合；试想一下

头温泉的户外浴场

铺着榻榻米的巴黎公寓吧。地方特色浓郁的餐食则以地里采的新鲜野菜为主打。温泉洗浴也有多种选择,包括私密的家庭温泉、带靠背的柏木浴桶和户外混合浴场。

蟹場温泉　　　　　　　　　　　　温泉

(Kaniba Onsen; ☏46-2021; 先達沢/Sendatsui-zawa 50; 房含两餐¥9870/人起,日间温泉¥500; ◎日间温泉9:00~16:30)"螃蟹"温泉不招摇,令人愉快,有男女混浴的华丽温泉和绝佳的日式菜肴。房间又大又舒适,不过略微陈旧(可以要求看几间来选择)。这里是长途巴士的终点站,一日游旅行者通常不会过来。

黒湯温泉　　　　　　　　　　　　温泉

(Kuroyu Onsen; ☏46-2214; www.kuroyu.com; 生保内/Obonai 2-1; 房含两餐¥12,000起/人; 日间温泉¥600; ◎日间温泉9:00~16:00)也许是最适合"日间沐浴者"的选择,具有300年历史的日式旅馆散发出迷人的老派情调。对于有些人来说,硫黄的味道有些刺鼻,但周围的森林是该地区最繁茂的,点睛之笔还有瀑布喷射流、免费赠送的毛巾和质朴的木制更衣室,敏锐地意识到了沐浴者的需求。

❶ 到达和当地交通

从秋田(¥2840, 1小时)乘坐电车抵达田泽湖,途经角馆(¥1070, 15分钟)。从田泽湖开往乳头温泉(¥690, 45分钟)的JR长途巴士从日出到日落,每小时1班。

山形县(Yamagata-ken)
山形県

出羽三山(Dewa Sanzan)

☏0235/人口30,000

羽黒山(Haguro-san)象征出生,月山

慈觉大师与四寺回廊

慈觉大师，法名圆仁，生于公元794年。15岁时，他投身于高僧最澄（Saisho）门下学习，并于838~847年入大唐学习，在长安生活了6年，又在山东逗留，记载了各地风土人情。他用汉字书写的《入唐求法巡礼行记》一书，曾与玄奘的《大唐西域记》、马可·波罗的《马可·波罗游记》并列，被后世公认为古代东方三大游记。现在中国青岛还保存着1924年建造的《慈觉大师山东遍路图碑》。

回国后，他最终成为天台宗第三代座主，并且在东北地区开辟了四座著名的寺院，分别是松岛瑞严寺（见214页）、平泉中尊寺和毛越寺（见219页）以及山寺立石寺（见241页），在风水和自然的布局上都做了考虑。1689年，俳句大师松尾芭蕉分别参拜了这四座名刹，并留下了著名的诗句。今天，参拜这四座寺院被称为**"四寺回廊"**（四寺回廊/Shiji-kairo），你可以在任一寺院申请一本特别的"四寺回廊御朱印账"来到各寺敲上朱印，作为特别参拜的纪念品。

◎ 景点和活动

如果你想要参观所有三座神山，就得需要整整两天的时间。这样的行程只在7月至9月期间有可能实现，其他时间有些山路会封闭。最好留出三天的时间，同时提前订好住处。传统的徒步路线是从羽黑山开始，到汤殿山结束。你也可以反过来走，只是从汤殿山到月山的上山路程走起来会很艰难。许多人认为，仅是游览羽黑山，景色就足够美丽了，而且这里有一座供奉出羽三山的神殿。

★ 羽黑山　　　　　　　　　　　　山

（Haguro-san；见243页地图）三山中只有羽黑山（419米）是全年可以攀登，它的2446级台阶早已被几个世纪以来的朝圣者磨得凹陷而光滑。登到山顶要花2个小时，途中会经过**五重塔**（Gojū-no-tō），一座建于14世纪的饱经风霜的五层宝塔，每年7月中旬至10月中旬的周末，这里会亮灯。

位于山顶的**三神合祭殿**（San-shin Gōsaiden）是一座具有厚重茅草屋顶配上鲜红色木结构的殿堂，供奉出羽三山三座圣山的神明。

走完环线后，你必须在神社旁边的停车场乘坐开往**八合目**（Hachigōme）的巴士，因为八合目是前往月山的小径起点。末班车的发车时间是14:00。20世纪60年代公路修好后，原来的20多公里长的朝圣小路逐渐变得杂草丛生、人迹罕至了。

月山　　　　　　　　　　　　　　山

（Gassan；见243页地图）月山（1984米）是出羽三山神山中海拔最高的一座，每年7月至9月之间才适合攀登。从位于八合目的小路起点出发，首先要花大约1小时15分钟左右的时间穿越一片高原湿地（非常珍稀）并到达九合目（Kyūgōme），然后再艰难攀登将近2个小时，才能登顶。

山顶就是**月山神社**（Gassan-jinja；www.dewasanzan.jp/publics/index/51；门票¥500；◯7月至9月中旬 5:00~17:00），宗教

（Gassan）象征死亡，汤殿山（Yudono-san）象征重生。三座圣山既代表人生的轮回，也代表你在攀登著名的"出羽三山"时要经历的阶段。民间宗教修验道（Shugendō）信徒穿白衣，信奉一种由佛教和神道教杂糅的宗教；你能看到他们手持木棒、脚著凉鞋、头戴草帽在饱经风霜的小径上徒步；同时，你也能看到穿着抓绒衣的徒步旅行者，他们手握登山杖，脚上穿着防水靴。

山伏们（日本修验道行者的统称）更进一步，他们总是身佩法螺，穿着方形短外套和宽松的白色马裤。冬季前来的话，你可以在冰冷的瀑布下面加入他们的队伍，磨炼自己的身心，或者只是看看他们离开寺庙的舒适住处，踏上旅途。

羽黑山上的五重塔

地位崇高。在进入之前，你必须先接受"净化"，即接受神官的赐福，然后用纸片将自己从头到脚刷洗一遍，最后把纸留在泉水处。要注意的是，里面是禁止拍照的。

接下来，就该下山向汤殿山出发了。这还需要3小时左右。下山的时候要小心，固定在悬崖边的梯子已经有些生锈了，而且最后还要穿越一片湿滑的河床。

汤殿山　　　　　　　　　　　　　山

（湯殿山/Yudono-san；见243页地图）汤殿山（1504米）仅在5月至10月间适合攀登。这是整个出羽三山艰难的朝圣之旅的最高潮。从月山过来的话，过了河床继续向下走，没多远就是汤殿山神社。

到这里，整个朝圣之旅只剩下十分钟左右的下山路程了。路线的终点是**汤殿山参笼所**（Yudono-san Sanrōsho），在这前面也有一个鸟居。隔壁就是**仙人沢**（Sennin-zawa）巴士站。

汤殿山神社　　　　　　　神道教神社

（Yudono-san-jinja；www.dewasanzan.jp/publics/index/52；门票￥500；◎9:00～17:00，11月至次年5月 关闭）这可能是日本与世俗隔绝得最严格的神社，非常特别。过了巨大的红色鸟居，古老的传统及脸色严峻的神职人员禁止人们泄露见到的场景。禁止拍照，也禁止谈论这个天然神社，因此你只能自己去发现了。汤殿山神社的仪式是三座神山里最严格的。在入口处脱掉鞋子，来到神官面前恭敬地俯首完成净化仪式，然后就跟着其他朝圣者往里走吧。

巴士站距离神社仅200米。现代交通方式已为你省下了足够的时间，朝圣路上稍稍辛苦一点也没什么了。

大圣坊　　　　　　　　　　禅修

（大聖坊/Daishōbō; daishobo.jp/；羽黑町手向/Haguro-machi Touge 99；2夜训练项目￥30,000）身着白衣的大师们每个月为那

些想要将旅行提升至更高层次的人举办两次修行课程，每次为期3天。这是一次体验修验道信徒苦修的绝佳机会，他们的神秘力量在全日本都受到尊敬。住宿区域非常令人愉悦，素食备受推崇。客人们可以期待参与早课和有教育意义的自然步行之旅，了解修验道咒语，甚至驱邪仪式。

✿ 节日和活动

羽黑山顶是好几个重要节庆的活动场地。

八朔祭　　　　　　　　　　　　文化

（Hassaku Matsuri；⊙8月31日）山伏整夜举行古老的敬火仪式，祈求丰收。

松例祭　　　　　　　　　　　　文化节

（Shōrei-sai；⊙12月31日）在新年前夜，山伏会举行与八朔祭类似的仪式。大家借此机会相互比拼苦修的成果。

🛌 住宿

如果你打算住在山里，必须预订。你可以选择住在朝圣道路的两端，羽黑山或汤殿山，中间也有一些住宿场所。

★ 羽黑山斋馆　　　　　　　　寺庙度假屋 ¥¥

（Haguro-san Saikan；☎62-2357；www.dewasanzan.jp/publics/index/64/；羽黑町手向 Touge Haguro-machi 33；房含两餐 ¥7700/人）✒优雅地坐落于羽黑山顶端的寺庙一侧，可以从一扇醒目的大门进入，是安静自省之旅的目的地。主建筑经过简单装修，但房间一尘不染，非常舒适，每个房间与山谷景色都仅有几步之遥。饭菜（也提供午餐）是精进料理（精進料理/Shojin Ryori，素斋），有蘑菇和山里的蔬菜。

御田原参籠所　　　　　　　　木屋 ¥¥

（Midahara Sanrōsho；☎090-2367-9037；www.dewasanzan.jp/publics/index/79/；房含两餐 ¥7650/人；⊙10月至次年6月不营业）这幢小木屋位于月山八合目，对于安排了三山徒步穿越行程的人来说，是非常方便的落脚点。日式床垫排列在一个公共的大房间里（没有浴室），但蔬菜餐食非常丰富，而且这样零距离的接触有助于大家相互交换自己的旅行故事。早起看今日出，然后你就可以赶在旅游大巴到来之前踏上登顶之路了。

汤殿山参籠所　　　　　　　　度假屋 ¥¥

（Yudono-san Sanrōsho；☎54-6131；田麦俣字六十里山/Tamugimata Rokujuri-yama 7；房含两餐 ¥7560/人起；⊙12月至次年3月不营业）这家空气清新的度假屋位于汤殿山山脚下，里面挤满了兴高采烈的庆祝自己完成多日行程的朝圣者。提供分量十足的餐食、啤酒和清酒，大家通常都会高兴地吃喝。这里提供美味的午餐套餐（¥1575起），非住客也可享用。度假屋内设温泉，让你"面对"神明泡汤。

🍴 餐饮

羽黑山入口处有几家气氛愉快、服务热情的面条摊位，很多都提供新鲜的山野菜肴。

二の坂茶屋　　　　　　　　　茶馆

（Ni-no-saka-chaya；☎62-4287；茶水服务 ¥700起；⊙4月至11月 8:30～17:00）这是一家迷人的茶屋，出羽三山的徒步者看到它时，就意味着已经走了一半的路程了。在这里不仅能欣赏到美景，还可以从笑容满面的妇人那里买一些提神的饮料。

ℹ️ 到达和离开

夏天的登山季时，每天有多达10趟班车（最早一班6:00就发车了）从鹤冈（鶴岡/Tsuruoka）开往羽黑村（¥820，35分钟）。大部分班车会继续开往羽黑山顶站（¥1180，50分钟）。高峰季节外，车次会大大减少。

7月初至8月底（乃至9月底）的周末和节假日期间，每天有4趟巴士从羽黑山山顶开往月山的八合目（¥1560，1小时）。

在6月至11月初之间，从汤殿山参笼所到鹤冈每天有4趟班车运行（¥1880，1小时15分钟），这条路线途经大纲村（¥1200，35分钟）。一旦开始下雪，公交线路就会停运。

山寺（Yamadera）

023

"山色幽静透禅院，细听蝉声沁岑岩。"

山寺因俳句大师松尾芭蕉（Matsuo Bashō）在其《奥之细道》中的描写而出名，这是一座大气磅礴的寺庙群，巍巍立于郁郁葱葱的山坡茂林之上，你从电车站台上就能看到这种惊人的景象，如果是红叶季，便是一眼直击内心的强大冲击。这座小镇在公元860年由一群僧人建立，他们从京都附近的延历寺（延暦寺/Enryaku-ji）带来了圣火，人们相信，山寺的岩壁就是我们所处的世界与另一个世界的边界。据说，那捧火至今尚未熄灭。虽然冬季也可以参观山寺（很危险），但夏季游览更宜人。

◉ 景点

立石寺　　　　　　　　　佛教寺庙

（Risshaku-ji；695-2843；www.rissyakuji.jp；成人/儿童 ¥300/200；8:00~17:00）立石寺（全称为宝珠山立石寺）坐落在一条依岩开凿的台阶顶端，岩石经过数百年的风霜已经风化了。在山脚下，被一个小灯笼守护的地方就是圣火所在地——**根本中堂**（Konpon-chūdō），圣火据说是数百年前从京都传来的，人们都在这里祈福。

山门（San-mon）是攀登的起点，1050级台阶带你经过长满苔藓的残破雕像，它们似乎已经与景色融为一体。一路尽是绿树参天，有很多被供奉的佛龛和石壁，走走停停会让你觉得不那么辛苦。经过"只有纯洁的灵魂才能进入"的**仁王门**（Nio-mon）之后，站在台阶上回头拍一张竖版照片，绝对会让你惊叹于山寺布局的巧妙。小路开始分岔，一条直奔**奥之院**（Oku-no-in），另一条通往**五大堂**（Godaidō），它是一座18世纪的亭子，建在峭

东北地区的新奇列车

东北地区或许不那么热门，主题列车也只有近20趟。大多可以使用标准的JR全日本通票或JR东日本通票乘车（视座位情况而定），但有些特殊列车需要补差价。你可以在任意一家JR办公室预订座位。很多列车只在周末运行，可以登录（www.jreast.co.jp/sc/joyful/index.html?src=t_info）查询，以下是我们的最爱。

リゾート白神（Rizoto Shirakami，白神号）如果你打算坐一趟五能线（见205页最佳体验），就预订这辆列车。

とれいゆつばさ（Toreiyu Tsubasa）几乎用普通列车速度运行的新干线列车走过令人赞叹的山形群山，在温泉浴缸里面泡泡脚（需要提前购买足浴券），或者坐在榻榻米坐席上啜饮当地清酒。列车在福岛和新庄（Shinjo）之间运行。

フルーティアふくしま（Furutea Fukushima）水果主题列车咖啡馆从郡山驶往会津若松（¥5000），只在周末每天对发四班。票价包括一个甜品套餐。这是东日本大地震之后的振兴计划之一，甜品随季节变化，让水果大县福岛有了发挥的机会。不能使用任何JR通票，并需要去JR东日本旅行公司购买。

SL银河（Ginga）非常特别的蒸汽车头的列车，往来于花卷（Hanamaki）至釜石（Kamaishi），其灵感来自宫泽贤治（Miyasawa Keiji，1896~1933年）的童话《银河铁道之夜》，这种设计令人回想起明治时代的软皮椅、老照片和装饰性的黄铜色遮阳篷，车里还有一个天象仪。只在周末从两地各发一班车。

Pokemon with You 从数码宝贝的卡通外观到车上大量的游乐设施，这班列车正适合孩子们。每天一班往返一关（一関/Ichinoseki）和气仙沼（Kesennuma）。

雪中的山寺

壁上方。从这里放眼四周，山形县的群山高低绵延至远方，脚下田园牧歌，气势恢宏。

　　一路都有很多立碑纪念松尾芭蕉和他的弟子曾良，还有他们的雕像（你们可以找一找）。想要更充分地感受清静的乐趣，应该清晨或黄昏前来，至少避开旺季。冬季也可以前往山寺，不过若是之前下过雪，走台阶就比较麻烦。

山寺芭蕉纪念馆　　　　　博物馆

（Yamadera Matsuo Bashō Kinenkan；☎023-695-221；yamadera-basho.jp；山寺4223/Yamadera 4223；成人/高中生以下¥400/免费；◎9:00~16:30）虽然不大，但这里有一些跟松尾芭蕉的《奥之细道》有关的资料。就在JR山寺站附近，可以顺道一看。

食宿

　　电车站附近有几家普通的日式旅馆。许多街头摊位出售美味的软糯丸子串。以上，再加上几家令人愉悦的面馆，就是山寺餐饮界的全部。

到达和离开

　　每小时发一趟的JR仙山线快车连接山形和山寺（¥240，15分钟），然后继续开往仙台（¥1144，1小时10分钟）。

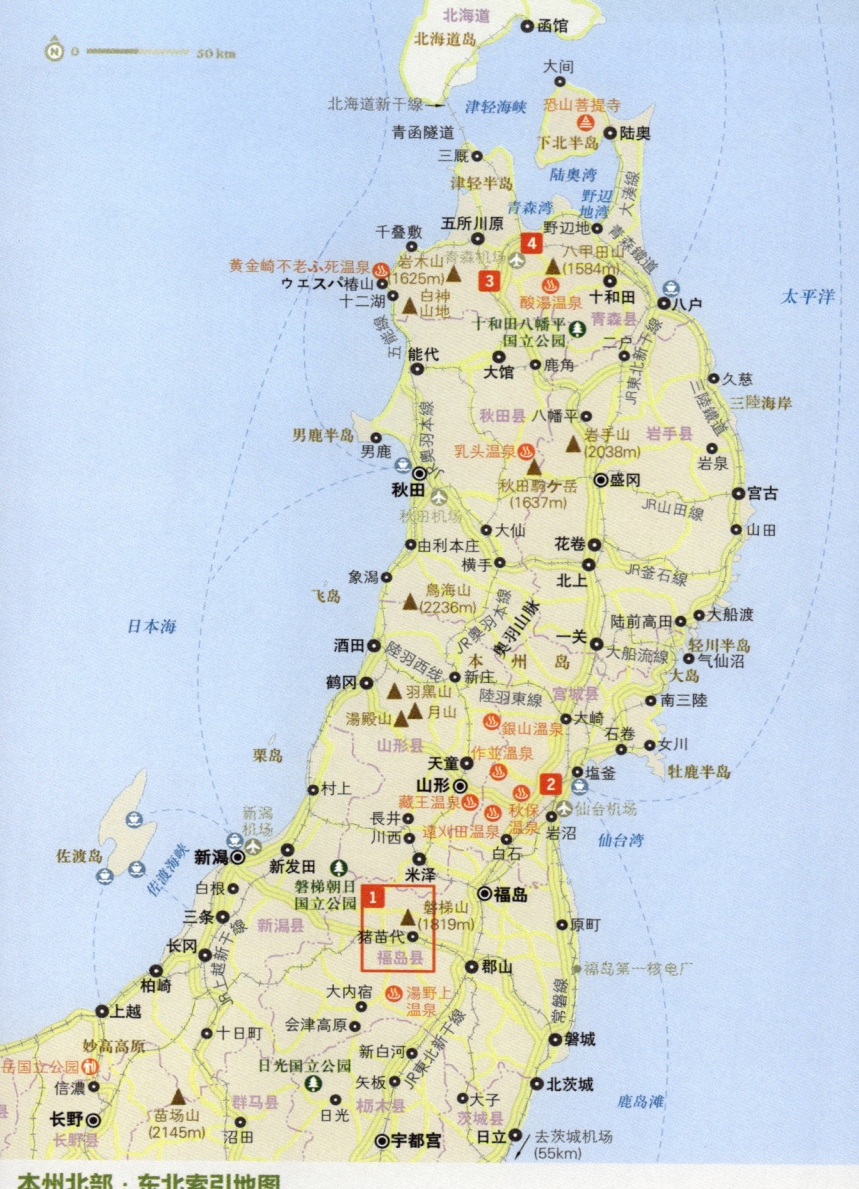

本州北部·东北索引地图

1. 磐梯高原和周边（见244页）
2. 仙台城区（见246页）
3. 弘前城区（见247页）
4. 青森城区（见248页）

244 磐梯高原和周边

放大图

去米泽(30km)

七日町

桧原湖　小野川湖

秋元湖

喜多方

去福岛(45km)

八方台登山线

磐梯吾妻スカイライン

磐梯山 1819m

磐越西线

野口英世纪念馆

见放大图

西若松

会津高乡

只见线

会津街道

猪苗代湖

五色沼

磐梯高原和周边

◎ 景点 （见206页）
1. 白虎队纪念馆 B1
2. 饭盛山 B5
3. 鹤城（会津城） A2
4. 会津武士宅邸 B2
   荣螺堂 .... （见1）

✪ 活动 （见208页）
5. 磐梯山 B3
6. 五色沼 C3
7. 猪苗代滑雪场 D4

🛏 住宿 （见207页）
   民宿多賀来 .... （见4）
8. 磐梯山温泉ホテル C4
9. 裏磐梯ユースホステル C2
10. アン・イングリッシュ・イン C4

❌ 就餐 （见207页）
11. 満田屋 A1
12. 田季野 A2

ⓘ 实用信息 （见207页）
   会津若松旅游观光中心 .... （见14）
   猪苗代旅游信息中心 .... （见15）
13. 裏磐梯游客中心 D3

ⓘ 交通 （见208页）
14. JR会津若松站 A1
15. JR猪苗代站 D4

仙台城区

仙台城区

◎ 重要景点 （见211页）
1 瑞凤殿 B4

◉ 景点 （见211页）
2 仙台城遗址 A4
3 仙台多媒体文化中心 B2

🛏 住宿 （见211页）
4 Westin C3
5 欅ゲストハウス B2
6 晩翠亭いこい荘 B1

✖ 就餐 （见212页）
7 地酒と旬味 東家 C3
8 牛たん炭焼 利久 西口本店 D2
9 三太郎 B2

ℹ 实用信息 （见213页）
仙台市旅游观光中心 .... （见11）

ℹ 交通 （见213页）
10 JR东北巴士中心 D3
11 JR仙台站 D3
12 西巴士站 D3

弘前城区

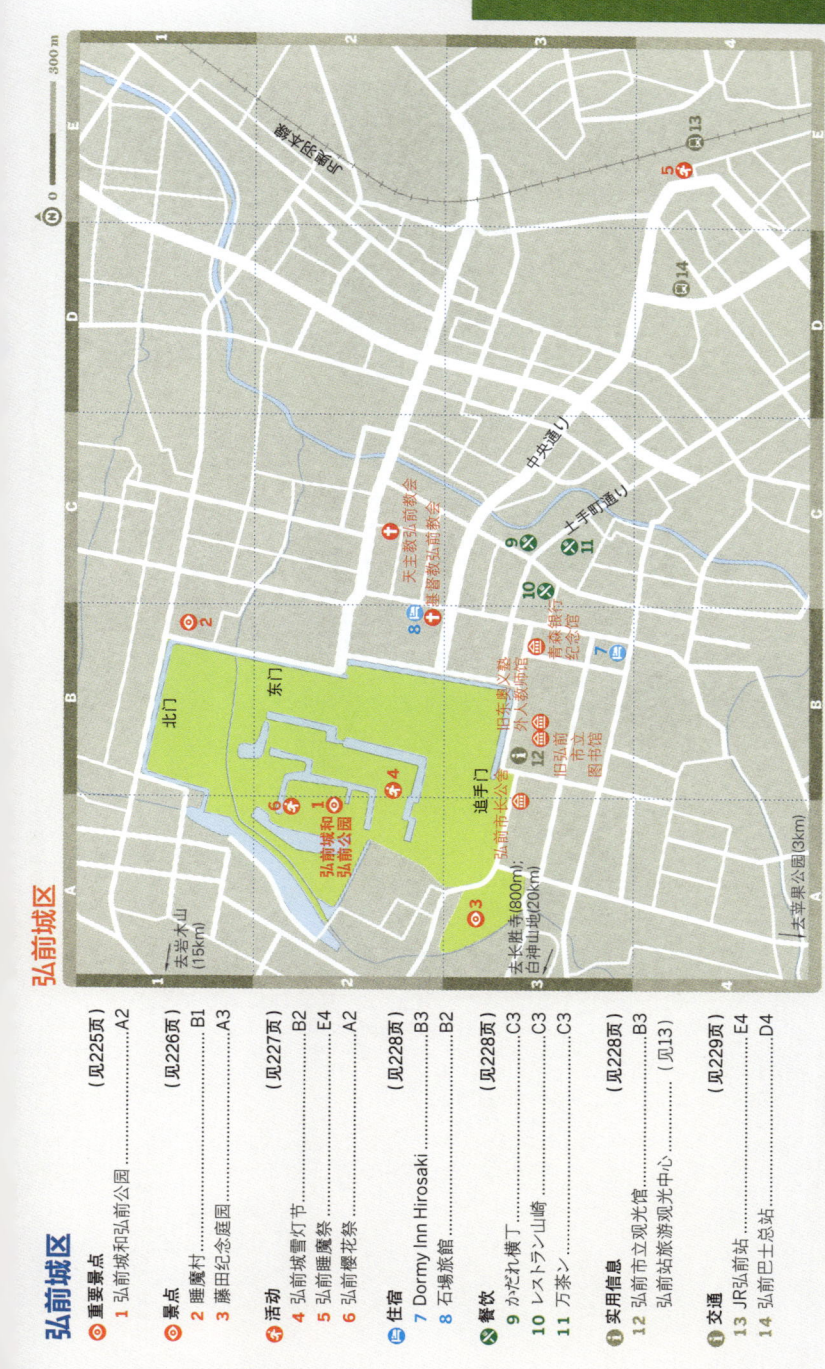

◎ **重要景点** (见225页)
1 弘前城和弘前公园 A2

◎ **景点** (见226页)
2 睡魔村 B1
3 藤田纪念庭园 A3

✿ **活动** (见227页)
4 弘前城雪灯节 B2
5 弘前睡魔祭 E4
6 弘前樱花祭 A2

🛏 **住宿** (见228页)
7 Dormy Inn Hirosaki B3
8 石场旅馆 B2

✗ **餐饮** (见228页)
9 かだれ横丁 C3
10 レストラン山崎 C3
11 万茶ン C3

ℹ **实用信息** (见228页)
12 弘前市立观光馆 B3
  弘前站旅游观光中心 .... (见13)

✈ **交通** (见229页)
13 JR弘前站 E4
14 弘前巴士总站 D4

248 青森城区

去青森客运
码头(3km)

青森湾

青森海湾大桥

JR奥羽本線

中央古川通り
新町通り
八甲通り
昭和通り

青い森公园

去青森县立美术馆/三内丸山遗迹(4.5km);
青森机场(13km);新青森站(4km)

青森城区

⦿ 景点　　　　　　　　　　　（见222页）
1 八甲田丸 B2
2 青森县观光物产馆 C2
3 睡魔之家 B3

✦ 活动　　　　　　　　　　　（见223页）
4 青森睡魔祭 C4

🛏 住宿　　　　　　　　　　　（见223页）
5 Art Hotel Color D4
6 ハイパーホテルズパサージュ B4
7 ホテルセレクトイン青森 B5
8 东横 B3

⊗ 就餐　　　　　　　　　　　（见224页）
9 おさない B3
10 帆立小屋 B3
11 青森鱼菜センータ B4

🛍 购物　　　　　　　　　　　（见224页）
12 A-Factory B2

ⓘ 实用信息　　　　　　　　　（见224页）
13 青森市旅游观光中心 B3

⊗ 交通　　　　　　　　　　　（见225页）
14 JR青森站 A3
15 青森站前巴士站 B3

在路上
本书作者 钱晓艳

在德岛看完鸣门漩涡,下午走了"半日遍路",出小站有人指路,灵山寺有人递上一个大橘子,遍路处处有温情。
进一步了解我们的作者,见414页。

阿波舞祭的现场盛况

四国

四国

就连不少日本人都会觉得四国就是"穷乡僻壤"的代名词,古代传说中这里是妖怪出没之地,平源两家的恩怨中,这里也成为平家最后的避难所。到了今天,人们逐渐厌倦了同质化的都市之后,四国犹如被私藏多年的珍宝,守得云开见日出,性价比依然喜人。驾车或包车是体验四国的最好方式,否则你就需要对公共交通保持耐心。

文艺青年们追寻着艺术家的脚步,纷纷来打卡濑户内海上的小岛。户外爱好者更能在此地挖掘到乐趣,崎岖的太平洋海岸线、郁郁葱葱的山谷都召唤着人们前来。在岛波海道上跳岛骑行,在祖谷溪谷里走一走古老的藤桥,登上两座日本西部的最高峰,或是到海岬感受天涯尽头的苍凉。

作为广受尊崇的日本佛教真言宗创始人弘法大师空海(Kōbō Daishi, 774~835年)的出生地,四国是自然美和追求精神完美的代名词,"四国遍路"更是考验人们身心的国宝级徒步路线,哪怕只有一天时间,也值得你去试一试。不为人知的四国乡土美食,也会及时出现在你面前,为一路辛劳书写一个完美结局。

精彩呈现

四国遍路	260
高松	266
小豆岛	270
直岛	273
丰岛	276
琴平	278
德岛	281
松山	288
高知	295

何时去

4月至5月 开悟可能与天气无关,但春天始终是走遍路的最佳时机,如果还能抓到樱花季的尾巴就更完美了。

7月至9月 河流奔腾,海浪翻滚,阳光灿烂,不过夏季台风也会时常光临。

8月中旬 只属于舞蹈的时节,先在高知参加夜来祭,然后去德岛加入阿波舞祭,与当地的男女老少一同加入到这手脚并用的狂欢中。

★ 四国亮点（见256页）

① 濑户内海的艺术风　② 不断攀登到金刀比罗宫　③ 深入鸣门漩涡
④ 泡一个最古老的汤　⑤ 日本最后的秘境　⑥ 全日本的舞蹈派对

交通

➡ **铁路** JR四国铁路周游券分为3日（¥9500）、4日（¥10,500）、5日（¥11,500）和7日（¥12,500），海外购买可以便宜¥500，是你通行四国的利器。

➡ **飞机** 从中国出发只有上海到松山和高松的两班直飞航班，其他城市皆需转机。

➡ **汽车** 无论长短途，班次都不多，幸而都算准时，你需要等候耐心，记得查好时刻表。

➡ **自行车** 无论跳岛游还是城市游，如果你会骑车且爱骑车，旅途会变得轻松有趣。

实用信息

➡ 四国是日本四岛中唯一没有通新干线的地方，这里的公共交通可能是四岛中最不便利的。汽车的班次不多，很多列车也是一小时一班，如果你坐错了站，很可能会耽误行程。提前查好时刻表，精准安排行程，显得十分重要。能骑车尽量选择骑车。

➡ 周末和旺季，这里四大首府JR站里的寄存柜可能早已被存满，你可以寻找人工寄存柜台（荷物預かり所/Nimotsu Azukari-sho）寄存物品，统一价¥410，但需要在17:30之前取走。

高松市街道夜景

当地人推荐
深挖四国魅力

徐迪飞，日本四国观光旅游华语圈推广专家，定居四国20年。

偏远的四国有什么特别之处？

四国是日本中的日本，保留了最多的日本原始风情、人文传统和当地独特的饮食习惯。

你最喜欢四国的哪个县，为什么？

最喜欢的当然是我已经居住20年的香川县，它是日本面积最小的县，也是日本日照最长地区之一。我所在的高松市是西日本最宜居的城市之一，没有大都市的喧闹和繁华，但既有山海合一的天然景观，又有西日本最长的带屋顶商业街。

初次到访的话，有何推荐？

德岛县的鸣门漩涡、阿波舞会馆、祖谷地区，高知县的高知城、弘人市场、四万十川地区，爱媛县的松山城、道后温泉和今治岛波海道、香川县的栗林公园、琴平和濑户内海小岛，都值得一游。无论是从大阪关西机场、还是四国高松机场，或是广岛机场进出，游玩四国建议最少5天4晚。高知县较为靠南，需要多一点时间，这里缺少名震天下的景点，但食材质量堪称日本第一。

什么季节游览艺术岛最合适？

濑户内国际艺术节前来当然很好，最好避开日本的5月黄金周假期和8月11日至8月15日的孟兰盆节。

春秋两季为佳，夏季太热，暑假期间学生也

不要错过

最佳餐厅

➡ **神童ろ** 作为一间居酒屋,几乎囊括了所有的四国美食。(见268页)

➡ **東大** 生鸡蛋免费,德岛拉面的不同之处需要细细体会。(见282页)

➡ **弘人市场** 一进门,就是铺天盖地的美食和觅食的本地人群。(见296页)

➡ **丸水 松山店** 鲷鱼饭与樱花季为何如此相配,吃了你就明白其中的道理。(见292页)

最佳住宿

➡ **ゲストハウス若葉屋** 服务非常好的家庭客栈,一切让人感觉宾至如归。(见267页)

➡ **祖谷温泉** 光是到与河川相平的地方泡个温泉,就足够让人享受了。(见286页)

➡ **ふなや** 道后温泉旅馆里最美好的一个,值得花些预算在这里。(见291页)

➡ **高知ユースホステル** 高性价比的选择,如果你喜爱美酒,更是找对了地方。(见296页)

最佳户外活动

➡ **骑行岛波海道** 九座大桥,六座岛屿,七十公里,一天的跨海骑行特别美。(见291页)

➡ **骑行四万十川** 沿着这条日本最清澈河流骑行,打卡路途中的沈下桥。(见297页)

➡ **奥祖谷藤桥** 深入奥祖谷,走一走最古老的藤桥,看看男桥和女桥有什么不同。(见285页)

➡ **徒步剑山** 征服这座四国第二高峰有很多条路线,选你最适合的那条吧。(见286页)

会爆棚。另外也要留意一些美术馆的闭馆日。

有没有私藏的四国美食或美酒?

德岛市和田屋的瀧之燒餅和居酒屋一鸿里的阿波尾鸡,高松郊外的夢菓房たから里的水果大福,爱媛县的霧之森大福先苦后甜,非常有人气,我在四国那么多年也只吃到过两次。爱媛最高品质的橘子"紅まどんな"一颗可以卖到700日元。高知的炙烤鲣鱼刺身和番茄、柚子都很好,推荐四万十市味劇場ちか居酒屋里的烧鲭棒寿司。

德岛用烧烤过的红薯酿制的鸣门金时酒很有特色,香川县西野金陵的柚子酒很适合女士,爱媛的成龙酒造的出品在世界上拿过金奖。高知自古以来交通不便,为了不浪费粮食只有酿酒,年人均消费量是日本第一。每年4月这里都有喝清酒大赛,路过一定要见识一下当地人厉害的酒量。

四国亮点

❶ 濑户内海的艺术风

也许你很难想象,濑户内海到底有什么独特的魅力,可以吸引那么多大牌艺术家和建筑师到这里来创作,这项倍乐生艺术项目已经成为岛屿开发的经典教材。最受益的当然是文艺青年们,只要仔细做好功课,就能一边跳岛骑行一边将大师级艺术品一网打尽。直岛、丰岛、犬岛……如果赶上濑户内国际艺术节,十二个小岛的作品汇成的真可谓是一股艺术大潮。

❷ 不断攀登到金刀比罗宫

还没开始攀登,就会有人问你对1368级台阶的感受,事实上真的一点也不难。一开始,你是一边走一边在逛特产店;进入大门,你会在攀登中不断看到越来越壮观的建筑和风景;到了御本宫的平台,你可以从琴平一直望到濑户大桥,还有中间完美的圆锥——被誉为"赞岐富士"的饭野山。4月初樱花盛放时节,你一定会觉得只攀登一次金刀比罗宫不过瘾。

❸ 深入鸣门漩涡

远望鸣门大桥下激起的浪花,并没有特别惊艳。当游船渐渐靠近,海水飞快地旋转跳跃,巨大的漩涡改变了海的颜色,中心的浅蓝与周边的深蓝形成了鲜明对比,这是濑户内海跟太平洋每天两次的激烈交汇。坐上一艘水中观潮船,直奔漩涡中心而去,感受旋转的同时还能看到漩涡在水下的样子,想想就觉得激动。

左图、上图：直岛上的装置艺术

❹ 泡一个最古老的汤

同样是"油屋"，千寻是来卖力干活以求回归现实生活，而你就舒服多了，轻轻松松就能泡到日本最古老的汤。先和道后温泉站、少爷列车好好地合影一番，然后落脚一家温泉旅馆，换上浴衣，套上羽织，蹬上木屐，慢悠悠走到道后温泉本馆，跟过去的许多文人墨客一样，泡在这个"美人汤"之中。一天的疲惫渐渐散去，接着就能吃一顿美餐了。

❺ 日本最后的秘境

深藏在四国崇山峻岭的会是什么？是近千年前"源平合战"中战败的平氏家族吗？曲折的祖谷川在陡峭的峡谷中蜿蜒而行，刻画出一幅幅美丽画卷；密林中的古老藤桥悬在峡谷之上，等着你去挑战；大步危和小步危形态奇特的绝壁与碧绿透明的水色相映成趣。深入山间和村落，泡泡汤，走走路，这再好不过。如果没有时间，记得坐一趟土赞线列车，也很值得。

❻ 全日本的舞蹈派对

四国人是不是最爱跳舞？如果不是，为什么他们同时拥有高知的夜来祭和德岛的阿波舞祭，把整个8月中旬变成舞蹈周？人们穿着特别制作的浴衣，拿着特制的乐器，跳着各种各样的舞蹈，走街串巷，热闹非凡。不仅如此，夜来祭和阿波舞祭已经成为日本各地竞相开花的节日，当然，在它们的主场，这两个舞蹈派对更是达到高潮。

金刀比罗宫

鸣门漩涡

四国亮点 259

道后温泉本馆

祖谷溪谷

阿波舞祭,练习阿波舞的孩童

★ 最佳景点
四国遍路

人生即遍路——日本俳句家山头火（1882~1940年）。

身穿白色薄衣，头戴斗笠，手持金刚杖，铃铛声随着脚步忽轻忽响……他们在繁忙都市中、高架路上大步流星地行走，在遥远的崇山峻岭里登顶——匆匆的身影从一座寺庙走到另一座寺庙。他们是谁，是什么驱使他们徒步完成这段漫长而孤寂的旅程？

四国遍路，1200年，1200公里，一代又一代的修行者来到偏居一隅的四国，踏上这条与世隔绝的朝圣之路，巡礼空海大师创建的八十八座寺庙，为了信仰和修行。今天，每年至少有30万人走在这条很难看到尽头的道路上，初心可能五花八门，但几乎所有人都会感受到这是一条考验和思考之路。

（见253页地图；Shikoku-henro）

高知县的善乐寺

谁是空海？

如果你到过西安乐游原上的青龙寺，或是看过电影《妖猫传》，就会知道"空海"这个名字。空海（Kukai，谥号弘法大师）是日本高僧，他作为遣唐使来到中国，跟随密宗大师惠果学习，短短数月便得大师真传，两年后他回到日本创立了真言宗。空海向嵯峨天皇请求在高野山建金刚峰寺，弘扬密宗佛法，自那时起，高野山成为真言宗的总本山。

出身赞岐国仲村（现香川县善通寺市）的空海究竟有没有创立八十八座寺院并没有定论，但其中许多寺院的确与他颇有渊源，而他对日本佛教甚至文学艺术所做出的贡献，深深影响了日本人的精神世界，人们对他非常崇敬。"四国遍路"确立于16世纪至17世纪之间，高野山的僧人真念于1689年发表了第一本《四国遍路道指南》，令这条朝圣之路深入人心。

遍路八十八寺

八十八寺，又被称为八十八灵场，它们分布在四国各地，有些密集，有些疏远，从德岛县开始一路向西顺时针绕回香川县。

德岛县内23座寺院被称为**发心道场**（発心の道場/Hoshin-no-dojo），这里是四国遍路的开始，也代表人们发心动念，开始行动，走上朝圣之路。高知县内16座寺院被称为**修行道场**（修行の道場/Shugyo-no-dojo），修行是不断反省自己、调整自己的思想和行为过程。从德岛第23号寺院到室户岬的高知第24号寺院之间的距离超过75公里（这还不是相隔最远的两座），这正是对遍路者身心考验的一段路途。爱媛县的26座寺院被称为**菩提道场**（菩提の道場/Bodai-no-dojo），菩提即觉悟，这是一段升华自身思想的旅程，也许还会有大彻大悟的觉醒。香川县的最后23座寺院也是遍路的最后一段，被称为**涅槃道场**（涅槃の道場/Nehan-no-dojo），终于完成了大师之

路，如同凤凰涅槃，重获新生，与过去的自己告别。

遍路者的行装

行走在遍路上的人们被尊称为遍路者（お遍路さん/O-henro-san，在日文里的意思更为亲切）。虽然他们的背景和动机各不相同，走完八十八寺环线背后的信念就是：与弘法大师的精神同行。

遍路者的旅途生活模式大致相同，衣着也颇为统一：白色旅服（白衣/Hakui）和轮袈裟（Wagesa），以示真诚的目的和纯洁的心灵；斗笠（菅笠/Sugegasa），保护遍路者抵挡骄阳和雨水；还有色彩鲜艳的金刚杖（Kongōzue）。遍路者的斜挎小包被称为头陀袋（頭陀袋/Zudabukuro），上面写着"同行二人"（Dōgyō Ninin），意思是哪怕孤身一人上路，也有弘法大师与你同在。在第1号寺庙灵山寺（见284页）可以将这些装备全部采购到，当然，沿路也会有一些遍路用品店供你采购。从入乡随俗的角度来看，当地人认为斗笠和金刚杖等遍路用品等于空海大师的化身，所以也请对这些物品保持尊敬，注意不要带入卫生间。

遍路者在每个寺庙的常规作法也大致相同：在寺院门口鞠躬，在手水场洗手漱口，敲响铃声并在本堂（HonDō）和大师堂（Daishi-dō）咏唱《摩诃般若波罗蜜多心经》，若带着纳札（Osamefuda），记得写上心愿后投入本

亮点速览

➡ **空海** 将唐代中国文化带到日本，并成为四国遍路的灵魂人物。

➡ **行前必备** 在灵山寺和极乐寺好好装备自己。

➡ **一日遍路** 可以让你在短时间内体验遍路者的日常。

➡ **善通寺** 弘法大师出生地，规模最大的一座寺庙。

四国八十八寺

最佳景点 263

N 0 — 25 km

冈山县
去大阪(170km)
小豆岛
瀬户大桥
白峰寺 根香寺 屋岛寺 八栗寺
乡照寺 庆皇寺 高松 志度寺
道隆寺 坂出 国分寺 志度 长尾寺
丸龟 甲山寺 一宫寺 长尾 白鸟
多度津 善通寺
弥谷寺 善通寺 琴平 香川县 大洼寺 11
本山寺 出释迦寺 曼荼罗寺 (438) 十乐寺 大日寺 淡路岛
观音寺 熊谷寺 金泉寺 极乐寺 灵山寺 鸣门海峡
神惠院 观音寺 切幡寺 鸣门漩涡 兵库县
大兴寺 法轮寺 安乐寺 鸭岛 共户寺 鸣门
伊予 池田 美马 穴吹 吉野川 观音寺 石井 国分寺 德岛
三岛 云边寺 藤井寺 地藏寺 常乐寺 纪伊水道
三角寺 烧山寺 大日寺 小松岛
祖谷溪谷 立江寺 恩山寺
小步危 鹤林寺 阿南
32 大步危 (439) 太龙寺
三岭山 剑山(1955m) 上胜 平等寺
(1894m) 剑山国家公园 木头
大丰 德岛县 药王寺
物部 日和佐
195 牟岐线 牟岐
善乐寺 国分寺 马路 海南 海部
高知 南国 大日寺 宍喰
竹林寺 のいち 东洋
雪蹊寺 禅师峰寺 安芸 神峰寺
55 四国岛
土佐湾 奈半利
金刚顶寺
津照寺
室户 最御崎寺 太平洋
室户岬

堂和大师堂的纳札箱，最后去纳经所（Nōkyō-sho），寺方会在你的纳经账里手书御朱印。步出寺庙山门时，以鞠躬行礼告辞。

遍路怎么走？

如果你渴望成为一位步行遍路者（歩き遍路/Aruki henro），你得计划好用大约40至60天（平均每天走25公里的距离）来完成环行。为了规划你的遍路之旅，网站www.shikokuhenrotrail.com和旅游指南《四国，日本八十八寺路线指南》（*Shikoku Japan 88 Route Guide*，武扬堂，Buyodo Publishing）是绝佳的英语资源。在灵山寺（见284页）可以购买与遍路相关的参考资料。很多寺庙之间是非常古老的遍路者小路，若你顺时针"顺打"步行，第11号藤井寺和第12号烧山寺之间的山间古道，会是你遭遇的第一场"遍路ころがし"（Henro korogashi，指遍路道上的艰苦路段），不少人认为这是遍路中最困难的一段。

如果你不打算步行，可以考虑如今大多数遍路者的八十八寺旅行方式，旅游大巴（12天走完全程的路线大约在￥300,000）、出租车、公共交通、小汽车、摩托车或自行车等。那也是一种值得的努力！

体验式遍路

如果你没有太多时间，又想体验四国遍路，不妨试试在旅途中加入一些遍路的内容。可以沿着一日遍路者的迷你环线行走，小试尝鲜，或许也会让你深有感悟。第1号到第5号寺庙都离得不远，在德岛加入一日遍路的行程（见37页）最为方便。爱媛县的松山境内的第46号寺庙至第53号寺庙，香川县的善通寺附近，均是寺庙密集、便于抵达的好选择。

我们在香川境内进行了一段五日遍路的旅程，从观音寺市出发，第一天，从第68号神惠院走到第71号弥谷寺；第二天，将第72号曼荼罗寺至第77号道隆寺走完——这也是不错的

高知县的国分寺

一日遍路行程,并到达丸龟市;第三天,从第78号乡照寺走到第80号国分寺,在附近住宿;第四天,将第81号白峰寺、第82号根香寺、第83号一宫寺走完,在附近住宿(或返回高松住宿,次日搭乘电车回到83号继续行程);第五天,从第84号屋岛寺(见280页)走到第86号志度寺,最后搭乘琴电线返回高松。

值得留意的寺庙

21号寺庙:太龙寺(Tairyū-ji)2.7公里长的索道(单程/往返￥1300/2470)是日本西部最长的索道,让上山变得容易起来,为所有人提供了游览这处神秘宁静之所的机会。费力来到这里是值得的,风景雄浑壮观。一定要带上护照,因为外国游客经常可以享受半价优惠。

第38号寺庙:金刚福寺(Kongōfuku-ji)坐落在扣人心弦的足折岬,庭院极具热带风情,由形态各异的小型寺庙、雕塑、庭园和池塘组成。步行的遍路者到达这里时会大舒一口气,

山间的步行遍路者

因为从94公里开外的岩本寺到这里,是整个遍路之旅中,庙宇间隔最远的一段。

第51号寺庙:石手寺(Ishite-ji)位于道后温泉东面,得名源自一个和弘法大师相关的典故,其中提到一个手握石头出生的婴儿。这里也被认为可能是四国遍路之源,据说与此地颇有渊源的卫门三郎为谢罪而追寻空海遍访四国,由此形成了这一巡礼之路。

第66号寺庙:云边寺(Unpen-ji)是八十八寺中最高的寺庙,海拔900米。几百年来,步行的遍路者无不畏惧这段攀爬路程,好在现代遍路者可以从香川县乘坐缆车(往返￥2060)上去。据说每个人都能在这里的五百罗汉中间找到跟自己相像的面孔——找找那个像你的。

第75号寺庙:善通寺(Zentsū-ji)是规模最大的寺庙——停车场就能放下其他87座寺庙。这里是弘法大师出生的地方,寺庙拥有相当雄伟的五层塔和几棵据说可追溯至弘法大师童年时代的参天樟树。去地下室探索御影堂(Mie-dō),在黑暗中穿过100米长的走道(￥500):跟随着菩萨指引。

第88号寺庙:大洼寺(Ōkubo-ji)是四国八十八寺遍路之旅上最后一座寺庙,坐落在香川县东南的山间,值得一游。需要通过艰难攀登的路程才能到达最后这座寺庙,如果遍路者真正做到了,仍然需要走回第一座寺庙,完成环线——因为寻求觉悟的过程就像一个环,永无止境。

充满温情的遍路

从沿途的小店老板那里获得鼓励,从寺院里得到一些糖果和水果,从纳经所的大婶那里得到小礼物……这些都是遍路中的礼遇。"接待(お接待/Osettai)"是四国当地人对遍路者提供无偿帮助的古风,给予他们食物和帮助,甚至提供住宿,特别是对于那些徒步的遍路者。

只有20多座寺庙可以提供住宿,许多其他住宿地都会在食宿方面给予遍路者折扣。当遍路者聚集在小店里时,也会互相鼓励,分享心得。虽然可能孤身开始,但路上总会有相伴的身影出现,以及令人感动的不时相遇。

香川县（Kagawa-ken）
香川県

高松（Takamatsu）
☎087/人口41,850

虽然香川县是全日本最小的县，生机勃勃的港口城市高松却动感十足，这里是你进入四国的最理想之地。无论是直飞四国的第一站，还是游览完本州之后通过铁路经由濑户大桥来到这里，都很方便。

高松周围有大量热门景点，乘船前往濑户内海的诸多艺术小岛，攀登近千台阶的金刀比罗宫，或者到隔壁县临时打个卡……一日游的选择非常多。即便是高松本身，也有几处令人感叹的美景，更何况这里的赞岐乌冬真的很美味呢！

◎ 景点

★ 栗林公园　　　　　　　　日式庭园
（栗林公園/Ritsurin-kōen；见302页地图；☎833-7411；www.my-kagawa.jp/ritsuringarden；栗林町/Ritsurin-chō 1-20-16；成人/儿童 ¥410/170；◷6:30~18:00，根据季节变化有所差异；◨琴电栗林公园/Ritsurin-kōen）从地主的豪宅到领主的大型庭园，用超过1个世纪的时间才真正建设完毕，历经两百多年，栗林公园是日本名庭中最大的一座，占地达到75万平方米，被池塘、小桥和小岛围绕。公园分为南庭和北庭，南庭以江户时代的回游式庭园为主，配合着几座小丘，略小一些的北庭则以鸭场（Kamoba）为主线铺陈四季花景，你可以按照"南回游"和"北回游"的路标来游玩，约需2小时才能游遍。紫云山（Shiun-zan）为公园提供了秀丽动人的背景，在远处山峰映衬下的偃月桥（Engetsu-kyō）古典而精致，是日本最美的景色之一。

公园内有不少有趣的景致，包括免费的**赞岐民艺馆**（讃岐民芸館/Sanuki Mingeikan；◷8:30~17:00，周一休息），还有17世纪的**掬月**

栗林公园

亭(Kikugetsu-tei; ◎9:00~16:30),在这里你可以配着传统的甜点浅尝抹茶,欣赏庭园美景。

如果你有JR Pass(通票),可以搭乘JR线到栗林公园北口或者琴电(琴電/Kotoden)到栗林公园,或者从JR高松站乘坐巴士到栗林公园前(¥230,15分钟)下车。

高松城　　　　　　　　　　　　　城堡

(Takamatsu-jō;见302页地图;www.takamatsujyo.com;玉藻町/Tamamo-chō 2-1;成人/儿童¥200/100;◎西门4月至9月5:30~18:30,10月至次年3月 7:00~17:00,东门开门时间晚1.5小时)高松城堡旧址现在成了宜人的玉藻公园(Tamamo-kōen),从JR高松站步行几分钟就能到达。城堡由生驹亲正(Itoma Chikamasa)建于1588年,由濑户内海引入护城河水,将它建成了日本三大水城之一。虽然天守阁不复存在,但残垣在水中的倒影却像是个现代派建筑。水手门上的赏月楼,围绕着披云阁的山水庭园,樱马场春季的樱花,都是公园里的看点。据说每年春天当地人都会在护城河里举办游泳比赛,以纪念古老的骑士传统。

高松市美术馆　　　　　　　　　博物馆

(Takamatsu-shi Bijutsukan;见302页地图;☎823-1711;www.city.takamatsu.kagawa.jp/museum/takamatsu;紺屋町/Konya-machi 10-4;¥200;◎9:30~17:00,周一休息)市中心这座令人印象深刻的美术馆,恰是高松高品质艺术氛围的确凿证明。美术馆的展厅设计异常巧妙,它对这栋前日本银行大楼进行了光线和空间的重新组合,极好地呈现着来自日本全国和世界各地的有趣展品。从JR高松站步行15分钟可到,附近就是琳琅满目的丸龟町商店街。

🛏 住宿

高松有几个不错的经济型住处,中等价位酒店性价比很高。

★ ゲストハウス若葉屋　　　　　客栈¥

(Gesuto-hawasu Wakaba-ya; ☎070-5683-5335; wakabaya.main.jp/en;観光町/Kankō-chō 603-1;铺/单/双¥3000/4000/6000起;🅿✱@🛜;🚃琴电 花園/Hanazono)这间家庭客栈有一个多人间和三间榻榻米和室,公用卫浴,但房间和卫生间非常干净,同时还有不少优势——老板会说英语,起居室和厨房都不错,洗衣机(¥100/次)和自行车(¥500/天)服务都齐全,甚至可以为你寄存行李。最重要的是,这里的服务态度非常好。

Hyper Inn　　　　　　　　商务酒店¥¥

(ハイパーイン高松駅前;见302页地图;☎826-0818;西の丸町/Nishi-no-maru-cho 10-17;标单/双 含早¥5000/7800起;✱✱@🛜)从JR高松站外就能看到右边街上的酒店招牌。前台人员耐心十足,夜间出入的密码和刷卡电梯都保证了安全,还提供免费洗衣(洗剂¥100)和自行车出租。早餐内容丰富,如果不选的话,房价可以便宜¥1000左右,凭钥匙牌还可以在周边几家食铺获得免费饮料。附近还有一间ステーションホテル(Station Hotel;☎822-0818)同属一家集团,价格更便宜。

JR Hotel Clement Takamatsu　　　　　　　　酒店¥¥¥

(JR ホテルクレメント高松;见302页地图;☎811-1111;www.jrclement.co.jp;浜ノ町/Hamano-chō 1-1;标单/双¥14,000/23,000起;🅿✱✱@🛜)这家醒目的现代酒店堪称高松最佳,是你从JR高松站出来后看到的首栋高楼,还能直通高松港。酒店房间宽敞,也有几家上好的酒吧、餐馆可供选择,很多房间可以将濑户内海和玉藻公园的美景尽收眼底。如果觉得价格高,也可以考虑边上2018年新开的三角形大楼JR Clement Inn,这里还有顶层大浴场。

🍴 就餐

赞岐乌冬占据了香川美食头牌,源自丸龟(丸亀/Marukame)的骨付鸡(骨付鳥/Honetsuki-dori,烤制的带骨整鸡腿)紧随其后。紧靠濑户内海，这里的海鲜也不会差，JR高松站向西2公里就是高松中央批发市场（高松中央卸売市场/Takamatsu Chuo Oroshiuri Ichiba），可以前去附近觅食。每年10月至次年1月，这里有一种用橄榄叶粉末加饵料饲养的鰤鱼幼鱼（ハマチ/Hamachi）上市，用它做的生鱼片盖饭是季节馈赠。

高松站附近有几家不错的居酒屋，大多数餐厅和酒吧聚集在商业街和娱乐区，琴电片原町（Kataharamachi）和瓦町（Kawaramachi）之间的铁轨西边。

川福　　　　　　　　　　　　乌冬面 ¥
（Kawafuku；见302页地图；☎822-1956；www.kawafuku.co.jp；大工町/Daiku-machi 2-1；乌冬面午餐套餐 ¥600；⊙11:00至午夜；🚇琴电 片原町/Kataharachō）高松最著名的乌冬面店之一，供应不同做法的爽滑赞岐乌冬，可以按照外面的塑料食品模型点餐。沿着ライオン通（Raion-dōri）留意店前面的红白条纹灯笼。

骨付鸟一鹤　　　　　　　　　　鸡肉 ¥
（Honetsuki-dori Ikkaku；见302页地图；☎823-3711；锻治屋町/Kajiya-machi 4-11；骨付鸡 ¥894起；⊙周一至周五 16:00~23:00，周六、日 11:00~23:00）来自丸龟、创业快70年的一鹤以骨付鸡为主打。这种加了盐和胡椒烤出来的本地鸡，皮脆可口，可能会让你觉得有点咸，配饭或就酒很合适。おやどり（Oyatori）是老鸡，是食髓知味的老食客最爱，ひなどり（Hinadori）是嫩鸡，柔嫩多汁更便宜，推荐初次尝试的你点这个。配的卷心菜通常是蘸着盘中的鸡油吃或是和鸡肉一起吃。尽量避开饭点前往。

★ 神童ろ　　　　　　　　　　居酒屋 ¥¥
（Warajiro；见302页地图；☎821-3330；西の丸町/Nishi-no-maru-cho 5-8；菜肴 ¥380~1500；⊙周一至周六 17:00~24:00，周日和假日 17:00~22:00）在这家离高松站很近的海鲜居酒屋，可以吃到四国所有名物，包括爱媛的鲷鱼饭、高知的半烤鲣鱼等，当然

🍴 赞岐乌冬门道多

日本面界有三大分支——拉面（ラーメン/Ramen）、荞麦面（そば/Soba）和乌冬面（うどん/Udon），拉面以汤头为先，荞麦面以仪式感为重，乌冬面才是最讲究面质的那一款。虽然群马的水泽乌冬和秋田的稻庭乌冬也很有名，但到了四国香川地界，铺天盖地的都是"さねきうどん（Sanuki Udon，赞岐乌冬，赞岐是香川的旧称）"的字眼，这个全国最小的县拥有日本最密集的乌冬面店——至少有650家，乌冬面的消费量自然也是日本第一。香川县自称为"乌冬县"，连高松机场都有一个水龙头用来给旅人们品尝乌冬面的"出汁"（Dashi，高汤）。

在以大米为主食的日本，何以会有面食？当地传说，正是出身赞岐（香川）的高僧空海（弘法大师）从唐朝的长安将中国面条带到日本，地处偏僻的赞岐不宜种植水稻，面食的出现拯救了当地人，并逐渐发展成赞岐乌冬这样的名物，而且价廉物美，很受欢迎。

别看只是小小的一碗粗面条，赞岐乌冬却可以做到筋道和柔软并存，既柔滑弹牙又扎实有嚼劲，不过跟拉面不同，乌冬面的汤汁都不会多。衍生的吃法也不少，一类是将煮好的面条"过冷河"，吃起来更有韧劲儿，分为以下3种：

かけうどん（Kake Udon），清汤乌冬：乌冬面配高汤的基础面，适合另加配菜吃。

ぶっかけうどん（Bukkake Udon），浓汤乌冬：搭配更浓的高汤，加葱花和萝卜泥等配料，味道更丰富。

也少不了骨付鸡（嫩鸡¥900，老鸡¥800）和乌冬面。如果超过4个人，建议预约套餐"濑户内コース"（Sedonai-kosu，¥2500/人），每人可尝到9样菜品。店里的单品高汤日式蛋卷（出し巻玉子/Dashi-maki-tamago）很有人气。

❶ 实用信息

高松市旅游观光中心（高松市観光案内所/Takamatsu-shi Kanko Annaisho；见302页地图；☏851-2009；⏲9:00~20:00）在JR高松站内一个很小的亭子里，却配备了中文（13:30~20:00）和英文服务，还有大量香川和四国旅游信息。也可在www.city.takamatsu.kagawa.jp上查询。

❶ 到达和离开

飞机

高松机场（高松空港/Takamatsu Kuko；www.takamatsu-airport.com）有飞往台北、首尔和上海的国际直达航班，**春秋航空**（☏95524；www.ch.com）经营上海至高松的航线，除周三、周六外每天1班。这里还有日本国内航班飞往东京羽田、成田和那霸等地。

长途汽车

长途汽车从长途汽车总站（见302页地图）往返东京（9.5小时）、名古屋（5.5小时）、关西空港（3.5小时）以及大部分主要城市。

火车

高松是四国唯一有铁道交通与本州相连的城市。有多班前往冈山（¥1510, 55分钟），在那里你可以通过新干线前往本州任意主要城市。

JR高德线（Kōtoku line）的特急列车从高松开往东南部的德岛（¥2640, 75分钟）；JR予赞线（予讃線/Yosan-sen）往西通往松山（¥5670, 2.5小时）；JR土赞线（土讃線/Dosan-sen）通往高知（¥4580, 2.5小时）。私营的琴电线（ことでん/Koto-den）也直接通往琴平（Kotohira, ¥590, 1小时25分）。

しょうゆうどん（Shouyu Udon），酱油乌冬：只加酱油调味，更能体会面条本身的口感。
另一类是直接吃煮好的热面条，也有以下两种：
釜揚げうどん（Kamaage Udon），清汤热乌冬：通常会另配高汤蘸料，将面蘸着吃。
釜玉うどん（Kamatama Udon），鲜蛋热乌冬：乌冬面加上生鸡蛋，配上酱油、高汤，拌在一起吃，也叫月见うどん（Getsumi Udon）。

如此这般，各家铺子还有自己的秘制味道，加上"手打ちうどん（Te-uchi Udon，手擀乌冬）"这样的噱头，在香川各地吃的乌冬味道都不一样，但不变的是对筋道面质的无限追求。当然，各色浇头也为乌冬面增色不少。一般吃赞岐乌冬采取的多为自助方式，食客拿着托盘，等着店家端上面之后，在各种天妇罗、炸豆腐、稻荷寿司等配菜中自由选择，然后结账开吃，吃完把托盘还至回收口。

如果你想迅速体验赞岐乌冬，JR高松站出口向右就能看到很大的"さねきうどん"的招牌，其实店名是めりけんや（Arimenya；www.merikenya.com；☏811-6358；清汤乌冬 ¥210起；⏲7:00~20:00），虽为连锁店，但无论是面还是配菜的选择范围都不少，提着行李来吃也行。

最后，不妨来认识一下乌冬面的正版日文汉字："饂飩"，没想到吧？ ⓛⓟ

当地交通

抵离机场

高松机场很小,到JR高松站的机场大巴(¥760,35分钟)基本可以与往来的航班(www.takamatsu-airport.com/access/bus/index.php)配合,经停瓦町、高松筑港等站,最终停在3号巴士站台。

船

JR高松站外就能看到前往高松港的旅客通道,这里有普通渡轮和高速船前往小豆岛、直岛、丰岛、男木岛、女木岛等附近岛屿,标识非常清楚。

火车

琴电(☎831-6008;www.kotoden.co.jp)是友好、高效的本地私营列车公司,在三条线路上运营列车:黄色琴平线从高松筑港(Takamatsu-Chikko)经栗林公园至琴平,绿色长尾线从高松筑港站至长尾(Nagao),红色志度线从瓦町(Kawaramachi)向东通向志度(Shido),经停琴电屋岛(Kotoden Yashima)。

自行车

高松地势平坦,是绝佳的自行车骑行地。该市提供的很优惠的"蓝色自行车"(¥200/24小时;需有带照片的身份证明),可以在位于JR高松站外面地下自行车停车场的**高松市自行车租赁**(レンタサイクルポート/Reta-saikuru Poto;见302页地图;☎821-0400;⊙7:00~22:00)提车。只要看到"駐輪場(Churinjo)"字样都是可以停自行车的地方。

小豆岛(Shōdo-shima)　　　小豆島

☎0879/人口31,200

在濑户内海的众多岛屿中,小豆岛是仅次于淡路岛(Awajishima)的第二大岛。这里在古代曾是建造大阪城的石料来源地,近代则因成功种植了橄榄树而成为日本的橄榄发源地,到了现在,它成了濑户内海上一处适合慢慢游览的岛屿。如果你是遍路爱好者,也可以在这里试试徒步小豆岛八十八灵场。

土庄(Tonoshō)是主要的村镇和港口,在这里你可以见到"世界上最窄的可航行海峡"土渊海峡(土渕海峡/Dobuchi-kaikyo)。在夏季及红叶最艳丽的10月和11月,这里颇受旅行者青睐。如果遇上旅游淡季,游客稀少,小岛沉寂。至于公共交通,你需要早早拿一份时刻表,精密计划行程才行。

◎ 景点

除了以下两处著名景点,小豆岛上还有**迷路街道**(迷路のまち/Meiro-no-machi)、《**二十四只眼睛**》影视村(二十四の瞳映画村/Nijushi-no-hitomi Egamura)、**中山梯田**(中山の千枚田/Nakayama-no-senmaida)、**寒霞溪**(Kankakei)等观光地,以及手延素面(手延べそうめん/Tenobe-somen)、橄榄油、酱油等工厂可供参观甚至可以亲自体验制作。详情可以登录shodoshima.or.jp查询。

天使之路　　　　　　　　　海景

(エンジェルロード/Enjeru-rodo;见271页地图;🚌国際ホテル前/Kokusai hoteru mae)一听名字便知,这是小豆岛上最浪漫的地方。一片浅滩只在每天的有限时间内显现,情侣们纷纷到这里来挂上大扇贝做成的绘马(Ema,许愿或者还愿的小牌子),或在旅行中心边上带着翅膀的白色天使邮箱里投上两枚明信片。记得留意(www.town.tonosho.kagawa.jp/kanko/tnks/info38.html)发布的退潮时间,只有在干潮时间的前后3小时才能游玩天使之路。记得要爬到边上的小山顶,拍一张天使之路的全景。

橄榄公园　　　　　　　　　公园

(オリーブ公園/Oribu-koen;www.olive-pk.jp;见271页地图;🚌オリーブ公園口/Orību kōen kuchi)免费 濑户内海高处种植的约2000株橄榄树,连同边上的风车、洋房和纪念馆、餐厅和温泉一起组成了这座公

小豆岛

园。在纪念馆里借一把扫帚，模仿《魔女的宅急便》的主人公，到风车和电影的真实取景地拍下照片。橄榄冰淇淋（¥300）要吃，也不妨去两家餐厅试试日式或西式午餐，两者都使用了小豆岛上的特色食材。如果你找到心形的橄榄叶（自己剪也无妨），就去做一枚塑封卡片（¥120）吧。一天会有三四班巴士停在橄榄纪念馆门口，可以查询站台上的时刻表，否则就要下坡走到公路上才能坐车。

食宿

小豆岛的住宿选择不多，民宿和酒店各半，只要不是旺季，性价比都不错。

如果你想随意解决一餐，下船就在土庄港观光中心里吃碗面即可。如果你住在岛上，最好找可以解决两餐的住宿地。当然，这里也有些不错的餐厅，只是比较分散。很多地方可能只提供午餐。

小豆島オリーブユースホステル 青年旅舍¥

（Shodo-shima Oribu Yusu Hosteru；见271页地图；☎82-6161；www.jyh.gr.jp/shoudo；西村/Nishimura 1072；铺¥3948；❄️🛜；🚌小豆島オリーブユース前/Azushima or ī buyūsu mae）这家令人愉快的旅舍位于海岸附近，有带高低铺的宿舍，也有榻榻米客房。提供膳食（两餐约¥1730），出租自行车，有洗衣服务，YHA会员住宿可便宜¥600。在土庄港乘坐橄榄巴士"坂手线"约30分钟，从草壁港步行约20分钟。

小豆島国際ホテル 酒店

（Shodo-shima Kokusai Hoteru；见271页地图；☎62-2111；www.shodoshima-kh.jp；豊島甲生/Teshima-kosei；房含早¥14,000起，含两餐¥22,000起；❄️🛜；🚌国際ホテル/Kokusai Hoteru，エンジェルロード前/Enjerurōdo mae）地理位置当然没的说，就在天使之路的入口，可以避开游客欣赏美景，出门就是橄榄巴士站。虽然设施旧了，但全海景客房和沿海的露天温泉足够美好，前台有中文服务，能帮忙规划一日游路线，酒店还提

> ### 妙用JR四国周游券
>
> 虽然四国是日本四岛中唯一未通新干线的地方，但JR推出的四国周游券（All Shikouku Rail Pass）还是很有用，分为连续使用3日（¥9500）、4日（¥10,500）、5日（¥11,500）和7日（¥12,500）四种类型。它不仅包含了琴电、伊予铁道等在内的几条私营铁路，还可以无限次搭乘高松港—土庄港的渡轮（非高速船）和小豆岛上的橄榄巴士。
>
> 需要特别注意的是，JR四国周游券需要在四国的高松、德岛、松山、高知的Warp（ワープ，JR旗下的旅行服务店）门店（约10:00~17:30）购买，而非JR绿色窗口购买。大阪Warp梅田分店（周日休息）和琴平旅游信息办公室（见280页，仅收现金）也出售此票。在中国国内代理商处提前购买则可以便宜¥500，同样需要在Warp门店兑换。通票遗失不补，记得妥善保存。 ⓁⓅ

供免费港口接送。美味的餐食性价比很高。在土庄港乘坐橄榄巴士"西浦线"约15分钟可达。

カフェレストランん忠左衛門 简餐¥

（Kafe-resutoran Chuzaemon；见271页地图；www.inoueseikoen.co.jp；☏75-1188；蒲生甲/Gamoukou 61-4；套餐¥1522起；⊙周一至周五和周日11:00~15:00，周六和假日前日11:00~20:30；🚌井上誠耕園らしく園前/Inoueseikōenrashiku-en-mae）井上诚耕园（Inoue Sekoen）是小豆岛著名的橄榄园之一，园内"らしく本館（Rashiku Honkan）"一楼是特产店，二楼就是这家餐厅。不仅坐拥濑户内海的美景，还有用小豆岛橄榄油烹制的意面、"橄榄饲养牛肉的牛排"等美味。如果还有兴趣，就参加橄榄油制作课程吧。

从土庄港乘坐橄榄巴士约30分钟，多条线可达。

ⓘ 实用信息

土庄港观光中心（土庄港観光センタ/Tono-sho-ko Kanko Centa；见271页地图；☏62-1666；⊙9:00~17:00）更多是出售当地名物，也提供简餐餐食。隔壁的汽车站的バース案内所（Basu Annaisho）更有用。

可登录www.town.shodoshima.lg.jp了解当地信息。

ⓘ 到达和离开

小豆岛有诸多港口和多条渡轮线路。

大多数人搭乘从高松港出发前往土庄港的渡轮（¥690，每天15班，60分钟）或高速船（¥1170，每天15班，35分钟），土庄也有去小豆岛的池田港、草壁港的渡轮。

同时，从本州的新冈山港、神户港、姬路港、宇野港都有发往小豆岛的水上航线。可以查询www.town.shodoshima.lg.jp/olive_station/access.html了解详情。

ⓘ 当地交通

小豆岛橄榄巴士（小豆島オリーブバス/Shōdo-shima Olibu Basu，www.shodoshima-olive-bus.com）有覆盖大多数地方的路线，但班次不多。你可以在巴士案内所先取一份时刻表，然后对照一下贴在窗上的介绍，了解自己要去的地方如何坐车，并比对时刻表计划路线。

如果你时间充足，沿海岸骑自行车是十分惬意的体验，在土庄港观光中心和橄榄公园（见270页）等景点都提供服务，同时岛上有一些住宿地可以出租自行车，比如**小豆島オリーブユースホステル**（见271页）基本都是自行车¥1000/天，电动自行车¥2000/天。**旭屋レンタサイクル**（☏62-0162；⊙7:00~19:00）在土庄邮局对面的旭屋旅馆内，从渡船码头步行一小段路即可到达。

直岛（Naoshima） 直岛

☑087/人口3135

文艺青年们因为"波点教母"草间弥生（草間彌生/Kusama Yayoi）的海边大南瓜而追到这里，但对这里贡献更多的是安藤忠雄（Ando Tadao），而早在20世纪80年代，直岛就已经成为倍乐生艺术工程（Benesse Art Site）的所在地，它为旅行者提供了在美丽的自然环境中欣赏最优秀的日本当代艺术的独特机会。

当时倍乐生株式会社和福武财团的老板福武总一朗（他就是"巧虎之父"）选中了直岛，决定在此展示其不断增加的现代艺术藏品。于是，直岛从人口稀疏的小渔村变成了拥有世界级艺术作品的殿堂，同时也带动了周边其他小岛上的博物馆和艺术地的发展。

◎ 景点

艺术景点大多集中在东北部的本村（Honmura）、靠近码头的宫之浦（宮ノ浦/Miyanoura）和东南部的倍乐生艺术区（ベネッセハウス/Benesse Hawusu），当然还有很多屋外装置，比如草间弥生的红南瓜和黄南瓜。宫之浦码头上由藤本壮介（Fujimoto Sousuke）设计的白色网状结构的"直岛帐篷（直島パヴィリオン/Naoshima pavuirion）"，在夜间观赏也非常美。

在宫之浦码头内的直岛旅游信息中心、本村ラウンジ＆アーカイブ都可以购买门票。有些场馆需要网上提前预约，节假日期间，博物馆会变得人潮涌动，你可能需要排队。大多数景点对15岁以下儿童都免费，美术馆内都不能摄影，用足眼睛和大脑就好。以下景点标明的都是最终入馆时间，可以查询www.benesse-artsite.jp，了解倍乐生艺术项目详情。

艺术之家计划 艺术装置

（家プロジェクト/Ie-purojekuto；见273页地图；☑892-3223；单馆/きんざ单馆/6馆联票￥410/510/1030；◷10:00～16:30，周一休息）将本村6座民宅和寺社进行了魔术般的改造，其中大竹伸朗（Ōtake Shinrō）的**牙医**（はいしゃ），詹姆斯·特瑞尔（James

Turrell）和安藤忠雄的南寺（Minami-dera）以及杉本博司（Sugimoto Hiroshi）的**护王神社**（護王神社/Go-o-jinja）令人印象深刻。

乘坐巴士到農協前（Nōkyō-mae）下车，这些景点之间的距离都不远，步行即可到达。另外，每人只能进去15分钟的内藤礼（Naito Rei）的きんざ（Kinza）采取完全预约制，可在官网预约。

安藤博物馆　　　　　　　　　博物馆

（Ando Museum；见273页地图；✆892-3754；门票¥510；⏱10:00~16:00，周一休息）在本村一间百年木造民宅中，你可以找到安藤招牌的"混凝土结构"，还有个小小的地下空间。这里更像是对地中美术馆的一个回顾，看完美术馆再来也许更有意义。

地中美术馆　　　　　　　　　画廊

（Chichū Bijutsukan；见273页地图；✆892-3755；门票预约制¥2060；⏱3月至9月10:00~17:00，10月至次年2月10:00~16:00，周一休息）美术馆由一系列冰冷的混凝土墙围成——非常"安藤"，当时为了不破坏岛上环境而特别设计于地下。独特的自然光照明，为莫奈的5幅《睡莲》、瓦尔特·德·玛丽亚（Walter De Maria）的一些重要雕塑以及詹姆斯·特瑞尔的几件装置作品提供了绝美的展示环境。

这里是岛上最热门之地，必须要进行网上购票（www.e-tix.jp/chichu，可提前60天）后再前往。高峰时段会运行一种"定时票"系统，为你指定可以购票进入的时间。

李禹焕美术馆　　　　　　　　画廊

（Lee Ufan Bijutsukan；见273页地图；✆892-3754；门票¥1030；⏱3月至9月10:00~17:30，10月至次年2月10:00~16:30，周一休息）美术馆的设计师依然是安藤忠雄。内部展示著名韩裔艺术家兼摄影师李禹焕的作品，他是20世纪60年代和70年代"物派"（Mono-ha，保持素材原有状态并强调它们与周边关系，由日本艺术家开始定义的艺术流派）运动的代表人物之一。

倍乐生之家美术馆　　　　　　画廊

（ベネッセハウス ミュージアム/Benesse Hawusu Mujiamu；见273页地图，倍乐生之家；✆892-3223；成人/酒店住客¥1030/免费；⏱8:00~20:00）同样由建筑师安藤忠雄设计的这座壮观的美术馆兼酒店位于直岛的南海岸，藏有安迪·沃霍尔（Andy Warhol）、大卫·霍克尼（David Hockney）、贾斯珀·约翰斯（Jasper Johns）及大竹伸朗等艺术家的作品。装置艺术作品散落在附近的海岸和森林之间，将建筑与自然环境融为一体。

★ 直岛钱汤　　　　　　　　　公共浴场

（直島銭湯/Naoshima Sento；见273页地图；✆892-2626；成人/儿童¥650/300；⏱13:00~20:30，周一休息）在全日本最具艺术感的澡堂里享受（需自带毛巾和洗浴用品），同时欣赏大竹伸朗的现代艺术作品（屋子里真的有只大象哦）。从宫之浦港步行两分钟即可到达，留意前方有棕榈树的建筑。澡堂名称"I ♥ 湯"是双关语——湯的日语发音近似you。

🎎 节日和活动

濑户内国际艺术节　　　　　　艺术节

（瀬戸内国際芸術祭/Setouchi Kokusai Gejutsu-sai；www.setouchi-artfest.jp；单季/三季联票¥4000/4500）这一综合了艺术、音乐、戏剧和舞蹈的盛典始于2010年，每3年举办一次。本书完成时，2019年艺术节的春季版刚刚开幕。春、夏、秋共计107天内，濑户内海12个海岛上会举办密集的艺术活动，直岛内容最多，四国高松港和冈山宇野港周边也有活动。

活动期间，轮渡和巴士会增开不少班次，三季联票几乎可进入所有场地，想参观艺术场馆可以省下一大笔钱，但需要花更多时间排队。也需要提前订好直岛和高松的住宿。

直岛 275

🛏 住宿

直岛上私人运营的民宿不少，旺季价格会上涨，当日来回还是建议住在高松。

つつじ荘　　　　　　　　　　露营地¥

(Tsutsuji-sō；见273页地图；📞892-2838；www.tsutsujiso.com；帐篷/小屋 每人¥3780/4760起；❄）海滩上蒙古包风格的露营地，离倍乐生美术馆不远，很能体验海岛魅力。舒适的帐篷内可容纳4人（最多），有一个小冰箱和取暖器（但是没有空调），共用浴室。不喜欢住帐篷的人可选择房车（住3人 ¥2880/人）或小屋。需提前预订膳食。只收现金。

★ 倍乐生之家　　　　　　精品酒店¥¥¥

(ベネッセハウス/Benesse Hawusu；📞892-3223；见273页地图；标双/套¥32,000/59,000起；P❄❅@📶）被称为"一生一定要住一次"以及"一生很难订上一次"的酒店，值得艺术和建筑学爱好者前来"朝圣"，尤其是安藤忠雄粉。客房楼有4栋，分别是"美术馆""椭圆""公园"和"海滩"，房间不提供电视，装饰品是来自倍乐生美术馆的藏品，尤其以"椭圆"最为壮观。7岁以下儿童禁止入住"椭圆"和"美术馆"客房楼。

🍴 就餐

宫之浦港附近有几家咖啡馆和岛上唯一一家便利店（好好利用），本村的艺术之家周围有几家餐馆和咖啡馆，外加一家小超市。晚上营业的地方不多，营业时间也不定，最好能预订。

玄米心食あいすなお　　　　咖啡馆¥

(Genmai-Shinshoku Aisunao；见273页地图；📞892-3830；www.aisunao.jp；菜肴¥600~900；⏰11:00~15:00；❄📶🚭♿）📍这是一家坐落在艺术之家区域内宁静的休憩地点，座椅设在抬高的榻榻米地板上，菜单十分健康——可品尝美味的午餐定食（¥850），包括本地糙米饭、汤和蔬菜。对面就是同名客栈。

🎒 跳岛注意事项

在艺术的海洋里遨游，同时欣赏濑户内海的美景，这样的美事背后，需要你留意"跳岛规则"，才能锦上添花，否则就是"车祸现场"。

➡ 确认艺术场馆的开放时间，通常都是开门晚关门早，特别要注意闭馆日（未必都是周一），能网上预订的门票就去订好。

➡ 确认轮渡的班次，以及各个岛上的衔接，小岛的班次很少，需要计划时间或是提前有备选方案。

➡ 确认岛上巴士的最新时刻表，特别是旅游旺季最好略早返回码头，预留足够时间。

➡ 尽早预订住宿，尽量住大一些的岛，尤其是艺术节期间。

➡ 留意餐厅的营业时间，有好多只提供午餐，尽量（拜托住宿地帮你）预订。

➡ 便利店方面，除了小豆岛和直岛（只有1家），其他岛都没有，做好准备。

➡ 岛上活动尽量骑车，如果一日游，选择电动自行车最佳。

➡ 美术场馆内部通常不能拍照，请用心体会，遵守规则。

➡ 春秋两季跳岛游最舒适，有花和叶同行，如果夏天到来，记得涂抹防晒霜。

➡ 艺术节期间人满为患，间歇期间前来，也许更为安逸。 ⓛⓟ

日本料理一扇　　　　　　怀石料理¥¥¥

(Issen；见273页地图，倍乐生之家；📞892-3223；午餐套餐¥2000~2900；⏰7:30~9:30，11:30~14:30和18:00~21:45；❄📶）倍乐生美术馆餐厅质朴无华，供应怀石料理正餐（多道菜），其菜品过于美丽而让人不忍食用。菜肴以海鲜为特色，但是也有以蔬菜为主的选择（需提前两天提出要求），菜单随季节变化。餐厅提供三餐，午餐性价比最高，建议预约。

❶ 实用信息

本村ラウンジ & アーカイブ（Honmura Raunji & Akaibu；见273页地图；☎840-8273；10:00~16:30，周一休息）位于本村码头旁边，提供旅游信息，还有一个休息区和行李寄存处。

直岛旅游信息中心（海の駅なおしま/Umi-no-eki Naoshima；见273页地图；☎892-2299；www.naoshima.net；◎8:30~18:00）位于宫之浦渡船码头，提供全面信息。

❶ 到达和离开

直岛可作为从高松出发的一日游目的地，如果在本州和四国之间旅行，这里也是沿途一个不错的停留点。

高松和宫之浦之间有常规渡船（¥520，50分钟，每天9班）和高速船（¥1220，25分钟，每天5班）。直岛、丰岛和犬岛之间每天仅有三班高速船往来。

通过倍乐生艺术工程官网、直岛旅游官网和高松的旅游观光中心都可以查询最新渡轮时刻表。

❶ 当地交通

只有三种方式可以游览直岛：骑自行车、搭乘公交或是徒步。

宫之浦渡轮码头周围有好几家租车行。おうぎやレンタサイクル（Ogiya Rentasai-kuru；☎090-3189-0471；◎9:00~18:00）就在码头内，提供自行车（¥300/天）、电动自行车（¥1000/天）、电动摩托（¥1500/天）出租。附近的租车行价格差不多，考虑到路况，建议你租电动自行车。注意，倍乐生区域不允许自行车通行。

巴士并不直接环岛，在宫之浦、本村和南边的倍乐生地区（つつじ莊）之间有直岛小型巴士运营（7:02~20:45，¥100/次），大约1小时2班。倍乐生地区有免费接驳巴士从つつじ莊出发，在各个倍乐生艺术场馆停靠，一天15班。但一定注意：地中美术馆不开放的时间，这辆巴士就不运营。我们调研时，每天中午12:05会有一班巴士从宫之浦港直达地中美术馆，但没有回程。

丰岛（Teshima） 豊島

如果你没有足够的时间参观直岛的美术馆，就直奔坐落于直岛和小豆岛之间的丰岛吧，这个小岛上也有许多艺术地点。翻山越岭，穿梭于柠檬树和古老的日式房屋之间，你可以从高处隔海眺望周边较大的岛屿。

◎ 景点

丰岛的艺术作品集中在家浦（Ieura）港和东边的唐柜（唐櫃/Karato）港附近，相对于直岛的丰富，丰岛的艺术作品更适合让人"放空"，体验很不一样。15岁以下儿童免费。可以查询倍乐生艺术项目官网www.benesse-artsite.jp了解，也可致电☎68-3555查询。

★ 丰岛横尾馆 画廊

（Teshima Yokoo Kan；门票 ¥510；◎3月至10月 10:00~16:30，周二休息，11月至次年2月开放时间会有变化）挨着家浦港，这栋古老的房子被改建成展厅，室外有一个传统的日式庭园，但石头竟然是大红色，养着锦鲤的池底是蓝与黄的鲜明色调。室内更是另一派前卫张扬的风格，给人很强的视觉震撼。别忘了走进14米高塔状的"瀑布"，内部两侧是数以千计的瀑布明信片，数量之多，感觉似乎无穷无尽。卫生间甚至全部镀铬，令人目眩，值得一看。这里虽然不大，但绝对令你印象深刻。

心跳档案馆 博物馆

（心臟音のアーカイブ/Shinzouon-no-akaibu；门票 ¥510；◎3月至10月 10:00~16:30，周二休息，11月至次年2月开放时间有所变化）想寻找一次奇特迷人的体验，可以参观唐柜港地区附近小海湾里面的心跳档案馆。馆内收集了来自世界各地数以万计的人类心跳声，你可以坐在黑暗的环形"心跳室"内聆听那些心跳声——它们真的各不相同。既然来了，为何不报名录制自己在"世界尽头的心跳声"并带回一张CD（¥1540）留作纪念呢？

丰岛美术馆　　　　　　　　　博物馆

（Teshima Bijutsukan；门票¥1540；⊙3月至10月 10:00~16:30，周二休息，11月至次年2月开放时间有所变化）丰岛美术馆位于山坡上，是建筑家西泽立卫（西沢立衛/Nishizawa Ryue）和艺术家内藤礼的作品，就像一个巨大的水泥外壳包覆着泪滴形状的穹顶。人们在适合沉思的宁静空间中漫步，"水泥外壳"之间不时露出蓝天、白云，甚至周围的绿色山丘。低下头，可以看到地面上的小水珠随风滚动，你可以观察它们的动向，发现"地上的水珠也是艺术品"背后的秘密。如果你计划的"跳岛艺术之旅"遇上了雨天，不妨来这里看看，又会是另一番感受。美术馆商店（同样是混凝土建筑）内有一家小咖啡馆。

🛏 食宿

丰岛大多数民宿和日式旅馆的经营者基本不会说英语。旅游信息办公室的工作人员可以帮忙预订住宿。分布岛上各地的咖啡馆提供午餐定食。

古宿 たかまつ屋　　　　　日式旅馆¥

（Furujuku Takamatsu-ya；📞5275-8550；www.takamatsu-ya.jp；房 单/双/三¥5000/9000/12,000；🅿🐾☕）曾为穷困潦倒的人和婴幼儿的收留地和日式旅馆，这家客栈见证过沧桑的历史。你不知道的是，这里如今有7间一尘不染的榻榻米房间。员工会说英语，可在柠檬树丛间享受早餐（¥800），步行片刻即可到达家浦渡轮码头，使得这家旅馆一如既往地受欢迎。

ℹ 实用信息

可以在家浦渡轮码头附近的旅游办公

别忘了犬岛

犬岛（Inujima）虽隶属本州岛的冈山县，但也是倍乐生艺术项目的一部分。岛民只有几十人，但这座小小岛给人的感觉更为质朴，当然，交通更为不便。可以查询倍乐生艺术项目官网www.benesse-artsite.jp了解。

犬岛精炼所美术馆（Inujima Seirensho Bijutsukan；📞086-947-1112；与艺术之家计划、犬岛植物园联票¥2060，15岁以下免费；⊙3月至11月 10:00~16:30，周二休息，12月至次年2月 周二、三休息）以利用自然著称的建筑师三分一博志（Sambuichi Hiroshi）改造了这座建于1909年、荒废了的炼铜所，利用烟囱和门的开关来控制馆内温度。主要作品来自艺术家柳幸典（Yanagi Yukinori），但一切都在向作家三岛由纪夫（Mishima Yukio）致敬。

犬岛上的"艺术之家计划"理念同直岛一样，这里共有8座建筑，基本由日本著名建筑师妹岛和世（Sejima Kazuyo）操刀，配上诸多艺术家的灵感设计。如果从高处俯瞰小村，不禁令人惊叹这一切是如何发生的。

犬岛没有从高松直接发出的渡轮，只有除周二以外从直岛发出经停丰岛到达犬岛（¥1850，55分钟）的高速船。从冈山的宝伝（Hoden）港每天有8班发往全岛的船，10分钟即达（¥300）。

室（teshima-navi.jp）获取地图和详细介绍，也可以查询倍乐生艺术项目官网获得相关信息。

ℹ 到达和离开

丰岛的轮渡班次少，时刻表却很复杂。从高松港出发，周一、三、四、五每天有五班高速船发往家浦港（¥1330，35分钟），其中中午一班经停直岛的本村港（¥1220，30分钟），周二因为场馆休息的关系，每天只有3班直达本浦港，周末可能会多开班次。3月底至11月每天10:15有一班高速船从高松发往唐柜港。

每天从小豆岛土庄港发往宇野港的渡轮和高速船经停唐柜港（¥480）和家浦港（¥770），一共有7班。从直岛的宫之浦港出发，除周二以外每天有三班高速船经停家浦港（¥620）后到达犬岛（¥1850）。

倍乐生艺术项目网站www.benesse-artsite.jp提供当前时刻表。

❶ 当地交通

强烈推荐在岛上骑车出行，可以在家浦码头附近租自行车（¥500/天）或者电动自行车（¥1000/4小时，每增加1小时¥100），后者更合适远途。家浦和唐柜之间的往返巴士班次不多（¥200），艺术节期间会增加班次。

琴平（Kotohira）

☎0877 / 人口9800

在日语里，琴平和金刀比罗宫的发音是一样的，这座小镇正是因为有了著名的金刀比罗宫才慢慢发展起来。如果跟上了年纪的日本人提起你去过四国，他们首先要就会问你是否登上过金刀比罗宫。这座供奉海神的神道教神社是日本总社，1368级石阶对很多日本人而言是一种仪式，攀登沿途也还有很多有趣的地方。

◎ 景点和活动

★ 金刀比罗宫　　　　　　　　神道教神社

（Konpira-gun；见279页地图；www.konpira.or.jp；☎75-2121；琴平町/Kotohira-chō 892-1；登山免费 宝物馆¥800，书院¥800，大学生以下/初中生以下 半价/免费；⏰宝物馆和书院 8:30~16:30）金刀比罗宫是人们祈求五谷丰登和海上安全的神社，在日本全国都有分布，琴平这间是总社，因此参拜人数众多。有很多人大惊小怪感慨登页（1368级台阶）是如何艰难，但如果你在日本已经走了这么远，可能早已经历了好几次通往神社的攀登了。

台阶路上会不时出现段数（台阶数），鼓励你前进。最初一段台阶路上都是特产店和食铺，你可以在返回的道路上（可别太晚）慢慢游逛。到了365段，就是**大门**（Ō-mon；见279页地图），通往**宝物馆**（Hōmotsu-kan），相对于一个如此重要的神社而言，藏品略显平庸。边上摆在白色大遮阳伞下的5个传统甜食摊，摊主是最早被允许在神社内进行交易的家族的后裔，俗称"五人百姓"（Gonin Byakushō），只有这里可以出售"加美代飴"（Kamiyo-ame，一种传统糖果，¥500/5片）。

沿着两边都是石灯笼的表参道行走，在樱花季这里粉白相间，非常梦幻。

再往上行进，是477段的**表书院**（Omote Shoin；见279页地图），历史可追溯到1659年，这里精美的屏风画被列为日本国家级文物。

继续攀登，就会到达628段的**旭社**（Asahi-no Yashiro；见279页地图）。建于1837年，这个巨大的殿堂敬奉太阳女神天照大神（Amaterasu），以其精美的木雕而闻名。从这里开始，是最后一段短短的攀登，也是全程风景最美的一段路，将你带到785段的**御本宫**（Gohongu；见279页地图）和**绘马堂**（Ema-dō；见279页地图），后者满满陈列着从航船照片到现代轮船引擎模型的海事供品。在被这里一直望到海岸线和濑户内海的壮美景色吸引的同时，也记得看看御本宫左右两侧用真金做成的标记和壁画。

攀登至此已经完成了基本任务，如果还有劲儿，就继续上500多级台阶，经过923段的白峰神社，来到1368段的奥社（Oku-sha，寺院或神社供奉密佛或者开山祖师之地），这里供奉着金刀比罗本教的教祖，还有刻在峭壁上的天狗（Tengu，日本标志性妖怪之一）石雕。从这里望出去的风景更美，不会辜负你的奋力攀登。

金丸座　　　　　　　　　　　　　　剧院

（Kanamaru-za；☎73-3846；门票¥500；⏰9:00~17:00）这里是日本历史最悠久的歌舞伎剧院，建于1835年，据说中间曾经停业作

琴平

为电影院使用。漫步在后台,可以看到旋转舞台机械装置,地下室活板门,还有一条通向剧院前端的隧道。这个歌舞伎剧院就在通往金刀比罗宫的主路往东200米,每年4月,这里都会举办历时两周的盛大歌舞伎演出。

金陵之乡　　　　　　　　　　博物馆

(金陵の郷/Kinryō-no-Sato;见279页地图;☎73-4133;琴平町/Kotohira-chō 623;◎周一至周五 9:00~16:00,周六和周日 至18:00)这家日本清酒博物馆位于通往神社的主路旁,是四国代表的清酒"金陵"酿酒厂(创建自1789年)的旧址。馆内有一些制作清酒的道具,还原了江户时代的制酒现场。路过时可以进去看看,留意门外的清酒桶。

高灯笼　　　　　　　　　　　地标

(Takadōrō;见279页地图)从琴平站走出来几步路,就能看到院落里这座高达27米的木塔,它是日本最高的木制灯塔,最初是为指引濑户内海的船只航行而建。入夜亮灯时极为梦幻。

鞘桥　　　　　　　　　　　　地标

(Saya-bashi,廊桥;见279页地图)沿着主路经过金刀比罗宫的表参道路口继续往西,可以在金仓川的拐弯处见到一座廊桥,平日不能通行,只有在金刀比罗宫大祭的时候才会使用,但古朴的风格很值得一观。

中野乌冬面学校　　　　　　　课程

(中野うどん学校/Nakano Udon Gako;见279页地图;☎75-0001;www.nakanoya.net;琴平町/Kotohira-chō 796;两人起 每人¥1500)在通往金刀比罗宫石阶的表参道上,就能看到巨大的招牌。先在网上预约后,就可以到这里学习如何制作具有传奇色彩的赞岐乌冬面,乐趣十足。你要揉面团、压面、切面、煮面,最后可以吃掉自己做的面——除此之外,还能获得一份证书。在高松市内也有一家分店。

🍴 食宿

从高松到琴平,一日游已足够,但在这里逗留一晚也无妨。

ことぶき旅館 日式旅馆¥¥

(Kotobuki Ryokan; ☎73-3872; 琴平町/Kotohira-chō 245-5; 房含早餐¥7000/人起; P※@)这个温馨的日式旅馆有舒服的榻榻米房间，给客人宾至如归的感觉，就位于河畔，非常便捷。提供雨伞、互联网接入和一尘不染的公共浴池，木浴缸很豪华。出门朝左是商业街，还有一些小餐厅；朝右是神社；过了河就可以去金刀比罗宫。

琴平花壇 日式旅馆¥¥

(Kotohira Kadan; 见279页地图; ☎75-3232; www.kotohira-kadan.jp; 琴平町/Kotohira-chō 1241-5; 房含两餐¥16,200/人起; P※@)在攀登金刀比罗宫之后，拖着疲惫的身体来到这个豪华旅馆住宿，你会顿感身心放松。这家优雅的日式旅馆有客房和别墅，均位于庭园之中。在旅馆的温泉池或房间内的浴缸里，你可以舒舒服服地泡个澡。摆盘美观的餐食主打地产海鲜和其他当地特色，虽然服务员不太会讲英语，但他们特别热情友好。

こんぴらうどん 乌冬面¥

(Konpira Udon; 见279页地图; ☎73-5785; www.konpira.co.jp; 琴平町/Kotohira-chō 810-3; 餐¥500~1200; ◎8:00~17:00)在通往金刀比罗宫的第一组阶梯不远处，是琴平众多赞岐乌冬面馆里的一家。店铺很引人注目，因为透过店前面的玻璃窗就能看到忙碌的大师傅们在揉面、手工制作乌冬面。尝尝盛在清汤里简简单单的乌冬面（¥500）的口感吧，冷热皆有。

❶ 实用信息

琴平站就有一个小小的旅游信息窗口，可以提供地图等必要的信息。

琴平旅游信息办公室 (Kodohira Kanko Annai-sho; 见279页地图; ☎75-3500; www.kotohirakankou.jp; 琴平町/Kotohira-chō 811; ◎10:00~17:30)提供地图和英文小册子。这里还出租自行车，数量有限。

❶ 到达和离开

可以搭乘从高知（特急¥3930, 1.5小时）和大步危（Ōboke；¥2270, 40分钟）来的JR土赞线到达琴平。去北部海岸的高松和其他地方，需要在多度津（Tadotsu）换车。私营琴电线也有固定的直达列车（¥590, 1小时25分）从高松出发到达琴平。

琴平站本身根据大正时代的模样改建，十分古朴，连里面的7-Eleven便利店都把招牌换成了黑白色以配合古色古香的气氛。

屋岛

高松往东5公里，292米高的屋岛（Yashima）平顶高地清晰可见，它是濑户内海国立公园内的一座火山岩半岛，俯瞰着濑户内海和高松的优美景色。

屋岛站向北走500米，**四国村**（Shikoku-mura; ☎843-3111; www.shikokumura.or.jp; 屋岛中町/Yashima-nakamachi 91; 门票¥1000; ◎4月至10月 8:30~18:00, 11月至次年3月 至17:30）是一座极棒的乡村博物馆，展示了来自四国各处和邻近岛屿的旧建筑，还有一个超棒的餐厅。

屋岛的平顶山上，坐落着四国八十八寺中的第84座屋岛寺（Yashima-ji; 见263页地图; ☎841-9418; 屋岛東町/Yashima-higashi-machi 1808），据说由东渡至此的鉴真和尚始创。12世纪后期源氏和平氏家族之间的决定性战役——屋岛之战就在这里打响。寺里的**宝物馆**（¥500）展出战役相关文物。寺外的**血池**，是传说中获胜的源氏武士们清洗兵刃之处，鲜血染红了整座池塘。你可以从屋岛站步行至此，这是一条很不错的景观路。

德岛县(Tokushima-ken)
德岛県

德岛（Tokushima） 德岛

☎0886/人口266,000

眉山在西部若隐若现，新町川从中部穿流而过，熙熙攘攘的德岛市是八十八寺四国遍路之旅最热门的起点。下雨天不妨去逛逛城市南部的文化之森公园，这个公园里有数家博物馆可以停留。

县内以"阿波"开头的地名不胜枚举，每年8月，传统的舞蹈节——阿波舞祭吸引了成千上万的日本人。如果你在此期间到来，在享受高房价的同时，一定也要加入人群好好跳一场舞。

◉ 景点

★ 眉山 山

（Bizan；见301页地图）280米高的眉山位于新町桥通（Shinmachibashi-dōri）西南角，从JR德岛站走10分钟就能到山脚的**阿波舞会馆**（阿波おどり会館/Awa Odori Kaikan；见301页地图；☎611-1611；www.awaodori-kaikan.jp；新町橋/Shinmachibashi 2-20；门票¥300；◷9:00~17:00，每月第二个和第四个周三歇业），馆内陈列着关于阿波舞祭及这个节日的丰富展品，还有舞蹈表演（下午/晚上 ¥600/800）。5楼的**眉山缆车**（见301页地图；☎652-3617；单程/往返 ¥610/1020；◷11月至次年3月 9:00~17:30，4月至10月和特别活动期间 至21:00）呼啸着带你去到山顶，将整个城市的美景尽收眼底。不妨买一张套票（¥1620），包括博物馆、缆车和舞蹈秀。

德岛县立近代美术馆 博物馆

（Tokushima-ken Kindi Bijutsukan；☎668-1088；www.art.tokushima-ec.ed.jp；文化の森公園/Bunka-no-mori-kōen；成人/大学生以下/初中生以下 ¥200/100/50，特展加收 ¥600；◷9:30~17:00，周一休息）建造在文化の森公园（Bunka-no-mori-kōen）里的县立博物馆令人称奇，常设展品包括近代日本和西方大师的作品，有毕加索、保罗·克利（Paul Klee）、镝木昌弥（Kaburagi Masaya）等人的二维和三维艺术品。不妨将日本艺术家的作品——尤其是那些反映日本战后民族心理的部分，与你更熟悉的欧洲艺术家的作品做个对比，或许会格外有趣。

要来文化の森公园，可以在位于JR德岛站外的汽车站3号站台乘坐巴士（¥210，20分钟）。

中央公园 公园

（Chūō-kōen；见301页地图）电车站的东

另外，坐上复古**缆车**（成人/儿童 往返¥930/460，上程¥560/280，下程¥460/230；◷7:30~17:15，每月1日早5:00开始运营），游览第85座寺庙**八栗寺**（Yakuri-ji；☎845-9603；牟礼/Mure 3416），祈求生意成功、学业有成和姻缘顺遂；预约参观**野口勇庭园美术馆**（Isamu Noguchi Teien Bijutsukan；☎870-1500；www.isamunoguchi.or.jp；牟礼町/Mure-chō 3-5-19；团队游 ¥2160；◷团队游 根据网上预约 周二、周四和周六 10:00、13:00、15:00），了解他为何愿意把家都安在这里。

从高松瓦町乘坐红色的志度线，6站就能到达琴電屋岛（Kotoden Yashima，¥240），花1个小时，从葱郁的高地后面走到寺庙，很令人愉悦。继续坐两站就是八栗（¥190）。如果你拿着JR Pass四国通票，就可以免费搭乘琴电。

北部就是德岛的中央公园，非常适合散步。在这里你会发现古德岛城(Tokushima-jō)的少部分遗址和美丽的**千秋阁庭园**(Senshūkaku-teien；见301页地图；门票￥50，如购买了德岛城博物馆门票，此处无须付费)。

如果想知道这座古城当年有多么辉煌，就去建在城堡原址和遗迹上的**德岛城博物馆**(Tokushima-yo Hakubutsukan；见301页地图；656-2525；门票￥300；9:30~17:00，周一休息)看看吧。馆内有城堡巅峰时期的模型和各种文物。

节日和活动

阿波舞祭(Awa-odori Matsuri；8月12日至8月15日)是日本规模和名气最大的盆舞(Bon，日本纪念先祖的佛教节日盂兰盆节的习俗祭)，标志着盂兰盆节的开始。8月中旬的每个夜晚，男人、女人和孩子们都穿上浴衣(Yukata，轻盈的棉质和服)、戴上草帽，来到街上，和着类似桑巴节奏的主题曲"Awa Yoshikono"(阿波よしこの)，随着三味线、太鼓和笛子(Fue)的伴奏而翩翩起舞。每年有超过100万人来到德岛过节，住宿价格也会水涨船高。

住宿

最好的住宿场所大多位于JR德岛站附近。

さくら荘　　　　　　　　　　民宿￥

(Sakura-sō；见301页地图；652-9575；寺岛本町东/Terashima-honchō-higashi 1-25；标单/双 公共浴室￥3300/6000；)主人是位亲切的年长女士，她欣然迎接外国人来到这个迷人的地方，12个宽敞的榻榻米房间物有所值。这个经济型的民宿有免费Wi-Fi、洗衣设施、停车场和行李寄存服务，就在电车站以东几个街区处的铁轨对面，快到NHK电视塔的地方。找个人帮你打电话预订。

アグネスホテル徳島　　　精品酒店￥￥

(Agnes Hotel Tokushima；见301页地图；626-2222；www.agneshotel.jp；寺岛本町西/Terashima-honchō-nishi 1-28；标单/双￥7500/12,000起；)时尚精巧的酒店，位于车站以西200米处，比普通商务酒店更具精致的美感。房间豪华，内装更有型，休闲时尚的咖啡馆全天营业，"糕点精品店"本身就值得光顾。

餐饮

JR德岛站建筑内部及周边有许多餐饮选择，高中低档俱全。穿过新町川，前往秋田町(Akita-machi)，地标建筑ACTY 21大楼(见301页地图)周围的街道沿线选择更多。

本地名物包括茶色系的德岛拉面(德岛ラーメン/Tokushima-ramen)、当地产的阿波尾鸡(Awa-odori)和德岛炸鱼(フィシュカツ/Fishu-katsu)。

★ 東大 大道本店　　　　　　拉面￥

(Toudai Omichi-honten；见301页地图；655-3775；大道/Omichi 1-36；拉面￥720；11:00至次日4:00)黄底红字的大招牌非常鲜艳，这家店已经开了20年，连锁店铺也有15间，常常参加东京的拉面秀。茶色的猪骨汤底配上特制酱油非常鲜美，上面覆盖着五花肉，最上面的浇头就是德岛拉面的特色——生鸡蛋(东大的生鸡蛋可以免费加)。

活意気　　　　　　　　　　居酒屋

(Izakaya Ikiiki；见301页地图；635-7130；南常三岛町/Minami-jōsanjima-chō 1-2-5里见マンション/Satomi Manshon 1F；菜￥400起；周一至周六 11:00~14:30和17:00至次日2:00，周日至午夜)这家光鲜的小居酒屋，非常值得奋力探索一番。位于刚过公园东北角的地方，不仅有新鲜的海鲜，还有亲切友好、乐于助人的员工，最好的是，可以尝尝托盘内德岛酿造的清酒——两种不同的品味托盘，各有三种酒，每盘￥900。

YRG Café　　　　　　　　咖啡馆

(见301页地图；656-7899；yrgcafe.html.xdomain.jp；寺岛本町东/Terashima Honchō Higashi 1-33-4；餐￥700~1500；

⊙周五至周三 11:30~20:00；📧）这家铁轨下可爱的小咖啡馆是由态度友好、会讲英文的Takao经营的。YRG的意思是"黄红绿"（Yellow, Red, Green），提供营养丰富、均衡膳食的可口食物。许多本地年轻女性都对甜点垂涎不已，尤其是巧克力薄饼。

ⓘ 实用信息

德岛旅游观光中心（德岛综合観光案内所/Tokushima Soko Kanko Annaisho；见301页地图；📞622-8556；⊙9:30~19:00）在车站外广场上的一个亭子里，提供不少本地信息。

ⓘ 到达和离开

德岛阿波舞机场（德岛阿波おどり空港/Tokushima Awaodori Kuko；📞699-2831；www.tokushima-airport.co.jp）有连接德岛至东京、福冈和札幌的航班。机场大巴（¥440，30分钟）在JR德岛站前面的1号站台发车，班次安排与航班时间相对应。

JR高德线连接德岛和高松，搭乘电车只需一个多小时（特急¥2640）。想去祖谷溪谷和高知，可在阿波池田（Awa-Ikeda，¥2820，1小时23分钟）换乘。

高速巴士连接德岛与东京（9小时）和名古屋（5小时）等城市，还有去大阪（2.5小时）及关西机场（2小时45分钟）的长途汽车。

出JR德岛站时，可以在左边的地下自行车停车场租自行车（见301页地图；📞652-6661；半天/全天 ¥270/450，押金 ¥3000；⊙9:00~17:00）。

鸣门（Naruto） 鳴門

📞0886/人口6000

也许你不知道鸣门，但一定吃过日式拉面上的鱼板，它被称作"鸣门卷"，白色薄片上的粉色漩涡线就是鸣门漩涡的代言。德岛县的不少亮点都聚集在这个小镇附近，一日游自然不可错过。

俯瞰鸣门漩涡

四国遍路前五番：灵山寺至地藏寺

鸣门是四国八十八寺遍路之旅的起点，恰好前五座寺庙之间离得不远，不妨来一次从德岛出发、体验遍路之旅的一日游。

灵山寺（靈山寺/Ryōzen-ji；见263页地图；板東/Bandō 126）是从和歌山县高野山前来向弘法大师寻求指点的遍路者乘船抵达四国之后，到达的第一座寺庙。从指南书籍到遍路装备，再到寺庙盖朱印等，这里有你需要的一切。

想要去往第一座寺庙，可搭乘从德岛到板东（Bandō，¥260，25分钟）的本地电车，沿着马路上的绿色线走约10分钟就能到了。从灵山寺出来，沿着主路行进一段，便可以到第二座寺庙**极乐寺**（極楽寺/Gokuraku-ji，见263页地图），再走2公里就能到达第三座寺庙**金泉寺**（Konsen-ji，见263页地图）。行走加游览，到这里可能过去半天，可以走10分钟左右到达板野（Itano），从这里坐电车回德岛（¥360，30分钟）。

如果继续前行，从这里沿着一条越走越偏僻的小路行进大约5公里就到了第四座寺庙**大日寺**（Dainichi-ji，见263页地图），然后再走2公里即到第五座寺庙**地藏寺**（Jizō-ji，见263页地图）。从寺庙前主路上的罗汉（羅漢/Rakan）公交站，可以乘坐去板野（Itano）站的巴士，然后回德岛。

路上或多或少都会定期出现一些路标（日文）指路，标有"遍路道"，通常用一个红色的遍路者（henro）剪影表示。也可以从JR鸣门站出发到达板东进行这段旅程。

鸣门漩涡　　　　　　　　　潮水

（鳴門うず潮/Naruto Uzushio，见263页地图）鸣门大桥（大鳴門橋/Ōnaruto-bashi）连接着四国和淡路岛（Awaji-shima），桥下宽度仅1.3公里的鸣门海峡交互着太平洋和濑户内海的海水，形成了水流平均时速达到13至15公里的世界第三大漩涡潮，春秋季节的大潮甚至可以达到时速20公里。

你可以通过多种方式观赏漩涡，每天有两次观察大潮的时间，可在以下各官网查询。

鸣门大桥上的观景台**漩涡之路**（渦の道/Uzu-no-michi，☎683-6262；www.uzunomichi.jp；门票 成人/中学生/儿童 ¥510/410/250；⏱9:00~18:00，10月至次年2月 至17:00，3/6/9/12月的第二个周一休息；🚌鳴門公園）可以在离海面45高米处观察漩涡。

观光船（☎0687-0101；www.uzusio.com；土佐泊浦字大毛/Ōge, Tosadomariura 264-1）从靠近鸣门观光港（Naruto Kankō-kō）公交站的小码头起航。分为**大型观潮船**[成人/儿童 二等 ¥1800/900，一等 ¥2800/1400（二层甲板）；⏱9:00~16:20，每40分钟一班]和**水中观潮船**（成人/儿童 ¥2400/1200；⏱9:15~16:15，每30分钟一班，需预约），后者可以从水中和二层甲板观赏大潮，更为推荐。

大塚国际美术馆　　　　　　博物馆

（Otsuka Kokusai Bijutsukan；☎687-3737；www.o-museum.or.jp；鸣门公园；成人/大学生/青少年 ¥3240/2160/540；⏱9:30~17:00，周一休息；🚌大塚国際美術館前）票价甚至超过了濑户内海小岛上的美术馆，还都是复制品，要不要来？当你沿着4公里游览路线行走时，《蒙娜丽莎》《睡莲》《最后的晚餐》《戴珍珠耳环的少女》，西斯廷礼拜堂壁画等西方艺术珍品逐渐出现在眼前，在短时间内欣赏超过1000件的陶瓷复制版原尺寸名画（据说2000年不会褪色），还是会忍不住激动万分。美术馆的建造者是著名的大塚制药，用白沙压制陶板和用大型陶板复制美术作品的技术，都是由他们开发而成。对美术爱好者来说太美妙了，仿佛身临其境地浏览了一遍世界美术史的精华。

❶ 到达和当地交通

JR鸣门站位于JR鸣门线上，位于德岛（¥360）以北40分钟车程处（这里居然有个足汤）。从那儿乘坐巴士，20分钟可以到达鸣门公园（¥310，大约1小时1班，可在tokubus.co.jp/wptbc/routebus查询鸣门线），途中经过码头和美术馆。

祖谷溪谷（Iya-kei） 祖谷溪

0883

与铁道线相隔的山里，藏着壮观的祖谷溪谷。陡峭峡谷和茂密的山林，吸引着游客从忙碌的"大陆"生活方式里抽身来此休息一下。沿着峭壁旁蜿蜒曲折的狭窄小路行进，放眼冰冷的祖谷川（Iya-gawa），水流沿着古老山谷流淌，这是种极致的旅行体验。

"秘境"的含义不只是世外桃源，还是传说中战败者的避难之地。据说早在9世纪，一群萨满教巫师为逃离迫害从奈良来到此地。12世纪末，祖谷成为在"源平合战"中战败的平氏家族成员从源氏手中逃脱的最后避难地。人们相信他们的后裔至今还生活这里的山村中。

如果想彻底玩遍溪谷，至少要两三天，也可以挑几个景点做一日游。我们更建议你能够至少住一个晚上，领略"秘境之秘"。

⦿ 景点

西祖谷 峡谷

（Nishi Iya）是祖谷溪谷比较容易抵达的一端，旅游大巴挤满了巨大的停车场。停车场的阴影下是四面八方的人们要来一睹真容的**藤桥**（かずら橋/Kazura-bashi；见307页地图；门票¥550；⦿8:00~17:00，三年一度的冬季整修期不开放）。在祖谷川上200米处的**小便小僧**（Shobinkozou；见307页地图）雕像，正在向脚下的山谷撒尿（从前当地小孩儿就是这么干的），地标的位置太适合俯瞰峡谷。在这两者之间，则有**ひ字溪谷**（ひの字渓谷/Hi-no-ji Keikoku），祖谷川恰好在这里绕了弯，勾画出春夏秋三季山间变幻的美景。

东祖谷 峡谷

（Higashi Iya）又名奥祖谷（Oku-Iya），

意为"幽深的祖谷"。山谷狭窄,道路向上延伸,崎岖的山脉从两侧拱起。

远离人群和旅游巴士,游览壮观的**奥祖谷双重悬桥**(奥祖谷二重かずら橋/Oku Iya Ni-jū Kazura-bashi;见307页地图;门票¥550;◐7:00~17:00)。这是两座偏僻的并排高悬在河上的藤桥,人们从一座桥过去,再从另一座回来。2019年12月至2020年3月是藤桥修整期。

一些山间村落会令人眼前一亮。看到**名顷村**(名頃かかしの里;Nagoro Kakashi-no-sato;见307页地图)的人都会怀疑自己的眼睛,这些"人"有的在等公交车,有的在门廊里聊天,有的在农田里劳作,但他们根本就不是真人,只是真人大小的稻草人式的玩偶罢了。居民月见绫野(Tsukimi Ayano)用这种方式怀念家乡过去的村民。**落合集落**(Ochiayi Shouraku)是建在390米落差山坡上的古老村庄,可以在这里找到从江户到昭和时代的建筑。

想了解当地,**武家屋敷**(Buke Yashiki;见307页地图;☎88-2040;¥300;◐9:00~17:00,周二及12月至次年3月歇业)是一个有着茅草屋顶、俯视美丽山谷景色的武士之家博物馆。在大型红色建筑里**东祖谷历史民俗资料馆**(Higashi Iya Rekishi Minzuku Shiryokan;见307页地图;☎88-2286;京上/Kyōjō 14-3;门票¥410;◐8:30~17:00)陈列着历史文物和日用品,以及一些和平氏传奇有关的物品。

大步危和小步危 峡谷

(Ōboke·Koboke)是两个沿着吉野川上游的峡谷,这里既有碧波缓流荡漾,也有IV级险滩,俨然已成为户外圣地。遗憾的是,17:00以后,除了便利店之外,其他的设施都会关门。如果你只想领略了以下风景,坐上德岛去高知的JR土赞线列车即可。

ラピス大步危(Rapisu Ōboke;☎84-1489;三好市/Kamimyo 1553-1;门票¥500;◐4月至11月 9:00~18:00,12月至次年3月 至17:00)是一座关于地质学和本地妖怪传说(Yōkai)的博物馆——虽然石头很有趣,但妖怪更传奇,有一种"五彩缤纷"的恐怖。

✈ 活动

祖谷温泉 温泉

(Iya Onsen;见307页地图;☎75-2311;www.iyaonsen.co.jp;松尾松本/Matsuo Matsumoto 367-2;温泉 ¥1500;◐白天洗浴

🧗 攀登两座四国高山

海拔1982米的**石锤山**(石鎚山/Ishizuchi-san,见300页地图)被称为"四国的屋脊",是日本西部最高的山峰。作为长期以来的山岳崇拜中心,它同时吸引了遍路者和登山者,特别是在7月和8月的登山季。从山顶望去,景色壮观。

攀登石锤山有两个不错的起点。若想轻松徒步,可以前往山峰东侧1500米处的土屋,往返徒步用时4小时。想要艰辛攀登一天的话,可以从石锤山北侧西野川(Nishi-no-kawa)的石锤缆车处出发。**缆车**(☎0897-59-0331;www.ishizuchi.com;单程/往返 ¥1030/1950;◐7月和8月 8:00~18:00,9月至次年6月时间不定)把登山者们从455米带到1300米高的地方,然后徒步登顶,往返行程需要6小时。

两条小路在最终登顶弥峰(Misen;1974米)之前相交,你可以在那儿找到石锤神社(Ishizuchi-jinja)和可以吃饭、过夜的山间小屋。弥峰的最高点天狗岳(Tengu-dake;1982米)边缘陡峭,是对你的最后考验。

海拔1955米的**剑山**(剣山/Tsurugi-san,见300页地图)是四国第二高峰,与据说象征严

7:00~18:00)祖谷温泉的缆车会带你来到这个位于河边的露天硫黄温泉。哪怕不住在这里,来放松身心、欣赏密林峡谷、温泉洗浴也是极佳。

奥祖单轨铁路　　　　　　　铁路

(奥祖モノレール/Oku-Iya Monoreru;见307页地图;☎88-2975;成人/儿童¥2000/1000;⏰8:30~16:00,周三休息)位于Iyashi no Onsen-kyo,这条可爱的小型单轨铁路有双座车厢,可以载着乘客慢悠悠地驶过4.6公里的线路,穿过几乎完全原始的森林。令人惊讶的是,它还能攀升将近600米的高度,带着乘客沿环线来到1400米的高处,见识不同的植物。

大步危峡观光游览船　　　　游船

(Ōboke-kyo Kanko Yuransen;见307页地图;☎84-1211;www.mannaka.co.jp;山城町西宇/Yamashiro-cho Nishiu 1520;游船 成人/儿童¥1080/540;⏰9:00~17:00)30分钟的游览船可以让你欣赏到两岸的绝壁,谷口的鲤鱼旗,还有当地野生动植物。从JR大步危站徒步20分钟可达乘船口,在官网还可以预订住宿、餐食和温泉,或者租车。

ハッピーラフト　　　　　　漂流

(Hapi Rafuto;见307页地图;☎0887-75-0500;www.happyraft.com;筏木/Ikadagi 221-1)从3月中旬持续到10月中旬,大约有20家公司经营白水漂流和皮划艇游。这一家离JR土佐岩原(Tosa Iwahara)站几步路,经营很出色的漂流和划船活动(¥9000),带英文导游(¥5500~7500半天,¥10,000~15,500全天)。

🛏 住宿

山里的住宿选择并不那么多,几间温泉酒店很受欢迎。也可以住在阿波池田站附近,选择更多。JR四国铁道公司在JR阿波池田站附近新开了一间新民宿**4S STAY**(☎70-0166;4s-stay.com;标双¥7100),是他们在京都之外开的第二间经济型民宿。

阿波池田ユースホステル　　青年旅舍¥

(Awa Ikeda Yusu Hosuteru;见307页地图;☎72-5277;awaikeda-yh.com;佐古/Sako 3798;铺¥3900,早/晚餐¥540/1080;🅿)🍴这家偏远的青年旅舍有面积大的公共榻榻米房间,旁边就是高踞阿波池田(Awa-Ikeda)上方的寺庙密严寺(Mitsugon-ji)。如果想在5公里外的JR阿波池田站有车接

父的石锤山不同,剑山的山顶坡度平缓,常常被比作慈祥的母亲。山顶平地被称为"平家马场"(Heike-no-baba)",据说12世纪时用作当地平家武士的战马训练场。平氏战败后,传说称他们在山顶埋葬了君主的宝剑,剑山因此得名。

缆车(☎0883-62-2772;www.turugirift.com;往返/单程¥1860/1030;⏰4月中旬至11月下旬 9:00~17:00,缆车最晚于16:45返回)可从美浓越(Mi-no-koshi)的停车场到达半山,之后再轻松攀登40分钟就可登顶。浑圆的山顶景色优美。你可以从一条很容易找到的小径继续前往二良圭(Jirōgyū;1929米)。徒步往返1.5小时。山上到处都有小径,经过细致计划,你可以安排一次三日徒步,从剑山往西走到三岭山(Miune-sa;1894米),然后下山进入东祖谷的久保(Kubo)。

到达两座山的公共交通都不太容易,可以在阿波池田(见287页)和松山旅游观光中心(见292页)查询最新情况。

站，或需要提供餐饮，务必提前预订。

★ ホテル祖谷温泉　　　　　　　酒店 ¥¥¥

（Hoteru Iya Onsen；见307页地图；☎75-2311；www.iyaonsen.co.jp；松尾松本/Matsuo Matsumoto 367-28；房含两餐¥19,590/人起；🅿✳🛜）如果资金充裕，你应该选择住在这个地方。榻榻米和西式房间都有，俯临峡谷的餐馆提供丰盛的饭菜，还有酒店温泉浴室和几乎与河面齐平的露天浴池，后者需要乘坐缆车到达（住客免费）。

いやしの温泉郷　　　　　　　　酒店 ¥¥¥

（Iyashi no Onsen-kyō；见307页地图；☎88-2975；iyashino-onsenkyo.com；管生/Sugeoi 28；房含两餐¥14,000/人起；♨温泉10:00~21:00；🅿🍴✳🛜）位于京上和东祖谷藤桥之间的大路边上，是家可爱而低调的酒店。掌握一些日语在这里有用武之地。非住客可以在迷人的餐馆用餐。他们还同时运营奥祖单轨铁路（见287页）。

❌ 就餐

虽然沿途有些餐厅，但关门很早，在住宿地预订两餐是明智之选。祖谷地区的荞麦面颇有乡土风味，值得一试。

祖谷美人　　　　　　　　　　　荞麦面

（Iya Bijin；见307页地图；☎87-2009；www.iyabijin.jp；善德/Zentoku 9-3；餐¥700~3700；⏱8:00~17:00）想要吃到好吃的本地祖谷荞麦面(Iya Soba)，试试这家店吧！这家店在一座具有吸引力的、门外挂着灯笼的黑白相间的建筑里，俯临峡谷。尝尝简单的笊篱荞麦面（ざるそば/Zaru Soba，蘸酱油吃的荞麦冷面），或者点一份包含でこまわし（Dekomawashi，芋头，豆腐和蒟蒻串烧）、野猪肉和野生蔬菜等本地风味在内的午餐套餐。

ℹ 实用信息

在JR阿波池田站外的**三好市旅游观光中心**（三好市観光案内所/Miyoshi Kanko Annaisho；见307页地图；☎76-0877；www.miyoshinavi.jp；⏱9:00~18:00）提供详尽的祖谷溪谷旅游信息。

大步危站旅游信息办公室（大步危駅観光内所/Ōboke-eki Kanko Annaisho；见307页地图；☎76-0877；⏱周一、周二、周四和周五 8:30~15:30，周六和周日 至17:30）这里的效率相当高，小站还有许多小册子和地图。工作人员可以帮忙安排，让你翻山进入祖谷溪谷旅行。

ℹ 到达和离开

祖谷溪谷的公共交通非常有限，每天只有几班车从JR阿波池田站附近的巴士总站开往谷中，而且路线会根据季节有些变化，可查询yonkoh.co.jp/routebus关于祖谷线的内容。

如果你想更方便地游玩，不如乘坐定期观光巴士（☎72-1231；yonkoh.co.jp；¥8500含午餐；⏱3月至11月 周六、日和假日运行，其中5月、8月、10月、11月每天运行），从阿波池田出发经过小便小僧、藤桥、大步危游船等几个经典景点。

JR大步危站和JR小步危站都位于连接高松和高知的JR土赞线上。JR大步危站距离高知（50分钟，¥2460）比距离高松（1小时15分钟，¥2990）更近。

爱媛县（Ehime-ken）
愛媛県

松山（Matsuyama）

☎089/人口515,000

位于一片郁郁葱葱的河谷盆地中，这座四国最大的城市漂亮雅致。松山城和道后温泉就是松山的代言，两者甚至可以望见彼此。时髦的有轨电车穿梭在纵横交错的街道里，而海港则在远处闪闪发光。然而，古朴的松山站、没有IC卡系统的闸口、热气蒸腾的温泉、复古的少爷列车，都在讲述着久远的故事。

◎ 景点和活动

★ 松山城　　　　　　　　　　　　城堡

（Matsuyama-jō；见305页地图；☎921-

4873；www.matsuyamajo.jp；天守阁¥510；
⊙9:00~17:00，8月至17:30，12月和1月至16:30；🚋大街道）如果你在四国只去一座城堡，就直奔松山城而来吧，尤其是樱花季。高高矗立在小镇中央胜山（Katsuyama）山顶，这座城堡雄踞着城市中心，几百年来未曾改变。松山城是日本保存最好的城堡之一，也是为数不多的内部收藏着有趣物品、值得细细探索的城堡之一。索道（单程/往返¥270/510）有缆车和座椅两座方式，可以很方便地带你疾驰上山，走路的话也有一条宜人的小路通向山顶。

值得从城堡后面的山坡上走下来，并到访附近的**二之丸史迹庭园**（Ninomaru Shiseki Tei-en；见305页地图；¥100；⊙9:00~17:00，8月至17:30，12月和1月至16:30），就在城的外围要塞，由古老的庭园和现代水景组成。也可以在有轨电车"县厅前"下车前往。

松山推出了**套票**（松山城らくとクセット券/Matsuyama-jo Rakutoku Setto-ken；成人/儿童¥1700/740），包含松山城天守阁、索道往返、二之丸史迹庭园和少爷列车乘车券（单程，见305页），值得购买，你可以按照套票由下而上的顺序来游玩。

★ 道后温泉本馆　　　　　　温泉

（Dōgo Onsen Honkan；见305页地图；道後湯の町/Dōgo-yunomachi 5-6；神之汤6:00~23:00；🚋道后温泉）位列日本最古老的三大温泉之一，又是宫崎骏动画片《千与千寻》中的"油屋"原型，的确不容错过。据说在神的年代，就有一只白鹭在这里的温泉水中疗伤。眼前这座古老的建筑建成于1894年，无数文人墨客在此停留，其中最著名的是1906年夏目漱石（Natsume Sōseki）在其著名小说《少爷》（坊ちゃん/Botchan）中的描写。夏目漱石是日本现代文学史上的伟大作家，他以自己20世纪早期在松山教书时的经历创作了这篇小说，1984年版的日币1000元上就印着他的头像。

道后温泉之水据说有美肤功效，温泉套餐却很让人"迷糊"，三层楼对应的两个浴池推出了至少4种不同价格的套餐，还有参观展厅和皇家浴室的活动。不过2019年1月开始，

📷 道后温泉站

这个小小的有轨电车站，可能是四国最具异国风情的小站。如果不仔细看，你会以为这座浅绿色的欧风小房子不过是一家星巴克——虽然招牌也不算抢眼，门店已于2017年底车站整修完毕时开业，不妨点一杯咖啡，去二楼小坐。

咖啡馆外面就是道后温泉站的闸口，而这栋楼房的边上则停着人人都想合影的少爷列车，连隔壁的汽车站都有复古的长廊。整座车站弥漫着旧时气息，与温泉的感觉相得益彰。

道后温泉进入维修保护工程（预计7年！），但仍然对外开放最大众、最热门的**神之汤**（神の湯/Kami-no-yu，¥410）。同时以著名漫画家手冢治虫（Tezuka Osamu）的《火之鸟》为灵感设计了火之鸟主题，每天晚上的整点还有灯光秀，加上一天三次的大鼓报时，让这座古老的温泉更添魅力。

附近的**椿之汤**（Tsubaki-no-yu；见305页地图；¥400；⊙6:30~22:30）和**道后温泉别馆 飞鸟乃之汤**（Asuka-no-yu；见305页地图；1楼¥600，其他另有不同套餐）是道后温泉的附属浴室，后者更是于2017年新开业。有时间和兴趣的话，可以进行三馆漫游。

如果你不想做全套沐浴，也有8个免费的**足汤**（Ashi-yu）散落在道后温泉周围，你可以在尽情逛完商店街后，脱下鞋子和袜子，温暖一下你的脚。记得带条毛巾。

少爷机关钟　　　　　　地标

（坊ちゃんからくり時計/Botchan Karakuri Tokei；见305页地图）你可以在道后温泉的拱廊起点看看少爷机关钟，它作为道后温泉本馆百年纪念的一部分，从1994年起就竖立在那里了。钟内人偶都是名著《少爷》里的主要人物造型，他们会在8:00至22:00整点时轮流闪亮登场，成群兴奋的日本游客每小时都会来此观看。边上就有个足汤。

道后公园　　　　　　　　　　　　　公园

（道後公園/Dōgo-kōen；见305页地图；www.dogokouen.jp）小小的公园，包括汤筑城（Yuzuki-jō）的旧址，这里曾是河野家族（Kōno clan）的住宅，他在封建时期统治了伊予（Iyo）地区。这个地区近年考古发掘的文物，都在**汤筑城资料馆**（Yuzuki-jō Shiryokan；见305页地图；941-1480；9:00~17:00，周一休息）免费展出，博物馆在公园西边入口处附近。

松山市立子规纪念博物馆（Matsu-yama-shiritsu Shiki Kinen Hakubutsukan；见305页地图；931-5566；sikihaku.lesp.co.jp；¥400；5月至10月 9:00~18:00，11月至次年4月 至17:00）是为出生于松山的俳句诗人正冈子规（Masaoka Shiki，1867~1902年）而建造的，内有关于松山的历史介绍。**博物馆**就在道后公园北口附近。

伊佐尔波神社　　　　　　　　　神道教神社

（伊佐爾波神社/Isaniwa-jinja；见305页地图；桜谷町/Sakuradani-chō 173）免费 被列为国家文物，这个神社以京都的石清水八幡宫（Iwashimizu-Hachimangū）为蓝本仿建，建于1667年。位于道后温泉东面，走一小段路就到。

少爷列车　　　　　　　　　　　　火车游

（坊ちゃん列車/Bochan Ressha；见305页地图；单程 成人/儿童 ¥800/400）这辆从德国进口的列车自明治时代就开始运行了，夏目漱石的小说《少爷》里的主人公就是坐着这辆车来泡温泉、吃团子。经过了几十年停运，它在新世纪又踏上征程。像"火柴盒"一般的车厢依然都是木制，每到一站列车员都会为大家解说附近的风貌。少爷列车属于市内有轨电车系统，班次不多，节假日有所增加，时刻表可查询www.iyotetsu.co.jp/rosen/rail/shinai_time.pdf?03，假日最好在道后温泉站预订坐席，也可请旅游观光中心（见294页）帮忙预订。

瀬户内海岛波海道骑行

松山 291

🛏 住宿

这里有许多住宿选择，市中心城以南和往东的道后温泉都有。市中心有许多商务酒店，道后的大型日式旅馆则更多接待"温泉游客"。

你可以在**道后温泉旅游协同组合**（☎943-8342；www.dogo.or.jp）的网站上找到所有的温泉旅店的情况，并找到适合自己的一家。一般旅店都有自己的温泉，也会赠送道后温泉本馆的入浴券，最赞的当然是穿上浴衣和木屐行走在街上，十分"道后感"。

Guest House Matsuyama 客栈 ¥

（见305页地图；☎934-5269；www.sophia-club.net/guesthouse；标1人/2人/3人 ¥2800/4500/6000，公寓¥10,000；❄@🛜）具有社区观念的玉乃井女士（Tamanoi-san）欢迎外国客人来到她的客栈兼咖啡馆，该旅馆是她促进国际文化交流的非营利项目之一。虽然住宿场所只提供基本服务，不过地段优越，有整洁的房间、免费Wi-Fi和洗衣设施。需要发邮件提前预订。

チェックイン松山 酒店 ¥¥

（Chikkuin Matsuyama；见305页地图；☎998-7000；www.checkin.co.jp/matsuyama；三番町/Sanban-chō 2-7-3；标单/标双 ¥5120/7920起；P❄@🛜）这个商务酒店绝对物超所值，提供设施齐全、现代感十足、有免费Wi-Fi的房间，大堂内设便利店，屋顶有温泉（女宾温泉在二楼）。走几步就到市中心的大街道商店街（Ōkaidō Shotenkai）。

★ ふなや 日式旅馆 ¥¥¥

（Funaya；见305页地图；☎947-0278，免费电话0120-190-278；www.dogo-funaya.co.jp；道後湯之町/Dōgo-yunomachi 1-33；房含两餐¥22,000/人起；P❄🛜♨）夏目漱石在文思枯竭和四肢酸痛时会逃离至此，所以如果你能够负担得起的话，也应该来此体验一下。酒店的内部才是精彩所在——从中央花园、私人温泉，到周围精致的榻榻米房间，皇室入住都不成问题。从道后温泉站出发，沿着去往伊佐尔波神社（见290页）方向的道路步行一段就到了。

🍴 就餐

爱媛县最有名的莫过于鲷鱼（Tai）料理，可以从一碗鲷鱼饭开始尝试，松山和爱媛县南部的宇和岛（Uwajima）的吃法也会有所不同。五色素面也是松山特色乡土料理，有

🚴 濑户内海岛波海道骑行

如果你爱好骑行，四国和广岛县之间这条超凡脱俗的旅行线路当然不容错过。岛波海道（しまなみ海道/Shimanami Kaidō，见300页地图）是一个由9座大桥（带有自行车道！）组成的跳岛道桥系统，这些大桥连接起6座濑户内海岛屿，从爱媛县的今治（Imabari）开始，直到广岛附近的尾道（Onomichi）。

今治的**サンライズ糸山**（Sanraizu Itoyama；☎0898-41-3196；www.sunrise-itoyama.jp；砂場町/Sunaba-chō 2-8-1；⊙4月至9月 8:00~20:00，10月至次年3月 8:00~17:00）位于第一座大桥的底部，是四国最方便的出发点。这里一切条件具备。若是租自行车，可以在本州那边还车。你可以在此住宿（标单/双¥4320/6500），这里还有餐馆和信息办公室。如果你在这里住宿或者租自行车，他们每天有为数不多的JR波止浜（はしはま，2公里外）站接送服务。乘坐出租车，15分钟可以到达JR今治站（¥2000）。

沿途的10多个自行车出租点都提供租借服务。电动自行车（¥1500/6小时）和双人自行车（¥1200/天）只能归还至特定租车点；普通自行车（¥1000/天）可以在所有出租点归还。所有车都需要押金（¥1000），但注意如果不在同一岛内的出租点归还，则不退回押金。LP

的做成五种颜色的素面,也有的在素面上放上多种颜色的浇头。

松山中心的银天街(Ginten-gai)和大街道(Ōkaidō)商店街周围地区有很多吃饭和喝一杯的地方。道后温泉也有许多就餐选择。

Café Bleu　　　　　　　　　　　　咖啡馆¥

(见305页地图;☎907-0402;www.cafe-bleu.net;大街道/Ōkaidō 2-2-8, 4F;餐¥600~900;⊙11:30至午夜)这个可爱的小音乐咖啡馆提供好吃的午饭简餐。装饰包括安迪·沃霍尔的照片、米克·贾格尔(Mick Jagger)偷窥的照片(在洗手间里)、古董打字机和成架的艺术类书籍。同时出售啤酒(包括健力士扎啤)和大杯的鸡尾酒。抬头才能找到招牌;咖啡馆位于四层。

五色そうめん森川　　　　　　　　面条¥¥

(Goshiki Sōmen Morikawa;见305页地图;☎933-3838;三番町/Sanban-chō 3-5-4;餐¥780~2000;⊙11:00~22:30)中央邮局旁就是这家高雅的松山名店,招牌美食是五色素面(五色素麺/Goshiki Sōmen),细细的面条有5种不同的颜色,分别加入了抹茶、蛋黄、梅子、荞麦粉,以及普通面条。你很快就能找到它的店面,因为橱窗里陈列着许多彩色面条,等着被人们抢购,带回家做礼物。

★ 丸水 松山店　　　　　　　　　海鲜¥¥

(Gansui Matsuyama-ten;见305页地图;☎931-8122;www.gansui.jp;大街道/Ōkaidō 3-6-4;鲷鱼饭¥1450起;⊙11:00~14:30, 17:00~19:30,周三休息)这家经营宇和岛鲷鱼饭的老店很受欢迎。宇和岛的鲷鱼饭吃法比较有趣:先将生鲷鱼片铺在米饭上,再把高汤中的生鸡蛋打散并加入一些调味配菜做成调料,将它淋在饭上,然后拌着一起吃。店内水箱里的鲷鱼是质量的保证,但是要吃天然(¥2100)的还是养殖的,就看你自己——我们觉得没太大差别。

❶ 实用信息

松山旅游观光中心(松山観光案内所/Mat-

坂本龙马,四国之传奇

你在高知遇见的第一间咖啡馆COCHI里坐下,点上一杯卡布奇诺,奶泡上有个头像,不用猜,必须是坂本龙马!走出JR车站,高知旅游广场上,树立着"三志士",坂本龙马正在其中。如果留意一下街头旗帜,高知县正在推出"リョーマの休日·Ryoma Holiday"(龙马假日)大型的自然体验活动。这个龙马,到底是何许人也?

如果要论哪位历史人物对当今日本最有影响,非坂本龙马(坂本龍馬/Sakamoto Ryoma)莫属。无论是在"日本1000年政治人物排行榜"还是"希望其重生拯救今日"的民意票选中,坂本龙马都位列第一,超过了统一天下的德川家康、"战国三杰"之一的织田信长等日本史上赫赫有名的人物。而这位龙马却是连幕末"维新三杰"和《维新元勋十杰论》都没有挤进去的小人物,这究竟

上图：高知车展前的高知出身维新志士塑像，左起依次为武市半平太、坂本龙马、中冈慎太郎　　　　上图：© AKIYOKO / SHUTTERSTOCK

是怎么回事？

如果在盛世，坂本龙马也许会是一个桀骜不羁的"富二代"。在武士为上的旧时代，他们家是经营清酒的商户，几乎垄断了土佐藩（高知县的旧称）全部的市场份额。虽有万贯家财，商人却依然是受人轻视的社会阶层，家族不得不买了"乡士"这样低级的武士头衔。龙马是个向往自由的人，抛开政治不谈，他个人拥有不少"日本第一"的头衔——第一个穿靴子，第一个提出"日本国"概念，第一个带着妻子（阿龙，救了他性命的旅店女佣）进行了蜜月旅行，第一个以万国公法与外国公司打官司且胜诉……就连武器，别人用太刀时，他用小太刀，别人改用小太刀，他却已经使上了手枪。

正是这种性格，让他走出偏居一隅的土佐，来到江户（今东京）学习北辰一刀流剑术并颇有建树。1862年，年纪轻轻的他却要求"脱藩"，只是为了寻求自由，了解外面的世界。2013年高知县开始举办"高知龙马马拉松"，至今已经举办了7届。据说赛道设计就是以坂本龙马的人生舞台为蓝图，从高知城到仁淀川口再沿着太平洋奔跑，让跑步者也能感受到龙马在幕末远眺太平洋时忧国忧民的情怀。

坂本龙马后来投入幕府军舰奉行（江户幕府时的公职）胜海舟（勝海舟/Katsu Kaishu）门下，听他的"开国"见解，后来又结识了西乡隆盛（西郷隆盛/Saigo Takamori，鹿儿岛人，日本的维新三杰之一），并得到萨摩藩（见332页，今九州西南部，包括鹿儿岛县等区域）援助。他在长崎创办了龟山队，从事海运贸易，为倒幕派购入武器和粮草，后又成立海援队，可算是现代商业的开端。

虽然本着倒幕思想，坂本龙马的见解却不同于常人。他的主张并不是攘夷也不是开国，

← 而是将先进的技术用来富国强兵。1866年,他奔走游说于宿敌萨摩藩和长州藩(今山口县),促成了著名的"萨长联盟",倒幕派的军事力量因此空前壮大起来。他提出的"船中八策",第一条就是令德川幕府将政权奉还给朝廷,既避免了内乱,让海外列强无机可乘,又满足了倒幕派的主张,对于幕府本身也不至于太致命。后来的明治维新正是贯彻了"船中八策"(坂本龙马提出的国家体制思想),才让日本走上了新的历史进程。

这样一个思路新颖、深谋远虑的有趣人物,就在1867年的一个冬夜,被刺客刺杀于京都的酱油商近江屋中,年仅33岁。他的死也成为一个历史之谜,有人说这是新选组或者见回组(两者都是拥护幕府的浪人武士组织)的暗杀行动;有人说这是与他意见相左的萨摩藩的阴谋;有人说刺杀是冲着正和他议事的中冈慎太郎去的,龙马只是运气不好;更有天方夜谭的说法是,这是龙马自设苦肉计为维新献身……

在他死后,明治维新正式拉开了帷幕,坂本龙马的思想被运用于国家政治当中,日本日益富强起来,但他本人仍然是一个默默无闻的人物。几十年过去之后,人们忽然开始崇拜起坂本龙马,各阶层人士都给了他极高的评价:"平民英雄""日本近代商业始祖""民主先驱""尊王楷模""帝国海军保护神"……终于坂本龙马跃上了历史舞台的巅峰,因为他超前的想法为日本带来了生机,但也有人默默地指出这是源自他组建的海援队的最终归属——以土佐起家的三菱商社的背后助推。

到了今天,坂本龙马成为高知当之无愧的代言人,就连薯片包装上都能找到他。不过或许更令人赏心悦目的是大河剧《龙马传》,福山雅治饰演的龙马很值得一看。 ⓛⓟ

suyama Kanko Annaisho;见305页地图;☏931-3914;⊙8:30~20:30)总部设在JR松山站内,有英语非常流利的服务人员。

在道后温泉站对面的商店街口也有一个**旅游观光中心**(见305页地图;☏943-8342;⊙8:00~20:00),里面有更多关于道后温泉周边的信息。

ⓘ 到达和离开

飞机

松山机场(Matsuyama Airport;www.matsuyama-airport.co.jp)有由中国东方航空(☏95530;www.ceair.com)运营的上海直飞航班,仅每周一、五两班。这里还有国内航班飞往日本各大城市。

从JR松山站前面搭机场大巴(¥310,15分钟,每半小时1班)可以轻松抵达机场。

船

濑户内海渡轮(濑户内海汽船/Setonaikai Kisen;☏松山售票处 953-1003;www.setonaikaikisen.co.jp;⊙7:00~21:00)有定期班次的渡轮连接松山和广岛(¥3600,2.5小时,每天10班),也是到达四国的不错方案。

火车

JR予赞线将松山和高松(特急¥5670,2.5小时)连接起来,也有跨过濑户大桥(Seto-ōhashi)到达本州的冈山(特急¥6310,2小时50分钟)的电车。

ⓘ 当地交通

自行车租赁(Rental bikes;见305页地图;¥300/天;⊙周一至周六 9:00~18:00)在一个很大的自行车停车场内,就在你走出JR松山站后的右手边。

有轨电车(单次¥160,一日券 ¥500)分为五条线路,通常用到的是其中四条。1号与2号线是环线,分别以顺时针方向和逆时针方向围着松山城行驶。3号线从松山市站驶向道后温泉,5号线从JR松山站到道后温泉。同时也包括少爷列车(见290页),但不在一日券范围内。

高知县(Kochi-ken)
高知県

高知(Kōchi)
☎0888/人口343,000

四国面积最大的高知县如此偏远,但这不能阻挡人们对面包超人(アンパンマン/Anpanman)和坂本龙马的热爱,小到一包零食、一杯咖啡,大到一座雕像、一辆列车、一整年的活动,处处可以见到他们的身影,不妨先来张合影,微笑着开始你的土佐藩(高知旧名)之旅。

如果你想要比别人跑得更深更远,高知算得上是四国岛上的最佳落脚点。这里的城堡大部分未经毁坏,堪称日式建筑的上佳典范。从这里能方便地前往室户岬、足折岬和祖谷溪谷,还可以进行轻松的一日游,探访洞穴、海滩和山峦。如果你要更轻松,坐上土赞线列车便好。

◎ 景点和活动

城里最热闹的地方是电车轨道在播磨屋桥(Harimaya-bashi)附近相交的地方,那座红色的仿制小桥在日本歌曲和电影中名气很大,它讲述着和尚纯信和铁匠女儿之间的悲伤的爱情故事。边上的机关钟播放着夜来祭(见296页)的调子,每个整点(9:00~21:00)会跳出高知著名景点的模型。

★ 高知城 城堡
(Kōchi-jō;见304页地图;丸の内/Marunouchi 1-2-1;天守阁 18岁以上/以下 ¥420/免费;◎9:00~17:00)高知城内的天守阁(Tenshukaku)是日本保存最为完好的12座城堡之一。整座城堡始建于17世纪最初的10年,由山内一丰(Yamanouchi Katsutoyo)建造。他曾在1600年关原之战中为取得胜利的德川一方作战,战胜后被德川家康指定为大名。1727年一场大火摧毁了大部分建筑,而在1748年和1753年之间,该城堡又被大规模重建。

这座城堡是和平年代的产物,它从来没有受到过攻击,在德川幕府统治余下的时期,它更像是高贵的宅邸,而非军事要塞,更是俯瞰高知的完美之处。樱花季,人们尽情喝酒赏樱,比东京都人挤人的局促要畅快太多。天守阁外的层层庭院都免费,在一张照片中把追手门(日式城堡内的防御门)和天守阁全部拍到的场景,在日本独一无二,试试看吧。

★ 周日集市 市场
(日曜市/Nichiyo-ichi;见304页地图;◎4月至9月 周日 5:00~18:00,10月至次年3月 周日 5:30~17:00,元旦和夜来节休息)我们在四国最喜欢的街道集市,已经有300年历史了,每周日在通往高知城的主路——1.3公里的追手筋(Ōte-suji)——开市,从JR高知站步行10分钟可达。琳琅满目的摊位约430家,贩卖新鲜制品、滋补品、药酒、刀具、鲜花、园艺石头和木制古董,以及你能想到的所有东西,也有一些小摊出售食物,越早去越有意思。集市上的东西未必很便宜,但摊主大多是上了年纪的人或是全家出动经营,浓浓的人情味和坚持的心才让游人感觉温馨。

五台山 公园
(Godaisan)市中心往东几公里,就是五台山麓(是的,的确是因为地形与中国五台山相似而得名的),登上公园里的展望台,你可以欣赏全城的极佳景致。山顶附近是**竹林寺**(Chikurin-ji),八十八寺中的第31座寺庙。寺庙入口旁边是**高知县立牧野植物园**(Kōchi-ken Makino Shokubutsuen;☎882-2601;www.makino.or.jp;五台山/Godaisan 4200-6;门票 ¥720;◎9:00~17:00),植物园由几个花园和绿地组成。可乘坐My游巴士(见298页)前往五台山,约半小时到达。

伊野町和纸博物馆 博物馆
(いの町紙の博物館/Ino-cho Kamino-hakubutsukan;☎893-0886; kamihaku.

弘人市场，跟当地人一起吃喝

当我们走在周日集市之中，忽然出现了一间更为热闹的室内市场，走进去一看，全是当地人或是日本游客在里面觅食，小小的通道都被挤得满满当当，这样的场景在日本也不多见，更何况是在高知这样的偏远地带。

弘人市场（ひろめ市場/Hirome Ichiba; ☎822-5287; www.hirome.co.jp; 带屋町/Obiya-machi 2-3-1; 餐￥300起; ⓒ8:00~23:00, 周日7:00开始）的口号是："每天都是周日集市！"它在这里已经20年了。居然有65家小餐厅和酒吧入驻在这个并不算太大的空间，供应的食品除了当地名物，从五目拉面（Gomoku Rāmen，当地海鲜面）到章鱼烧（Tako-yaki）无所不包，还有不少酒类出售，当然这就是高知最实惠的美食之地。最受欢迎的店铺包括**土佐黑潮水产**的各色海鲜刺身、寿司和海鲜饭，**明神丸**的稻草烧鲣鱼刺身等。大家去中意的店铺买上美食，就近找座位坐下，吃完后把餐具和残渣放到指定地点即可。在吃饭的同时，也许还能和邻座聊上几句。

无法想象，在这样拥挤的地方，仍然还有出售土特产和衣物的地方。所以，哪怕为了领略一下气氛，你也要进来看看，相信不出五分钟你就会跟当地人一起并肩作战，大口吃喝了。

com; いの町幸町/Saiwai-chō, Ino-chō 110-1; 门票￥500; ⓒ9:00~17:00, 周一休息）博物馆位于高知往西10公里处，在这里你可以制作自己的和纸（￥300）。从播磨屋桥车站，搭乘有轨电车到最后一站伊野（Ino）。向西走直到下一个主十字路口右转，博物馆就在前方100米处。

桂滨　　　　　　　　　　　　　　海滩

（桂浜/Katsura-hama）这是高知以南12公里处的一片弧形热门海滩，但更出名的是这里屹立着一座高13.5米的**坂本龙马像**（Sakamoto Ryōma Zou, 见292页），1928年由高知县的有志青年们募款而建。这位维新志士在近代日本史上举足轻重，深受尊敬，每年人们有两次机会（4月上旬至5月下旬，10月上旬至11月下旬，￥100）登上跟雕像视线相平的展望台近距离瞻仰这位英雄。

快到海滩时，你会看到**坂本龙马纪念馆**（Sakamoto Ryōma Kinenkan; ☎841-0001; www.ryoma-kinenkan.jp; 浦户城山/Urado-shiroyama 830; 门票 企画展/普通展 ￥700/490; ⓒ9:00~16:30），这里展示着幕末时代龙马的一生，连他被刺杀的近江屋都被还原了。

My游巴士的终点就在桂滨。

🎉 节日和活动

夜来祭　　　　　　　　　　　　文化节

（よさこい祭り/Yosakoi Matsuri）高知活力四射的夜来祭在8月10日和11日举办，有许多支舞蹈队伍参与，和德岛的阿波舞祭（见282页）完美互补。8月9日是节前夜的花火大会，8月12日则有节后夜活动，但夜来祭正日更是有数万人一起舞蹈。夜来祭的独特之处是，它已经成为日本全国的节日，各地都在创立自己风格的夜来祭。

🛏 住宿

JR高知站、播磨屋桥和通向高知城的地区附近有许多中档酒店类型的住宿场所。要想找更经济的，你还得稍微再往远处找找。

★ 高知ユースホステル　　　　青年旅舍￥

（Kochi Yusu Hosuteru; 见304页地图; ☎823-0858; www.kyh-sakenokuni.com; 福井東町/Fukuihigashi-machi 4-5; 铺/标单 ￥2500/3000; Ⓟ ❄ @ ⓦ）这家迷人的木板镶嵌的青年旅馆就坐落于円行寺口（Engyōjiguchi）站附近的运河边。房间简单而舒适，气氛温馨友好。进来吃顿早饭（￥400）吧，性价比非常高。友善的店主人近藤富夫（Kondo Tomio）会讲英语，曾是清酒公司的代表，提供清酒品尝课程（￥500）。

リッチモンドホテル高知　　　酒店 ¥¥

（Richimondo Hoteru；见304页地图；☎820-1122；kochi.richmondhotel.jp；带屋町/Obiya-machi 9-4；标单/双 ¥6400/8500起；P🅿️❄️@📶）高知最具格调的商务酒店，拥有一尘不染的现代化房间和这个档次的酒店该有的专业服务，而且它就坐落于城市中心地带主商业街的外面。地处餐饮和夜生活区正中间，步行去城里各处都很方便。

三翠園　　　酒店 ¥¥

（Sansuien；见304页地图；☎822-0131；www.sansuien.co.jp；鹰匠町/Takajō-machi 1-3-35；房 含早餐 ¥7500/人起；P🅿️❄️@）位于高知城以南3个街区，就在县厅前通（Kenchō-mae Dōri）。这是一间有品位的多层酒店，带有奢华的温泉浴场和一座花园，花园连着一系列建筑，曾是大名公馆的一部分。日式的榻榻米房间在面积和舒适度上都远远超过相应的西式房间。

❌ 餐饮

土佐湾盛产鲣鱼——木鱼花的"前世"，**半烤鲣鱼刺身**（かつおのタタキ/Katsuo-no-tataki）是高知名物，用稻草熏烤鲣鱼，直到鱼皮和表层肉略熟但内里仍保持生鱼状态，然后搭配土佐醋、山葵、小葱、紫苏、蒜等一同食用，十分鲜美。直接趁热撒盐的吃法，最近也很流行。

如果人多，不妨提前预订一下**皿钵料理**（Sawachi-ryouri，约¥13,000/4～5人份），有点"高知自助餐"的感觉。店员会端出一个直径40厘米以上的大盘子，内盛着刺身、寿司、组合的煮烧食物、羊羹等，堆得满满当当，食客可以随意取用。半烤鲣鱼刺身属于必尝食物。

高知的主要餐饮娱乐区位于带屋町商店街（Obiyamachi Shotenkai）和电车线交会处的播磨屋桥交叉路口附近。

葉牡丹　　　居酒屋 ¥

（Habotan；见304页地图；☎872-1330；habotan.jp；堺町/Sakaimachi 2-21；菜肴 ¥150～1100；⏰11:00～23:00）这家深受本地人喜爱的居酒屋位于中央公园对面，红灯笼很醒目，营业时间出乎意料的早，11:00开门了。刺身拼盘（刺身盛り合わせ/Sashimi Moriawase，¥1050）挺便宜。本地酒包括土佐鹤（Tosa-tsuru）和ダバダ火振（Dabada Hiburi）——一种用栗子蒸馏酿造的烧酒（燒酎/Shōchū）。

土佐市場　　　日本菜 ¥¥

（Tosa Ichiba；见304页地图；☎872-0039；www7a.biglobe.ne.jp/~hayakawa_c/tosaichi.htm；播磨屋町/Harimaya-chō 1-3-11；套餐 ¥1100起；⏰11:00～22:30）位于带屋町商店街起点后面，可以去尝尝本地套餐，尤其是在你应付不来日语菜单的时候。几乎整个菜单都展示在外边，橱窗里面有塑料模型，看上什么就向友好的服务员指一指即可。这里的品种很多，也可以提供皿钵料理。

★ 土佐酒バル　　　酒吧

（Tosa-shu Baru；见304页地图；☎823-2216；追手筋/Ōte-suji 1-9-5；⏰周二至周六 18:30～23:30，周日 至21:30）毫无疑问，这

📷 打卡"沈下橋"（Chinka-bashi）

将近200公里的四万十川上有48座"沈下橋"（下沉桥），意思是在暴雨季节会沉入河中的桥。它们通常没有栏杆，如同一条公路架在河上。如果你选择骑行四万十川，可以留意这些桥。有些允许车辆通行，有些则只能步行。

佐田（Sada）**沈下橋**全长291.6米，是最长的一座，也是游人最多的一座。**岩間**（Iwama）**沈下橋**则因为地处四万十川最美的一段而闻名，红叶季时画面如油画般绚丽。**勝間**（katsuma）**沈下橋**的每个桥墩都由三根柱子组成，非常罕见。

四国的天涯海角——室户岬和足折岬

室户岬（Muroto-misaki，见263页地图）和足折岬（Ashizuri-misaki，见262页地图）是四国伸入太平洋的两大海岬。

在日本文学中，室户以全国最蛮荒的地方和"通往冥府的大门"而闻名。现在，室户是经过认定的联合国教科文组织全球地质公园。对于遍路者来说，这里是弘法大师开悟的地方。一条遍路小径穿过灌木丛，通向第24座寺庙**最御崎寺**（Hotsumisaki-ji），寺院由弘法大师创立于9世纪初。这里有一间度假酒店**星野リゾートウトコオーベルジュ&スパ**（UTOCO auberge & Spa；✆0887-22-1811；https://utoco.jp；室户岬町/Muroto-misaki-chō 6969-1；每人含两餐¥37,000起；🅿❄🛜🍽）。

每天有几班长途汽车从海岬开往西北方向的奈半利（Nahari）或安艺（Aki），你可以在那儿换乘开往高知的电车。这里还有沿东北海岸开往甲浦（Kannowura）和牟岐（Mugi）的长途汽车，你可以在那儿换乘开往德岛的电车。

足折岬是一处风景如画、崎岖嶙峋的海岬，以八十八寺中的第38座寺庙**金刚福寺**（Kongōfuku-ji，见262页地图）、灯塔和狂暴的天气而闻名。足折意为"跺脚"，传说一名老僧因年轻弟子乘船出海寻找乐土福陀洛（Fudaraku）而痛苦地跺脚。福陀洛被认为是大慈大悲观音菩萨的神圣道场，很多人从这个海岬出发，用尽一生寻找那处乐土，从此杳无音讯。几个世纪过去了，足折成为著名的自杀地点，类似年轻的艺伎在悬崖边跳舞诱惑人跳下磁石的故事不绝于耳。海岬附近有令人愉悦的短途步行线路，包括通向观景平台和灯塔的线路。

前往这个地方，你需要有一辆车。若是没有，中村（四万十市）有开往足折岬的长途汽车（¥1900，1.5小时）。

个地方适合品尝高知出产的清酒。老板弘治（Kōji）是"清酒万事通"，提供高知18家酿酒厂的清酒和三种每天更换的品尝套餐（Nomi-kurabe），还有以本地食材为主的美味小菜。店内气氛友好欢快，播放优美的爵士乐。

ℹ 实用信息

走出JR高知站，就能看到左手边巨大的**高知旅游广场**（高知旅広場/Kochi Tabi Hiroba），第一座建筑就是**高知观光信息发布馆"土佐露台"**（⊙8:30~18:00），里面就有**高知旅游观光中心**（高知観光案内所/Kochi Kanko Annaisho；见304页地图；✆826-3337；visitkochijapan.com；⊙9:00~17:00），提供各种信息，边上还有预订住宿和出售My游巴士票的柜台。你会发现这里汇集了高知县内7个地区的展示空间，后面还有再现坂本龙马时代的"龍馬伝 幕末志士社中"观光活动馆，可以免费参观。外面巨大的"三志士像"边上是活动广场，周末时常有演出。

ℹ 到达和离开

高知龙马机场（Kōchi Ryōma Kuko；www.kochiap.co.jp）大约在城市东面10公里，可从电车站搭乘机场大巴（¥720，40分钟）前往。那里每天都有航班往返东京、名古屋、大阪和福冈。

高知在JR土赞（Dosan）线上。从德岛过来可以先前往阿波池田（Awa-Ikeda；特急¥3340，70分钟），再换乘至高松（特急¥5100，2小时15分钟）。

ℹ 当地交通

MY游巴士（MY遊バス；桂滨1/2日券¥1000/1600，五台山1日券¥600，每天6班）从高知汽车站开往桂滨，途经播磨屋桥、五台山、牧野植物园、竹林寺、龙马纪念馆等地，可以在通票规定范围内任意上下车。可在旅游观光中心购买，出示外国护照，可以半价购票。巴士券还包括一些景点和交通的优惠，购买时注意问询。

高知五颜六色的**有轨电车**（¥200/次）从1904年开始运营。一共有2条线：从车站出发的"北一南线"与"东一西线"在播磨屋桥（Harimayabashi，はりまや橋）连接处交叉。下车时付费，如果需要换乘，可以索要换乘券（乗換券/Norikae-ken）。

四万十市（Shimanto-shi）

☎0880/人口37,000

四万十市曾经被称为中村（Naka-mura），很容易与海岸再往前的四万十町混淆——别担心，就连当地人都会搞混！他们选择这个名字，是因为四万十川（Shimanto-gawa）的美丽闻名全日本，而且它是日本仅存的一条没有修建水坝的河流，也被誉为"日本最后的清流"。四万十市因为地处这条河流的入海口而自称这个名字，四万十町则因为地处这条河流的源头而自称这个名字。

四万十市是安排前往美丽的四万十川及周边山谷旅行的好地方。继续前往河流上游，四周环境变得更偏远、更优美。

活动

前往**四万十市观光协会**（四万十市観光協会/Shimanto-shi Kanko Kyokai；☎0880-35-4171；www.shimanto-kankou.com；右山/Uyama 383-15；◎8:30~17:30）获取关于该地区数量繁多的户外活动的信息，比如划皮划艇、独木舟游和露营。

很多公司提供**游船**（観光遊覧船/Kan-ko Yuransei）——搭乘的是屋形船（Yakata-bune，¥2000，50分钟），另外还提供皮划艇租借服务（半/全天 ¥3500/5000起）。

这里还有自行车租借服务（每5小时/全天 ¥600/1000），以及关于5条自行车推荐线路的信息和地图，同时也出租山地自行车。

食宿

かわらっこ　　　　　　　　　　露营地¥

（Kawarakko；☎31-8400；www.kawarakko.com；露营地¥3300起）这里是由探险公司经营并得到精心维护的河边露营地。如果你突发奇想，要在星光下过一晚的话，这里有独木舟、山地自行车和帐篷出租。

★四万十の宿 いやしの里　　水疗酒店¥¥

（Shimanto-no-yado Iyashi-no-sato；☎33-1600；www.shimantonoyado.co.jp；下田/Shimoda 3370；¥7000/人起；🅿✽✽）这个美丽的地方自称"度假村式生态酒店"，位于四万十川河口下田码头附近的山上，主推个性化设计的漂亮房间、绝佳的餐食和同样面向非住客（¥680）开放的温泉。

山川海　　　　　　　　　　　日本菜¥¥

（Sanzenkai；☎31-5811；www.shimantonoyado.co.jp；下田/Shimoda 3370；主菜¥1500起；◎11:30~14:00和17:00~21:00）三个日本汉字构成了这家高档餐馆名字的全部——山、川、海。就在上文的酒店外面，使用当地时令食材，吸引酒店客人和游客的味蕾。如果你不住在这儿，可以前往旅游办公室提前打电话预订。

到达和离开

四万十市站被称为中村，乘坐最快的电车从高知至此需要1小时40分钟（¥4140）。想要到达足折岬，你需要乘坐长途巴士或者自己开车。土佐-黑潮宿毛线（Tosa-Kuroshio Sukumo-sen）从中村继续往西，最远可至宿毛（Sukumo；30分钟；¥620）。

乘电车可以前往爱媛县的宇和岛并继续前往四国各地。可以从中村向北原路返回若井（Wakai）或洼川（窪川/Kubokawa），然后搭乘JR予土线（JR Yodo Line）向西穿过山区前往宇和岛。

四国索引地图

1 德岛城区（见301页）
2 高松城区（见302页）
3 高知城区（见304页）
4 松山城区（见305页）
5 祖谷溪谷（见307页）

德岛城区

◎ **重要景点** (见281页)
1 眉山 A3

◎ **景点** (见281页)
2 阿波舞会馆 B3
3 德岛城博物馆 E2
4 眉山缆车 B3
5 千秋阁庭园 E2
6 中央公园 E2

🛏 **住宿** (见282页)
7 アグネスホテル德岛 C2
8 さくら荘 D2

🍴 **就餐** (见282页)
9 YRG Café D2
10 東大大道本店 C4
11 活憙気 E1

◎ **实用信息** (见283页)
12 德岛旅游观光中心 D2

🚆 **交通** (见283页)
13 JR德岛站 D2
14 德岛站前汽车站 D2
15 自行车租赁 D2

302 高松城区

去小豆岛(21km);
直岛(17.5km)

高松港

サンポート高松

13

5

14
12
11

玉藻公园

4
10 7

瀬戸大橋通り

片原町

8

美術館通り

3
9 丸亀町

ライオン通

琴平線

志度線

今橋

中央公園

中央通り

菊池寛通り

瓦町

フェリー通

観光通り

南新町

琴平線

花園

6

栗林

高徳線

長尾線

东门

1 栗林公園

栗林公园

去高松机场(16km);
琴平(30km)

高松城区

◎ 重要景点 （见266页）
1 栗林公园 A7

◎ 景点 （见267页）
2 高松城 B3
3 高松市美术馆 B4

🛏 住宿 （见267页）
4 Hyper Inn B3
5 JR Hotel Clement Takamatsu B2
6 ゲストハウス若葉屋 D6

✗ 就餐 （见267页）
7 めりけんや A3
8 川福 B4
9 骨付鳥一鶴 B4
10 神童ろ A3

ℹ 实用信息 （见269页）
高松市旅游观光中心 .... （见11）

🛈 交通 （见269页）
11 JR高松站 A2
12 长途汽车总站 A2
13 高松港旅客通道 B2
14 高松市自行车租赁 A2

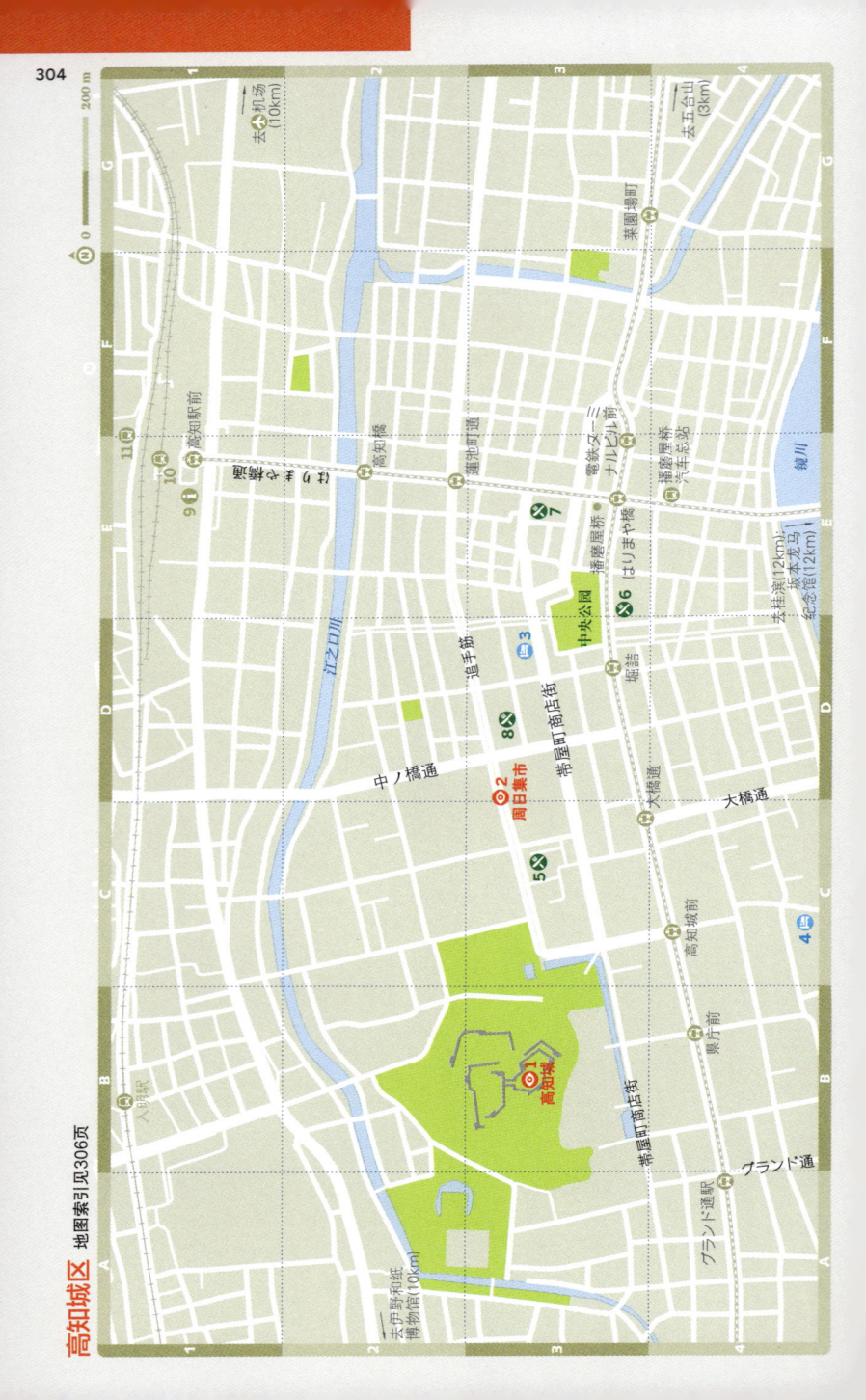

高知城区 地图索引见306页

松山城区
地图索引见306页

305

500 m

去古手寺
(700m)

道后温泉
商店街
道后温泉
道后公园

木屋町
萱町6丁目
木町6丁目
本町5丁目
本町4丁目
本町3丁目
古町
宮田町
松山駅前
JR松山駅前
松山市港
(8km)

高砂町
清水町
鉄砲町・赤十字病院前
平和通
上一万
警察署前
勝山町
縄車
大街道
県庁前
二番町通
市役所前
中央郵便局前
三番町通
南堀端
西堀端
伊予鉄道線
松山市駅前
銀天街商店街
南町

松山城
平和通

去机场
(6km)

高知城区

地图见304页

◎ **重要景点** (见295页)
1 高知城 B3
2 周日集市 D3

🛏 **住宿** (见296页)
3 リッチモンドホテル高知 D3
4 三翠園 C4

✗ **就餐** (见297页)
5 弘人市场 C3
6 葉牡丹 E3
7 土佐市場 E3
8 土酒バル D3

ℹ **实用信息** (见298页)
9 高知观光信息发布馆"土佐露台" E1

🚍 **交通** (见298页)
10 JR高知站 E1
11 公共汽车总站 F1

松山城区

地图见305页

◎ **重要景点** (见288页)
1 道后温泉 G1
2 松山城 C2

◎ **景点** (见288页)
3 椿之汤 F1
4 道后公园 G2
5 道后温泉别馆 飞鸟乃汤之汤 F1
6 二之丸史迹庭园 C3
7 少爷机关钟 G1
8 松山市立子规纪念博物馆 G2

🎯 **活动** (见290页)
11 少爷列车 F2

🛏 **住宿** (见291页)
12 Guest House Matsuyama D3
13 チェックイン松山 D4
14 ふなや G1

✗ **就餐** (见291页)
15 Café Bleu D4
16 五色そうめん森川 D4
17 丸水 松山店 D3

ℹ **实用信息** (见292页)
松山旅游观光中心 .... (见19)
18 道后温泉观光交流中心 F1

🚍 **交通** (见294页)
19 JR松山站 A3
20 自行车租赁 A3

9 汤筑城资料馆 G2
10 伊佐尔波神社 G1

祖谷溪谷

祖谷溪谷

◎ 重要景点 （见285页）
- 1 奥祖谷双重悬桥..................D4
- 2 藤桥..................B3

◎ 景点 （见285页）
- 3 ひ字溪谷..................B3
- 4 ラピス大步危..................A3
- 5 大步危..................A3
- 6 东祖谷历史民俗资料馆..................C4
- 7 落合集落..................C3
- 8 名顷村..................D4
- 9 武家屋敷..................C3
- 10 小便小僧..................B3
- 11 小步危..................A2

✪ 活动 （见286页）
- 12 ハッピーラフト..................A4
- 13 奥祖单轨铁路..................D3

- 14 大步危峡观光游览船..................A3
- 15 祖谷温泉..................B3

🛏 住宿 （见287页）
- 16 4S STAY..................D2
- 17 阿波池田ユースホステル..................A1
- ホテル祖谷温泉..................（见15）
- 18 いやしの温泉郷..................C3

✖ 就餐 （见288页）
- 19 祖谷美人..................B3

ⓘ 实用信息 （见288页）
- 20 大步危站旅游信息办公室..................A3
- 21 三好市旅游观光中心..................D3

ⓘ 交通 （见288页）
- 22 JR阿波池田站..................D3
- 23 公共汽车总站..................D3

在路上
本书作者 钱晓艳

在阿苏青旅附近的大浴场,边泡汤边跟当地人讨论着福山雅治到底哪里帅,原来九州人的外向不分男女。
进一步了解我们的作者,见414页。

阿苏火山景观

九州

九 州

南方，似乎总是更热情。九州就是这样的地方，这里拥有古老的绳文文化，也是传说中天照大神远离俗世的藏身之所，这里有萨摩藩情仇——倒幕派的大本营，也有离群而居的外国人和深深融入当地的中国风；世界战争史上的最大悲剧之一在此发生，日本锁国时唯一的通商口岸也在这里。

火山群撑起了九州的风貌，也给旅人带来了无数美好的徒步小径和轻松惬意的温泉小镇，你可以在这里恣意"泡汤"，让每个毛孔都舒张开怀。当然，在福冈的屋台跟当地人拼桌，在长崎充满异国情调的街道上漫步，在熊本默默为银杏掩映之下的熊本城祈祷，在鹿儿岛找寻萨摩遗迹，也会为你的旅途增色不少，时刻陪伴你的是香浓的拉面和独特的当地料理，似曾相识又妙趣横生。地底涌出的热流让这里四处热气腾腾，也造就了九州人自由、豪爽、充满干劲的个性，我们的确有几次跟当地人在澡堂子里"赤诚相见"热烈聊天的经历，这在东京都几乎不会发生。如果你想造访九州人，不妨从熊本部长（Kumamon）开始吧！

精彩呈现

阿苏山	318
福冈	320
太宰府	327
长崎	331
熊本	343
由布院	349
别府	351
宫崎	357
鹿儿岛	360
雾岛屋久国立公园	368

何时去

4月至5月 气候温和，阿苏、云仙和雾岛的火山坡上都开满了杜鹃花；屋久岛开始了一年的旺季。

7月至8月 博多祇园山笠祭拉开了夏日序幕，河川上的花火大会四处绽放，在福冈的屋台打发夏夜的暑热时光也很不错。

10月至11月 天气舒适，各地秋天的节日庆典众多，宫日祭也在此时进行；高千穗峡和金鳞湖上叶红似火。需注意10月台风多发。

★九州亮点（见314页）

① 泡汤,泡汤,泡汤! ② 福冈,挤一挤屋台 ③ 长崎,多元化融合风
④ 鹿儿岛,探寻萨摩故事 ⑤ 屋久岛,"绿淋淋"的徒步 ⑥ 九州美食巡礼

交通

➡ **铁路** JR九州铁路周游券几乎是人手一张的选择,北九州3/5日￥8500/10,000,全九州3/5日￥15,000/18,000。前往熊本-阿苏的路段仍未全部畅通。

➡ **巴士** SUNQ的北九州3日票￥8000和全九州（包括下关）3/4日票￥11,000/14,000,也很实用。

➡ **城市轨道** 除了福冈有地铁,长崎、熊本和鹿儿岛都以城市有轨电车为主。

➡ **1日/2日券** 很多城市都推出公共交通的优惠票券,根据行程合理利用能节省不少。

危险和麻烦

➡ 九州的地热来自火山,这里的阿苏山和樱岛都是活火山,喷发时候的火山灰如同下雨,对周边环境造成影响,空气质量也会特别差。

➡ 夏末初秋是台风频发季节,不仅影响航班和船舶,还可能令景点关闭,无法参观。

➡ 泡温泉时看清泉质,最好是把首饰全部取下后前往,也不要带贵重物品,以防万一。

➡ 虽然治安不错,但在节日期间,记得保管好随身物品。

太宰府天满宫,特产小吃梅枝饼

◯ 当地人推荐
九州的不为人知

胜吕崇史 舞台剧演员和中文导游,帮助外国人了解日本,常往来九州和本州。

为什么日本人会觉得九州男人特别有男子气概?

可能是因为历史上的九州人物都很有男子气概,最有代表性的就是明治维新前后的西乡隆盛。他原本是维新志士,后来又为了九州武士的利益向新政府发动战争,不过最终还是抗拒不了时代潮流,他也以自尽了却一生。这些事情给本州人的印象非常深刻,我想这是他们认为九州男人有男子气概的一个很大的理由。即使今天,人们也会觉得九州女人亦有女汉子气概。

现在的九州跟过去有什么不同?

现在的九州交通方便多了,新干线都通到了鹿儿岛县。在日本,很多大的地方都市化了,反而没有什么特色。虽然九州也变化很大,但比起东京、大阪来说,仍然还有一些当地特色。我儿时常到太宰府天满宫去玩,从前的参拜路上都是比较古老的房子。现在的建筑物很漂亮了,但也失去了古朴的风格。幸好,天满宫本身并没有什么变化。

最推荐的九州景点是什么?

九州七县,各有千秋。我更喜欢自然风景,长崎九十九岛的海景,熊本县阿苏山的火山山景,宫崎县的沙滩海景,鹿儿岛县屋久岛上的原生林,都让人很感动。最近我比较推荐鹿儿岛

县的屋久岛,自然风景非常丰富,有原生林、河川和海景,又有好吃的,可以悠闲地度假。

最爱的九州美食是什么?

我最爱在太宰府天满宫参拜路上卖的梅枝饼。因为它不仅好吃,与之有关的故事也很动人。天满宫里供奉的菅原道真特别喜欢梅花,据说他受冤枉被流放到太宰府的时候,京都的梅花一夜之间追着他飞过来了,是不是很浪漫。

在温泉之乡九州,有什么私房推荐?

九州温泉很多,说不上哪里最好。我个人比较有感情的是佐贺县的嬉野温泉,它位于福冈县和长崎县中间,去参观两地的景点途中可以在这里悠闲地休息一天。长崎县的云仙温泉也很好,那里的硫黄味浓重,一下子就会让人有泡"温泉"的感觉。

☑ 不要错过

最佳餐厅

➡ **黑亭** 点上一碗鸡蛋拉面,汤底搭配着炸透的大蒜,喷香!(见344页)

➡ **豆腐料理かわしま** 经营了百年的豆腐店出品一流,豆腐冰激淋得来一个。(见331页)

➡ **みやちく** 宫崎牛也是九州有名的牛,当地人都爱到这里大快朵颐。(见358页)

➡ **熊襲亭** 想吃遍萨摩料理,来这家老店就对了,经典菜应有尽有。(见364页)

最佳节日

➡ **博多祇园山笠祭** 七组男子齐聚栉田神社,扛起巨大的山笠花车,竞相飞奔5公里。(见322页)

➡ **唐津宫日祭** 民众簇拥着精心装饰的大型曳山(车)从唐津神社出发,把庆典推向高潮。(见330页)

➡ **长崎灯会** 15,000盏彩灯照亮街市,到处舞狮舞龙,中国年的气氛浓烈极了。(见339页)

➡ **鹿儿岛小原祭** 数万市民跳起小原舞,加入这场南九州最大规模的祭祀活动吧。(见362页)

最佳温泉

➡ **黑川温泉** 24座温泉旅馆错落在峡谷之中,宁静美好,穿上浴衣穿梭其中吧。(见347页)

➡ **别府八汤** 这些温泉把别府弄得烟雾缭绕,从一百日元的汤泡起,丰俭随意。(见352页)

➡ **云仙温泉** 在长崎的后花园云仙,真正享受村庄里的温泉。(见342页)

➡ **指宿沙湯会馆砂乐** 在鹿儿岛最南端一边望着海滩,一边享受热烘烘的沙浴。(见367页)

九州亮点

❶ 泡汤,泡汤,泡汤!

九州就是一座巨大的火炉,孕育了许许多多温泉,它们是当地人的惬意生活,也能为奔波一天的旅人洗去疲累。九州的温泉体验绝不简单,泡什么汤、怎么泡才是关键。现代化大浴场到处都有,木结构的公共澡堂更有历史感,就算是露天温泉也得考虑一下是在海边、林间还是天然洞穴里。你可以试试黑川温泉(见347页)的"一日三汤随意泡",也可以在别府洗洗"泥疗浴"(见353页)。总之,尽情探索吧!

❷ 福冈,挤一挤屋台

或许只有在九州这样的豪放之地,屋台(Yatai,夜排档)才能存活得那么久,也能让我们有机会跟当地人挤在一起吃喝。写在木板上的简单店名和小小的灯箱,隔着暖帘和塑料薄膜透出来的热闹气氛。摊主一边招呼客人一边操刀,博多拉面、煎饺、关东煮、烧烤一类占领了头牌,也有辣炒这样的韩国风味。即使你不会日语,也能聊上几句,这可是在日本少有的体验呢!

❸ 长崎,多元化融合风

即使在日本的锁国时代,长崎依然是对外交流的窗口,这为它带来了许多"混血"基因,这种生动的多元化气质吸引着今天的旅行者。新地中华街上的"中国风"扑面而来,哥拉巴园和荷兰坡的西方情调浓郁,教堂、寺院和神社各得其所,出岛和原爆遗址将长崎的古代与近代展现在你面前,在稻佐山顶俯瞰的夜景诉说着今天长崎的活力四射。坐上有轨电车穿行,或在中岛川上漫步,你总会有新发现。

左图：黑川温泉，身着浴衣的男性
上图：温泉旁的木盆和毛巾

❹ 鹿儿岛，探寻萨摩故事

这座九州南部小城仿佛只在天气预报（鹿儿岛海域）里出现，却是昔日日本历史舞台上的主角。萨摩藩的岛津家族从锁国时代开始就偷偷引进国外枪炮和先进技术，最终使这里成为倒幕运动的策源地，仁人志士辈出，今天人们依然可以在明治维新博物馆（见361页）回顾这段历史。在这片沸腾着的土地上，还有美妙的沙浴和有意思的节日。一边品着红薯烧酒，一边欣赏海湾对面的樱岛火山喷云吐雾，旅人心中的鹿儿岛就是这样。

❺ 屋久岛，"绿淋淋"的徒步

有人说它是远离尘嚣的神仙之地，有人说它是绿意盎然的野生动物庇护所，有人说它是日本最值得徒步的地方……这座降雨量堪称冠绝日本的小岛，早在1993年就成为世界自然遗产。在高高的群峰和遍地苔藓的森林中徒步，鹿和野猴间或闪现，空气湿润而新鲜，然后在沙滩遥望大海，在海滨温泉泡一泡，这是游览屋久岛最经典的方式。如果能和小海龟打个照面，就更完美了。

❻ 九州美食巡礼

地理位置是撬动美食发展的契机，九州美食融合了多国特色和乡土风情。从一碗拉面开始，就能从纯正的豚骨汤底的博多拉面，吃到浓浓中国风的海鲜什锦拉面和皿乌冬，再从加了炸蒜的熊本拉面，吃到以五花肉为浇头的鹿儿岛拉面。用温泉蒸汽烹制的地狱蒸，海鲜满满的各地鱼市和朝市，从丰后牛到宫崎牛到鹿儿岛黑猪肉，从长崎蛋糕到鹿儿岛白熊，赶紧先做一张美食清单。

福冈屋台摊档

长崎灯会

九州亮点 **317**

指宿沙浴

雾岛屋久国立公园内的徒步者

正在享用博多拉面的人

阿苏山,草千里

★ 最佳景点
阿苏山

整个九州都热气腾腾,因为这里有世界最大的火山口之一——阿苏山,它也是熊本"火之国"的象征。从熊本去往别府的半路上,它在车窗外赫然矗立,当你正在琢磨周长128公里的火山口究竟有多大时,你乘坐的汽车应该已经行驶在其中了。在过去的30万年间,这座活火山曾数次喷发,最近一次大规模喷发就在2016年,火山灰云直冲1万米高空。别忘了体验一下围绕火山的小村庄和温泉,品尝本地产的美味赤牛(あか牛/Akagyu)和乡土料理,当一回"火山口人氏"吧。

(见384页地图;阿蘇山/Aso-san;
从熊本出发的长途汽车到JR阿苏站)

从五岳到中岳

阿苏火山口外围区域内的五座小山被称为阿苏五岳(Aso-gogaku),分别是**乌帽子岳**(Eboshi-dake,1337米)、**杵岛岳**(Kijima-dake,1321米)、**中岳**(Naka-dake,1506米)、东面最远的**根子岳**(Neko-dake,1408米)和最高的**高岳**(Taka-dake,1592米)。

中岳是一座活火山,它曾在1958年和1979年有两次致命爆发,在20世纪90年代也喷发多次,2016年的喷发更是一发冲天。平时火山口一直烟雾腾腾,不断喷出硫黄烟雾。在一片绿意融融的阿苏地区中,忽然出现了这样寸草不生的熔岩,给人很大的视觉冲击,但这个拥有着浅绿色滚水的耳朵形破火山口一直是人们来到阿苏的最高期望点。

即使平时,只有在**阿苏火山口**(⊙3月20日至10月31日 8:30~17:30,11月1日至11月30日 8:30~17:00,12月1日至次年3月19日 9:00~16:30)很平静且风力合适的情况下,缆车才会运行,但受地震影响,缆车停运多时,请密切留意网站www.aso.ne.jp/~volcano/查询最新限制消息再决定是否前往。一般火山正常的情况下,人们仍然可以沿着徒步路线来观赏火山口的奇景。

从JR阿苏站乘坐**阿苏火山口线**(9:20~15:30一共6班,¥650,1日券¥1300)可以经过火山博物馆最终到达阿苏山西站,从这里步行去**阿苏火山口**大约20分钟,中间有一条岔道可以通往砂千里观景。返程最晚一班为16:40。

阿苏全景线

从阿苏站附近出发的111号县道,号称是"阿苏全景线"(パノラマライン/Panorama Line),行车20分钟左右后,忽然出现了一大片广阔的草原,这就是乌帽子岳之下的的草千里(草千里ヶ浜/Kusasenrigahama),它原本也是火山口,如今是一片郁郁葱葱,地下厚重的火山灰将这片草原滋养得非常美。雨季时候,草原上会出现季节性的池塘。

在草千里之前,还能看到原野上立着的一座座平顶小圆丘,这些已经是死火山口的地方,现在看来特别可爱,特别是**米冢**(米塚/

Yonetsuka）这座完美精致小巧的袖珍火山。

草千里对面就是**阿苏火山博物馆**（Aso Kasan Hakubutsukan；见384页地图；☎342111；www.asomuse.jp；门票 成人/儿童 ¥860/430；⏰9:00~17:00），这个独特的博物馆有活火山口的实时直播、信息翔实的小册子和语音导览。馆内可以体验的部分很多，最酷的就是可以从博物馆安装在火山口的摄像头查看情况。从JR阿苏站去往火山口的巴士经停"草千里阿蘇火山博物館前"（¥570）。

另外一条339县道，也称为"阿苏ミルクロード"（Aso Miruku Rodo，阿苏牛奶之路），被人们誉为"拉普达之路"（ラピュタの道/Raputa-no-michi），当云海浮现，就像是宫崎骏世界中的天空之城。

南阿苏的乡土风情

因为地震，进入**南阿苏**（Minami Aso）地区的道路变得复杂，但这一片区域却是国外旅行者甚少踏足之地。清澈的水源，惬意的温泉，淳朴的乡土料理，这是山里人的乐趣。3月至11月的周末和假日，每天两班观光列车（トロッコ列車"ゆうすげ号"/Torokko Resha Yusuge-go）在中松站和高森站之间运行（http://www.mt-torokko.com/trolley-train/；往返，成人/儿童 ¥1380/800），让你在半小时内体验南阿苏的自然美景。

亮点速览

➜ **自驾** 与阿苏山接触的最好方式，包车也行。

➜ **徒步中岳** 如此接近活火山口的机会少之又少，能去就必须去。

➜ **草千里** 火山口外也有大草原，一派田园牧歌的景象。

➜ **火山博物馆** 短短时间让你读懂阿苏山30万年的历程。

➜ **南阿苏** 藏在阿苏山南边的村落，这个地区的另一面。

九州北部

福冈（Fukuoka） 福冈

☎092/人口1,530,000

很多人可能只知福冈不闻九州。游轮在中国的兴盛，为这座过去略显默默无闻的都市注入了生机，连老人家也知道该去拉面馆前排一次队。如果我们提起松本清张和高仓健，应该也会为福冈加分。

相比游轮客，自由行的旅行者更幸运。热情而友好的福冈是前往九州极好的门户，温暖的气候和现代观光胜地——艺术、建筑、购物和美食——正符合一个旅游中转地的标配，也不妨停留一两日观光。博多（Hakata）曾是古老的下町（shitamachi，老城区），天神（Tenjin）是购物天堂，仿照东京原宿（Harajuku）而建的大名（Daimyō）是时尚代言，有时候前两个地名分别被用来代表"福冈"，是不是有些晕？那就先来碗拉面压压惊，或者到仅存的屋台（Yatai，夜排档）里坐坐，跟挨着你的当地人多交流一下吧，这座以"食"著称的城市绝不会亏待你。

◎ 景点

繁忙的JR博多站是最佳地标，三站地铁外就是天神区，地上百货公司林立，天神地下街（Tenjin Chikagai）则有另一番天地。天神区西边的大名，通往福冈城。临海街区分布着众多吸引人的景点、餐馆和酒店，搭乘公共汽车或出租车前往极为便捷。

大多数景点会在营业时间结束前30分钟谢绝入内，通常12月28日至次年1月4日的新年期间景点不开放。

◎ 博多（Hakata）

★ **福冈亚洲美术馆** 博物馆

（福冈アジア美術館/Fukuoka Ajia Bijutsukan；见380页地图；☎263-1100；faam.city.fukuoka.lg.jp；下川端町/Shimokawabata-machi 3-1リバレインセンタービル/

栉田神社

Ribareinsenta-biru 7、8F;成人/高中以上学生/以下学生 ¥200/150/免费;◎10:00～20:00,每周三休息;🚇中洲川端)这座大型博物馆位于**博多河滨中心**(见326页)楼上,据说是大规模展示近现代亚洲美术作品的世界唯一博物馆,绝对物超所值。**亚洲画廊**(Asia Gallery)世界闻名,还有其他举办特展(门票费用不同)和驻馆艺术家展览的画廊。经常更换的展品涵盖从东亚诸国到南亚的巴基斯坦等23个国家的当代艺术作品。2019年是美术馆成立20周年,展览值得期待。

★ 博多町家故乡馆　　　　　　博物馆

(博多町家ふるさと館/Hakata Machiya Furusato-kan;见380页地图;☎281-7761;www.hakatamachiya.com;冷泉町/Reisen-machi 6-10;高中以上/以下 ¥200/免费;◎10:00～18:00;🚇祇園)这座民间博物馆分布在三间町屋(Machiya,传统日式排屋)中,复原了明治时代后期的博多风貌。仿建的古代建筑中陈列着历史照片,还有关于传统博多文化、节日、手工艺品及表演艺术的展品,包括晦涩难懂的博多方言(博多弁/Hakata-ben)录音。常常可以看到工匠们在这里现场展示手艺,一些古老的手工艺品也很适合购买。

栉田神社　　　　　　神道教神社

(櫛田神社/Kushida-jinja;见380页地图;☎291-2951;上川端町/Kami-kawabata-machi 1-41;◎9:00～17:00;🚇祇園或中洲川端)位于上川端商店街南端附近,作为镇守博多的神社,栉田神社的历史可追溯到公元757年,巨大的匾额和神灯彰显它的地位之重。这里也是**博多祇园山笠祭**(见322页)的主办机构。院子里陈列着节日期间使用的花车,步履匆匆的人也可以看外面摆放的那台花车。秋天,门前的千年银杏也是一景。此处还有一家**博多历史博物馆**(博多歷史館/Hakata Rekishikan;见380页地图;¥300;◎10:00～16:30),只有一间展室,馆内有相关节日介绍,以及剑和古代陶器等展览。

◎ 天神(Tenjin)

福冈城迹和大濠公园　　　古迹

(福岡城跡·大濠公園/Fukuoka-jōato·Ōhori-kōen;见380页地图;🚇大濠公園)福冈城如今只余城墙仍巍然矗立,不过在位于山顶的城堡遗址(舞鶴公園,Maizuru-kōen)可将全城美景和附近博多机场飞机着陆的壮观景象尽收眼底,春天赏樱也很不错。当年福冈藩主黑田长政(Kuroda Nagamasa,1568~1622年)花了7年才建成此城。

福冈城外的大濠公园占地面积广阔,园内有个池塘(曾是护城河的一部分)和一座传统风格的**日式庭园**(日本庭園/Nihon-teien;☎741-8377;大濠公園/Ōhori-kōen 1-7;成人/儿童 ¥240/120;◎6月至8月 9:00～18:00,9月至次年5月 至17:00,周一休息),这座较为现代(1984年)的庭院围绕池塘而建,有着石头园林和茶室。

天神中央公园　　　　　　公园

(天神中央公園/Tenjin Chūō-kōen;见380页地图;🚇中洲川端或天神)这座紧邻市政厅的公园内分布着一些颇具吸引力的西方风格历史建筑,其中最为著名的是建于1910年的法国文艺复兴风格的**旧福冈县公会堂贵宾馆**(旧福岡県公会堂貴賓館/Kyu-fukuoka-ken Kokaido Kihin-kan;见380页地图;西中洲/Nishi-nakasu 6-29;¥240;◎9:00～17:00,周一休息),馆内有一个带风景的咖啡店。往北两三个街区的转角是装饰着铜质尖顶的**福冈市赤炼瓦文化馆**(福岡市赤煉瓦文化館/Akarenga Bunka-kan;见380页地图;☎722-4666;天神1-15-30;◎9:00～21:00,周一休息),它已有超过百年的历史,由设计东京火车站的日本近代建筑界鼻祖辰野金吾(Tatsuno Kingo,1854~1919年)一手打造,现常举办一些历史展览和文学讲座。

◎ 福冈沿海

福冈市立博物馆　　　　　　博物馆

(福岡市博物館/Fukuoka-shi Hakubut-su-kan;见380页地图;museum.city.fukuoka.

有时间，就去岛上看一看

快速渡轮开往几个美丽的小岛，那里都是很不错的一日游目的地，前提是，你有足够时间留在福冈，又对海岛风光比较向往。

从西铁天神公共汽车总站（见327页）坐300路或301路巴士（¥360，20分钟）到"能古渡船场"，然后乘坐**渡轮**（¥230，1小时一班）15分钟内就能到达美丽的**能古岛**（能古島/Nokonoshima）。岛上的**能古岛公园**（アイランドパーク/Airando-paku; www.nokonoshima.com; 成人/儿童 ¥1200/600）里的花田几乎四季不同，配上一览无余的开阔海景、沙滩、手工艺品商店，不受欢迎也难。记得轮渡出发是姪浜（Meinohama）码头，并不是地铁的姪浜站。

发现"金印"（见本页）的**志贺岛**（志賀島/Shikanoshima）乡土气息更浓厚，岛上港口沿线的街道两边满是卖新鲜海鲜的餐馆。渡轮每小时1班（¥670，33分钟），从Bayside Place博多码头开往志贺岛，这里还提供季节性的环博多湾乘船观光游。海水很美，自行车环岛骑行也很惬意。岛上还有一座**志贺海神社**（Shikakaijinjia），据说是日本供奉海神的总社，不过神社不允许丧期、孕期、经期或育有百日内婴儿的来访者入内。

福冈塔   瞭望台
（福岡タワー/Fukuoka Tawa; 见380页地图; www.fukuokatower.co.jp; 百道浜2-3-26; 展望台 成人/学生/4岁以下幼儿 ¥800/500/200; ◎9:30～22:00; ▣福岡タワー南口）百道海滨矗立着一座234米高的福冈塔，这是城市的象征，塔身大部分为中空结构（主要功能是广播塔），在塔高123米的地方设有展望台及一家咖啡馆，是俯瞰城市风景的最佳地点，黄昏时分的景色尤其迷人。生日当天可以免费进入展望台，对外国游客也会不定期推出折扣。

福冈雅虎巨蛋   体育场
（福岡ヤフオク！ドーム/Fukuoka Yafuoku Dome; 见380页地图; ☏847-1006; www.softbankhawks.co.jp/stadium; 地行浜/Jigyohama 2-2-2; ▣九州医療センター）这座庞大的体育场建有可伸缩式顶篷，是福冈人深爱的软银鹰（SoftBank Hawks）棒球队的主场，如果你是铁杆棒球迷，就来看一场比赛吧。这里还有一间**王贞治棒球博物馆**（王貞治ベースボールミュージアム/Oh Sadaharu Besu-boru Myujiamu; 10:00～17:00, 周一休息; 中学生以上/以下 ¥1000/400），出生于日本的华裔棒球手王贞治是本垒打世界纪录保持者。我们调研时，博物馆正在修整，要到2020年春天才对外开放。

✦ 节日和活动

博多祇园山笠祭   文化
（博多祇園山笠祭り/Hakata Gion Yamakasa Matsuri; ◎7月1日至15日）福冈最重要的节庆，祭典仪式在15日的4:59达到高潮。届时将会有七组男子齐聚栉田神社（见321页），抬起巨大的山笠（Yamakasa）花车，再竞相飞奔5公里。相传13世纪时发生了一场瘟疫，当时一位佛教法师被民众抬着，将圣水洒向幸免于难的灾民，自此这一祭典传统一直延续至今。

博多咚打鼓港祭   文化
（博多どんたく港祭り/Hakata Dontaku

---

jp; 百道浜/Momochi-hama 3-1-1; ¥200; ▣博物馆北口）◎9:30～17:30, 周一休息, 7月20日至8月25日的周五、六、日和8月13日至8月15日延长至20:00闭馆）这座漂亮的博物馆展出的文物展品多与当地历史和文化有关，最受人瞩目的是"镇馆之宝"——一枚2.3平方厘米、108克重的古代金印。江户时代，人们在志贺岛（见本页）上做农活时发现了它，虽有争议，但上面的汉字"汉委奴国王"印文被很多人认为证明了日本与中国在汉代就有联系。

Minato Matsuri;⏰5月3日至4日）起源于港口祭典，节日期间福冈的明治通（Meiji-dōri）总是热闹喧嚣，在三味线的伴奏下，人们纷纷敲击饭勺（Shamoji，吃米饭时使用的木勺），发出跟响板一样的声音。据说每年有200万人参与到这项传统活动中。

九州大相扑比赛 运动

（大相扑九州场所/Oh-Sumo Kyūshū Bashō）这场为期逾两周的赛事于每年11月中在福冈国际中心（Fukuoka Kokusai Senta）举办。当日门票（¥3400~15,000）数量有限，观众天不亮就得排队买票，也可以在网站（sumo.pia.jp）上购买。

🛏 住宿

福冈既适合商务旅行，也适合休闲娱乐，有大量符合各种预算的高品质住宿，一些知名连锁酒店也都能找到。为了乘火车方便可以住在JR博多站附近，但如果你计划花几天时间购物和游走的话，天神站是更好的选择。

★ TRIP POD FUKUOKA 青年旅舍¥

（☎791-2167；今泉1丁目/Imazumi 1 Chome 13-30 2-3F；铺¥3300起；❄🛜；🚇天神）这家2017年开张的旅舍真正位于天神中心，住客体验包括几十种日本零食畅吃，免费使用可以指示各类信息的Trip Phone，有部分可以说中文的店员，怎能不让背包客打高分？60间客房都接近"胶囊"感但很舒适，每个人的空间都很独立，洗漱空间也足够大。除了没有公共空间和电梯之外（带大行李的慎行），一切都很完美。

Hotel New Simple 酒店¥

（ホテルニューシンプル；见380页地图；☎411-4311；www.hotel-newsimple.jp；博多駅前/Hakata-ekimae 1-17-6；铺/标单/标双¥4000/6000/11,000起；❄🛜；Ⓢ祇園；🚇博多）这家外形方正的旅馆房价实惠，风格现代，单人间或双人间都设有独立卫浴，住客还能享受简单的免费早餐。"家庭房"最多可住5人，价格更诱人，但不接受陌生人拼房。

周末和节假日时价格会上涨¥1500至¥3000左右。酒店入口位于全家便利店（Family Mart）对面。

★ 鹿岛本馆 日式旅馆¥¥

（Kashima Honkan；见380页地图；☎291-0746；冷泉町/Reisen-machi 3-11；标单/双 周日至周四¥3700/7000，周五和周六¥4000/8000；🅿❄🛜；🚇祇園）这是福冈市中心为数不多的日式旅馆之一，咯吱作响，朴实无华，承载了百年历史，有种迷人的沧桑感。旅馆中心是一座装饰着石灯笼的小花园。整体气氛悠然，可以让人很好地体验日本传统文化。旅馆不设私人卫浴（这可是纯日式），Wi-Fi仅公共区域才有，供应收费的日式/西式早餐。

Plaza Hotel Premier 酒店¥¥

（プラザホテルプルミエ；见380页地图；☎734-7600；www.plaza-hotel.net；大名/Daimyō 1-14-13；标单/双¥8700/16,150起；🅿❄@🛜；🚇天神或赤坂）位置、位置，还是位置！这是入住此地的主要原因，酒店正处于时尚的大名地区，而商务酒店般的房间面积足以与更高价的酒店相媲美。夜晚外面街道上的气氛非常酷，而位于一层的餐厅AW Kitchen风格时尚，看起来就像是从东京潮流小巷中搬过来的。

With the Style 酒店¥¥¥

（ウィズザスタイル福岡；见380页地图；☎433-3900；www.withthestyle.com；博多駅南/Hakataeki-minami 1-9-18；房¥40,000起；❄@🛜；🚇博多）这不是标准型酒店，"Style"确实是这间时尚设计师酒店的代名词。身处喷泉庭院，仿佛置身于好莱坞式的泳池旁。16间客房散发出摇滚明星般的洒脱气质，房费包含早餐、迷你吧畅饮和欢迎饮料。客人可以预约免费使用屋顶水疗或阁楼酒吧。

🍴 就餐

对于日本人来说，福冈就是九州的美食之都，这里的**博多拉面**（Hakata Rāmen）

位列日本三大拉面之一,是南方风味拉面的代表。它是一种用猪骨熬制汤底的豚骨拉面(Tonkotsu Rāmen),浓郁而不油腻,相当符合中国人口味。

已经进入中国市场的**一蘭**(Ichiran;见380页地图;262-0433;www.ichiran.co.jp;中洲/Nakasu 5-3-2;拉面¥890起;24小时;天神)和**一風堂**(Ippudō;见380页地图;771-0880;大名/Daimyo 1-13-14;拉面¥820起;11:00~23:00;天神)的两家总店也是经年大排长龙。

一碗拉面就搞定?你未免把福冈想简单了。这里的另两锅汤也很厉害,堆满了青蒜的**牛杂火锅**(もつ鍋/Motsunabe,以牛肠为主)和**鸡肉汆锅**(水炊き/Mizutaki)是福冈乡土料理中的赢家。当然,作为九州最大的城市,你可以在此地吃到全九州的特色料理。

JR博多站可能是你接触美食的第一站,这里有30多年的老店**博多名物 もつ鍋笑楽**(Hakata-meibutsu Motsunabe Shyoraku;10F;牛杂火锅定食 ¥1150;11:00~15:00,16:00~22:30)和专营明太子的**ごはん家 椒房庵**(Gohanya Shoboan;9F;玉子烧定食¥1480;11:00~15:30, 17:00~22:00)。

长滨鲜鱼市场(長浜鮮魚市場/Nagahama Senkyo Ichiba;见380页地图;市场会馆5:00~15:00,周六至16:00,周日和假日10:00~15:00;赤坂)汇集了来自周边渔场的新鲜鱼贝类,是日本屈指可数的鲜鱼市场。每月第2个周六"市民感谢日"市场对外开放。市场会馆和市场周边有很多生鲜料理店和寿司店,当然都很美味。

博多祇園鉄なべ 饺子¥
(Hakata Gion Tetsunabe;见380页地图;291-0890;祇園町/Gion-machi 2-20;饺子¥500/8个;17:00~23:00,周日休息;祇園)博多的煎饺比别处更小,被称为"一口饺",这种轻食感的饺子吃起来更像零食。掀开门口的大红暖帘,就能品尝小圆铁锅煎出的又香又脆的饺子了。这家前身的屋台便是"铁锅煎饺"的创始店,从饺子皮到蘸料都

博多拉面,到底去哪儿吃?

日本三大名拉面之一,又以猪骨汤为主打,进入中国的年头也不少,这碗声名远播的拉面早就成为福冈必去的打卡点。然而,福冈人有句老话叫:"五百日元以上的拉面怎么能吃?"顾名思义,价廉物美才是真正好的。

20世纪40年代,福冈的许多屋台(见372页)开始出售以猪骨汤为汤底的拉面,1946年创立的屋台"赤のれん"(Aka-no-ren)首次正式推出"豚骨拉面",之后20年,它成为了福冈屋台名物。与其他地区相比,博多拉面的特色在于猪骨汤和细面,猪骨强炖后融出满满的胶原蛋白,让这一碗白汤滋味浓郁却保持清爽,在如何去除汤汁中的腥味的研究上,每家拉面店也各有秘方。面条的设计则完全为了突出汤底的美好,据说只有细面才能让人在吃一口面的同时喝到更多汤汁。

一碗博多拉面上来,先喝一口汤,吃几口面,再喝口汤,面吃完,再把汤喝完。行家说,这三次的汤味道都不同,值得品味。博多拉面使用的是专门用于拉面的"拉麦"(ラー麦/Ra-mugi),面质略硬又带有一丝甜味,吃面的时候不能加汤,却可以添面,叫作"替玉"(Kaedama),一般可以添两三次,也有的店铺可以不限次数。这种方式,更突出了汤的重要。一些食客觉得博多拉面太咸,殊不知是为了替玉做准备的。

博多拉面的"定制化"也独树一帜。一般来说,面的软硬和粗细、汤的咸淡、需要添加多少

是自家秘制。

楽天地 天神本店　　　　　　火锅 ¥¥
（Rakutenchi Tenshin-honten；见380页地图；☏741-2746；天神1-10-14，2-5F；牛杂火锅1人份 ¥990起；⊙17:00~24:00；🚇天神）顺着巷口的星巴克找进去，40年的老店果然已经老旧，2楼是前台，3到5楼都是榻榻米坐席，来的都是本地客，想见识豪放的九州人可以从这里开始。如果你是内脏派，一定会爱上这里，酱油汤底有种魔力，六种牛杂和堆得高高的韭菜恨不得让人马上动筷。味道可能会越煮越咸，但最后下一碗面就刚好了。

博多華味鳥 博多駅筑紫口店　　鸡肉 ¥¥
（Hakata Hanamidori；见380页地图；☏432-8737；博多駅東1-13-31 1F；鸡肉佘锅1人份午餐 ¥1500起；⊙11:30~15:00, 17:00~24:00；🚇博多）据说"華味鳥"是九州本地鸡品种，这家店做到了Farm to Table。虽然其连锁店遍布日本，但品质依旧保持得不错，连日本人都说这里有最全最好的鸡肉，鸡汤鲜美，鸡肉与加了柚子胡椒的柑橘醋（ポン酢/Ponzu）是绝配。这家店离JR博多站最近，拖着行李来吃也很方便，午市套餐虽不若晚餐丰盛，但价格只有一半呢。

★ 魚男フィッシュマン　　　　居酒屋 ¥¥
（Sakana Otoko Fishuman；见380页地图；☏717-3571；今泉/Imaizumi 1-4-23；午餐定食 ¥880起；⊙11:30~15:00和17:30至次日1:00；🚇天神南）店里采用后工业装修风格，装饰着喷漆的复合木板和大窗户，将制作精良与不落俗套的海鲜菜肴展示得淋漓尽致，食材就来自长滨鲜鱼市场：放在木头阶梯上端出来的階段寿司（Kaidan-zushi，¥1080）值得拍一张。中午的定食几乎没有超过一千日元的，晚上的小酒馆单品都很新鲜。有会说英文（可能也有中文）的店员，点菜没问题。餐后还可到餐厅可爱的附属蛋糕店 **Henry & Cowell**（⊙11:00~21:00）品尝甜点，就在同一条街上。

辅料都可以自己决定，再加上桌上的红姜、辛子高菜（一种当地特色腌菜，堪称拉面伴侣）、辣油、芝麻、胡椒等随便放的调味，每一碗博多拉面都是食客自己的作品。

然而，博多拉面绝不止一蘭和一風堂。以下几家店，也推荐大家试一试。

博多だるま（Hakata Daruma；见380页地图；☏761-1958；渡辺通/Watanabe-dori 1-8-25；炙烤叉烧拉面 ¥1030；⊙11:30~24:00；🚇天神）五片用猪颊肉炙烤之后的叉烧满满堆在面上，已经让人食欲大开了。

麵劇場 玄瑛（Mengekijyo Genei；见380页地图；☏732-6100；薬院/Yakuin 2-16-3；拉面 ¥750起；⊙11:30~14:30, 18:00至次日0:30, 周日和节假日 11:30~17:30, 18:00~22:00；🚇薬院大通）特制酱油和自家含水率47%的面条很不一般，牛杂火锅也值得一试。

元祖 長浜屋（Ganso Nagahama-ya；见380页地图；☏711-8154；長浜/Nagahama 2-5-25 1F；拉面 ¥500起；⊙4:00至次日1:45；🚇港一丁目）最早推出极细面条的老店，虽然离市区有些远，却拥有众多粉丝，看看价格，真正的博多拉面呀。

如果你还意犹未尽，那么可以前往博多运河城内的**拉面体育场**（ラーメンスタジアム/Ramen Sutajiamu；见380页地图；☏282-2525；博多运河城5楼；拉面 ¥600起；⊙11:00~23:00；🚇博多），整个楼层共开有8家日本各地风味的拉面馆。

🛍 购物

沿福冈天神渡边通(Watanabe-dōri)分布3个街区,百货商店鳞次栉比。**天神中心**、**三越**、**大丸**、**Solaria Plaza**、**天神IMS**和**Mina Tenjin**都是购物者的最爱,**天神地下街**(Tenjin Chikagai;见380页地图)同样火爆。

如果想看看时装,大名的低层精品店销售展示本土设计师的作品,けやき通り(Keyaki-dōri),两旁很多精致的店铺销售古董、设计品和外国工艺品。

博多运河城　　　　　　　　　　购物中心

(キャナルシティ/Canal City;见380页地图;www.canalcity.co.jp;住吉/Sumiyoshi 1-2;⊙商店10:00~21:00,餐馆11:00~23:00)观光客"买买买"的终极目的地,虽然已经开了20多年,经久不衰。人工运河边设有音乐灯光喷泉、酒店、综合影院、娱乐场以及近250家精品店、酒吧和小餐馆。购物中心的设计师是乔恩·捷得(Jon Jerde),他此后一手打造了东京六本木新城(Roppongi Hills)。

如果觉得这里有些老,那么新兴的**博多河滨中心**(リバレインセンタービル/Ribareinsenta-biru;见380页地图;riverain.co.jp;🚇中洲川端)集艺术和商业于一体,更适合年轻人。

松月堂　　　　　　　　　　　　工艺品

(Shōgetsudō;见380页地图;☎291 4141;中洲/Nakasu 5-1-22;⊙9:00~19:00;🚇中洲川端)福冈极受欢迎的工艺品是白脸博多瓷娃娃(人偶/ningyō),这些娃娃造型各异,不论是女性、儿童,还是武士、艺伎,都栩栩如生。这家店铺出售陶瓷娃娃,还开设了绘画工作坊。

ℹ 实用信息

福冈市旅游观光中心(福冈市観光案内所/Fukuoka-shi Kanko Annaisho)在福冈机场、博多车站(见380页地图;☎431-3003;⊙8:00~21:00)和西铁天神公共汽车中心(见380页地图;☎751-6904;⊙10:00~18:30)等营业点都发放地图、优惠券和实用的《城市游客指南》,还提供住宿、交通和汽车租赁信息。

Fukuoka Now(www.fukuoka-now.com)是一本不可或缺的英文街头月刊,里面有详细的城市地图。

Yokanavi.com(www.yokanavi.com)是家综合性的福冈/博多旅游信息网站。

ℹ 到达和离开

飞机

福冈机场是服务于东亚和东南亚航线的国际航空枢纽,有往返于上海、大连、青岛的直航航班,也开通多条国内航线,包括东京(羽田机场/成田机场)、大阪和冲绳(那霸)。

廉价航空**Skymark**(☎东京0570-051-330;www.skymark.co.jp)飞往东京羽田机场。

火车

JR博多站(见380页地图;www.jrkyushu.co.jp;☎471-8111)是九州北部的铁路枢纽。新干线往来于东京(¥22,750,5小时)、新大阪(¥15,110,2.5小时)、广岛(¥8950,66分钟)、熊本(¥4930,39分钟)和鹿儿岛中央车站(¥10,250,97分钟)。

在九州境内,新干线之外的JR日丰线(Nippō-sen)途经别府到达宫崎;佐世保线(Sasebo-Sen)连接佐贺和佐世保;长崎线(Nagasaki-sen)开往长崎。你还可以选择搭乘地铁或JR列车去往唐津,然后从那里转乘电车到长崎。

ℹ 当地交通

抵离机场

从福冈机场国内线航站楼搭乘地铁只需5分钟即可到达JR博多站(¥260),11分钟到天神(¥260)。免费班车连接国内线与国际线航站楼。

从机场乘出租车到天神或博多费用约为¥1600。

公共汽车

城市公共汽车从毗邻JR博多站的**福冈交**

通中心大厦(福冈交通センター/Fukuoka Kotsu Senta; 见380页地图)和**西铁天神公共汽车总站**(西铁天神バスセンター/Nishitetsu Tenjin Basu Senta; 见380页地图; www.nishitetsu.jp)发车。多趟公共汽车都在JR博多站出口(Hakata-guchi)前停靠。如果出游可以考虑购买一日乘车券(成人/儿童 ¥900/450),也可以查询网站www.nishitetsu.jp/zh_cn/ticket,根据需要购买适合的优惠乘车券。

地铁

福冈市地下铁(subway.city.fukuoka.lg.jp,运行时间5:30至次日0:25)共有三条地铁线,其中对于旅行者最便捷的是空港线(Kūkō-sen),从福冈机场开往姪浜(Meinohama),途经博多、中洲川端和天神等站。票价¥200,也可以购买一日地铁通票(成人/儿童 ¥620/310)。

私营西铁大牟田线(Omuta-sen)从天神出发通往南边各地。

太宰府 (Dazaifu)

✆092/人口72,000

略显古旧的太宰府曾经是九州的执政中心,现在这里以著名的神社和引人注目的国立博物馆闻名。太宰府庙宇云集,光明禅寺、观世音寺都很有特色。如果你爱好人文景观,从福冈来这里体验一日游,的确不错。

◉ 景点

★ 太宰府天满宫　　　　　　　神道教神社

(Dazaifu Tenman-gū; ✆922 8225; www.dazaifutenmangu.or.jp; 宰府/Saifu 4-7-1; 神社免费; ⏰6:30~19:00)天满宫在日本就如同孔庙在中国,这里的"孔夫子"是京都人菅原道真(Sugawara-no-Michizane, 845~903年),他曾是平安时代著名的诗人兼学者,在被流放到遥远的太宰府两年后去世。人们将他奉为掌管文化和学者的天满天神(Tenman Tenjin)。宏伟的天满宫是菅原道真的长眠之地,也是供奉他的神社,不计其数的访客来此参拜,其中不乏那些希望通过大学入学考试的学生。院落中6000株梅花从新年开到初春,绚丽缤纷。

天满宫本堂(Hondō)曾于1591年重建,神社后面是**菅公历史博物馆**(¥200; ⏰9:00~16:00,周二、周三休息),馆内陈列的模型布景展示了菅原道真的生平。穿过院子,就是宝物殿(¥400; ⏰9:00~16:00,周一休息),这里收藏了他的一些遗物,包括一些精美的刀剑。这里是大巴团队游线路的必到一站,即使工作日也游客众多。

九州国立博物馆　　　　　　　博物馆

(Kyūshū Kokuritzu-hakubutsukan; ✆050-5542-8600; www.kyuhaku.jp; 石坂/Ishizaka 4-7-2; 成人/学生 ¥430/130; ⏰9:30~17:00,周五、六 至19:00,周一休息)仅次于东京、京都、奈良的日本第四大国家博物馆,据说里面大得能踢足球,俨然是一座展示艺术品的大型空间站。它坐落在太宰府附近静谧的林间,作为九州首屈一指、艺术藏品最为丰富的博物馆之一,这里以"日本艺术文化与亚洲各国的关系"为主调,视角更为独特,一年的四次特展也值得期待。一楼的"あじっぱ"(Aji-pa)展厅可以让人们触摸和体验亚洲各国的民族服装和乐器。

✖ 就餐

车站和寺庙之间的主街上有超过40家店铺,它们都出售本地的名物——梅枝饼(梅ヶ枝餅/Umegaemochi,烤糯米包红豆馅的点心,¥120)。糕点上带有梅枝图案,象征着当年曾让菅原道真振作精神的一枝梅花。

就在太宰府表参道上,有一座日本著名建筑师隈研吾(Kuma Kengo)设计的**星巴克咖啡**,被评为全球十大最有设计感的星巴克之一,几何形的木条交错伸展,据说灵感来就来自梅枝。

さいふうどん　　　　　　　　面条 ¥

(Saifu Udon; ✆922-0573; 宰府/Saifu 3-4-31; 乌冬面 ¥600起; ⏰11:00~16:00,周二休息)这家只有8个座位的小面馆制作的手

早点起床，北九州一日游

工业化的北九州(Kitakyūshū)位于九州岛的北端，但也有些亮点和吃喝之地，如果你能早起一些，就能一天玩转两地。

门司港（門司港/Mojikō），从1889年开始就是港口，海港"怀旧区"是明治时代和大正时代建筑的宝库，漂亮的砖房曾经是船运公司和海关的所在，还有一座人行吊桥。可登录网站www.mojiko.info了解观光建议。你可以从海底隧道步行前往关门海峡（Kanmon Strait）的另一端，位于本州西部的下关（见155页），如果你喜欢历史，也能很快找到《马关条约》的签订地春帆楼。

门司港海滨的一排商店供应着门司港的招牌菜：咖喱烧（Yaki-kari，烤奶酪咖喱饭）。我们更建议你乘坐渡轮（¥400，20分钟一班），几分钟就能到达对面的下关，就能看到飘着巨大河豚的**唐户市场**（Karado-ichima；⏰5:00~15:00，周日和假日8:00开张）。这里是著名的河豚产地，也有各种海鲜料理和鱼类制品，赶紧吃起来。

返程路上经过**小仓**（Kokura），不妨拜访一下**小仓城**（Kokurajo；www.kokura-castle.jp；¥350；⏰9:00~17:30，11月至次年3月至16:30），1959年新建的天守阁刚刚经过新一轮维修。附近就是**松本清张纪念馆**（Matsumoto Seicho Kinenkan；¥500；⏰9:00~17:30），如果你喜欢推理小说，必须要进去瞧瞧。**旦过市场**（旦過市場/Tanga-ichiba）是当地非常怀旧的市场，这里平民化的"大学丼"值得一尝，可以到**大學堂**（Daigakudo；魚町/Sakana-machi 4-4-20；⏰10:00~17:00，周三和周日休息）里买一份白饭，到市场购买喜欢的浇头，再回到餐厅慢慢吃。

从博多站出发，到达小仓（JR特急¥1800，45分钟），然后从小仓开出的本地电车前往门司港（¥280，15分钟）。如果想赶上唐户市场的午餐，你得先去门司港。

工乌冬面人气爆棚，每日售完即止。最好提早到店，可能需要排队等位。不过大费周折的回报就是能吃上一碗鲜美的汤面，堪称手作美食的极致。如果天气暖和，面馆还会摆放户外餐桌椅。

かさの家 点心¥

（Kasanoya；📞222-1010；www.kasanoya.com；宰府/Saifu 2-7-24；餐¥750起；⏰9:00~17:30）来这家老铺的最主要原因就是极为美味的梅枝饼，你很可能得排会儿队才能买到。也可以在店里吃，试试配抹茶的套餐（¥610），或者来一碗粉色的"梅之热面"（通りゃんせ/Dorianse，¥860）。从车站过来的话，往寺庙方向走，经过第二座鸟居后，这家店就在你右手边。某处窗外，就是梅花映衬下的神社本堂。

❶ 实用信息

太宰府市旅游观光中心（太宰府市立観光案内所/Dazaifu-shi Kanko Annaisho；📞925-1880；⏰9:00~17:00）位于西铁太宰府（Nishitetsu-Dazaifu）站内，工作人员能够提供帮助，还可提供地图。

❶ 到达和当地交通

私营的**西铁线**（西鉄線/Nishitetsu-sen）连接西铁福冈站（位于天神）和太宰府站（¥400，37分钟），中途需要在西铁**二日市站**（Futsukaichi）换乘太宰府线（太宰府線/Dazaifu-sen）。如果你是列车迷，那么一定要坐一下运行在太宰府线的列车"旅人号"，5部列车的外观都描绘了太宰府的名胜。景点都集中在车站附近。

也可以乘坐西铁巴士从JR博多站（¥600，40分钟）和福冈机场（¥500，25分钟）出发到达太宰府，2018年春天这些"旅人"巴士也换上了9种全新的设计。

在西铁太宰府车站可以租到自行车（9:00~18:00，¥500/天）和电动自行车（¥500/天）。

唐津（Karatsu）

☎0955/人口125,200

在风景如画的东松浦半岛（Higashi-Matsuura Hantō）腹地，唐津从与朝鲜半岛的交流中提升了陶瓷工艺，将陶器从日用品提升到艺术品的层面。在唐津，陶瓷迷们会乐在其中，仔细欣赏那些比豪车还贵的土褐色花瓶和茶碗。对于普通游人而言，这里也有迷人的海滨骑行路线和不少历史建筑。城市之外，玄界滩（Genkai）塑造出壮观的海岸线，非常适合惬意的日间徒步。

从唐津站出发5分钟脚程就可到达中町（Nakamachi）购物区，那里有几家出色的餐馆和纪念品店，可以轻松步行于其间。

◎ 景点

先到JR唐津站的旅游观光中心（◐9:00~18:00）拿份地图，然后从北口出来，就能看到**唐津市乡土会馆Arpino**（唐津市ふるさと会館アルピノ/Karatsu-shi Furusato Kaikan Arupino; **☎**75-5155; ◐9:00~19:00，各店略异）。一楼是当地土特产商店，二楼是陶瓷展览，不仅展示还出售瓷器作品，价格范围从500日元到"一大串零"！这里还有手绘唐津烧体验（¥1620）。城镇周边分布着数家陶瓷店，以及一些制陶的瓷窑和工作室。

从JR唐津站步行到海边约25分钟。**虹之松原**（虹の松原/Niji-no-Matsubara）海滩长约5公里，绵延着古代为防风、防潮而建的黑松林，如今是一条不错的骑行/步行路线。

★ 唐津城　　　　　　　　　　城堡

（Karatsu-jō; 東城内/Higashi-jōnai 8-1; 成人/儿童 ¥500/250; ◐7月和8月 9:00~18:00，9月至次年6月 9:00~17:00）这座建于1608年的城堡（1966年重建）矗立在山巅，俯瞰着远方的大海，日本很少有这样临海而建的城堡。里面收藏着古代陶瓷、武士盔甲和考古发现。城堡外观气势雄伟。如果不想步行，可以搭乘室外电梯（成人/儿童

唐津城

走遍九州 看陶瓷

九州多山，很多地区都不适宜种植水稻，当地人只能寻求其他谋生之道。上好的黏土、森林和溪流使制陶成为必然的选择，这一地区分布着技艺精湛的多种流派。

唐津、有田和伊万里是佐贺县（Saga-ken）的主要制陶小镇。从17世纪早期开始，被掳的朝鲜陶器工匠在这里制作陶器，对他们的看管可谓戒备森严，不但匠人们无法逃脱，他们的手艺也不曾外泄。当日本对西方商贸开放后，日本陶艺工匠开始仿造在欧洲广受欢迎、极具装饰性的中国风格陶瓷制品。日本陶器风格通常以城镇名后加"烧"（烧き/yaki）字而著称——记住，这跟章鱼烧和寿喜烧可不是一个概念。

唐津烧 以稳重、结实的陶器著称，以柔和的泥土色调为特色，更符合茶道"和、敬、清、寂"的思想，颇受茶道赞誉。

有田烧 这种最负盛名的日本瓷器，已有400年历史，极具装饰性，大多华丽多彩。它在世界贸易史上曾作为中国瓷器的替代品远销西欧。

伊万里烧 最早就是有田烧的代名词，因为瓷器从伊万里（Imari）出货，因此有田烧也被称为"（古）伊万里烧"，现在的伊万里烧特指伊万里地区所出瓷器，产品以餐具为主。

九州南部的鹿儿岛县有著名的萨摩烧（Satsuma-yaki）。瓷器风格各不相同，有纹路交错的裂纹釉，有金光闪闪的描金陶瓷，也有更为质朴拙实的"黑萨摩"瓷器。

¥100/50）前往。

如果你不想进入城堡内部参观，可以在城堡庭院里免费饱览令人惊叹的美景：望着山下的姪浜湾（Meinohama-wan）和唐津小镇，你不难看出唐津在幕府统治时期的重要性。

从JR唐津站步行到城堡大约20分钟，途中可以经过由唐津出身的建筑家辰野金吾监造的**旧唐津银行**、**旧高取邸**和**曳山展示场**。

旧高取邸　　　　　　　　　　历史建筑

（Kyū-Takatori-tei；北城内/Kita-jōnai 5-40；成人/儿童 ¥510/260；◎9:30~17:00，周一休息）精心修复的旧高取邸，曾是明治时代后期靠煤炭产业发家的富商高取伊好的别墅，是一座混合了日式和西式风格的建筑，带有一座点缀着灯笼的花园、一座佛坛室和一座室内能乐舞台，馆内还收藏着大量雪松版画。可以租用英文语音导览（¥300）。

中里太郎右卫门陶房　　　　　博物馆

（中里太郎右衛門陶房/Nakazato Tarōemon Tobo；☎72-8171；www.nakazato-tarouemon.com；町田/Chōda 3-6-29；◎9:00~17:30，周三休息）免费 "中里"一门是传承了400年拥有十四代的制陶家族，从前就是唐津藩主的御用窑。这间瓷窑画廊介绍了陶瓷大师十二代中里太郎右卫门（1923~2009年）的生平和成就，他一直致力于复兴传统技法的唐津烧。从唐津站步行5分钟即可。

中里家族的另一支中里隆和中里太龟一起开创了**隆太窑**（隆太窯/Ryuta-gama；见借/Mirukashi 4333-1；◎9:00~17:00，周三休息），在传统技法上加以创新。

曳山展示场　　　　　　　　　博物馆

（Hikiyama Tenjijo；西城内/Nishi-jōnai 6-33；成人/儿童 ¥300/150；◎9:00~17:00）日语"曳山"意为"雄伟的花车"，这个博物馆内陈列着14辆漂亮的彩车，都是用于一年一度的唐津宫日祭（见330页）。彩车的造型多样，有红色狮子（Akajishi，造于1819年）、武士头盔，还有象征吉祥的凤凰和鲷鱼。如果赶不上节庆，看看视频资料也不错。

🎎 节日和活动

唐津宫日祭　　　　　　　　　文化

（唐津くんち/Karatsu Kunchi；◎11月2

日至4日)在这场隆重庆典期间,唐津会焕发出巨大活力。宫日祭是被列入了全国文化重要传承的节日,起源于1592年,庆典高潮是民众簇拥着精心装饰的大型曳山(花车)从唐津神社出发,开始盛大游行。这些花车平时都会在曳山展示场展出。

周六夜市　　　　　　　　　　市场

(土曜夜市/Doyō-yoichi;⏱7月末至8月初)这一美食节兼夜市从7月末到8月初,连续4个周六在市中心举行,盂兰盆节(Obon)前夕结束。

✗ 就餐

如果前往海滩,就可以在当地贩卖超过50年的からつバーガー(Karatsu Bāgā;虹之松原内;☎56 7119;汉堡 ¥490;⏱10:00~20:00)买一个"特色汉堡"充饥。

佐贺牛也是日本有名的和牛品种,如果你赶不上吃佐贺牛肉的名店"季楽(Kiraku)",也可以在这里找一家试试。

★ 豆腐料理かわしま　　　　豆腐¥¥

(Tōfu-Ryori Kawashima;☎72-2423;www.zarudoufu.co.jp;京町/Kyōmachi 1775;午餐 ¥1500起,晚餐 ¥7000起;⏱预订用餐就座 8:00、10:00、12:00、14:00和17:30~21:00)这家著名的豆腐店位于唐津站附近的购物街,从江户时代开始就经营豆腐了。供应以豆腐为主加上其他时令特色菜的套餐。豆腐柔软、新鲜、热气腾腾,美味极了。吃完再来一个冰镇的豆腐冰激凌(¥300)。精致的小屋里只有10个吧台座位,必须预订,记得看时间。

ⓘ 到达和当地交通

从福冈出发,多条线路直通(也可换乘)JR筑肥线(Chikuhi-sen)可到达唐津(¥1140,70分钟)。如果你乘坐**春秋航空**(☎95524;www.ch.com;每周一、三、五、六)的航班直接到佐贺机场,也可以先乘坐机场大巴(¥600,30分钟),然后转JR唐津线(¥1100,1小时)到达唐津。

🍴 呼子朝市

每天清晨,呼子(Yobiko)这个著名的小渔港都会迎来朝市(Asaichi;⏱7:30~12:00或者至卖完)。短短200米的街道上摆满了来自玄界滩的渔获和海鲜制品,这是从大正时代就开始的传统。鱿鱼几乎是呼子的代名词,透明的美丽外观让那些不敢生吃的家伙也壮起胆来,"鱿鱼活吃"就是名物。除此之外,朝市上还有鱿鱼干、鱿鱼汉堡、鱿鱼烧卖……而且价格十分公道。如果你在5到9月造访呼子,¥200一颗的海胆也是新鲜美味。

从唐津出发有开往呼子(Yobuko;¥750,30分钟)的长途车,很是方便。

从唐津的**大手口公共汽车中心**(大手口バスセンター/Ōteguchi Basu Senta;☎73-7511)出发的高速长途汽车开往福冈(¥1030,70分钟)。

旅行者还可以在车站北口的唐津市乡土会馆Arpino(见329页)1层租用自行车,须出示护照。

长崎(Nagasaki)　　　　　　長崎

☎095/人口430,000

比起福冈,长崎更适合观光。

它的名字跟投掷第二颗原子弹画上了等号,这段阴影恐怕一个世纪都难以拂去。第二次世界大战的历史如同山峰和鹅卵石街道一样,成为这个城市的一部分。看到原子弹爆炸留下的累累伤痕,或许你也会为世界和平而祈愿。

但是,长崎从来都是一个生机勃勃且独一无二的城市。它是锁国时代的日本始终开放的唯一港口,离中国上海只有800公里,与韩国釜山隔海相望,数百年来也同时接受着西方文化的洗礼。丰富的贸易历史,迷人的教堂、神社和寺庙,东西合璧的烹饪……这里有太多东西值得你去探索发现。浮光掠影也好、细细品味也罢,按照日本人的说法,单是看看长崎"千万美金"的夜景,这一趟旅途就赚到了!

◎ 景点

长崎的景点众多,不过一旦你到达某个区域,景点之间轻松步行即可。原子弹爆炸中心位于郊区浦上(Urakami),在JR长崎站以北2.5公里处。你可以在长崎市中心和南部找到与商贸历史、外来影响相关的景点。主要的外籍人士居住区在JR长崎站周边和车站以南约2公里的区域——新地中华街、荷兰坡和哥拉巴园。长崎部分地区地势起伏,记得带双舒适的鞋子。因为地处山区,人们很少骑自行车,就连驾车有时也充满挑战性。

◎ 浦上(Urakami)

浦上曾是原子弹爆炸的中心区域,而今已经发展为繁华而安宁的城市郊区。纵然那场噩梦已是70多年前的事情了,但很多景点仍然保留着惨痛的记忆。

★ 长崎原爆资料馆　　　　　　博物馆

(Nagasaki Genbaku Shiryokan;见378页地图;844-1231;www.nagasakipeace.jp;平野町/Hirano-machi 7-8;成人/儿童¥200/100;5月至8月 8:30~18:30,9月至次年4月 至17:30;松山町)来长崎一定不能错过的体验,这座肃穆的资料馆通过照片和文物全面展示了被毁坏的城市和市民丧生的情形,陈列物品还包括被毁的石块、树木、家具、陶器和衣物,一个永远定格在11:02(爆炸时间)的时钟,幸存者的第一手叙述资料,以及救援时的英勇故事。展览还介绍了原子弹爆炸发生后,核裁军的艰难历程,结尾是一幅令人不寒而栗的图示——世界上拥有核武器的国家。

周边有一系列跟"原爆"相关的景点和设施。边上的**国立长崎追悼原爆死难者和平祈念馆**(免费;5月至8月 8:30~18:30,9月至次年4月 至17:30)毗邻长崎原爆资料馆,风格极简却发人深省。在地下大厅,矗立着12根玻璃立柱,装订成册的死难者名单就高高

九州历史

标新立异的萨摩藩和长崎上空的原子弹

从地理位置来看,九州真是个"山高皇帝远"之处。但回顾九州在日本近代历史上扮演的角色,却比任何京畿重镇还要厉害。

1543年,一艘偏离航线的中国船只载着枪炮和葡萄牙探险家,抵达鹿儿岛县。此后不久天主教传教士抵达,开创了日本的"基督教世纪"(1549~1650年),宗教活动中心就在长崎、平户等地。当时,长崎是个富裕、时尚的港口,葡萄牙商人往来于日本、中国和朝鲜,传教士向日本人传播教义,当地大名甚至短暂地将长崎献给耶稣会。后来,德川幕府收回了长崎,驱逐了教士,并于1597年将26名欧洲和日本基督教徒钉死在十字架上。1613年基督教被全面禁止,在经历了1637至1638年的农民起义"岛原之乱"

上图：长崎，原爆死难者纪念活动　上图：©视觉中国

后，幕府统治者完全禁止外国人在境内活动，也不允许日本人到海外游历，开始了长达两个多世纪的锁国（Sakoku）时期。

即便如此，在九州南部的萨摩藩却从来没有停止过与海外的关系。当京都的官家还在涂抹着脂粉尽情玩乐，江户的武家还在为锁国自鸣得意，离江户最远的岛津藩主一族数代，积极推行改革，控制了琉球，与周边国家开展海上贸易，不断加强萨摩藩的经济实力。同时，在"黑船事件""鸦片战争"等西方势力入侵的刺激之下，提拔下级武士担任高级职务，秘密派出年轻人学习西洋技术，制造火药和大炮，在军队武装上也提升了藩中力量。甚至在德川幕府惧怕英国而赔款之后，在1863年因"生麦事件"引发的"萨英战争"中向英国人开炮，又在迅速明确了自己并不是西方列强的对手之后，中止了"尊王攘夷"的道路，以胜局议和赔偿，主张开国，反而同英国建立了亲密关系。能如此懂得变通的"投机分子"，在当时的日本可算独树一帜。

正因切准了时代的脉搏，萨摩藩和长州藩才能结成强大的倒幕联盟。1868年，倒幕派从九州开始军事行动，一直到出身于萨摩藩的笃姬（天璋院，德川幕府第十三任将军德川家定的正室）与新政府斡旋，促成"大政奉还"和江户和平开城，揭开了明治维新的序幕，最终结束了德川幕府的统治，打开了近代日本对外交流发展的新局面。在接下来的明治时代里，日本工业迅速崛起，九州也成为日本海军的摇篮，对日本社会、政治和环境的发展变化产生了深远影响。

当日本于19世纪50年代向西方重启国门时，长崎异军突起，发展成为日本主要的经济力量，造船业尤其发达，这也最终导致它遭受原子弹袭击的惨剧。

1945年8月9日，美国空军B-29型轰炸机Bock's Car从马里亚纳群岛起飞，准备在

← 日本投下第二颗原子弹。目标本是九州东北海岸的小仓（Kokura，见328页）。由于能见度很低，机组继而转向备选轰炸目标——长崎。

10点58分，轰炸机飞抵长崎上空，但这里云层也很厚，趁着云团间短暂露出的空隙，三菱军工厂（Mitsubishi Arms Factory）出现在视野内，于是4.57吨重的原子弹"胖子"（Fat Man）被投放到长崎上空，所产生的威力相当于21,300吨的TNT爆炸当量，几乎是投在广岛的"小男孩"（Little Boy）原子弹爆炸量的两倍。

原子弹错过了预定的目标——军工厂，于11:02在距离地面500米的半空爆炸，几乎就在亚洲最大的天主教堂（浦上天主教堂，见334页）的垂直上空。顷刻之间，将浦上郊区以及长崎毁于一旦。

爆炸中心的地面温度高达3000℃至4000℃，1.5公里以外也达到600℃。爆炸中心半径1公里以内区域的一切都被摧毁，灼热的风以超过170公里/小时（台风一般最快在150公里/小时）的速度席卷浦上川河谷直到市中心。由于身强力壮的男性大多在工作或参加战争，受害者大多数是妇女、儿童和老人，还有1.3万名被强行征用的朝鲜劳工和200名盟军战俘。此外，另有7.5万人严重受伤（据估计还有同样数目的人死于爆炸后遗症）。爆炸引发的大火熄灭后，这座城市的三分之一已面目全非。即便是幸存者，也多年在癌症、白血病和皮肤灼伤等辐射后遗症的煎熬中艰难渡日。

今天，人们来到九州风光旖旎的土地上时，或许不会想到它曾经如此波折而又令人惊心动魄的过往。但你依然可以在出岛（见335页）看到昔日锁国时代的缩影，在明治维新博物馆（见361页）中见到那些曾经活跃在倒幕派第一线的人们，在原爆资料馆与和平公园（见332页）里见证那段令人悲伤的历史并祈祷这世间不要再有战争。这片曾经在古代有九个小国并存的地方，值得细细探寻，如果你爱好历史，更不要错过它。

放在书架上。

长崎和平公园（平和公園/Heiwa-kōen；见378页地图；🚃大桥）坐落在爆炸中心地北部，这里屹立着著名的**长崎和平纪念塑像**（见378页地图），每年8月9日，都会举办声势浩大的反核活动，附近还有官方举办的庄严的悼念原子弹死难者仪式。

长崎爆心地公园（见378页地图；🚃松山町）有一根光滑的黑色石柱，标记着位于其上空的当年原子弹的爆炸中心。

城山小学校（见378页地图；⏰周一至周五 8:30~16:30；🚃松山町）是离爆炸点最近的学校，1400名儿童在这里丧生。这座仍然在使用中的学校看起来并无不同，但这里还有一些雕塑、纪念碑和纪念馆以纪念逝去的生命。

一本柱鸟居（见378页地图；🚃大学病院前站或浦上站前）原子弹爆炸摧毁了山王神社鸟居的一半，其中一根柱子却幸存下来，仿佛是人类勇气和坚韧力量的无言的见证。

浦上天主教堂　　　　　　教堂

（Urakami Tenjodo；见378页地图；本尾町/Motō-machi 1-79；⏰9:00~17:00；🚃松山町）曾经是亚洲最大的天主教堂（建于1914年），历经30多年才竣工，但在短短的3秒钟内，就被夷为平地。现在这座小教堂是在当年的遗址上重建的，绕着山边走，就能看见一座倒塌的钟楼，还保持着原子弹爆炸后原有建筑断瓦残垣的状态。

永井隆纪念馆　　　　　　博物馆

（Nagai Takashi Kinenkan；见378页地图；上野町/Ueno-machi 22-6；¥100；⏰9:00~17:00；🚃大桥站）规模虽小但却感人至深的纪念馆，颂扬着一个人在面对无比艰难的逆境时，展现出来的勇气和信心。永井隆医生当时已身患白血病，在原子弹爆炸中幸免于难但却痛失爱妻。他迅速投入对原爆伤员的救治工作中，直到1951年离开人世。他在最后的日子里还坚持写作，并有多部著作问世，同时还号召给幸存者和孤儿募捐物资，得到了"圣长崎"的美称。

长崎市中心

★ 出岛　　　　　　　　　　　　　　古迹

（出島/Dejima；见378页地图；🚌出島）1641年，德川幕府驱逐了所有在日本的外国人，只有一个地方例外——出岛，这是位于长崎港的一座扇形人工岛屿，面积1.5万平方米。从那时起直到19世纪50年代，这处狭小的荷兰贸易站成为日本唯一获准的外国人居留所在地。如今，城市建设已经将这座岛周边填满，让你很容易忽略它，但千万别错过了。

17座建筑、围墙和各种设施已经过苦心重建，成为**出岛资料馆**（Dejima Shiryokan；见378页地图；☎829-1194；www.nagasakidejima.jp；出島町/Dejima-machi 6-1；¥510；⏰7月中到10月中 8:00~19:00，10月中至次年7月中 至18:00)。资料馆的建筑重新开放后一直都在不断升级，内部的教育性就像漂亮的外观一样突出，展览涵盖贸易的扩张、西学东渐和文化、考古发掘，混合着日本榻榻米和西方墙纸的房间。靠近西门的展馆内可以租到和服（每小时/每天 ¥2000/6000)，能让到访者有更深刻的体会。

附近的**Dejima Wharf**（長崎出島ワーフ）集吃喝玩乐为一体，可以在Attic（⏰11:00~23:00）餐厅里试试飘着西乡隆盛和坂本龙马头像的咖啡。

新地中华街　　　　　　　　　　　　街区

（Shinchi Chugakai；见378页地图；🚌筑町）在长期的闭关锁国时期，日本对中国商人的限制在理论上与对荷兰人的做法没有区别，但实际上中国人相对自由一些。只有几幢建筑矗立在原址，但时至今日，长崎仍然有一个活力四射的华人社区，在城市的文化、建筑、节日和料理中都有体现。观光者从四面八方来到新地中华街享受美食、购买中国手工艺品和饰品。在这里可以看到中国月饼，也能看到仿佛肉夹馍和馒头的混合体角煮まん（Kakuni-man，用面皮包红烧肉，类似刈包），不妨找找哪些是中国人不知道的中国货。

崇福寺　　　　　　　　　　　　　佛教寺庙

（Sōfuku-ji；见378页地图；鍛冶屋町/

> #### 🔭 中岛川上的桥
>
> 中岛川（Nakashima-gawa）幽幽穿过长崎市中心，与寺町平行，河上横跨着数座17世纪的石桥，景色秀美。在过去，每座石桥曾经都单独通往一座寺庙。最有名气的是双拱**眼镜桥**（めがね橋/Meganebashi；见378页地图），原桥建于1634年，之所以被称为"眼镜桥"，是因为两个桥拱在水中的倒影看起来很像明治时代的眼镜。在市中心步行的时候，一定别错过了看看"眼镜桥"的机会。坐有轨电车到公会堂前或賑橋，步行即可到达。路边有一块瓷砖拼贴的指示牌"中岛川石桥群"，可以在这里比对所有石桥，还能看到曾经对应的寺庙。

Kajiya-machi 7-5；成人/儿童 ¥300/200；⏰8:00~17:00；🚌正覺寺下）这座黄檗宗（Ōbaku，黄檗宗是第三大禅宗门派）寺庙位于寺町（Teramchi），是中国僧人超然（Chaonian，1567~1644年）于1629年修建的，寺庙的红色大门第一峰门（Daiippomon）呈现了中国明朝时期的建筑风格。进入寺中便能看到一口巨大的锅，在1681年大饥荒中，寺庙就是用这口锅煮食物救济灾民。寺内还有海之女神妈祖（Maso）的雕像。

这一带的中国寺庙众多，大约1公里以外还有一座**兴福寺**，有兴趣可以前往。

长崎历史文化博物馆　　　　　　　博物馆

（Nagasaki Rekishi Bunka Hakubutsukan；见378页地图；☎818-8366；www.nmhc.jp；立山/Tateyama 1-1-1；成人/儿童 ¥600/300；⏰8:30~19:00，每月第三个周一闭馆；🚌桜町）这座庞大的博物馆于2005年开馆，外观设计很漂亮。馆内侧重展示长崎对外贸易的光辉岁月。主展厅是局部重建的**长崎奉行所**（江户时代管理贸易和外交事务的长崎地方官员办公处），令人印象深刻。在周末和节假日，庭院里还有古装剧的演出。

长崎县美术馆　　　　　　美术馆

（Nagasaki-ken Bijutsukan；见378页地图；833-2110；www.nagasaki-museum.jp；出岛町/Dejima-machi 2-1；入馆免费 观展 成人/大学生/中小学生 ¥400/300/200；10:30~20:00，每月第二、四个周一闭馆；出岛）与水边之森公园（水辺の森公園/Mizube-no-mori Koen）相邻的美术馆，木条的装饰彰显了著名设计师隈研吾（Kuma Kengo）的设计风格，美术馆的建筑本身可能比内部展览更有意思，记得留意屋顶花园。

★ 诹访神社　　　　　　神道教神社

（諏訪神社/Suwa-jinja；见378页地图；上西山町/Kaminishiyama-machi 18-15；24小时；諏訪神社前）规模庞大的诹访神社兴建于1625年，坐落在草木繁茂的坡顶，走过数段台阶才能到达。院子四周是无数憨态可掬的狛犬雕像（Komainu,守护兽，类似于中国的石狮子）,其中最值得一看的是河童狛犬（Kappa-komainu,将水滴在它头顶的盘子里，以此祈祷）和许愿回转狛犬（Gankake Komainu）,古代的妓女都会向它祈祷，祈求暴风雨的来临，以便把水手困在港口再过一夜。

★ 稻佐山　　　　　　　　瞭望台

（稲佐山/Inasa-yama；见378页地图）长崎的"千万美金"夜景就在这里观赏！长崎港口以西有**缆车**（長崎ロープウェイ/Nagasaki Ropuwei；见378页地图；www.nagasaki-ropeway.jp；宝町/Takara-machi；成人 单程/往返 ¥720/1230；9:00~22:00；ロープウェイ前），每15~20分钟开出一班，登上333米高的稻佐山顶，继续步行登上4层高的山顶展望台，360度俯瞰迷人的长崎全景，夜景尤为出色，仿佛一只由绚烂灯火组成的彩蝶。天气好时，甚至可以看到五岛列岛。**免费穿梭**

诹访神社

巴士(無料循環バース/Muryo-jungan-basu；19:17~20:47，共4班，间隔30分钟)从JR长崎站开往山顶的展望台，历时8分钟，可以在渊神社(淵神社/Fuchi-jinja)下车乘坐缆车到稻佐岳(稲佐岳/Inasa-take)，步行几分钟到达展望台。

长崎南部

★ 哥拉巴园　　　　　　　　庭园

(グラバー園/Guraba-en；见378页地图；822-8223；www.glover-garden.jp；南山手町/Minami-yamate-machi 8-1；成人/儿童¥610/300；4月下旬至5月上旬，7月下旬至10月上旬，8:00~21:00，10月中旬至次年4月上旬 至18:00；大浦天主教堂下)在这座山上的庭园，再现了明治时代定居于此的欧洲人的一些房屋原貌，游览其中，仿佛昨日重现。哥拉巴园得名于苏格兰商人托马斯·哥拉巴(Thomas Glover, 1838~1911年)，他主持建造了日本第一条铁路，协助创建日本造船业，对明治维新的进程起到了重大作用。

游园的最佳方式是先乘坐电梯登顶，再步行下山。公园的最高点耸立着**三菱2号船坞大厦**(旧三菱第2ドックハウス/Kyu-mitsubishi Daini Doku-hausu；见378页地图)，在二楼能看到城市和港口全景。第二高的是**沃克宅第**(旧ウォーカー住宅/Kyu-waka Jiutaku；见378页地图)，室内收藏着来自这一家族的捐献纪念品，然后是**林格宅第**(旧リンガー住宅/Kyu-Ringa Jiutaku；见378页地图)、**阿尔特宅第**(旧オルト住宅/Kyu-oruto Jiutaku；见378页地图)，最后就是**哥拉巴宅第**(旧グラバー住宅/Kyu-guraba Jiutaku；见378页地图)。往山下走到半山腰，就是**蝴蝶夫人像**(见378页地图)，雕像为日本歌剧演员三浦环(Miura Tamaki)，她曾多次出演这部普契尼著名歌剧中的蝴蝶夫人一角(此故事就发生在长崎)。哥拉巴园的出口是**长崎传统表演艺术馆**(長崎伝統芸能館/Nagasaki Dento Genokan)，馆内陈列的长龙和花车都是为多姿多彩的长崎宫日祭(见339页)而准备的。

军舰岛

这座原名羽岛(端岛)的小岛上，耸立着诡异的建筑群，从海湾拔地而起，远观就像一艘军舰，因此它也被称为"军舰岛"(軍艦島/Gunkan-jima)。这里曾经是世界上人口最为稠密的地方，岛上的煤矿自19世纪90年代开始开采，许多中国与朝鲜劳工在此付出血泪甚至生命。1974年煤矿关闭后，这里逐渐变成了鬼城。

经过风吹雨打后，军舰岛看起来就像是世界末日漫画书中的场景一般，以至于2012年007系列电影《天幕危机》(Skyfall)里反派的老巢就在这里取景。人们曾经考虑把这里变成一个大垃圾场，在一些长崎市民的不懈努力下，这个岛得以保留，并已成为世界文化遗产。虽然，对于端岛列入世界遗产的申请，韩国曾表示出强烈的反对。

岛上的大部分地区都不安全，有些建筑已倒塌或受损；不过，目前每天有几次导览团队游上岛，参观者可以沿安全的步道行走，经过这些废弃的大楼，从长崎港出发的乘船巡游全程约2.5小时，4月至10月每天2次(条件允许时)，11月至次年3月场次较少。有几家船运公司经营这项业务，可联系**やまさ海運**(Yamasa Kaiun；见378页地图；822 5002；www.gunkan-jima.net；登岛游¥4200)预订乘船巡游，他们也提供不登岛的复古帆船巡游，需要预约。带上防晒霜，记得下船前上好厕所：岛上没有卫生设施。本书调研写作期间，军舰岛一度因疑似检测出石棉残留而关闭参观，但最后证明了疑似石棉的物质实为石膏盐化物，当你拿到本书时应已恢复开放。

庭院本身就是俯瞰长崎的好地方，这里还有三块心形石，找到算你幸运。

大浦天主教堂　　　　　　　　　　教堂

（Ōura Tenjodo；见378页地图；南山手町/Minamiyamate-machi 5-3；¥300；8:00~18:00；大浦天主教堂下）这座山顶教堂是日本最古老的教堂（建于1865年），用于纪念1597年在长崎被钉死在十字架上的26名基督徒。这里更像一座博物馆，而非宗教场所，可以留意下这里华丽的哥特式祭坛和主教的椅子，以及26名殉教者的油画像。

荷兰坡　　　　　　　　　　　　　街区

（オランダ坂/Oranda-zaka；见378页地图；石桥）这条坡度平缓的石板路之所以叫荷兰坡，一是因为从前当地人把在长崎的西方人一律称作"荷兰人"，二是道路两旁曾经排列着木结构荷兰式房屋。其中有几处房屋被精心修缮，再现了日本早期学习西方世界的态度。

安静的**老照片资料馆**（古写真资料馆/Ko-shashin-shiryōkan；见378页地图；東山手町/Higashi-yamatemachi 6-25；联票¥100；9:00~17:00）和边上的**考古博物馆**展示了这一地区的历史。

孔庙和中国历代博物馆　　　　　　孔庙

（孔子廟·中国歴代博物館/Kōshi-byō Chugoku Rekidai Hakubutsukan；见378页地图；824 4022；大浦町/Ōuramachi 10-36；神殿和博物馆 成人/大学生/中小学生 ¥600/400/300；9:30~18:00；大浦天主教堂下）这座金碧辉煌的孔子庙据称是在中国以外地区唯一一座由中国人建造并使用的孔庙，庭院里的圣贤雕像会令你产生回到中国的错觉。原庙于1893年建成，但毁于原子弹爆炸引发的大火。

孔庙后面就是华丽的博物馆，展出各种中国文物，包括玉器、新石器时代考古发现、

长崎灯会期间的中华街

兵马俑和清朝瓷器等,也常常从中国国家博物馆和故宫博物院借来文物展出。

🎯 团队游

1小时**长崎港巡游**(長崎港めぐりクルーズ/Nagasaki Meguri Kurusu;见378页地图;📞822 5002;成人/儿童￥2000/1000;⏰周四至周一 正午至16:00)是从水上欣赏长崎如画美景的理想方式。可在渡轮码头查询最新时刻表。

🎊 节日和活动

长崎灯会　　　　　　　　　　　　文化

(長崎ランタンフェスティバル/Nagasaki Rantan Fesutebaru;⏰农历正月初一至十五)这项创始于1987年的活动,已成为长崎旅游的名片。15,000盏彩灯照亮街市,同时舞龙舞狮,主会场在凑公园和新地中华街(见335页),与中国相关的很多寺庙也会亮灯。

放河灯　　　　　　　　　　　　　文化

(精霊流し/Shōrō-nagashi;⏰8月15日)在这一节日里,人们会将点着灯笼的小船放入港口的水中以纪念祖先。小船随波逐流,漂向大海,最终被海浪吞没。观看这一场面的最佳地点是大波止(Ōhato)渡轮码头。

长崎宫日祭　　　　　　　　　　　文化

(長崎くんち/Nagasaki Kunchi;⏰10月7日至9日)节日期间全城各处都会舞龙,一派节庆的喜悦景象,诹访神社尤为热闹。人们身着节日盛装,燃放烟花,大街小巷都能听到清脆高亢的铵音,看到巨龙玩偶。

🛏 住宿

为了交通、用餐和娱乐生活的方便,我们建议住在JR长崎站或思案桥附近。

Hostel Akari　　　　　　　　青年旅舍￥

(ホステルあかり;见378页地图;📞801-7900;www.nagasaki-hostel.com;麹屋町/Kōjiya-machi 2-2;铺￥2700起,标双/标三￥6800/9900;⏰接待处 9:00~13:00和

🍴 长崎料理中国造?

长崎隋唐时代就是遣唐使往来之地。日本锁国时代特殊的开港地位,又让许多中国福建、浙江等沿海省份的商人在宋、明和清时代来到这里。他们建造唐人屋敷(Tojiinyashiki)定居,也将饮食和风俗习惯一并带入,与当地融合多年之后,形成了今天特别"中国"的长崎料理。

博多拉面是不是比酱油拉面更合口味?到了长崎,这种情况更明显,当地特色都充满了浓浓中国风。到底好不好吃,对于中国人而言,只有自己"体会"了。

角煮まん(Kakuni-man)一看就跟中国分不开。面皮的形式让人不禁想起"京酱肉丝夹饼""回锅肉夹饼"等名菜。中间夹的红烧五花肉,据说从东坡肉演化而来,源自宋代与杭州的贸易当中。好多店家还特别画了古风的苏东坡来表示正宗。

什锦海鲜拉面(ちゃんぽん/Champon)是当地特色的拉面,乳白色咸咪浓汤面里加入鱿鱼、猪肉和蔬菜等食材。这道标志性面条,是**四海楼**(见341页)的大师傅为了照顾中国留学生创制的廉价面条,日文发音据说也是从福建话的"吃饭"而来。

皿乌冬(皿うどん/Sara Udon)是在炸过的细面条上浇上勾芡的卷心菜和海鲜类食材,感觉是什锦海鲜拉面的干捞版,更像是江浙一带的"两面黄"。在日本别处,乌冬面都意味着粗面条,但皿乌冬却有着越做越细的趋势。

卓袱料理(Shippoku Ryōri)更是打破了日本"定食"的概念,圆桌摆放,食客分食,就跟在中国吃饭一样。桌上的料理不仅融合了中国和日本的风格,还带有"南蛮"(荷兰)风格,在长崎可以算是高级地方料理,价格不菲。

15:00~20:00；🅿️❄️@🛜；🏠市民会館）这间有着28个床位的青年旅舍离JR长崎站不远，附近就能找到中岛川上的眼镜桥。日式房间明亮而整洁，配有西式寝具和卫浴，还有非常乐于助人的员工、开放式厨房，以及由当地敬业的志愿者带领的免费步行团队游。13:00至15:00期间不办理入住手续，甚至连寄存行李都十分困难。

Hotel Dormy Inn Nagasaki 商务酒店 ¥¥

（ドーミーイン長崎；见378页地图；📞820-5489；www.hotespa.net；銅座町/Dōza-machi 7-24；标单/双 ¥6790/9790起；🅿️❄️@🛜；🚃筑町）酒店毗邻中华街，光凭位置这点，就物有所值了。客房洁净简约，配有优质床垫。除了客房卫浴设施以外，酒店还有分性别使用的公共浴场和桑拿。自助早餐（¥1200）有日式、西式和中餐选择，供应大盘皿乌冬（sara udon），21:30~23:00还免费供应荞麦面。季节不同，房价上下浮动很大，网上订房有折扣。

S-Peria Hotel Nagasaki 商务酒店 ¥¥

［エスペリアホテル長崎；见378页地图；📞826-1211；www.s-peria.com；五島町（Gotomachi）5-35；标单/双 ¥6500/10,000；🅿️❄️@🛜；🚃五島町］这家新建的酒店就在主街附近，市中心和南部的景点都在步行范围内。共有153个奢华房间，用深色木板装修，有独立淋浴和浴缸，气派十足。员工都习惯接待外国客人，酒店设有投币洗衣机。官网上提供折扣房间。

★ 料亭御宿坂本屋 日式旅馆 ¥¥¥

（Sakamoto-ya；见378页地图；📞826-8211；www.sakamotoya.co.jp；金屋町/Kanaya-machi 2-13；房含两餐 ¥16,200/人起；🅿️❄️@🛜；🚃五島町）这间外观华丽的老派日式旅馆自1894年起就开业了。客房充满艺术气息，走廊里装点着有田烧陶器，小巧精致的花园挨着一楼的房间，提供颇有名气的卓袱料理（Shippoku-ryōri，见339页方框）。酒店只有11个客房，能够提供个性化服务（每个房间都配备柏木浴缸）。离JR长崎站不远，从五島町有轨电车站出发，走过S-Peria Hotel左转就到了。

Richmond Hotel Nagasaki Shianbashi 酒店 ¥¥¥

（リッチモンドホテル長崎思案橋；见378页地图；📞832-2525；nagasaki.richmondhotel.jp；本石灰町/Motoshikkui-machi 6-38；标单/双 ¥20,000/25,000起；🅿️❄️@🛜；🚃思案橋）若论起与思案桥中心的距离，哪儿也没有这家旅行者最爱的酒店来得近。以日本的标准，里里的豪华房很宽敞了。酒店员工开朗且会说英文，长崎特产的自助早餐（¥1200）也很出色。

🍴 就餐

与亚洲和西方各国的不断交流，让长崎料理充满了异国情调。如果你不想太多尝试跟中国有关的名物（见339页方框），也可以试试源自其他国度的融合产品。

色泽金黄的砖形**长崎蛋糕**（カステラ/Castella）是必买的长崎甜品，你会惊讶于日本人怎么能把面粉、鸡蛋和糖的比例调得那么精致。**福砂屋**（Fukusaya；见378页地图；📞821 2938；www.fukusaya.co.jp；大工町/Funadaiku-machi 3-1；⏰8:30~20:00；🚃思案橋）从1624年就开始制作这种蛋糕；**匠寛堂**（Shōkandō；见378页地图；📞826 1123；www.shokando.jp；魚の町/Uo-no-machi 7-24；⏰9:00~19:00；🚃賑橋）位于眼镜桥对面，是日本皇室的供应商。

土耳其饭（トルコライス/Toroko Raisu）跟土耳其菜没关系，但跟土耳其融合亚洲和欧洲的地理位置有关。意大利面、日式咖喱炸猪排、抓饭放放一盘，再搭配些水果蔬菜，有些令人匪夷所思，味道却意外的不错。

另外，在**Mirai Nagasaki Cocowalk**（みらい長崎ココウォーク；见378页地图；www.cocowalk.jp；茂里町/Morimachi 1-55；

10:00~21:00；茂里町）的4楼和5楼有20多家餐厅。**AMU Plaza**（アミュプラザ長崎；见378页地图）的餐饮楼层，以及**Dejima Wharf**（出島ワーフ；见378页地图）的户外餐厅（从海鲜到意大利菜），都是美食集中地。

四海楼　　　　　　　　　　　　面条 ¥

（Shikairō；见378页地图；☎822-1296；鬆が枝町/Matsugae-machi 4-5；什锦海鲜拉面 ¥1080；⏰11:30~15:00和17:00~20:00；📷；🚃大浦天主教堂下）这家中餐馆独立的高大建筑邻近哥拉巴园（留意店面的红色大柱子），什锦海鲜拉面就是这里原创，1899年就开始营业了。店内能看到绝佳的海港风景，还有个小型的海鲜拉面博物馆。用餐高峰时段需要排队等位。

ちゃんぽん・皿うどん 蘇州林　　面条 ¥

（Champo Sara Udon Soshurin；见378页地图；☎823-0778；新地町/Shinchi-machi 11-14；皿乌冬 ¥950；⏰11:00~20:30，周三休息；🚃築町）这家小店以做出极细面条的皿乌冬著称。点上一份，细面不仅炸出来更香，也容易跟勾了芡的卷心菜、猪肉、鱿鱼和虾的浇头融合，面条更像菜的一部分，口感更棒而且无负担。当然，这里也可以吃到什锦海鲜拉面。

ツル茶ん　　　　　　　　　　咖啡馆 ¥¥

（Tsuru-chan；见378页地图；☎824-2679；油屋町/Aburaya-machi 2-47；土耳其饭 ¥1280；⏰9:00~21:00；🚃思案橋）这个复古风格的咖啡馆（喫茶店/Kissaten）1925年就开张了，堪称九州最早的咖啡馆。他们声称自己发明了土耳其饭，创新菜式包括鸡肉、牛肉甚至奶油酱配米饭，共有10种可选。至于甜品，可以尝尝长崎奶昔，你只能用勺子舀着吃，又是一个"长崎特色"。

東山手（地球館）　　　　　各国风味 ¥¥

（Higashi-yamate Chikyū-kan；见378页地图；☎822-7966；東山手町/Higashiyamate-machi 6-25；菜式每周不同；⏰咖啡馆 10:00~17:00，周二、三休息；餐厅 周六和周日 正午至15:00；🚃石橋）店铺位于荷兰坡，这家奇特的"世界食品餐厅"多在周末营业；每周会有不同国家的主厨打造本国平价菜肴，陆续推出过70个国家的风味菜肴，数字还在不断增加中。看来，这个小小的"奇葩"餐厅秉承着长崎数百年来的文化交流传统。

吉宗　　　　　　　　　　　日本料理 ¥¥

（Yosso；见378页地图；☎821 0001；www.yossou.co.jp；浜町/Hama-machi 8-9；套餐 ¥1350起；⏰11:00~20:00，每月第二个周二休息；🚃思案橋）自1866年起，人们就涌进这家餐馆品尝**茶碗蒸**（茶碗蒸し/Chawanmushi）。屋檐上挂着的一排红灯笼和传统的店面都非常醒目。点**茶碗蒸配蒸寿司套餐**（¥1350）可以品尝店铺特色，**吉宗套餐**（¥2376）比前一个套餐多了角煮（红烧肉）、小菜和甜品，吃起来更丰富。

★ 卓袱浜勝　　　　　　　怀石料理 ¥¥¥

（Shippoku Hamakatsu；见378页地图；☎826-8321；www.sippoku.jp；鍛治屋町/Kajiya-machi 6-50；料理 ¥3500/人起；⏰11:30~22:00；📷；🚃思案橋）如果你打算享受一下卓袱料理又不想荷包大伤，可以来这里试试。套餐菜单丰富多样，一个巨大的圆形托盘上摆满卓袱料理，有一种"怀石料理中式吃法"的感觉，从食具到摆盘依然十分精美。此外，你还可以选择日式或西式的座位。

ℹ 实用信息

长崎市旅游观光中心（長崎市総合観光案内所/Nagasaki-shi Soko Kanko Annaisho；见378页地图；☎823-3631；www.at-nagasaki.jp；JR长崎站1楼；⏰8:00~20:00）这家总是很忙的信息中心可帮你处理基本事务，网站也很有用。

ℹ 到达和离开

飞机

长崎机场（☎752 5555；www.nabic.

co.jp）位于城外约40公里处。长崎和东京羽田机场、大阪伊丹机场（Itami）、冲绳、名古屋，以及首尔和上海之间都有航班往来。

中国国内的航空公司直飞长崎的航班极少，**中国东方航空**（☎95530；www.ceair.com）每周一和周五（返程也是这两天）有从上海直飞长崎的航班。

长途汽车

JR长崎站对面的**县营长途汽车总站**（県営バスターミナル/Kenei Basu Taminaru；见378页地图；www.keneibus.jp）有车前往云仙（Unzen, ¥1800, 1小时45分）、佐世保（¥1500, 1.5小时）、福冈（¥2570, 3小时）、熊本（¥3700, 3小时15分）以及别府（¥4630, 3.5小时）。

火车

JR列车线路从长崎开往佐世保（¥1650, 2小时）和福冈（博多站；特急¥4190, 1小时53分）。其他多数目的地都需要换乘，长崎还没有开通新干线列车。

ⓘ 当地交通

探游长崎非常方便，步行或搭乘有轨电车可到达多数景点。

抵离机场

机场大巴（¥900, 45分钟）可以在JR长崎站对面的县营长途汽车总站4号站台和新地长途汽车总站（新地バスターミナル/Shinchi Basu Taminaru；见378页地图）外乘坐。如果从市区搭乘出租车前往机场，费用约为¥10,000。

有轨电车

遍游长崎最好的方式是搭乘便捷的有轨电车。共有4条线路可供选择，都以颜色标识，分别是1路、3路、4路和5路（2路只在特殊情况运营）。不论去往长崎市中心何处，车票均为¥120。不过你只能在筑町（Tsuki-machi）站免费换乘一次[可以索要换乘车票（乗り継ぎ/Noritsugi）]。

我们建议你买500面值的一日乘车券，不限乘车次数。在多家酒店和长崎旅游观光中心（见378页）都可购买通票。大部分电车

探访 长崎秘境

云仙天草国立公园（Unzen-Amakusa Kokuritsu Kōen）据说是日本第一座国立公园。这里坐拥数十座温泉，还可以徒步草木繁茂的小径穿越火山景观。关键是游客不多，宛如长崎的秘密花园。

从云仙出发，几条非常受欢迎的路线通往国立公园内的衣笠（Kinugasa）、高岩山（Takaiwa-san）和矢竹（Yadake）。**云仙山信息中心**（雲仙お山の情報館/Unzen-oyama-no-johokan；☎0957 73 3636；www.unzenvc.com；⏰7月中至8月 周五至周三 9:00~18:00, 9月至次年7月中 至17:00）陈列着关于火山和动植物的展览。

穿越**仁田山口**（仁田峠/Nita-tōge, 1080米）就可到达附近的**普贤岳**（Fugen-dake, 1359米），它属于云仙岳山脉。从这里能看到从山顶流下的岩浆景象，壮观非凡。你可以乘坐合乘出租车前去仁田山口停车场。这里是普贤岳徒步的起点，四五月时候的满山杜鹃非常美。搭乘**缆车**（单程¥630；⏰8:50~17:20）可前往**妙见岳**（Myōken-dake, 1333米）之巅，那附近还有一座神社。从山顶出发，可穿越**国见岳山口**（国见分かれ/Kunimi-wakare），行程往返不到2小时。也可以从神社折返步行3.5公里经あざみ谷村（Azami-dani）和峡谷，返回仁多。

如果想进行更长距离的远足跋涉（3小时），可以绕道至**国见岳**（海拔1347米），沿途可

会在23:30左右停运。

九州中部
熊本（Kumamoto）
☎096/人口731,000

熊本部长（Kumamon）可能比熊本更加有名，即使没有见过本尊，至少你已经在无数表情包、手信和新闻当中见到了这个萌萌的熊本"营业担当"。他已经为熊本县带来数以万亿计日元的收入，很快就同Hello Kitty和皮卡丘（Pikachu）一样，在卡哇伊文化的名人堂占有了一席之地。

熊本是前往热门的阿苏山地区的门户，也是不错的中转站。本地引以为豪的熊本城在2016年4月14日和16日连续强震中损毁严重，全面修复可能需要几十年。不过，拉面和马肉刺身依然可以点亮你的行程。

◉ 景点
★ 熊本城　　　　　　　　　　　城堡
（Kumamoto-jō，熊本城；☎096-322-5900；目前不能进入；🚉市役所前）这座名列日本三大名城的雄伟城堡傲然矗立，统领着城市天际线。它算得上是日本首屈一指的城堡，由大名加藤清正（Katō Kiyomasa）在1601年至1607年期间主持建造，加藤清正的肖像在城堡附近随处可见（他独特的尖高帽很醒目）。自1632年开始，熊本城就成为强大的细川（Hosokawa）家族的执政中心。遗憾的是，城堡及其附属建筑因地震破坏无限期关闭，但它能扛过强震也着实厉害，从外围欣赏一下城堡的雄姿倒也算是不虚此行。

如果想支持一下熊本城，不妨到二の丸停车场附近的复古的**樱马场城彩苑**（桜の馬場城彩苑/Sakura-no-baba Josaien）逛逛，这里的**湧々座**（Wakuwakuza；¥300；⏱9:00~17:00）专门展示了熊本城的历史文化，**桜の小路**（Sakura-no-koji）则汇集了20多家餐馆。

★ 水前寺成趣园　　　　　　　　庭园
（Suizenji Jojuen；www.suizenji.or.jp；水前寺公園/Suizenji-kōen 8-1；成人/儿童¥400/200；⏱3月至10月7:30~18:00，11月至次年2月8:30~17:00；🚉水前寺公園）位于熊本市

以欣赏到**平成新山**（Heisei Shinzan, 1483米）冒着烟的熔岩山顶，这是日本最年轻的山脉，于1990年11月普贤岳喷发后形成。

徒步之后，泡个温泉，简直太美妙。最受欢迎的是**小地狱温泉馆**（Kojigoku；成人/儿童¥420/210；⏱9:00~21:00），这是间乡村气息非常浓厚的木结构公共浴场，引入的是从江户时代涌出的小地狱温泉。村中心开车几分钟或者走路15分钟左右即可到达。**新汤温泉馆**（新湯温泉館/Shinyu；¥100；⏱9:00~23:00，周三休息）是座简易的公共澡堂（銭湯/Sentō），富有浓郁的地方色彩。

在云仙温泉观光协会（Unzen Onsen Kanko Kyokai, www.unzen.org/c_ver）查询一下你到访期间的住宿情况。当一日游的客人离开，你可以入住那些非常出色的温泉住所，享受夜晚的宁静。小村或许是日本最后一个没有便利店的地方。

长崎和云仙之间每天有3班公共汽车（¥1800，1小时40分钟）。云仙也是岛原（¥830，46分钟）至谏早（Isahaya，¥1350，1小时21分钟）长途汽车线路上的一站，这条线车次较多。谏早有火车连接长崎（¥460，31分钟）。⑬

> ### 别忘了跟部长问好！
>
> 本书调研期间，熊本城进行了马拉松赛，熊本部长（くまモン/Kumamon）太卖力了，在跑道和街道上都奋力奔跑，真是辛苦了小短腿。如果你在熊本逗留，说不定就能在街头与"真的"部长相遇。他不仅是熊本市民，而且还在2011年就被任命为熊本营业部部长，这可是仅居于市长和副市长之下的职位。为了推广熊本这座过去连日本老乡也未必知道的小城，部长可是用尽浑身解数，所以你在熊本的一路上，会频繁看到他出现在各处——大楼、车站、纪念品商店……
>
> 如果想去膜拜熊本部长，记得查询www.kumamon-sq.jp，了解部长到底在不在办公室，他将参与哪些活动等。也可以直接去**Kumamon Squre**（☎327-9066；手取本町/Tetorihon-cho 8-2 テトリアくまもとビル/Atoria Kumamoto Biru 1F；◎10:00~19:00）买买买。⑭

中心东南，这座湖畔庭园非常上镜，再现了东海道（Tōkaidō,旧时从东京通往京都的道路）沿途的53个驿站。袖珍富士山非常好认，不过很多其他的微缩景点就有些茫然难辨了。地震时池塘的水流干了，花园工作人员就把池中的鲤鱼一条条抱到安全的鱼缸中，待池塘蓄满水后才又把鱼放归。"和服体验"为游客提供了身着传统服装拍照的机会（¥2160）。

熊本县传统工艺馆　　　展览馆

（熊本県伝統工芸館/Kumamoto-ken Dento Kogeikan；千葉城町/Chibajō-machi 3-35；入馆免费，展示馆 ¥210；◎9:00~17:00，周一休息；🚇市役所前）这间规模宏大的博物馆位于县立美术馆分馆附近，馆内展出了当地的肥后镶嵌画、山鹿灯笼、各色瓷器和木雕，类似的工艺品在博物馆不错的纪念品商店也有出售（进店免费）。

熊本县立美术馆千叶城分馆　　　美术馆

（熊本県立美術館千葉城分館/Kumamoto-kenrizu Bijuzukan Chibajo Funkan；☎351-8411；千葉城町/Chibajō-machi 2-18；◎9:30~18:30，周一休息，周六和周日 至17:15；🚇市役所前）⑭ 这座县立美术分馆于1992年落成，由西班牙建筑师埃利亚斯·托雷斯（Elias Torres）和何塞·安东尼奥·马丁斯（José Antonio Martínez-Lapeña）设计，是熊本艺术城邦计划（Artpolis）城市改造项目的组成部分，此建筑在世界范围内获得了业内同行的广泛好评。

✪ 节日和活动

火之国祭　　　文化

（火の国まつり/Hinokuni Matsuri）这个在每年8月第一个周五和周六举办的夏季庆典让男女老少都走到熊本市中心载歌载舞。据说熊本部长脸颊上的红点也是因为"火之国"才有的。

✕ 就餐

上通（Kamitōri）和下通（Shimotōri）两条商店街和附近地区是日式和外国美食云集的快乐根据地。也可以去樱马场城彩苑（见343页）试试，那里集中了很多本地特色的摊贩和餐厅。

熊本拉面跟博多拉面并称九州著名流派，它用面较粗，在猪骨浓汤里加了蔬菜和鸡肋骨一起熬制，出品时还要加大量麻油和炸蒜，味道特别浓郁。本地特色还包括**芥末莲藕**（芥子莲根/karashi-renkon，夹着黄芥末的炸莲藕）、**肥后牛**（Higo-gyū）、中国风味的**"太平燕"**（Taipien,海鲜蔬菜粉丝汤）。然而，最受青睐的要算是**马肉刺身**（馬刺/Basashi）了。

★ 黑亭　　　拉面 ¥

（Korotei；☎352-1648；二本木/Nihongi 2-1-23；拉面 ¥680起；◎10:30~20:30，周四休息）从JR熊本站走10分钟就能找到小路上的黑亭拉面，而且基本上已经在排队了。不妨点一碗鸡蛋拉面（玉子入りラーメン/

熊本特产，马肉刺身

Tamako-iri-ramen，¥900），一碗上来，豆芽、切丝木耳、青葱、海苔、纯瘦叉烧和两枚生鸡蛋齐齐码在面上，好看，被炸透的大蒜香味一刺激，非要把这碗汤喝到一口不剩才行！

紅蘭亭　　　　　　　　　　　中国菜 ¥¥

（Kōran-tei；☎352-7177；www.kourantei.com；安政町/Ansei-machi 5-26；主菜¥860起；⏰11:00~21:00；🚋通町筋）位于下通商店街的瑞士糕点店旁边，这家漂亮的餐厅开业超过80年了，供应丰富多样的菜肴。可以一边感受商店街的热闹，一边享用太平燕（¥860），这道菜跟福建的太平燕同名且相似，但里面不是扁食而是绿豆粉丝，用的是炸过的虎皮蛋，也算是到了日本的创新。

馬料理専門店 天国　　　　　日本料理 ¥¥¥

（Umaryori Senmonten Tengoku；☎326-4522；二本木/Nihongi 2-1-23；马肉套餐 ¥5940起；⏰11:30~14:00，18:00~22:00）跟黑亭拉面只隔了一个街口，这家马肉料理店签约了数家牧场，只取每匹马最好的10公斤肉而已。马肉料理接近20种，推荐马特上にぎり（Uma-tokujo-nigiri，¥1620）和特上霜降り馬刺（Tokujo-shimofuri-barashi，¥2592），都用了上等的霜降马肉，吃到嘴里才能体会当地为什么把马肉称为"樱肉"。

❶ 实用信息

熊本站旅游观光中心（熊本駅総合観光案内所/Kumamoto Sogo Kanko Annaisho；☎352-3743；⏰8:30~20:00）和**樱马场城彩苑旅游观光中心**（Sakuranobaba Johsaien；☎322-5060；⏰9:00~17:30）都设有旅游信息台。也可登录网站www.kumamoto-icb.or.jp查询熊本市相关信息。

❶ 到达和离开

阿苏熊本机场（Aso-Kumamoto Airport；www.kmj-ab.co.jp）有航班飞往东京和大阪。往返机

从熊本到阿苏

因为地震影响，JR丰肥线在阿苏之间的运行中断，前往阿苏地区只有巴士通行。可以在JR熊本站或熊本交通中心（见346页）乘坐需要提前至少一天预约的九州横断巴士（japanbusonline.com/zh-cn/CourseSearch/14301010001）或是可以直接乘坐班次更多的特急山彦号（特急やまびこ；www.kyusanko.co.jp/sankobus/toshikan/yamabiko）前往阿苏站，然后换乘巴士前往火山口。留意巴士的往返时间，以便可以顺利接驳。

场的公共汽车（¥800，50分钟）停靠**熊本交通中心**（熊本交通センター/Kumamoto Kōtsū Senta；见384页地图；325-0100；7:00~21:30）和JR熊本站。

JR熊本站 位于市中心西南方向数公里处，交通略有不便（不过搭乘电车倒也方便）。这里是九州新干线的一站，有列车前往鹿儿岛中央（¥6740，58分钟）、福冈（博多站，¥4930，42分钟）等地。这里有几辆观光列车很值得一坐，可参考354页方框。

高速公路长途汽车从熊本交通中心发车，路线包括福冈（¥2060，2小时）、鹿儿岛（¥3700，3.5小时）、长崎（¥3700，3小时15分）和宫崎（¥4630，3小时）等地。

当地交通

熊本电车（市電/Shiden）可到达主要景点，单次¥170。**一日乘车券**（¥500）可以上车购买，持票还可享受景点门票打折。

熊本城周游巴士（熊本城周遊バス/Kumamotojō shūyū basu，单次票／一日票 ¥150/400），连接公共汽车总站和熊本城一带大部分景点，每天9:00至17:00运行，至少半小时1班。

推荐租车前往阿苏山及更远的地方，在JR熊本站对面的街上设有多家租车服务点。

阿苏山（Aso-san） 阿蘇山

0967/人口270,000

从熊本去往别府的半路上，阿苏山火山口让人很难忽视。阿苏山雄伟壮观，是世界最大的火山口之一（周长128公里），面积如此辽阔，令人很难在第一时间意识到它的规模。在过去的30万年间，这座火山曾数次喷发，现在这里分布着城镇、村庄以及铁路线。阿苏是本地区主要城镇，但南面的高森（Takamori）更亲近迷人，只是交通不便。

阿苏山是座活火山，由于有毒气体或风力状况，山顶经常封闭禁行。受2016年地震和火山大规模喷发的影响，一些入山道路仍无法通行，因此行前一定要咨询当地**旅游信息中心**了解最新情况。

自驾游一直是探索阿苏山地区的最佳方式，沿途景色美不胜收，还有一些清静悠然的地方。最近一两年可能不是探访阿苏山的好时机，铁路中断，巴士不多，火山口可能封闭，但也许你会发现新的乐趣。

景点和活动

有关阿苏山请见318页"最佳景点"。

阿苏绝不止火山而已，但要游览阿苏广大区域，开车最为方便。虽然在日本仍然不能用中国驾照租车自驾，但本地租车业务从未停歇，甚至可以从这里一直开到高千穗（见348页）。"阿苏站—草千里—火山口—阿苏神社—阿苏站"的基础路线，历时2.5小时，¥12,000。你可以登录www.asokankou.com/chinese.html，通过网上表格和写邮件的形式提前预约或咨询。

大观峰展望台（Daikanbō Tenbodi；见384页地图）是登高远眺阿苏山的最佳地点之一，大家都从这里看阿苏五岳组成"涅槃像"，也因此常常挤满团队游的游客。山南高速公路（Yamanami Hwy）沿途的**城山展望台**（Shiroyama Tembōdai；见384页地图）也是不错的选择。从JR阿苏站坐产交巴士大约30分钟到"大观峰入口"，步行30分钟可以到达。

南阿苏地区有不错的景点和乡土美食，但铁路目前只通到大津站（Otsu），需要转巴士甚至再转出租车才能到达。

🍴 食宿

因为震后交通问题，如果要在当地住宿，最方便的就是JR阿苏站附近。

阿苏周边牧场的褐毛和牛在火山口草原上放养，肉质鲜嫩，被称为**赤牛**（あか牛/Aka-gyu）；阿苏高菜饭配加了糯米小圆子的高汤**だご汁**（Dagoshiru）也是本地乡土特色。阿苏神社前有不少食店，如果你不想走太远，以下两家就在阿苏站附近。

道の駅阿蘇（Michi-no-eki Aso；见384页地图；◷9:00～18:00）就在车站内，供应两个部位的赤牛肉盖饭（¥1250），**山贼旅路**（Sanzoku-tabiji；见384页地图；黑川/Kurokawa 2127；◷11:00～17:00，周三休息）则有不错的阿苏高菜饭套餐（¥1250）。

★ Aso Base Backpackers 青年旅舍¥

（阿蘇ベースバックパッカーズ；见384页地图；☎34-0408；www.aso-backpackers.com；黑川/Kurokawa 1498；铺/单/双¥2800/5500/6600；◷1月中至2月中歇业；ⓟ🐾@🛜）这间洁净的青年旅舍距离JR阿苏站仅几步之遥，共有30个床位，全部公共卫浴，从一处阳台能眺望山景。全木房间散发着松木的清香，还有上下铺的二人间（¥6000）。员工亲切友好，有位出色的导游提供交通和景点游览服务，推荐的吃喝和泡汤之地都非常棒。虽然卫浴公用，但设施齐备且舒适，用品上乘。店员都会推荐你去附近的**夢の湯**（Yumenoyu；成人/儿童¥400/200；◷10:00～21:00，每月第一、三个周一休息）泡个汤。

宿房あそ 日式旅馆¥¥

（Shukubō Aso；见384页地图；☎34-0194；黑川/Kurokawa 1076；房含两餐¥12,000/人起；ⓟ🛜）这间可爱的乡村日式旅馆由一栋有着300年历史的武士宅邸改建而成，颇具现代风格，周围绿树成荫，离阿苏站不到500米。12间客房带独立厕所，有公共

> ### 想美美地逛黑川温泉？
>
> 如此美妙的温泉小镇，当然也要让自己美美的。就在風の舍附近就有一家べちん館（Bechinkan；☎48-8130；◷10:00～16:30）可以出租和服，一套薄款和服（浴衣，Yukata）¥1500。有了行头，一切就完美了。 Ⓛⓟ

浴室，晚餐供应炉端烧（Irori）。附近就是景色秀丽的西岩殿寺（Saiganden-ji），这座寺庙建于公元726年。

ℹ 实用信息

阿苏站旅游信息中心（道の駅阿蘇施設案内所/Michi-no-eki Aso Shisetsu Annaisho；见384页地图；☎35 5077；黑川/Kurokawa 1440-1；◷9:00～18:00；🛜）这个实用的信息中心位于JR阿苏站，提供免费道路地图和徒步地图，服务人员非常热心。

ℹ 到达和离开

阿苏站处在JR丰肥线（豊肥線/Hōhi-sen）熊本和大分（Ōita）之间，目前暂停运行。这条铁路线将来肯定会修复完毕，但在撰写本书期间，直达列车仍是无限期暂缓开通。

从熊本出发的长途汽车停靠森后，继续往东南方向前往高千穂（Takachiho，¥1320，80分钟，每天2班）。

黑川温泉（Kurokawa Onsen）

☎0967/人口1700

宁静的黑川温泉坐落在陡峭的峡谷两侧，是日本最漂亮的温泉村之一，连续数年获得温泉界的最高奖项。这里有种远离尘嚣的氛围，是体验纯正日式温泉旅馆风情的绝佳场所。如果你在阿苏山花费了些体力，来这里放松最赞。

对于一日游的游客来说，持温泉通票〔入湯手形/Nyūtō tegata, ¥1300〕可以进入黑川温泉村24家日式旅馆（◎8:30~21:00）中的任意3家温泉浴室。在汽车站边的**黑川温泉观光旅馆協同組合風の舍**（Kurokawa Onsen Kanko Ryokan Kyodokumiai Kaze-no-sha; ☎44-0076; www.kurokawaonsen.or.jp; 黑川さくら通り/Kurokawa-sakura-dōri; ◎9:00~18:00）购买此通票（本身就是个纪念品）并咨询你来黑川期间哪几家开放，在网站上也能提前查询。

最受青睐的温泉包括山みずき（Yama-mizuki）、黑川莊（Kurokawa-sō）以及山の宿新明館（Yamo-no-yado Shinmei-kan），都带有山洞浴池和河畔露天浴场（黑川莊的特别有名）。许多温泉池都有男女混浴（Konyoku），路边也有不少免费足汤（Ashiyu）。

🛏 食宿

黑川温泉的日式温泉旅馆价格不菲，毕竟这不是每天都有的寻常体验。日式旅馆的员工或多或少都会讲英语，有些旅馆还可以安排黑川温泉汽车站的接站服务。每家旅店价格不同，大致为每人含早晚餐一晚¥15,000至35,000，以下两家性价比更高。

如果你打算在此过夜，不妨考虑在旅馆用餐。如果你只是来一日游，周边的川端通り（Kawabata-dori）和さくら通り（Sakura-dori）都有不少吃喝休闲之地。

旅馆山河　　　　　　　　　日式旅馆 ¥¥¥

〔Ryokan Sanga; ☎44-0906; www.sanga-ryokan.com; 房含2餐¥16,350/人起; ℗❄〕这家浪漫的日式旅馆位于峡谷深处，距离镇中心约1.5公里，共有16间豪华客房，除一间外全部设有私人的温泉设施。精美的怀石料理（Kaiseki Ryori）、注重细节以及悉心的服务让你有机会体会日本人的待客之道。

歷史の宿 御客屋旅館　　　　日式旅馆 ¥¥¥

〔Rekishi-no-yado Okyakuya Ryokan; ☎44-0454; www.okyakuya.jp; 房含2餐¥15,120/人起; ℗❄📶〕这是黑川温泉最古老的一家日式旅馆（目前由家族第7代传人经

要不要来段神话之旅？

传说中，日本的太阳女神天照大神（Amaterasu Okami）因为她兄弟的无礼行为而躲进了高千穗的天户岩里，世界陷入了黑暗。众神便聚在另一个洞穴当中商议，最后让女神天钿女命跳舞，引得众神发笑，才让天照大神好奇地从洞穴里出来，大地重现光明。这个神话延续至今，造就了著名的舞蹈表演**夜神乐**（夜神楽/Yokagura）。

高千穂（Takachiho）这座秀丽的高山小镇坐落在宫崎县偏北的地区，从地理位置上看它离熊本更近。传说这里堪称"日本神话的舞台"，颇有世外桃源之美。当然，在节假日时候它也有世俗的一面：人满为患。要不要来这里？你得好好考虑。

高千穂峽（Takachiho-kyō）的深邃峡谷内分布着瀑布、悬石和峭壁，景色壮观非凡。峡谷上方有一条1公里长的自然步道，俯瞰非常美。也可以选择**泛舟游览**〔貸しボート/Kashi Boto; ☎73-1213; ¥2000/30分钟，每条船最多3名成人; ◎7:30~18:00〕，近距离欣赏峡谷山色。旺季时，就连船只都会拥挤。也可以试试在古老的高千穗铁道运行的**高千穂あまてらす鉄道**〔¥1300; ◎10:00~16:00〕，好像在车斗里穿越峡谷。

创建于1900年前（很有神话感）的**高千穂神社**（Takachiho-jinja）巍然矗立在一片柳杉松林中，古老而神秘，从汽车站步行10分钟可到。**天岩戶神社**（Ama-no-Iwato-jinja; 岩戶/Iwato

营），是明治时期细川藩御用住处。所有10间房都是河景房，有水池和卫生间，共用温泉浴场；光是河边的露天浴场就值回房价。

❶ 到达和离开

每天从熊本到别府的三班巴士，会经过阿苏站（9:37、10:42、14:12，¥1500，2小时）和黑川温泉（10:25、11:30、15:00，¥2500，3小时），记得留意返程（10:35、15:25、16:25）时间。另有一班长途汽车从黑川温泉经由布院（Yufuin，¥2000，1.5小时）前往别府（Bepu，¥3000，2.5小时）。先核实一下汽车时刻表（www.kyusanko.co.jp/sankobus/chinese）为好。你也可以从福冈博多站（或机场）搭乘高速巴士（每天4班，¥3090，3小时）前往黑川温泉。如果几个人同行，也可以从阿苏站乘坐出租车前往，约¥7000。

由布院（Yufuin）

☎0977/人口34,000

一样是温泉小镇，由布院热闹得多，在JR车站月台上就有一个足汤。

它简直就是为旅游而生，在此可以见识到当代日本手工艺品，比如瓷器、服装、木制品以及有趣的美食。无论是日本游客还是海外团队，都不会错过这里。想象一下那些中国著名古镇的假日情形，就知道应该在非周末的傍晚来到此地，静静地住上一夜，跟一日游的观光客和热闹的气氛隔绝开来，享受小镇之美。群山环绕、风景如画，一派田园风，远处由布岳（Yufu-dake）的双峰格外醒目，红叶季晨雾缭绕的金鳞湖更加值得一看。

✪ 景点和活动

由布院和别府差不多，人们都是怀着朝圣般的心情从一个温泉到另一个温泉泡澡。当然，也有很多要剁手的理由。或者，你也可以大汗淋漓地攀登双峰矗立的由布岳（1584米）火山，俯瞰由布院美景，从登山口上山顶大约需要90分钟。

汤之坪街道   街区

（湯の坪街道/Yu-no-tsubo Kaido）泡汤重要，逛街也不可少。这条主街上集合了太多工

1073-1；⏰24小时，办公室8:30~17:00）是用来纪念天照大神藏身洞穴的神社，可以从高千穂宫交巴士中心搭乘1小时一班的公交车过来。

在5月、9月和11月（日期每年不同），天岩户神社的舞蹈表演会持续一天，而高千穗神社每晚都会举行1小时的**夜神乐**（Yorukagura；门票¥700；⏰20:00）表演。此外，11月至次年2月期间的19个夜晚，会在当地的农家小院里进行通宵神乐（Satokagura）表演，从18:00直到次日9:00，总共表演33支舞。

据说高千穗是流水素面（nagashi-sōmen）的发源地，本地还有不错的牛肉和整只烤鸡这样的料理。到了红叶季，这里也成为"一宿难求"之地。高千穗站里的**旅游中心**（道の駅観光案内所/Michi-no-Eki Kanko Annnaisho；☎0982-72-4680；⏰8:30~17:30）可以帮忙规划一日游行程或预订住处。

从阿苏山地区包车（见319页）前往高千穗最为方便。每天有2班公共汽车从熊本（¥2370，3.5小时）前往**高千穂宫交巴士中心**（高千穗宮交バスセンター/Takachiho Miyakō Basu Senta）。如果从南边的宫崎出发，每天只有一班巴士前往高千穗，而且需要预约；另一种方式是乘坐JR日丰本线列车到达延冈（延岡/Nobeoka）后转乘巴士前往高千穗。

由布院御三家

一听"御三家"这个词,便知这几家温泉旅店要么历史悠久,要么匠心独具,服务更是上乘,据说员工们从来不会说"不"。当然,价格不菲。好在三家顶级住宿地都有自己的餐厅、酒吧、咖啡馆和商店,你随时可以进去领略一下各家特色,也许会立刻拼上银子住一晚。

亀の井別荘(Kamenoi Bessō;📞84-3166;www.kamenoi-bessou.jp;川上/Kawakami 2633-1;房 含两餐 ¥35,790/人起;🅿@📶)建于1921年,就在金麟湖畔不远,号称别府观光之祖,占地非常大,门口的茅草屋顶也将近百年了。

由布院玉の湯(Yufuin Tama-no-yu;📞84-2158;川上/Kawakami 2731;房 含两餐 ¥35,790/人起;🅿@📶)建于1953年,在一片郁郁葱葱的树木包围之下,经营者就是温泉协会会长,怎么会挑得出毛病呢?

山荘無量塔(Sanso Murata;📞84-5000;川上/Kawakami 1264-2;房 含两餐 ¥49,830/人起;🅿@📶)三家中最年轻的一家,离中心有些远,但更有自然风情,号称温泉热水量极大。这里还有自产的巧克力。 ⓛⓟ

艺品店、土特产店、咖啡馆、小吃店,虽然是商业街,但出品都很有特色。从持续占领九州头牌的**B-Speak蛋糕店**(📞预约热线28-2066;川上/Kawakami 3040-2;瑞士卷 ¥475/片;🕒10:00~17:00,预约15:00~17:00,可提前5天预约)到出售吉卜力工作室衍生产品的**どんぐりの森**(川上/Kawakmi 3019-1;🕒9:00~17:30),在这里花上一个小时还是半天,你看着办。街道的尽头就是金麟湖(Kinrinko)。

下之汤 温泉

(下ん湯/Shitan-yu;📞784-3111;¥200;🕒10:00~21:00)这个温泉很有气氛,是一间茅草苫顶的混浴澡堂,可以容纳五六个人,就在金鳞湖(Kinri-ko,由明治时代的哲学家命名)北岸。注意:要把你的票款放进外面的柜子里。

ぬるかわ温泉 温泉

(Nurukawa Onsen;📞84-2869;川上岳本/Kawakami Takemoto 1490-1;¥430;🕒8:00~20:00)这里由多间个性十足的小浴室组成,为男女分开的浴池,坐拥美丽山景。

🛏 住宿

这是个温泉小镇,多数酒店、日式旅馆,甚至青年旅舍都有温泉浴池。

Yufuin Country Road Youth Hostel 青年旅舍¥

(湯布院カントリーロードユースホステル;📞84-3734;www.countryroadyh.com;川上/Kawakami 441-29;铺 HI会员/非会员 ¥3300/3900;🅿➖@📶)约翰·丹佛(John Denver)的歌迷一定会爱上这里。这家有25个床位的青年旅舍坐落在林木葱郁的山坡上,能俯瞰城镇美景,夜晚尤其漂亮。旅舍配有自己的温泉,几位热情的店主都会讲英语。只是离火车站有2.3公里,巴士班次较少,周末和假日提供接站,需要提前预约。另付¥1900就可以在此享用两餐了。

★ 由布のお宿ほたる 日式旅馆¥¥¥

(Yufu-no-Oyado Hotaru;📞84-5151;www.yufuin-hotaru.com;川北/Kawakita 1791-1;房 ¥16,500/人起;🕒接待处 7:00~21:00;🅿❄@📶)这是间家庭经营的传统日式旅馆,周围柏树参天、竹林掩映。旅馆内有各种类型的温泉浴池,深受浴客的喜爱。有一位店主能说流利的英语。

🍴 就餐

大多数游客都在自己住宿的地方用餐,不过火车站旁边也有几家餐厅。大分县的丰后(豊後/Bengo)牛肉在五年一度的日本"全国和牛能力共进会"获得最新种牛冠军,以脂肪少入口即化而闻名,可以在车站附近的

由布まぶし 心（Yufumbushi Shin；☏84-5825；川北/Kawakita 5-3；⏱11:00～15:30，17:30～20:00）尝一尝他们的豐後牛まぶし套餐（¥2550），本地鸡和鳗鱼套餐也很好。

泉そば　　　　　　　　　　　　　　　　**面条 ¥¥**

（Izumi Soba；☏85-2283；川上/Kawakami 1599-1；荞麦面 ¥1295～2160；⏱11:00～17:00)镇里有几家价格更便宜的荞麦面店，但这家餐馆格调不俗，坐拥金鳞湖美景。在入座前，你还能透过玻璃窗看看面条的制作过程。标准菜式是放在竹垫上的荞麦冷面(せいろう蕎麦/Seirō-soba)；萝卜泥荞麦面（おろし蕎麦/Oroshi-soba）上面盖有萝卜泥。

ⓘ 实用信息

由布院旅游观光中心（由布院温泉観光案内所/Yufuin Onsen Kanko Annaisho；☏84-2446；⏱9:00～17:30）就在JR由布院站内，包括内容详尽的徒步地图，图上标明了画廊、博物馆和温泉的位置。也可以查看www.yufuin.gr.jp了解各个旅店。

ⓘ 到达和离开

JR列车往来于别府和由布院（¥1410，1小时20分钟）之间，途经大分。但大家更愿意预订"特急由布院之森"列车，这班绿色的JR观光列车在2019年迎来了它的30周年纪念，从座椅、通道的设计到便当纪念品都很特别。从博多出发，每天有两班发往由布院，两班经由布院到达别府，价格不变但全部是指定席，如果你买了九州JR通票，记得要提前预约。九州其他特色列车，请见354页方框。

从JR别府站开往由布院的公共汽车白天运营（¥1000，50分钟）。另有特快长途汽车开往福冈（¥2880，2小时）、阿苏站（¥3500，3小时15分钟）和熊本（¥4500，5小时20分钟）。

ⓘ 当地交通

一些从由布院发车的公共汽车会在由布岳山脚的由布登山口（Yufu-tozanguchi；

🍴 温泉烹饪体验

美妙绝伦！位于铁轮几座地狱温泉间的**地狱蒸工房**（地獄蒸し工房/Jigoku Mushi Kōbō；见386页地图；☏66-3775；風呂本/Kumi Furomoto 5；鸡蛋 ¥150，菜肴 ¥600～1300，使用蒸汽每30分钟 ¥510，海鲜套餐 ¥2500；⏱9:00～21:00，每月第三个周三休息）提供了用温泉蒸汽蒸煮食物的机会。在现场购买食材（也可自带），放在大桶里用地下冒出的温泉蒸汽蒸熟。高峰时段，比如周末的午餐前后，这里会非常拥挤，但体验足够独特。

¥360，15分钟，约1小时1班）停靠。

在JR站（⏱9:00～17:00）可以租到电动自行车（2小时 有/无JR通票 ¥400/500）和自行车（¥250/小时）。

别府（Beppu）　　　　　　　　别府

☏0977/人口123,000

如果说黑川温泉是温泉村，由布院是温泉镇，那别府就是温泉市。

你不用到远处找，就能发现它受欢迎的原因：整个城市都冒着热气——这里一定是洗温泉的好地方！宁静古朴或是游客众多，现代或是传统，稳固或是摇摆，别府总在两者之间转换。但这个山势起伏的热情都市，正以其独特的魅力吸引着越来越多的游客。冬季，到访者会看到来自季节的馈赠，整个城镇热气蒸腾，氤氲缭绕。

😊 景点和活动

别府温泉每天涌出的泉水超过1亿升，温泉分为两类：地狱（Jigoku，沸腾的热温泉）是供人观赏的；而温泉（Onsen）则是用来沐浴浸泡的。

★ 别府市竹艺传统产业会馆　　博物馆

（别府市竹細工伝統産業会館/Beppu-

> **每月26日的260日元!**
>
> 别府市把每月26日都定为"泡汤日"（風呂の日/Furo-no-hi），这一天许多别府的旅馆和酒店，都开放¥260泡温泉。只要留意前台是否有绿白色的广告海报即可。调研本书时我们发现，这项政策也在很多日本温泉胜地适用，泡汤前不妨一问。

shi Tekezaigu Tengo Sangyo Kaikan；见386页地图；23-1072；東荘園/Higashi-sōen 8-3；¥300；8:30~17:00，周一休息；竹细工伝産館前）在这个可以动手实践的产业会馆内，陈列着江户时代大师们制作的竹艺精品，也有各种现代竹艺制品，展示了这种本地广泛种植的材料的广泛用途。如果你想自己亲手制作竹子工艺品，至少需要提前1周预约（¥400/1000，视作品复杂程度而定）。

地狱巡游   温泉

（地獄めぐり/Jigoku meguri；www.beppu-jigoku.com；单票/联票 ¥400/2000，两日有效，每个景点一票仅限进入一次；8:00~17:00）这是人人来别府的理由：热泉中的水冒着气泡从地底翻涌上来，造成了奇特的效果。云仙的地热奇观天然质朴，而地狱巡游的8个景点却俨然一座座袖珍游乐园，每处都呈现出不同的主题，有些还带着迎合游客的那种俗气。别说没提醒你。另外，其中的更像动物园的**山地狱**（Yama Jigoku，¥500；8:00~17:00）已经不在地狱巡游的范围，如另收门票。

地狱巡游分为两组：有5处位于别府站西北4公里处的铁轮（Kannawa），另有两处在更北面2.5公里外的地方。铁轮的温泉群包括热气蒸腾的蓝色**海地狱**（海地獄/Umi Jigoku；见386页地图）、泛起的泥浆水泡像和尚光头的**鬼石坊主地狱**（鬼石坊主地獄/Oniishibōzu Jigoku；见386页地图）、带有热带鱼馆的**白池地狱**（白池地獄/Shira-ike Jigoku；见386页地图）、曾用来烹煮食物的**火炉地狱**（かまど地獄/Kamado Jigoku；见386页地图）、养着鳄鱼的**鬼山地狱**（鬼山地獄/Oni-yama Jigoku；见386页地图）。可乘公共汽车从别府站到海地狱前（Umi-Jigoku-mae，¥330）开始巡游。

较小的温泉群内有池水呈红色的**血之池地狱**（血の池地獄/Chi-no-ike Jigoku；见386页地图），非常上镜；以及每35分钟喷发一次的间歇泉**龙卷地狱**（龍卷地獄/Tatsumaki Jigoku；见386页地图）。乘公共汽车从别府站到血的池地狱前（Chi-no-ike-igoku-mae，¥330）即可。

别府推出了"**地狱巡游**"观光巴士，每天8:35、11:40、14:40从JR别府站出发，车费加7个地狱景点的门票一共¥3650。记得带上一条毛巾，好几个地狱池边都有足汤。

别府八汤   温泉

别府传统的8大温泉区，被称为"别府八汤"（Beppu Hattō），分别是别府温泉、观海寺（観海寺/Kankaiji）温泉、铁轮温泉、浜脇（浜脇/Hamawaki）温泉、堀田（Horita）温泉、明矾（明礬/Myoban）温泉、柴石（Shiboseki）温泉、龟川（亀川/Kemikawa）温泉。这些温泉的周边都有不错的汤池。那些酷爱泡温泉的人在别府奔走，从一个温泉转战下一个温泉，他们认为，一天泡三次温泉是必需的。泡温泉费用从¥100~1000不等，包里放上香皂、澡巾和毛巾，有些浴室不出租这些用品。

竹瓦温泉（Takegawara Onsen；见386页地图；23-1585；元町/Moto-machi 16-23；¥100，沙浴 ¥1030；6:30~22:30，沙浴 8:00~21:30，沙浴 每月第三个周三休息）位于JR别府站附近，引入别府温泉水，这座经典的温泉历史可追溯至明治时期。这里还有舒服的沙浴，提供浴衣。

别府海滨沙浴（别府海浜砂湯/Beppu Kaihin Sunayu；见386页地图；66-5737；沙浴 ¥1030；4月至10月 8:30~18:00，11月至次年3月 9:00~17:00）这处沙浴浴室就位于

明矾温泉

JR别府站和龟川温泉区之间非常受欢迎的人上ヶ浜(Shōnin-ga-hama)沙滩上。如果等待的人太多,浴场可能提前停止沙浴,尽量早点到达,确保能做上沙浴。

铁轮蒸汽浴室(鉄輪蒸し湯/Kannawa Mushi-yu;见386页地图;☏67-3880;鉄輪上/Kumi Kannawa-kami 1;¥510;◉6:30~20:00)从铁轮汽车站下坡就能到达,然后裹着浴衣在日本蔺草上享受65℃的蒸汽吧!据说在这儿蒸上8~10分钟的排毒效果堪比30分钟的桑拿。

柴石温泉(Shibaseki Onsen;见386页地图;☏67-4100;野田/Kumi Noda 4;¥210;◉7:00~20:00,每月第二个周三歇业)就位于前往那组较小地狱温泉群的路上,在这里可以租用私密的家庭浴室(Kazoku-buro,¥1620/小时/4人)。

いちのいで会馆(Ichinoide Kaikan;见386页地图;☏21-4728;上原町/Uehara-machi 14-2;◉11:00~17:00)这家温泉的老板是个温泉迷,干脆在自家后院挖了三个泳池大小的露天浴场。如果你点份定食(¥1500),就可以一边免费泡温泉,一边等着厨师准备好食物。

温泉保养ランド(Onsen Hoyōland;☏66-2221;明礬/Myōban 5-1;¥1100;◉9:00~20:00)这里有出色的大型泥疗浴场所,还有露天男女混浴。

🛏 住宿

别府有着丰富多样的住宿选择。除了几家青年旅舍和众多民宿面向经济型旅行者以外,其他多为奢华精致的住宿场所。注意:即使是对着小街的房间有时也会很吵,别府的夜生活喧嚣热闹,直到凌晨才渐趋安静。很多住宿地已经提供中文服务。

Cabosu House Beppu　　　青年旅舍¥

(かぼすハウス別府;见386页地图;☏85-8087;www.facebook.com/cabosuhouse;北浜/Kitahama 3-3-10;铺/标单¥2000/3000;

ⓅⒹ❄@🛜）这家新开业的青年旅舍分布在两栋房子内,两楼之间需要走上2分钟,内部则采用新浪潮主义的装修风格。一楼有个酒水丰富的酒吧和几处适合聊天交朋友的公共空间。21:00后需要凭密码进入。老楼里有个温泉池。

山田别庄　　　　　　　　　日式旅馆 ¥¥

（Yamada Bessou；见386页地图；☎24-2121；www.yamadabessou.jp；北浜/Kitahama 3-2-18；房含/不含两餐 ¥7500/6500/人起；ⓅⒹ❄🛜）位于一栋20世纪30年代的房屋内,一踏入这家宽敞的家庭经营的旅馆,就有种回到从前的感觉。这里的温泉和独立露天浴场（日间 ¥500~700；10:00~15:00）舒适宜人,让你彻底忘了旅馆的8个房间只有几间配有完备的卫浴设施。

★ Beppu Hotel Umine　　　　酒店 ¥¥¥

（别府ホテルうみね；见386页地图；☎26-0002；https://www.hotelumine.com；北浜/Kitahama 3-8-3；房含早餐 ¥17,280/人起；ⓅⒹ❄@🛜）能欣赏水景的室内温泉浴室,华丽的公共浴场,精致的当代设计,出色的餐厅以及无微不至的个性化服务,都使这家酒店成为别府顶级的住宿地之一。房价不菲但包括了大堂酒廊的小吃。提供Wi-Fi租用服务。

杉乃井ホテル　　　　　　　　酒店 ¥¥¥

（Suginoi Hotel；见386页地图；☎24-1141；www.suginoi-hotel.com；観海寺/Kankaiji 1；房含两餐 ¥12,000/人起；ⓅⒹ❄@🛜🚭）酒店位于山坡上,可俯瞰

不能错过的九州观光列车

就算你不是火车迷,也会被日本的各色列车吸引,九州的观光列车自然不能错过。这些列车不仅仅设置了复古的观景车厢,经过迷人而壮观的风景,而且连便当、徽章、明信片、图章等衍生产品都做得很美。

观光列车的班次有限,车厢不多,很多不是全天运营,大都只接受指定席,如果你买了JR九州周游券,记得提前预订座位,最好连车上便当一起订上,以免后悔。注意：以下说的每天只是指每个运行日,具体运行日期可查询九州铁路官网www.jrkyushu.co.jp/cn/train/train_index.html。

"由布院之森"（由布院のもり/Yofuin-no-mori）博多—由布院—别府。这辆通体绿色的列车运行在九州最热门的路线上,2019年迎来了第30个年头。每天从博多到由布院往返两次,到别府往返一次。

"阿苏男孩!"（あそぼーい!/Aso Boi）原本运行于熊本—阿苏—大分,因为地震原因临时运行于阿苏—大分。这班黑色列车推出了吉祥物"小黑",还特设了白色的亲子座位,一切设计都以孩子为先,很受亲子游旅客欢迎。每天在别府和阿苏之间往返一次。

"翡翠 山翡翠"（Kamasemi Yamasemi）熊本—人吉（Hitoyoshi）。列车的名字从这个地区两种鸟类的名字而来,也只有一绿一蓝两节车厢,沿着翡翠色的球磨川（Kumakawa）而行。每天在熊本和人吉之间往返三次。

"SL人吉"（SL Hitoyoshi）熊本—人吉。1922年制造的8620型蒸汽老火车行驶在古老的河川和樱花之间,汽笛声声,这是很多摄影师期待的场景。每天在熊本和人吉往返一次。

"坐A列车去吧"（A Train）熊本—三角（Misumi）。以"南蛮文化"为主题设计的车厢,木材

城镇，内建有阶梯式屋顶露天浴场、温泉游泳池（联合日票￥1200，需穿泳衣）及高标准的室内浴池，引入了观海寺温泉之水。日式风格的房间比西式房更具魅力，Ceada楼层的15间客房更奢华和别致。

🍴 就餐

别府的冷面鸡肉天妇罗（とり天/Toriten，更接近炸鸡）、淡水鱼、本地丰后牛肉（豊後牛/Bungō-gyū）、河豚（Fugu）、山间野菜和团子汤（团子汁/Dangojiru，相当于煮面片）都是当地美食，有机会可以尝试。

本地开业超过100年的面包房**友永パン屋**（见386页地图；千代町/Chiyo-machi 2-29；糕点￥100；⏲8:30~17:30，周日休息）可以让你品尝当地美味西点。

饺子湖月 饺子￥

（Gyōza Kogetsu；见386页地图；📞21-0226；北浜/Kitahama 1-9-4；饺子￥600；⏲14:00~21:00，周二休息；）这家只有7个座位的小吃店，也只有当地人才会推荐给我们。菜单上只有两样售价均一的吃食：外皮煎得酥脆的大盘饺子和瓶装啤酒，吸引着大批本地拥趸。

★ 茶房信濃屋 咖啡馆、面条￥

（Sabo Shinanoya；见386页地图；📞25-8728；西野口町/Nishi-noguchi 6-32；主菜￥600~1300；⏲9:00~21:00，周二和周三 至18:00）从火车站西出口走几分钟就可到达这家1926年开业的老字号，这间气氛友好的咖啡馆供应有名的团子汤配蔬菜。一边欣赏松树与彩绘玻璃营造出浓浓的异域情调。每天在熊本和三角之间往返三次。

"伊三郎·新平"（Isanburo Shipei）熊本—吉松（Yoshimatsu）。这辆全朱红色列车很有视觉冲击力，它在山间以螺旋形和Z字形爬升，途中风景优美，被评为日本三大车窗列车之一。每天在熊本和吉松之间往返一次。

"隼人之风"（はやとの風/Hayato-no-kaze）吉松—鹿儿岛中央。隼人是曾经生活在九州西南的原住民。这班列车会经过复古的嘉例川（Kareikawa）、大隅横川（Osumiyokokawa），还停留几分钟，也能让旅客在海上远眺樱岛。每天在吉松和鹿儿岛之间往返一次。

"海幸山幸"（Umisachi-yamasachi）宫崎—南乡（南郷/Nango）。白色和原木色的两节车厢，在日南海岸的山林与海岸之间穿行，忽而蓝天碧海，忽而林木葱茏，沿途著名的景点也能一览无遗。每天在宫崎和南乡之间往返一次。

"指宿玉手箱"（Ibusuki-no-tamatebako）鹿儿岛中央—指宿。半黑半白的车厢设计来源于传说故事：浦岛太郎打开了龙女送的玉盒，就从青丝变成了白发，列车打开车门是也会跟传说里一样冒出轻烟。在鹿儿岛和指宿之间往返三次。

如果这些还不够，如果你的荷包够满，那么可以提前5个月在JR官网申请**九州超级豪华列车七星号**（Seven Star），两天一夜的价格20,000元人民币起，另有四天三夜行程。全程只有14间客房，最多容纳30名乘客，不能使用JR Pass，而且有着装要求（Dress Code）……"七星号"就像把阿加莎笔下的东方快车搬到了九州。不过，当我们偶然与这辆打着金星标的酒红色豪华列车擦肩而过时，确实被它的贵族气质所震撼了。Ⓛ

庭园一边吃面非常惬意。也可以坐在大公共餐桌前的绿色天鹅绒扶手椅内就餐。这间咖啡馆位于全家便利店（Family Mart）前的一幢传统建筑内。

★ とよ常　　　　　　　　　日本料理 ¥¥

（Toyotsune；见386页地图；☎22-3274；北浜/Kitahama 2-12-24；主菜 ¥750~1650；⏱11:00~14:00和17:00~22:00，周三休息）想要一站式体验别府特色，可以选择这里，这家连锁餐厅主打别府特色菜肴：鸡肉天妇罗、丰后牛肉、多种新鲜鱼类。这是总店，位于Jolly Pasta后面的街角；JR别府站对面有家**分店**（见386页地图；☎23-7487；駅前本町/Ekimae-honmachi 3-7；⏱11:00~14:00和17:00~22:00，周四休息），用餐高峰时段可能需要等位。

🔒 购物

Oita Made Shop　　　　　纪念品 ¥

（见386页地图；元町/Moto-machi 6-21；⏱11:00~18:00，周二休息）这家可爱的店铺售卖大分县出产的各种特色产品、食品、酒饮和手工艺品，多数都附带日文和英文说明，介绍产品的工艺性、产地和历史等。

ℹ️ 实用信息

别府旅游观光中心（別府観光案内所/Beppu Kanko Annaisho）在**JR别府站**（见386页地图；☎23-1119；⏱10:00~16:00；📞）设有办公室，提供大量的本地信息和建议。

ℹ️ 到达和离开

九州横断（Kyūshū Odan）巴士有长途汽车开往JR阿苏站（¥3500，3小时15分）和熊本（¥4500，5小时20分）。JR别府站开往博多站（¥5050，128分钟）的特快列车方便又实惠，还能搭上"由布院之森"（见354页）。

别府市中心的大部分区域均可步行游览，搭乘公共汽车前往地狱温泉和郊区也

SL人吉蒸汽列车

很便捷。无次数限制的"别府自由行"(My Beppu Free)旅游通票分为两种：**区域通票**(ミニふりー/Mini Furi 成人/学生 ¥900/700)，涵盖别府市内景点（还可享受折扣）；**周边通票**(ワイドふりー/Waido Furi, 1天/2天 ¥1600/2400)，涵盖更远的由布院景点。

九州南部

宫崎（Miyazaki） 宫崎

0985/人口401,000

宫崎市作为宫崎县首府，是探游这一地区方便的落脚点——好玩的地方不多，好吃的东西不少。别致有趣的餐厅和当地特产很打动人，中转一晚正好享受。到沿着大淀川的橘公园里走一走，棕榈树营造出浓浓南国风。

◎ 景点

宫崎神宫 神道教神社

(Miyazaki-jingū; 神宫/Jingū 2-4-1; 宫崎神宫) 这里供奉着神武(Jimmu)天皇——神话中日本的第一代皇帝，相传是他建立了大和(Yamoto)王朝。神宫院落中草木繁盛，有着数百年历史的紫藤一路攀爬，4月紫藤花开时，尤为壮观。距宫崎神宫站500米，可以从宫崎站往北坐一站（¥160, 3分钟）。

它的北边就是**宫崎县综合博物馆**(宫崎県総合博物館/Miyazaki-ken Sogo Hakubutsukan; 24-2071; 神宫/Jingū 2-4-4; 9:00～17:00, 周二休息) 免费，位于宫崎神宫北面，馆内展出了当地历史文物、考古发现、节日物品和民间工艺品。博物馆后面是**民家园**(民家園/Minka-en)园内有四幢传统风格的宫崎农舍和其他农场附属建筑。

和平台公园 公园

(平和台公園/Heiwadai-kōen; 见382页地图; 35-3181; www.heiwadai-bunkakoen.info; 24小时; 平和台公園レストハウス前) 公园的中心建筑是一座37米高的**和平塔**，建造于1940年，虽然在当时的日本，和平正新渐消失无踪。这处永恒的设计让你想到古印加或高棉古迹，建造所用的石材来自全世界。**埴轮花园**(埴輪ガーデン/Haniwa Gaden)里点缀着一些土俑复制品，其原型是从苔藓遍布、小山环绕的西都原(Saitobaru)古坟群中出土的土俑(埴輪/Haniwa，古坟时代坟墓中出土的陶土人偶)。和平台公园位于宫崎神宫以北1公里处。

宫崎科学技术馆 博物馆

(宫崎科学技術館/Miyazaki Kagaku Gijuzukan; 见382页地图; 23-2700; 宫崎駅東/Miyazaki-eki Higashi 1-2-2; 含/不含天幕电影 ¥750/540; 9:00～16:30, 周一休息) 这座互动性强的科技馆离宫崎站几步之遥，非常适合举家参观，里面的天象仪是世界上最大的几架之一。门外那架实物大小的火箭复制品很引人注目。

🏠 住宿

Youth Hostel Sunflower Miyazaki 青年旅舍¥

(ユースホステルサンフラワー宫崎; 见382页地图; 24-5785; 旭/Asahi 1-3-10; 铺 HI会员/非会员 ¥3240/3888; P 🅟 🛜) 学院派风格的青年旅舍有着20个床位，有日式和西式房间。白天，这里变身为一个社区中心。有巨大的厨房、出租自行车（住店客人免费）、投币洗衣机和一个餐馆，名义上22:00门禁。

Hotel Route Inn Miyazaki 商务酒店¥¥

(ホテルルートイン宫崎; 见382页地图; 61-1488; www.route-inn.co.jp; 橘通西/Tachibana-dōrinishi 4-1-27; 标单/双 含早餐 ¥6550/11,800; P 🅟 🍴 @ 🛜) 位于Nishitachi（橘通大道以西）街区对面，这家酒店绝对超值，自助早餐品种丰富，宽敞的客房布局合理，大堂有免费咖啡，还有公共浴室（客房另有私人浴室）。

🍴 就餐

宫崎名菜包括南蛮鸡块（チキン南蛮/Chikin nanban, 浇着酸鲜酱料的炸鸡块）、冷汤（冷汁/hiya-jiru, 用烤豆腐、鱼、味噌和

> ### 宫崎汽车一日通票
>
> 对于精打细算而又不赶时间的旅行者来说，宫崎汽车一日通票（¥1500）非常划算，覆盖了大部分城市公共汽车，目的地包括青岛（Aoshima）和日南海岸（Nichinan Coast），但是该票不包括前往高千穗或延冈（Nobeoka）的公共汽车。可以在游客中心和一些酒店购买此票。此外，周末还可使用"One Coin／ワンコイン"通票（¥500）。

黄瓜烹制的夏日冷汤，配米饭食用）、本地鸡肉（地鸡／Jidori）和清汤乌冬（釜揚げうどん／Kama-age Udon）。宫崎牛肉屡次获得国内比赛大奖，也是有名的和牛。本地土产包括芒果和柚子，前者相关的甜品都很美味，后者有时会加些胡椒做成胡椒柚子酱，这里的红薯也是九州名物。

★ お菓子の日高　　　　　甜点 ¥

(Okashi-no-Hidaka；见382页地图；22-5300；橘通西／Tachibana-dōri-nishi 2-7-25；甜点¥120起；9:30～21:00；橘通二丁目）这间经营了67年的家族老店堪称传奇。可以好好看看冰柜里展示的日式和西式糕点，美味诱人，但一定要点份大大的なんじゃこら大福（Nanjakō-daifuku，以甜豆、草莓、栗子和奶油为馅的薄皮糯米馒头，¥380）。如果时间允许，店员还会奉上茶饮，让你在店内享用。

戸隠　　　　　　　　　　面条 ¥

(Togakushi；见382页地图；24-6864；www.miyazaki-togakushi.com；中央通／Chūō-dōri 7-10；面条¥650～950；19:00至次日2:00）精美小巧的清汤乌冬（Kama-age-udon），蘸着浓郁的葱酱、天妇罗粉和清爽的柚子酱食用。这是本地人在狂饮之后最想吃的食物。挂着巨大红灯笼的店面即是。

おぐら本店　　　　　日本料理 ¥¥

(Ogura Honten；见382页地图；22-2296；橘通東／Tachibana-higashi 3-4-24；南蛮鸡¥1010；11:00～15:00和17:00～20:30，周二休息）半个多世纪前，"南蛮鸡"就是在这里发明的，配制的酱料也融合了十几种香料。如今食客仍会纷至沓来，只为享用这道美味，店面位于山形屋（Yamakataya）后面的小巷里，安着红白相间的遮阳篷。

丸万烧鸟本店　　　　　　鸡肉 ¥¥

(Maruman Yakitori Honten；见382页地图；22-6068；橘通西／Tachibana-dōri-nishi 3-6-7；烤鸡肉¥1100；周一至周六17:00～23:00）这家不起眼的餐厅供应本地鸡肉，味道浓郁但很筋道，烤得火候可能没你习惯的那么熟。招牌菜是烤鸡腿（Momoyaki，¥1200），出品形状跟你的想象一定很不同。不过烤鸡翅（¥700）和生肉片（¥700）也很受欢迎，随餐会送一份清淡美味的鸡汤。

★ みやちく　　　　　　　牛排 ¥¥¥

(Miyachiku；见382页地图；62-1129；松山／Matsuyama 1-1-1，宫崎観光ホテル／Miyazaki Kankō Hoteru 2F；午餐／晚餐定食¥2500/6000起；11:00～15:00和17:00～22:00）如果你打算大吃特吃宫崎牛肉的话，那么就来这雅致的牛排店，用餐时还能欣赏到河景。午餐套餐有开胃菜、沙拉、牛肉、蔬菜、甜品和咖啡，价格也很划算。

🛍 购物

宫崎物产馆　　　　　　手工艺品

(みやざき物産館／Miyazaki Busankan；见382页地图；22-7389；宫田町／Miyata-chō 1-6；周一至周五9:00～19:00，周六和周日9:30～18:30）这里出售各种木制工艺品、土偶、琳琅满目的小食以及一整面墙的各种烧酒。

ℹ 实用信息

宫崎市旅游观光中心（宫崎市観光案内所／Miyazaki-shi Kanko Annaisho；见382页地图；

22-6469;◎9:00~18:00）这家对游客来说很有帮助的中心位于JR宫崎站内，提供城市及其周边地图。

❶ 到达和当地交通

宫崎开通了多家航空公司的航班飞往东京、大阪、名古屋、福冈、冲绳、首尔、台北和香港。从市中心可乘坐公共汽车（¥440, 30分钟）去往宫崎机场（www.miyazaki-airport.co.jp），在JR宫崎站搭乘火车（¥350, 10分钟），也能到机场。

宫崎站前公共汽车中心（宫崎駅バスセンター/Miyazaki Eki Basu Senta；见382页地图；23-0106）有汽车通往鹿儿岛（¥2780, 3小时）、熊本（¥4630, 3.5小时）、长崎（¥6690, 5.5小时）和福冈（¥4630, 4.5小时）。这里也是很多本地公共汽车的始发站。

JR日丰本线（日豊本線/Nippō Honsen）向南到鹿儿岛（特急，¥3710, 2小时），向北开往别府（特急，¥5480, 3小时20分）。

青岛（Aoshima）和日南海岸（Nichinan-kaigan）

0985/人口3810

青岛是一座棕榈摇曳的小岛，冲浪和晒日光浴的人来到岛上可爱的海滩，暴风雨过后海滩上满是海胆。从青岛沿棕榈成荫的沿海公路经过日南到都井岬（Toi Misaki），这段自驾线路风景如画，海边悬崖和海岛风情，让人想起海滩度假风情。天气晴朗时，海水在阳光下折射出深浅不一的蓝色，每一个转弯几乎都能看到一片壮观风景。

◉ 景点

青岛　　　　　　　　　　　　　　　　岛屿

当你在退潮时候渡海来到青岛，就能发现它周围特殊的地质现象。波浪状层叠的岩层，被称为**魔鬼洗衣板**（鬼の洗濯板/Oni-

青岛的"魔鬼洗衣板"

no-sentaku-ita），看起来就像一块几百年前的洗衣板。岛上最适合拍照的**青岛神社**（青岛神社/Aoshima-jinja），传说是牵线搭媒和保佑安产的好地方，还有**日向神话馆**（日向神話館/Hyūga Shingan-kan; ☎65-1262; ¥600; ◐7月和8月 8:00~18:00，9月至次年6月 至17:00），以类似蜡像馆立体模型的形式，讲述着天照大神、神武天皇和日本成立的故事。

每年1月的第二个周一，腰缠兜裆布的当地居民会在青岛神社郑重地参加跳水仪式。而每逢7月末，人们会抬着神轿（Mikoshi）沿浅水海滩前往神社，届时更为热闹精彩。

鹈户神宫　　　　　　　　神道教神社

（鵜戸神宮/Udo-jingū; ☎0987-29-1001; 大字宫浦/Ōaza Miyaura 3232）从海滨小道可以抵达神社，这座色彩鲜艳的神道教神社位于开阔的崖洞处，从那里能够俯瞰山下海湾里那些不同寻常的岩层。照规矩，你要买5块幸运石（Undama，¥100），许一个愿，然后瞄准海龟形状的岩石，试着将石头投入顶部的浅坑。男性用左手投石，女性用右手。所许愿望通常与婚姻、求子和哺乳有关，因为据传说，洞口的两块巨石代表着神武天皇祖母的乳房（当然不是真的）。

来自青岛（¥1010，36分钟）和宫崎（¥1480，1.5小时）的公共汽车在高速公路边设站，每小时1班。从车站到鹈户神宫约700米，沿途能看见岩石和别致的渔船。

🍴 食宿

青岛最有名的特色菜是伊势龙虾（Ise-ebi），以9月至次年4月最美味。

★ 民宿みさき荘　　　　　　民宿 ¥¥

（Minshuku Misakisō; ☎65-0038; www.misakisou.com; 青岛/Aoshima 1-5-4; 共用浴室 标单/双 ¥5000/8000; P✱🛜）主人既慷慨又热情，这家民宿堪称"一站式"住处：可以住宿，有酒吧（仅接待住店客人）、咖啡厅，以及出租冲浪设备的小店（冲浪板 ¥2500起；咖啡厅和租赁处周三歇业）。客房以日式为主，但也有一间西式房。所有的房间都很干净，特别适合想冲浪或晒日光浴的人：过马路就是海滩。

港あおしま　　　　　　　　海鲜 ¥¥

（Minato Aoshima; ☎65-1044; 青岛/Aoshima 3-5-1; 套餐 ¥1100~1700; ◐11:00~14:30，周三休息）这是家进门需要脱鞋的餐厅，由当地渔业协会创办经营，出售的都是青岛最好、最新鲜的海鲜。大多数食物为套餐，包括几种配菜和味噌汤。

ℹ️ 到达和离开

JR日南线（Nichinan-sen）途经青岛，连接宫崎（¥370，30分钟），火车站距离青岛约800米。从宫崎站开往鹈户神宫（¥1480）的公共汽车会停靠青岛（¥720，48分钟，每小时1班）。青岛神社鸟居附近还有一种三轮车可以出租。

鹿儿岛（Kagoshima）　　　　鹿児島

☎099/人口600,000

阳光灿烂的鹿儿岛有着与其气候相得益彰的独特个性，在全国民调中被选为日本最友好的城市。它的远方矗立着樱岛——海湾对面一座非常活跃的火山。当地居民会在火山反复喷发时，打伞出行，火山灰像雪一样覆盖地表，又像雾一样遮住了阳光，这一切神奇而又令人着迷。全县天气预报中竟然还包括一项特别的"火山灰预报"。只要遭遇火山灰飘落（我们真的遇上了！），你就会明白为什么了：它气味难闻，牙齿上都会沾尘，弄脏了蒲团和晾晒的衣物，更是让那些刚洗完车的人泪奔。

鹿儿岛曾经是萨摩藩（Satsuma-han）的领地，藩主岛津（Shimazu）家族在日本的近代史上举足轻重，无论是西乡隆盛、坂本龙马还是充满传奇色彩的笃姬，都与之相关。当19世纪中叶日本对世界开放后，萨摩藩政府与幕府角逐，与英国交战，并在1867年巴黎世界博览会上独自承办一个萨摩馆——独立于日本馆以外。个性之地，值得探寻。

景点

鹿儿岛市中心位于JR鹿儿岛站和JR鹿儿岛中央站之间（这里有两个接近的JR站，要看清楚），天文馆通（天文馆通/Tenmon-kan-dori）附近，周边有不少景点和吃喝玩乐之地。

★ 明治维新博物馆　　　　博物馆
（维新ふるさと館/Ishin Furosato-kan; ishinfurusatokan.info; 见385页地图; 239-7700; 加治屋町/Kaijiya-chō 23-1; 成人/儿童 ¥300/150; 9:00~17:00; JR鹿児岛中央）一个物超所值之地，如果你对萨摩藩感兴趣，就绝对不能错过。博物馆深入介绍了这里独特的社会教育体系，以及促使萨摩藩跃居日本强藩的萨摩武士的忠诚和剑术，有不错的中文智能手机应用。馆内每小时都有视听演示，内容包括具有开创性的萨摩藩学生西方留学，以及由机器人装扮的明治改革家们讲解西南战争，这些改革家包括西乡隆盛（Saiko Takamori）和坂本龙马（Sakamoto Ryoma）。

仙岩园（矶庭园）　　　　庭园
[仙巌園（磯庭園）/Sengan-en (Isoteien); 见385页地图; 247-1551; 吉野町/Yoshinochō 9700-1; 门票含/不含别墅导览游和茶道观礼 ¥1600/1000; 8:30~17:30; 仙巌園（磯庭園前）]仙岩园于1658年由第19代萨摩藩主岛津规划建造，这个美丽的花园依山傍海，有树林、花园、山坡小径，坐拥日本最令人印象深刻的"借景"之一：直面烟雾蒸腾的樱岛火山。这里令人愉悦，同时战略地位重要，能观察到驶进锦江湾（Kinkō-wan）的船只。这里还是2008年NHK大河剧《笃姬》的外景地。留出至少30分钟时间悠闲地四处走走，再多安排20分钟参观有25个房间的御殿（Goten），这里曾经是岛津家族的别墅（供应传统的茶道和甜点）。

相邻的**尚古集成馆**（Shoko Shuseikan; 与仙严园联票; 8:30~17:30）集中介绍了岛津家族和南九州历史，建筑本身曾是日本

怀旧式泡汤，你也来一把

跟当地人一起洗个澡？也是一种体验南九州生活的方式。鹿儿岛至少拥有50处面向当地人开放的公共澡堂（銭湯/Sentō），让人回想起俭朴而普通的老式浴室。包括与JR鹿儿岛中央站相距不过几分钟步行路程的**西田温泉**（Nishida Onsen; 见385页地图; 鷹師/Takashi 1-2-17; ¥390; 5:30~22:30, 每月第二个周一歇业）和市政厅附近的**かごつま温泉**（Kagomma Onsen; 见385页地图; 易居町/Yasui-chō 3-28; ¥390; 8:00至深夜, 每月15日歇业）。大多数旅游信息咨询台和一些酒店的大堂都提供很好的温泉宣传册。

第一座工厂。

鹿儿岛黎明馆　　　　博物馆
（Kagoshima Reimeikan; 见385页地图; 城山町/Shiroyama-chō 7-2; 成人/中学生/小学生 ¥310/190/120; 9:00~18:00, 每月25日闭馆; 薩摩義士碑前）为纪念明治维新100周年建立的博物馆，馆内主推鹿儿岛的历史文化，有萨摩历史和古代造剑工艺的详细展览。博物馆位于鹤丸城迹（鶴丸城跡/Tsurumaru-jō-seki, 1602年）的遗址上，当年那座城堡如今只剩下断墙和护城河，石头上的弹孔至今还依稀可见。博物馆就位于鹿儿岛市政厅和政府建筑后面。

鹤丸城迹后面的小山丘是城山（Shiro-yama, 107米），也是西南战争中西乡隆盛的自裁之地，山脚下就是西乡隆盛像。风和日丽之际，适合在这里登高眺望锦江湾和樱岛。

团队游

鹿儿岛鱼市游　　　　团队游
（鹿児島市中央卸売市場/Kagoshima-shi Chuo Oroshiuri Ichiba; 226-8188; www.gyokago.com; 成人/儿童 ¥1500/800; 3月

至11月 周六 6:45~8:00；🚌新屋敷）早点起床，穿双橡胶靴参加鹿儿岛中央鱼市游，这里就像个微缩版（更方便）的东京筑地市场（Tsukiji Ichiba）。可从城里很多酒店报名，基本也有车接参加游览。如果需要翻译服务请提前预订。在游览之后，导游会推荐你去市场里的餐馆吃一顿寿司早餐（约¥1000）。注意：学龄前儿童谢绝参加。

🎊 节日和活动

火烧雨伞节 　　　　　　　　　　文化
（曾我どんの傘焼き/Sogadon-no-Kasa-yaki；⏰7月末）这是鹿儿岛上非比寻常的盛事之一。男孩们在甲突川（Kōtsuki-gawa）两岸焚烧雨伞，以纪念镰仓时代的曾我兄弟为父复仇时，用燃烧的雨伞充当火把的传说。

小原祭 　　　　　　　　　　　　舞蹈
（おはら祭/Ohara-matsuri；11月2日至3日）作为南九州最大规模的祭祀活动，届时在市中心天文馆一带举行，许多市民穿着传统服装跳起小原舞。

🛏 住宿

鹿儿岛超值的住处真是不少。火车站距离景点和活动场所有些远，所以尽量选择靠近天文馆（Tenmonkan）区域入住吧。

Green Guesthouse 　　　　青年旅舍 ¥
（グリーンゲストハウス；见385页地图；📞802-4301；www.green-guesthouse.com；住吉町/Sumiyoshi-chō 5-7；铺/单/房 ¥1900/3000/5600起；➡❄@🛜；🚌出雲通）这家青年旅舍位置很好，就在渡轮码头上，如果你想去樱岛（或者从樱岛来），真是太方便了。房间干净而紧凑。宿舍房间分男女，也有独立房间，还有可以容纳3个人的和室（¥2800/人）。

Sun Days Inn Kagoshima 　　商务酒店 ¥¥
（サンデイズイン鹿児島；见385页地图；📞227-5151；www.sundaysinn.com；山之口町/Yamanouchi-chō 9-8；标单/双 ¥5550/7600起；🅿➡❄@🛜；🚌天文館通）位于天文馆地区中心位置，性价比高。房间比较紧凑，但是床、淋浴和温馨的装修风格弥补了空间的不足，离城里繁华地段只有几步之遥。自助早餐（约30种，有本地特色菜品）也很划算，只需要¥540。

Hotel Gasthof 　　　　　　　酒店 ¥¥
（ホテルガストフ；见385页地图；📞252-1401；www.gasthof.jp；中央町/Chūō-chō 7-1；标单/双/标三 ¥5700/9200/13,200；🅿➡❄@🛜；🚌JR鹿児島中央駅）这家旅馆完美融合了中世纪欧洲风格和日本城市韵味，非常与众不同。酒店内有48间客房，房间非常宽敞，以硬木、石墙和砖墙的图案作为装饰。邻近火车站，有三间人彼此相通的四人间客房（¥16,800），适合举家出行的人。

★ 温泉ホテル中原別荘 　　　　酒店 ¥¥¥
（Onsen Hotel Nakahara Bessō；见385页地图；📞225-2800；www.nakahara-bessou.co.jp；照国町/Terukuni-chō 15-19；房含/不含两餐 ¥12,960/8640/人起；🅿➡❄@🛜；🚌天文館通）这家家庭经营的酒店就在天文馆边上，对面是一座可爱的公园，经营历史可追溯到1904年。尽管外观看来方方正正，但进到里面你会发现不仅有现代的露天浴场和带私人浴室的宽敞日式客房，传统艺术品的装饰，还有一家味道不错的萨摩料理（Satsuma-ryōri）餐馆。

🍴 就餐

JR鹿儿岛中央站区域，天文馆的后街小巷（老店集中地）和靠近渡轮码头的海豚港（Dolphin Port）购物中心都是餐厅聚集的地方。市政厅东南方向的街区名山堀（Meizanbori）狭窄的小巷里，遍布别致的小店，菜式从日式鸡肉串烧和咖喱饭到法式料理和西班牙料理，如果你到这里来就餐，当地人会对你刮目相看。**かのっま屋台村**（Kagomma Furusato Yatai-mura；见385页地图；📞255-1588；中央町/Chūō-chō 6-4；价格不定；⏱各摊时间不同；🚋高见桥）的24个摊位，提供鹿儿岛的旧时味道，跟着香味去尽情享受吧。

鹿儿岛黑猪肉非常有名，首推炸猪排（とんかつ/Tonkatsu），也有不少涮涮锅（しゃぶしゃぶ/Shabushabu），但试试这里的黑毛和牛烧肉也有意外惊喜。鹿儿岛拉面的浇头会出现五花肉，在猪骨汤头的基础上也有各种流派。当然，萨摩料理（见本页方框）更是本地传统，还有发源于此地的甜品"白熊"（Shirokuma），可不是北极熊，而是一种混合了水果的冰沙。

豚とろ   拉面 ¥

（Tontoro；见385页地图；📞258-9900；中央町/Chūō-machi 3-3；拉面 ¥750；⏱11:00至次日1:00；🚉JR鹿儿岛中央駅）这家店是本地浓汤豚骨拉面的权威，还能选择浓味、淡味、粗面、细面等。他们总要撒上一大把青葱，让拉面香喷喷地上桌。面上的叉烧经过了12小时的炖煮，酥而不烂，再加一个半熟鸡蛋，完美了。

とんかつ川久   猪肉 ¥

（Tonkatsu Kawakyu；见385页地图；📞255-5414；中央町/Chūō-machi 21-13；黑猪肉腰肉炸猪排定食 ¥2500；⏱11:30~14:00, 17:00~21:00，周二休息；🚉JR鹿儿岛中央駅）营业前就会排队的小店，供应产自雾岛高原的黑猪肉，鲜嫩多汁。点上一份，在桌上的各色调料里选一款淋上，赶紧配饭吃。

山内農場   居酒屋 ¥

（Yamauchi Nōjō；见385页地图；📞223-7488；東千石町/Higashi-sengoku-chō 1-26 2F；菜肴 ¥410~1250；⏱周一至周四 16:00至次日2:00，周五和周六 至次日3:00，周日 至次日1:00；🚋天文馆通）黑萨摩鸡是这里的名菜，也形象地概括出经过木炭炉明火烧烤后这道菜的卖相。其他本地菜肴包括：腌制生鲣鱼片、黑猪沙拉和鸡肉丸子配芝士或生鸡蛋。

萨摩料理怎么点？

南国的气氛孕育了古老而质朴的萨摩料理，虽然也有美好的食具和摆盘，但跟本州岛上的相比，更具地方气息。菜肴当中融入了琉球和西南诸岛的风格，甜味酱油、黑糖成为主要的调味品——这里的酿制烧酒也会加黑糖。萨摩料理中有几味特色菜，千万别错过。

银带鲱鱼刺身（キビナゴの刺身/Kibinako-no-sashimi）这种小小的鲱鱼通常用来制作小鱼干或者烤物，萨摩料理中用来制作刺身，5至6月正是季节。

红烧猪排骨（Tonkotsu）猪排骨用萨摩烧酒、味噌、黑糖等调味，加上萝卜、魔芋等一起煮，味道十分浓郁。

酒寿司（酒ずし/Sakezushi）在高级的萨摩料理菜单上才会有，用鲷鱼、虾、竹笋等山海馈赠加上酒发酵后做成的小碗寿司饭。

萨摩鸡汤（さつま汁/Satsuma-shiju）这是昔日农家用当地土鸡、味噌加上萝卜、胡萝卜等蔬菜做出来的汤，很有乡土风味。

萨摩炸鱼饼（さつま揚げ/Satsuma-age）这种厚厚的鱼饼，是用腌制过的鱼肉煎炸而来，吃起来颇为Q弹。

与菜相配的当然是要数萨摩烧酒（さつま焼酎/Shōchū），鹿儿岛县称这里的烧酒消费量居日本第一！在熊本，烧酒通常用米酿造；在大分，用大麦做原料；而在鹿儿岛，则是用红薯来酿红薯酒（Imo-jōchū, 芋焼酎）——这里的红薯也是名物。可以直接饮用，也可加苏打水或加冰，但最传统的方式是用炭火将石壶中的水烧热，兑着烧酒（お湯割り/Oyu-wari）喝，直到你感觉自己开始飘飘然起来。

鹿儿岛交通卡

别忘了充分利用**Cute交通卡**（キュート/kyudo; 1/2天 ¥1200/1800），该卡覆盖城市公共汽车（包括城市观光和樱岛观光公共汽车）、有轨电车、樱岛渡轮和Yorimichi Cruise。持卡者还可以在多个景点享受门票优惠。可以在旅游观光中心买到此卡。

★ 熊襲亭　　　　　　　　　　日本料理 ¥¥

（Kumasotei；见385页地图；222-6356；東千石町/Higashi-Sengoku-chō 6-10；套餐 午餐/晚餐 ¥1500/3000；11:00~14:00和17:00~22:00；天文館通）这间气氛很好的多层餐厅邻近天文馆地区中心地段，涵盖了所有你想吃的萨摩菜：炸鱼饼、猪排骨、黑猪涮锅以及丰富的新鲜鱼类和海鲜。留意红字竖招牌和入口上方巨大的木刻汉字店名。

🛍 购物

本地特产包括：萨摩切子（Satsuma Kiriko，玻璃制品）、绀丝（Tsumugi）、竹制品和木制品以及萨摩烧陶器（最典型的是朴素的黑色和白色）。其中一些可以在仙岩园（矶庭园，见361页）和靠近天文馆的**鹿儿岛品牌店**（鹿児島ブランドショップ/Kagoshima Brando Shoppu；见385页地图；253-6120；名山町/Meizan-chō 9-1, 産業会館/Sangyo Kaikan 1F；9:00~18:00；旭通）购买。

有趣的购物体验还包括逛**朝市**（Asa-ichi；见385页地图；周一至周六 4:30~13:00），就在JR鹿儿岛中央站南面。

ℹ 实用信息

鹿儿岛中央站旅游观光中心（鹿児島中央駅総合観光案内所/Kogoshima Chuo-eki Sogo Kango Annaisho；见385页地图；253-2500；JR鹿児島中央駅；8:00~20:00）有大量信息和鹿儿岛游客指南便携本。

游客观光交流中心（観光交流センター/Kanko Koryu Senta；见385页地图；298-5111；上之園町/Uenosono-chō 1-1；9:00~19:00）位于明治维新博物馆附近，提供导览小册子，还可以预订酒店。

旅游信息在鹿儿岛县网站（www.kagoshima-kankou.com）上可以找到。城市网站（www.city.kagoshima.lg.jp）有详细的交通、景点和城里的住宿信息。查询观光信息，艺术和娱乐名录，可以登录www.kic-update.com网站。

ℹ 到达和离开

飞机

鹿儿岛机场（Kagoshima Airport；www.koj-ab.co.jp）有飞往上海、香港、台北和首尔的航班，国内航班也非常方便，目的地包括东京、大阪和冲绳（那霸）等。机场快线每5至20分钟1班，往返于JR鹿儿岛中央站/天文馆（¥1250, 45/60分钟）。

船

渡轮从南埠头码头（Minami-futō pier）发往屋久岛（Yakushima，快艇 ¥8400, 1小时40分钟，www.tykousoku.jp；普通渡轮 ¥4900, 4小时）。

长途汽车

长途汽车从位于**鹿儿岛中央站汽车站**（见385页地图）的快速长途汽车站发车，就在中央站东出口附近。

路线包括宫崎（¥2780, 3小时）、福冈（¥5450, 4.5小时）、大分（¥5660, 7.5小时）以及长崎（¥6690, 5.5小时）。

火车

JR鹿儿岛中央站是九州新干线终点站，沿途停靠的站有熊本（¥6420, 52分钟）、博多（¥9930, 90分钟）和新大阪（¥21,380, 4小时）等。JR日丰线（Nippō-sen）列车也停靠鹿儿岛站，开往宫崎（特急，¥3710, 2小时）和别府（¥9090, 5小时50分钟，需要在宫崎和大分换乘）。

❶ 当地交通

如果你只去几个景点，有轨电车是城里最方便的交通工具。1路从鹿儿岛站出发经过市中心到达市郊。2路从高见马场（Takami-baba）拐向JR鹿儿岛中央站，终点站设在郡元（Korimoto）。除单程票（¥170）之外，也可以从旅游信息中心或车上购买一日通票（¥600）。

可以随时上下的城市观光公共汽车（City View Bus；¥190，9:00~18:20，每30分钟1班）有两条环线，围绕主要景点运行。1日通票可以用于有轨电车和城市公共汽车线路（包括城市观光车），而且在很多景点可以打折。

在JR鹿儿岛中央站可以租借自行车（每2小时/每天 ¥500/1500，持JR通票可享20%折扣）。

樱岛（Sakurajima） 桜島

☎099/人口4880

这个鹿儿岛县的标志性符号（它甚至有自己的毛绒玩具），从1955年开始就几乎接连不断地喷涌烟雾和火山灰，每年都有数以千计的小爆发。距今最近的一次猛烈喷发发生在1914年，超过30亿吨的岩浆吞噬了无数的海岛村庄，同时将樱岛东南端与九州岛连接在一起。

尽管仍有火山活动，樱岛目前仍然是安全的，足以让人相当接近。在火山的三个山峰中，只有南岳（Minami-dake；海拔1040米）是活火山口。虽然禁止爬山，但这里有多处观景点。

鹿儿岛居民对樱岛很虔诚。据说当白天的阳光照在山上时，从锦江湾对岸可以看到七彩光。

⊙ 景点

乌岛瞭望台 观景点

（烏島展望所/Karasujima Tenosho）这处观景台位于游客中心南面，1914年时，岩浆在这里吞没了一个曾经距离海岸500米远的小岛。如今这里有一个日本第二大的足汤。

有村溶岩展望所 观景点

（Arimura Youkan Tenosho；☎298-5111；有村/Arimura 952；⏱24小时）免费 不要被"展望所"这个名字误导，这里并没有一栋建筑，而是片绿树成荫的野餐区域，周围分布着一些熔岩逃生隧道；沿步道可以前往新近形成的冷却岩浆，不过如今大部分熔岩已被小松树覆盖。抬头就能欣赏到远方喷云吐雾的南岳。

黑神埋没鸟居 地标

（黒神埋没鳥居/Kurokami Maibotsu Torii）在东部海岸的黑神，曾经高达3米的鸟居如今只剩顶端露在火山灰外面，其他部分都在1914年的喷发中被埋。

汤之平观景台 观景点

（湯之平展望所/Yunohira Tenosho，373米）沿着宁静的北部海岸向内陆进发，在樱岛北岳四合目就能到达汤之平观景点，在此可以欣赏绵延山景，也能回望远眺海湾对面的鹿儿岛市中心。

❶ 实用信息

樱岛游客中心（桜島ヴジターセンター/Sakurajima Bijita Senta，☎293-2443；www.sakurajima.gr.jp/svc；⏱9:00~17:00）靠近轮渡码头，陈列着关于火山的展览，还有个模型展示火山发展过程，建议先到这里看一看。

❶ 到达和当地交通

班次频繁的乘客和车辆渡轮在鹿儿岛和樱岛之间往返（¥160，15分钟，24小时运营）。想前往水族馆附近的渡轮码头（见385页地图），可以搭乘城市鹿儿岛观光公共汽车或者其他公共汽车到水族馆前（Suizokukan-mae），或者搭有轨电车到水族馆口（Suizokukan-guchi）。

迷人的萨摩半岛

从鹿儿岛向南,萨摩半岛上一派清新秀丽的田园风光。公共汽车开往知览,火车开往指宿。沿着锦江湾的指宿天际线公路能欣赏到壮丽的景色和九州最南端的连绵群山。时间允许还可以沿着蜿蜒曲折的山路去看看号称当地"小富士"的开闻岳。

小镇**知览**(Chiran)被称为"萨摩小京都",在**武士宅邸**(武家屋敷/Bukeyashiki; 知览町郡/Chiran-chō 6198;通票¥500; ⊙9:00~17:00)一条街上可以细细体会。知览的空军基地,曾是二战时1036名神风特攻队飞行员的出发地,**知览神风和平博物馆**(知覧特攻平和会館/Chiran Toko Heiwa Kaikan; ☎0993-83-2525; www.chiran-tokkou.jp; 知览町郡/Chiran-chō 17881; ¥500; ⊙9:00~17:00)讲述了当年的故事。JR鹿儿岛中央站发出的巴士前往知览(¥890/930, 80/85分钟,每小时1班)。

开闻岳(Kaimon-dake, 924米)是一座完美诠释对称美的火山,昵称"萨摩富士",赫然屹立在南方天际线,只要2小时就能登顶,但在海岸线上远远望着它就够了,比登山去看它视角上要更美。

距指宿约1小时车程的**枕崎**(Makurazaki)港,以鲣鱼(Katsuo,日式高汤的原料)而远近驰名。直奔枕崎主路边上的**大德**(Daitoku; ☎0993-72-0357; 折口町/Origuchi-chō 17; 鲣鱼盖饭¥880; ⊙11:00~15:30和17:30~20:30,不定期歇业),店面并不起眼,主要供应屡获奖项的鲣鱼盖饭(Katsuo Funado Meshi),饭上放着新鲜鲣鱼、木鱼花、葱、海苔,配上鲣鱼高汤。在**枕崎お鱼センター**(Makurazaki O-Sakana Senta; ☎0993-73-2311; http://makurazaki-osakana.com; 松之尾町/Matsunō-chō 33-1; ⊙9:00~17:00)鱼市场,有20来家摊贩售卖各种鱼和鱼制品。场内有许多试吃和展示活动,你可以看到木鱼花的制作过程。

Yorimichi Cruise(よりみちクルーズ船;见385页地图; ☎223-7271;成人/儿童¥500/250)的6条观光航线从鹿儿岛港环航至樱岛港,全程50分钟左右,然后可以购买一张普通的渡轮票从樱岛返回鹿儿岛。

樱岛观光公共汽车(桜島アイランドビューバス/Sakurajima Airando Byu Basu;单程¥120~440,一日通票¥500; ⊙9:00~16:30,每天8班)环岛行驶。

指宿(Ibusuki)

☎0993 / 人口41,850

指宿位于萨摩半岛的东南部,距离鹿儿岛约50公里,是引人入胜的温泉胜地。这里非常静谧,尤其在旅游淡季,每逢夜幕降临,更是清幽、安逸。指宿站距离海滩和大多数住宿处约1公里,不过车站附近有几处小餐馆。

◎ 景点和活动

指宿最有吸引力的是这里的沙浴,温泉蒸汽透过天然沙层往上冒,据说有净化血液的作用。大多数游客都来此沙浴,但周围也有其他娱乐项目和风景秀丽的景点,可以绕道前往。

知林岛　　　　　　　　　岛屿

(知林ヶ島/Chiringashima)可爱的知林岛通过一道狭窄的沙洲陆桥跟大陆相连,每年3至10月在退潮后才露出来,此时徒步者、赶海者和探游潮汐池的人就通过这个珊瑚礁和贝壳覆盖的通道,走到岛上看看那里的小神社。潮汐时间不定,如果你走得太慢,或许后半段路就得加快速度跑起来。从指宿站乘坐出租车前往知林岛需要10分钟,穿越沙滩徒步单程约需半小时,如果沿途停停走走,所需时间将会更长。

萨摩传承馆　　　　　　　博物馆

(薩摩伝承館/Satsuma Denshōkan; www.satsuma-denshokan.com; 東方/Higashikata 12131-4; ¥1500; ⊙8:30~19:00)这家令人赞叹的博物馆介绍了萨摩地区的历史,陈列着中国陶瓷品和光彩照人的萨摩烧。博物馆位于一座看上去像漂浮在自身湖面上的庙宇风格建筑内。离指宿站3.5公里远（出租车¥1220，10分钟），在指宿白水馆（见367页）的院子里。

★ 指宿沙浴会馆砂乐　　　　　　　温泉

（いぶすき砂むし会館砂楽/Ibusuki Sunamushi Kaikan Saraku；☎23-3900；湯の浜/Yunohama 5-25-18；沙浴和温泉¥1080，仅温泉¥610；◎周一至周五 8:30~21:00，正午至13:00休息）门口购票，换好店家提供的浴衣，然后下行走到竹帘遮棚下的沙滩处，女服务员会拿着铲子，铲起温热的火山沙，一点一点地把客人埋入沙中。客人反应不一，有热得抓狂的，也有乐在其中的。据说在沙堆里躺个10分钟就能排毒了，不过许多人都会多享受一会儿。沙浴结束后，原路返回，泡个温泉浴。

Healthland露天浴场　　　　　　温泉

（ヘルシーランド露天風呂/Herushi-rando Rotanburo；☎35-3577；山川福元/Yamakawa Fukumoto 3292；温泉 成人/儿童¥510/260；◎9:30~19:00）虽然需要离开中心区，但一边看着对面大海和开闻岳，一边泡汤，这样的体验也不是别处能有的。

🛏 食宿

指宿的住宿选择多种多样，多数配有温泉浴池。与其住在车站附近，不如前往靠近海滨和沙浴场的住宿处。餐饮场所很少，最理想的选择或许是入住酒店的餐食。

月见庄　　　　　　　　　　日式旅馆¥¥

（Tsukimi-sō；☎22-4221；www.tsukimi.jp；湯の浜/Yunohama 5-24-8；房 含两餐¥13,110/人起；🅿✳🈯）这家日式旅馆就在沙浴浴场对面，有7间一尘不染的房间和私人设施，设有室内外浴池，提供萨摩特色菜肴如猪排骨和刺身。这里不怎么讲英语，但服务人员很负责任。仅大堂有Wi-Fi（大堂里还有一个巨大的龙猫玩偶和其他好玩的小物件）。

★ 指宿白水馆　　　　　　　　酒店¥¥¥

（Ibusuki Hakusuikan；☎22-3131；www.hakusuikan.co.jp；東方/Higashi-kata 12126-12；房 含两餐¥18,510/人起；🅿✳🈯@📶🏊）这是来指宿的最高享受。来访的贵宾要员可能会住在有着40个房间的离宫（Rikyū）翼楼的天价豪华房中，但其他客人可以选择不太昂贵的另外164间客房。单凭华丽的温泉/露天浴场/沙浴，就物有所值了。这里的Fenice餐厅就在萨摩传承馆中，相当吸引人，美食也相当可口。

青葉　　　　　　　　　　　　居酒屋¥

（Aoba；☎22-3356；湊/Minato 1-2-11；菜肴¥480起；◎11:00~15:00和17:30~22:00，周三休息）从车站出来向左手方向走一分钟即到，在黄绿色的门帘后面，这家气氛欢快的店供应令人满意的炸黑猪排定食（腰肉排，¥1420），如果你胆子够大，可以尝试黑萨摩生地鸡肉片（¥850）。

ℹ 实用信息

指宿站旅游观光中心（指宿駅総合観光案内所/Ibusuki-eki Sogo Kango Annaisho；☎22-4114；◎9:00~18:00；📞）有Wi-Fi和简单的地图，能帮助指路和预订住处。

指宿市旅游观光中心（指宿市観光協会/Ibusuki-shi Kanko Kyokai；☎22-3252；湊/Minato 2-5-33；◎9:00~17:00；📞）与车站相距15分钟步程，这个大规模的旅游中心提供多种小册子、地图和信息。

ℹ 到达和当地交通

从鹿儿岛坐公共汽车到指宿站大约需要1.5小时（¥950），从鹿儿岛中央站搭火车过来则需要51分钟（特急¥2140）。火车迷和观光者会爱上海岸观景玉手箱（Ibutama）特急列车（见355页方框）。从知览有汽车开往指宿（¥940，69分钟），每天5班。

持MyPlan（マイプラン）通票(1天，成人/儿童¥1100/550)，可以在城里不限次数、随时上下公共汽车。也可以在车站租自行车（¥500/2

小时),几步之外就是小汽车租赁公司。

雾岛屋久国立公园(Kirishima-Yaku Kokuritsu Kōen) 雾岛屋久国立公园

这个山地公园横跨鹿儿岛县北部和宫崎县西部,有多条精彩的徒步线路,距离不等;但火山灰喷发、有毒气体和其他火山活动有时会使进山变得较为困难。这里因野杜鹃花、温泉和75米高的**千里瀑布**(Senriga-taki)而闻名。在日本神话中,这里还是天神最初降临的地方,随后他们就开始了持续至今的王朝统治。

徒步者在出行前需要密切关注天气。在雨季(5月中至6月)山间经常有雷雨和雾,冬季则非常寒冷;其他时候,景色壮观非凡。

景点

雾岛神宫 神道教神社

(雾岛神宫/Kirishima-jingū;雾岛田口/Kirishima-Taguchi 2608-5;⊙24小时)免费

橙色的雾岛神宫风景如画,地理位置优越。原址兴建于6世纪,现在的神社建于1715年。有《古事记》(Kojiki,公元712年编纂的史书)记载,天神琼琼杵尊(Ninigi-no-mikoto,瓊瓊杵命)率众神从天界降临到高千穗峰,雾岛神宫就供奉着琼琼杵尊。留意一下高达22.4米的大鸟居和本殿里的彩色浮雕,神社里800年树龄的杉树据说是南九州的杉树之祖。在JR雾岛神宫站坐公共汽车即可到达神社(¥240,15分钟)。

活动

温泉

这里有不计其数的温泉,它们分布在雾岛山600至800米之处。既有"野"温泉(是河流中的热水区)也有奢华的温泉酒店。在这一带旅行时,你会看到许多地方冒着热气。该地区所有的酒店都有浴场,其中许多白天也为到访者开放。有些酒店既有男女混浴的浴池,也有男女分开的浴池。从JR雾岛神宫站搭乘开往"いわさきホテル(Iwasaki hoteru)"的公共汽车,途中有好几间温泉。

徒步

海老野高原湖泊环游线路(Ebino-kōgen circuit)全长4公里,轻松易行,围绕一系列火山湖泊前进。**六观音御池**(Rokkannon Mi-ike)湖水呈浓重的青色。道路对面的**不动池**(Fudō-ike)位于韩国岳(karakuni-dake,1700米)山脚下,是座热汽蒸腾的地狱温泉。比较艰难的一段路是,登上环绕火山深坑边缘的韩国岳顶峰,然后就能到达东边的高地了。从这里俯瞰南方,秀丽的景色一览无余,不论是环形的火山湖**大浪池**(Ōnami-ike)、**新燃岳**(Shinmoe-dake,这座火山曾于2011年1月喷发,至今仍有部分无法通行),还是**高千穗峰**(Takachiho-no-mine)完美的锥形山峰,都尽收眼底。每逢天气晴朗之际,甚至还能看到更远处的鹿儿岛和烟雾缭绕的樱岛火山口。温顺的野鹿在**海老野镇**(Ebino-kōgen)上悠闲地晃悠,而且似乎挺喜欢入镜。镇上几条河里都有水温够高的水潭,可以泡温泉,通往那些河的路上建了许多日间温泉旅馆,它们的浴场白天都向到访者开放。

食宿

住宿设施集中在南边的雾岛神宫周边或者北边海老野附近的村庄。餐饮场所极少,许多游客选择在入住酒店用餐。村庄店铺大都在17:00停止营业。

Kirishima Jingūmae Youth Hostel 青年旅舍¥

(雾岛神宫前ユースホステル;☎0995-57-1188;雾岛田口/Kirishima-Taguchi 2459-83;铺 HI会员/非会员 ¥3390/3990,民宿 含2餐¥7710/人;P@✱)距雾岛神宫只有几分钟路程,这间整洁、舒适的青年旅舍有日式房间,从温泉浴池能看到山景,也提供餐食(早/晚餐 ¥540/1080)。这里还经营较豪华的民宿,食物和设施都更精致。

★えびの高原荘 酒店¥¥¥

(Ebino-Kōgen Sō;☎0984 33 0161;www.ebinokogenso.com;えびの市末永/Ebino-shi Suenaga 1489;房 含两餐 带/不带

浴室 ¥10,500/9500/人起；🅿🚭❄🛜）这间友好的温泉酒店是国民宿舍（意味着性价比很高），设施出色，包括山景房和投币洗衣机。可爱的露天浴场每天11:30至20:00对公众开放（¥520），这里还有个藏在森林深处的家庭式浴场（每小时¥1030）。这里靠近海老野高原村，位置上佳，餐厅供应美味的食物。这里有班车往来JR雾岛神宫站和JR小林站（JR Kobayashi Station）。需要提前打电话预订。

❶ 实用信息

几个自然中心分别位于各条火山步道终点处，提供双语地图和徒步信息，还有介绍当地野生动物的展览。

雾岛市旅游信息中心（雾岛市観光案内所/Kirishima Kanko Annaisho; ☎0995-57-1588; 田口/Taguchi 2459-6; ⓒ4月至9月 9:00~17:00, 10月至次年3月 至17:00）就在雾岛神宫入口处巨大的鸟居附近。在距离门口不远处有个足浴池。

海老野高原生态博物馆中心（えびのエコミュージアムセンター/Ebino Eko Mujiamu Senta; ☎0984-33-3002; ⓒ9:00~17:00）这个旅游中心看起来像个旅馆，提供信息、地图，还陈列着该地区野生动物和地貌全景的模型，同时还为徒步者提供每日火山喷发资料。

❶ 到达和离开

当地最主要的火车枢纽站是海老野高原东北方向的JR小林站以及南边的雾岛神宫站。雾岛神宫和海老野高原之间每天有2班长途汽车（¥990），但自驾/包车游览本地区更为便捷。

屋久岛（Yakushima） 屋久島

☎0997/人口12,915

如果用一个字形容屋久岛，那就是"绿"。

潮湿的水汽营造出梦幻的场景，仿佛是万物之灵的聚集地。岛内陡峭的群峰上生长

海老野高原

着闻名于世的屋久杉（Yakusugi），在这里，据说宫崎骏为《幽灵公主》找到了绝配场景。日本作家林芙美子在《浮云》中说这里是"一个月下三十五天雨的地方（屋久島は月のうち、三十五日は雨）"。屋久岛于1993年被联合国教科文组织列为世界遗产，是西南诸岛中最值得游览的岛屿之一。

一定要记住，屋久岛是充满极端气候的地方：群山从经过此地的云朵中榨取了每一滴水，使岛屿内陆成为日本最潮湿的地方之一。山顶区域每年的平均气温不会超过10℃，冬天甚至覆盖上了白雪，而海岸的天气仍保持相对温和。记得有备而去，没有好用的地图和恰当的装备，就千万别远足。

◎ 景点

在高高的群峰和遍地苔藓的森林中徒步是屋久岛上的主要游览活动，但这座岛屿也有一些很不错的海滨温泉和几片沙滩。

位于屋久岛东北部的宫之浦（Miyanoura）是该岛的主要港口，大部分公共汽车都从这里发车。一条环岛路以宫之浦为起点，依次途经位于东海岸的第二大港口安房（Anbō）和南边的温泉镇尾之间（Onoaida）。从宫之浦沿着公路往北走，就会来到永田（Nagata）镇，那里有一大片闪亮的白沙海滩。

绳文杉　　　　　　　　　　地标

（縄文杉/Jōmon-sugi；见377页地图）这棵巨大的屋久杉估计树龄在3000到7000年，尽管已经死去，但依然宏伟壮观。大部分徒步者都会来看这棵树：步道从**荒川登山口**（荒川登山口/Arakawa-tozanguchi；见377页地图）出发，长19.5公里，往返需8到10小时。

3月至11月，为了缓解交通拥堵并降低对环境的影响，所有前往荒川登山口的徒步者都必须把车辆停放在屋久杉自然馆的停车场，换乘**荒川登山公共汽车**（Arakawa Mountain Bus，往返￥1740）。至少提前一天买票，还要注意，一日或二日公共汽车通票在此线路无效。

屋久杉自然馆　　　　　　　博物馆

（屋久杉自然館/Yakusugi Shizenkan；见377页地图；☏46-3113；www.yakusugi-museum.com/；安房/Anbō 273 9-343；￥600；⊙9:00~17:00，每月第一个周二闭馆）位于一片能看到海景的森林内，展品丰富，信息量大，展览也设计得很美，人们可以在此了解屋久杉以及岛民与这些大树相处的历史。就在通往**屋久杉山地**（Yakusugi Land；见372页）的路边，很好找。每天两班长途汽车往返宫之浦（￥960，80分钟，3月至11月）。

大川瀑布　　　　　　　　　瀑布

（大川の滝/Ōko-no-taki；见377页地图）位于屋久岛西海岸，是岛上海拔最高的瀑布，从88米高空飞流而下。这里和大川瀑布公共汽车站之间步行需5分钟，后者是从宫之浦和安房向南或向西行驶的几条公共汽车线路的终点站。注意：每天只有2趟公共汽车直达这里。

海龟馆　　　　　　　　　　博物馆

（うみがめ館/Umigame-kan；见377页地图；☏49-6550；www.umigame-kan.org；永田/Nagata 489-8；￥300；⊙9:00~17:00，周二休息）非营利性机构，馆内有关于海龟的展览和信息（大部分为日文）。在海龟筑巢（6月和7月）以及孵化（8月）期间，博物馆组织有夜间海滩导赏。为了保护正在筑巢、产卵和孵化的海龟，我们强烈建议你只参加官方认可的导赏团。

屋久岛环境文化村中心　　　博物馆

（屋久島環境文化村センター/Yakushima Kankyo Benka-mura Senta；见377页地图；☏42 2900；www.yakushima.or.jp/static/village.php；宫之浦/Miyanoura 823-1；门票和电影￥520；⊙9:00~17:00，每月第三个周二闭馆）位于宫之浦渡轮码头所在街道的拐角处，提供有关屋久岛自然环境和历史的展览。每逢整点过20分钟，大屏幕就放映一部时长25分钟的日语电影。

永田村海滨　　　　　　　　　　海滩

（永田いなか浜/Nagata Inaka-hama；见377页地图）位于岛屿西北海岸，永田村海滨是适合欣赏夕阳的美丽海滩，每年的5月至7月，海龟都会到这里来产卵。它就在いなか浜（Inaka-hama）公共汽车站旁边，从宫之浦开往永田的公共汽车途经此地。

✪ 活动
徒步

徒步是体验屋久岛美景的最佳方式。最受欢迎的徒步线路是往返绳文杉的漫长一日游线路，不过也有其他吸引人的选择，屋久杉山地简直就像为休闲徒步者而设计。

节假日期间徒步者虽然会很多，但你在进山之前，一定要把进山路线告知所住旅店的其他人，并在小道起点填写一份路线计划（登山届け出/Tōzan Todokede）。

★ 白谷云水峡登山口　　　　　　徒步

（白谷雲水峡登山口/Shiratani-unsui-kyō-tozanguchi；见377页地图；¥300）虽然前往绳文杉的漫长一日游在屋久岛名气最大，但路程较短的白谷云水峡徒步景色更美丽，沿途经过瀑布、青苔覆盖的岩石和高大的屋久杉，一直到达太鼓岩（Taiko-iwa），大约需要3～4小时。每天有10趟公共汽车连接徒步道起点和宫之浦（¥550，40分钟，3月至11月）。

宫之浦岳　　　　　　　　　　　徒步

（Miyanoura-dake；见377页地图）在屋久岛徒步的最高境界，是用一天时间来攀登日本南部最高峰宫之浦岳（1935米）。如果打算从**淀川登山口**（Yodogawa-tozanguchi；见377页地图）返回，身体强壮的登山者应该预备约7小时时间。

另外，可以途经绳文杉穿越宫之浦岳。别指望在一天内完成这趟旅行，你必须在经

屋久岛的徒步者

过绳文杉后找座山中小屋（yamagoya）过夜。典型的穿越路线是淀川（Yodogawa）到荒川之间或淀川到白谷云水峡之间的路径。

淀川登山口距**纪元杉（Kigen-sugi）公共汽车站**（见377页地图）约1.5公里（约30分钟脚程），每天有两趟公共汽车来往于该站与安房之间（¥940，1小时）。这两趟车之间的间隔时间太短，无法让旅行者一天之内在徒步路线上往返。如果你一大早乘坐出租车（约¥11,000）从宫之浦出发，就来得及在完成徒步后赶上第二趟回安房的车。当然，租一辆车可以为安排徒步时间提供最大的灵活性。

屋久杉山地　　　　　　　　　徒步

（ヤクスギランド/Yakusugi Rando；见377页地图；42-3508；y-rekumori.com；宫之浦/Miyanoura 1593；¥300；9:00～17:00）这个位于屋久岛群峰之间的森林保护区很值得游览，而且无须在森林里长途跋涉就可看到屋久杉。屋久杉山地提供短途的木板路徒步路线和深入古老雪松林的远足路线。每天有4趟公共汽车往返于这里与安房之间（¥740，40分钟）。

温泉

屋久岛上有几处温泉，有的位于美丽而偏僻的海边，有的设在高级酒店内。海边温泉一般都是男女混浴，不允许穿游泳衣进入——女性传统上用一块薄毛巾裹住自己，勉强遮羞而已。

平内海中温泉　　　　　　　　温泉

（平内海中温泉/Hirauchi Kaichū Onsen；见377页地图；¥100；24小时）喜爱温泉的人在平内海中温泉中，就如同置身天堂一样。露天浴池依海边的岩石而建，只有潮水最低或接近最低时可用。旅行者可从平内海中温泉公共汽车站步行前往，但下一站西开垦（Nishikaikon）其实离温泉更近。从西开垦往山下走，朝大海方向下坡步行约200米，在山脚下右转。

夜的屋台　暖的心

那些穿着得体、正襟危坐的日本人会吃夜排档？当然，你在客气有余而热情不足的东京都就比较难碰上这样有趣的事儿，别忘了，这可是九州，以豪气冲天而闻名的九州！

屋台（Yatai）这种带着简易柜台、围着暖帘的小吃摊最初并不是福冈独有，而是江户时代开在人流聚集处的小小"快餐店"，在二战后又在全日本兴起，但把屋台保留至今的数福冈最厉害，据说，这是当地人与政府苦苦交涉的结果，但也不难就此看出九州人的性格。鼎盛时期，这里有四五百家屋台，由于政府的限制和经营者老龄化的问题，如今只剩下130家左右，据说还在以每年减少十家的速度递减。尽管如此，这里的屋台数量仍然与日本其他地方加起来的总数相当，来福冈不来屋台，可真是遗憾了。

顶上是打着店招的灯箱或是块大木板，

上图：福冈屋台　上图：@视觉中国

底下是一圈位子围着小厨房（留意车轱辘），位子的外面通常有暖帘作为简单分隔，到了秋冬季则是一条条的塑料薄膜，这样就围成了一个屋台。对于屋台的大小，政府部门有着严格的规定，必须是在2.5米x3米的范围内，多出一分一毫都可能会让店家失去经营权。这样小的铺子，最多也只能坐下10个人。店主通常在下午三四点就开始准备食材，到了晚上6点就把屋台推到摊位上开始搭建，7点左右开始营业一直到深夜，然后打扫卫生，将屋台推走，将四周环境恢复如初。福冈的屋台集中在中心区的中洲、天神和渔港长滨一带，是一种入乡随俗的极佳体验。

屋台上卖的大多是些小吃，最多的是拉面——豚骨拉面（见324页）可是博多的招牌产品，味道浓郁有点咸，它最初就是从屋台诞生从而风靡日本甚至世界。当然也有煎饺、天妇罗、关东煮、烧烤一类，以小碟供应，你甚至可以在这里发现韩式炒年糕的身影——福冈离韩国釜山非常近。

屋台小吃可以是清简的晚餐，也可以是吃喝玩乐后的夜宵，当然更是近距离接触当地人的最好方式。虽然环境窄小，但日式的整洁干净被保持得很好，食材放置得整整齐齐，老板一如既往地眼里有活、手脚麻利，随着各国观光客的来临，他们好多都可以在日语、英语、韩语和中文之间略作切换。所有的小吃谈不上顶顶惊艳，但每一样都美味可口，家常味十足，最主要的是，可以吃到浓浓的人情味。人们挤在狭小的桌椅之间，不免彼此打扰，于是大家索性都放开自己，肩并肩跟左邻右舍开心地聊天。当然，过瘾之余也别忘了屋台规则，饮料先行，持续点菜，吃完早点为别人让位。还有很重要的一点，这里没有洗手间。

如果你走在路上，隔着暖帘和塑料薄膜，看到屋台里头热气腾腾，人们谈笑风生，一定会被这气氛吸引，何不进去一探究竟？

汤泊温泉　　　　　　　　　　　　温泉

（湯泊温泉/Yudomari Onsen；见377页地图；¥100；⊙24小时）这处不错的海边温泉涨潮退潮均可前往。从汤泊公共汽车站下车，顺着邮局对面那条路朝海边走。一旦进入村子，就可以看到路标。步行300米即到，途中会经过一棵很大的榕树。

尾之间温泉　　　　　　　　　　　温泉

（尾之間温泉/Onoaida Onsen；见377页地图；☎47-2872；尾之間/Onoaida 136-2；¥200；⊙5月至10月 7:00～22:00，11月至次年4月 7:00～21:00，周一 正午开始）从尾之间温泉公共汽车站往山上走350米左右即到，这座具有乡村气息的室内温泉位于尾之间村，和你一起沐浴、擦背的很可能是村中的长者。所有物品自带，慢慢浸入绝佳的天然热水中吧。

🛏 住宿

宫之浦是最方便的住宿之处，既有位于较大村庄内的旅馆，也有位于山中的简陋小屋。4月和5月，7月和8月都是屋久岛的旺季，最好提前预订，否则床位很快就会被预订一空。

Yakushima South Village　　青年旅舍¥

（屋久島サウスビレッジ；见377页地图；☎47-3751；www.yakushima-yh.net；平内/Hirauchi 258-24；铺/标单/双 ¥3500/4500/6500；P❄@🛜）这家管理有方的青年旅舍位于尾之间西侧3公里处的丛林内。日式和西式宿舍房间都有，公用厨房和卫浴都很干净。从宫之浦往南开的公共汽车都经过平内入口（Hirauchi-iriguchi）站，下车后朝海边方向走大约200米就到了。

★ 送阳邸　　　　　　　　　　日式旅馆¥¥

（Sōyōtei；见377页地图；☎45-2819；www.soyotei.net/content3.html；永田/Nagata 521-4；含2餐 ¥13,650/人起；P❄）位于西北海岸，就在永田村海滨附近。这家可爱的家庭经营日式旅馆拥有各种带私人露台（能看到海景）的半独立性单元房。建筑很传统，用石头做屋顶瓦片——一望便知，错不了。旅馆里有几个专属浴池，包括一个能俯瞰拍岸惊涛的室外浴池。客人可以坐在露天的公共餐室享用以海鲜为主的可口餐食，餐室面朝永田村海滨和大海。

Sankara Hotel & Spa　　酒店¥¥¥

（见377页地图；☎47-3488；www.sankarahotel-spa.com；麦生字萩野上/Mugio Haginoue 553；房 含早餐 ¥36,000/人起；P❄@🛜）这个由数座豪华别墅组成的旅馆俯瞰屋久岛东南海岸，室内装饰有巴厘岛图案。全部用水来自山泉水，菜肴既利用本地原料，也尽可能地使用有机产品——其中有些是特别为酒店种植的，彰显了可持续发展的理念。不满15岁谢绝入住。

🍽 就餐

岛上的每个村子里都有几个餐馆，最好的多在宫之浦。如果你不住在宫之浦，就得要求你下榻的地方提供两餐。如果打算去徒步，可让住处在你出发前的头天晚上准备一份便当。如果准备为露营或徒步采购食品，可以去位于宫之浦主街上的超市ヤクデン（Yakuden；⊙9:00～22:00），它就在码头入口处的北侧。

レストラン屋久島　　　　　　日本料理¥

（Restoran Yakushima；☎42-0091；屋久島観光センター/Yakushima Kankō Senta 2F；餐 ¥1000；⊙9:00～16:00；P🛜）这家朴素的餐厅提供售价¥520的早餐套餐（含鸡蛋、烤面包和咖啡），午餐还有美味的飞鱼刺身定食（¥980）。位于通往码头的路旁，主路上的绿色二层小楼就是。

潮骚　　　　　　　　　　　　　海鲜¥¥

（Shiosai；☎42-2721；宫之浦/Miyanoura 305-3；菜肴 ¥1200；⊙11:30～14:00和17:30～21:30，周四休息）有各种典型的日本菜肴，如刺身定食（¥1700）和炸虾定食（¥1400）。通往宫之浦的主路边那座带自动玻璃门的蓝白色建筑就是。

❶ 实用信息

宫之浦有用的**旅游信息中心**（☏42-1019；宫之浦/Miyanoura 823-1；◉8:30~17:00）位于从码头延伸出来的路上，这里的工作人员能帮忙找到住处，还能回答你关于这个岛的所有问题。最好根据他们的建议制订路线。

安房有一个较小的旅游办公室（见377页地图；☏46-2333；◉9:00~17:30），就在河北侧主干道旁的第一条小巷内。

❶ 到达和离开

飞机

日本空中通勤公司（Japan Air Commuter, JAC）有从大阪、福冈和鹿儿岛飞往屋久岛的航班，每天提供几趟往返鹿儿岛的航班。**屋久岛机场**（屋久岛空港；见377页地图；☏42 1200）位于宫之浦和安房之间的东北海岸边。不过你可以提前让下榻酒店安排接机，机场每隔一小时也会有一班公共汽车。

船

鹿儿岛和屋久岛之间有高速船往来，其中一些会在途中的种子岛停靠。**Tane Yaku Jetfoil**（见377页地图；☏鹿儿岛 099-226-0128，宫之浦 0997-42-2003；◉周一至周五8:30~17:30，周六和周日 至19:00）每天有六班超高速水翼船往来于鹿儿岛[发船地点为南埠頭（Minamifutō）码头南侧的高速渡轮码头]和宫之浦之间（￥8400，直达1小时50分钟，经停种子岛2小时40分钟）。鹿儿岛和位于屋久岛的安房港之间每天也有两班高速船往来（2.5小时）。预订是明智的做法。注意每年9到10月的台风季有可能因天气原因暂时停运。

普通渡轮"屋久岛2号"（Yakushima 2）从位于鹿儿岛的南埠头出发，开往屋久岛的宫之浦码头（单程/往返 ￥4900/8900）。早上8:30发船，单程4小时。

❶ 当地交通

当地的公共汽车沿着海岸公路绕行屋久岛，1至2小时1趟，只有为数不多的几趟开往岛内地区。购买一张**屋久岛自由交通票**（Yakushima Kotsu Furi Pas）可大大节省开支，持该通票可以无限次乘坐"屋久岛交通"的公共汽车。一日/二日通票售价￥2000/3000，宫之浦的机场、安房码头（见377页地图）和旅游信息中心有售。

九州索引地图

1 屋久岛（见377页）
2 长崎城区（见378页）
3 福冈城区（见380页）
4 宫崎城区（见382页）
5 阿苏山（见384页）
6 鹿儿岛城区（见385页）
7 别府城区（见386页）

屋久岛

377

屋久岛

◎ 景点 （见370页）
1. 大川瀑布 A3
2. 海龟馆 A2
3. 绳文杉 C3
4. 屋久岛环境文化村中心 C1
5. 屋久杉自然馆 D3
6. 永田村海滨 A2

✈ 活动 （见371页）
7. 白谷云水峡登山口 C2
8. 宫之浦岳淀川登山口 B3
9. 荒川登山口 C3
10. 平内海中温泉 B4
11. 汤泊温泉 B4
12. 尾之间温泉 C4
13. 屋久杉山地 C3

🏨 住宿 （见374页）
14. Sankara Hotel & Spa C4
15. Yakushima South Village B4
16. 送阳邸 A2

❌ 就餐 （见374页）
17. 潮骚 C1
18. レストラン屋久岛 C1

ℹ 实用信息 （见375页）
19. 安房旅游办公室 D3
    宫之浦旅游信息中心 ....（见18）

ℹ 交通 （见375页）
20. 安房码头 D3
21. 宫之浦码头 C1
22. 屋久岛机场 D2

378 长崎城区

放大图

长崎和平公园

城山小学校

长崎原爆资料馆

長崎本線

稲佐山

長崎稲佐山纜車

諏訪神社

見放大图

メディカルセンター

哥拉巴园

长崎城区

◎ 重要景点 （见332页）
1. 长崎原爆资料馆.................................B2
2. 出岛...C3
3. 稻佐山..A4
4. 哥拉巴园...B7
5. 谏访神社...D5

◎ 景点 （见332页）
6. 长崎历史文化博物馆..........................D1
7. 长崎县美术馆....................................C6
8. 崇福寺..D6
9. 大浦天主教堂....................................C7
10. 荷兰坡...C7
11. 孔庙和中国历代博物馆.....................C7
12. 浦上天主教堂...................................B1
13. 新地中华街......................................C3
14. 眼镜桥...D2
15. 永井隆纪念馆...................................B1

⊕ 团队游 （见339页）
16. 长崎港巡游......................................B6

🛏 住宿 （见339页）
17. Hostel Akari....................................D5
18. Hotel Dormy Inn Nagasaki.............C3
19. Richmond Hotel Nagasaki Shianbashi...D3
20. S-Peria Hotel Nagasaki...................C2
21. 料亭御宿坂本屋...............................C2

✕ 就餐 （见340页）
22. AMU Plaza.....................................C5
23. Dejima Wharf.................................C6
24. Mirai Nagasaki Cocowalk................B3
25. ちゃんぽん・皿うどん 蘇州林.............C3
26. ツル茶ん..D3
27. 東山手（地球館）.............................C7
28. 福砂屋..D3
29. 吉宗..D3
30. 匠寛堂..D2
31. 四海楼..C7
32. 卓袱浜勝...D3

ⓘ 实用信息 （见341页）
33. 长崎市旅游观光中心.........................C5

ⓘ 交通 （见342页）
JR长崎站 ....（见33）
34. 军舰岛游船码头...............................C5
35. 县营长途汽车总站............................C1

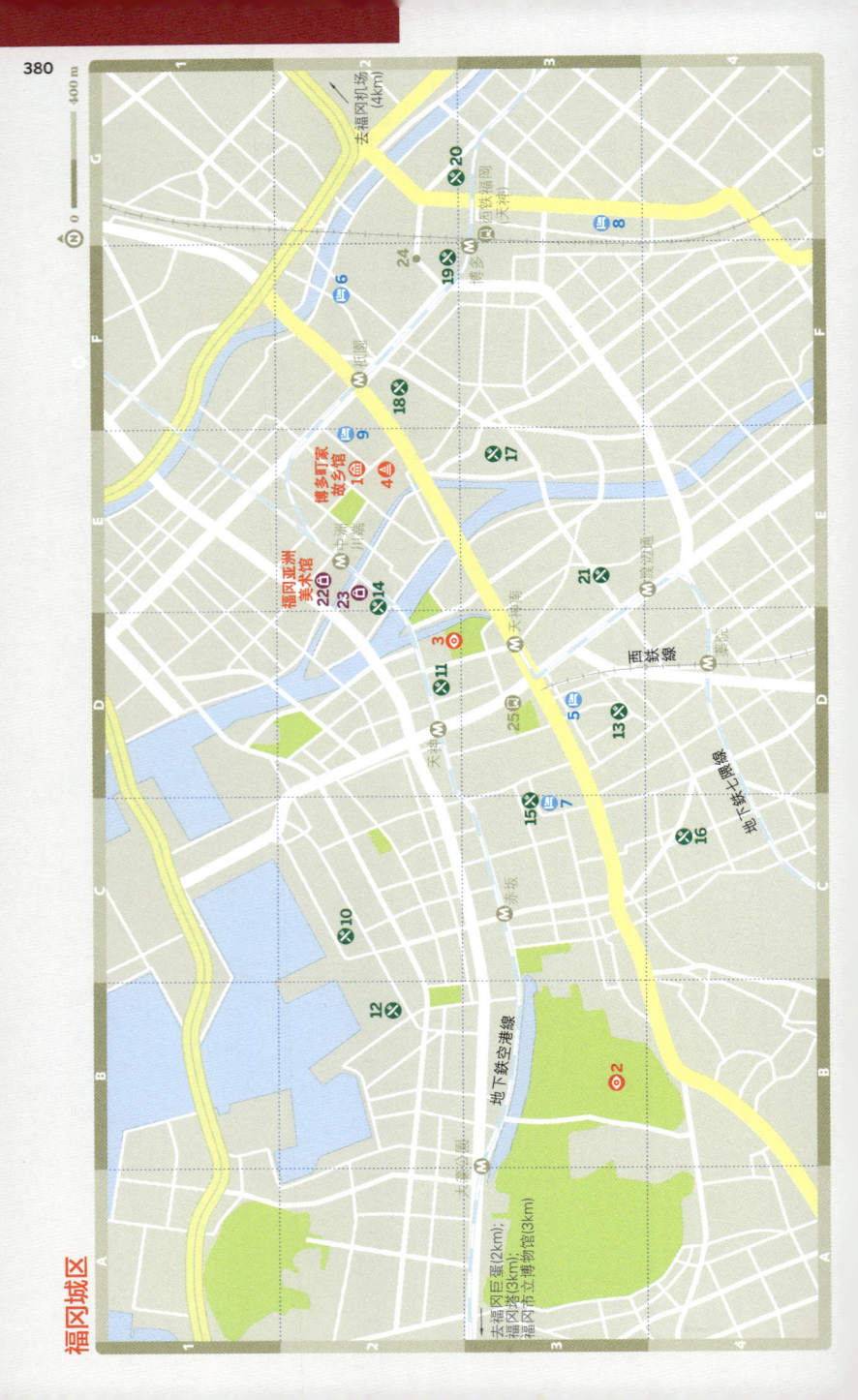

福冈城区

去福冈机场(4km)
去福冈港(3km);
福冈巨蛋(2km);
福冈市立博物馆(3km)

博多町家故乡馆
福冈亚洲美术馆

地下铁空港线
地下铁七隈線
西鉄線

福冈城区

◎ 重要景点 (见320页)
1 博多町家故乡馆 E2
  福冈亚洲美术馆 .... (见22)

◎ 景点 (见320页)
2 福冈城迹和大濠公园 B3
3 天神中央公园 E2
4 栉田神社 E2

⌂ 住宿 (见323页)
5 TRIP POD FUKUOKA D3
6 Hotel New Simple F2
7 Plaza Hotel Premier C3
8 With the Style G3

9 鹿岛本馆 E2

⊗ 就餐 (见323页)
10 长滨鲜鱼市场 C2
11 乐天地 天神本店 D2
12 元祖长浜屋 B2
13 鱼男フィッシュマン D3
14 一兰 E2
15 一风堂 C3
16 擂钵场 玄瑛 C4
17 拉面体育场 E3
18 博多祇园铁なべ F2
19 博多名物 もつ锅笑来 F2
20 博多华味鸟 博多駅筑紫口店 G2

21 博多だるま E3
   ごはん家 椒房庵 .... (见19)

⊙ 购物 (见326页)
   博多运河城 .... (见17)
22 博多河滨中心 E2
23 松月堂 E2

ⓘ 实用信息 (见326页)
   福冈市旅游观光中心 .... (见19)

ⓘ 交通 (见326页)
   JR博多站 .... (见19)
24 福冈交通中心大厦 F2
25 西铁天神公共汽车总站 D3

382 宮崎城区

日豊本線

宮崎県立美術館

橘通大道/橘通り

大淀川

高千穂通り

橘公園

文化の森通り

老松通り

旭通り

橘公園通り

宮崎

宫崎城区

◎ 景点 （见357页）
- 1 和平台公园 B1
- 2 宫崎神宫 C2
- 3 宫崎科学技术馆 D4

◯ 住宿 （见357页）
- 4 Hotel Route Inn Miyazaki C4
- 5 Youth Hostel Sunflower Miyazaki C5

◯ 就餐 （见357页）
- 6 おぐら本店 C4
- 7 お菓子の日高 C5
- 8 みやちく C5
- 9 戸隠 C4
- 10 丸万焼鳥本店 C4

◯ 购物 （见358页）
- 11 宫崎物产馆 C5

◯ 实用信息 （见358页）
- 12 宫崎市旅游观光中心 D4

◯ 交通 （见359页）
- JR宫崎站 .... （见12）
- 13 宫崎站前公共汽车中心 D4

阿苏山

◎ 重要景点 （见346页）
1 阿苏火山口.. C3

◎ 景点 （见346页）
2 阿苏火山博物馆.. B3
3 阿苏牛奶之路.. D1
4 阿苏全景线（111号县道）...................... B2
5 草千里.. B3
6 城山展望台.. D1
7 大观峰展望台.. B1
8 米塚.. B2
9 南阿苏村.. B4
10 砂千里.. C3

🛏 住宿 （见347页）
11 Aso Base Backpackers........................... C2
12 宿房あそ.. C2

✖ 就餐 （见347页）
13 道の駅阿蘇.. C2
14 山贼旅路.. C2

ⓘ 实用信息 （见347页）
阿苏站旅游信息中心...................... （见13）

ⓘ 交通 （见347页）
JR阿苏站.. （见13）
长途汽车站.. （见13）

鹿儿岛城区

鹿儿岛城区

◎ 重要景点　　　　　　　　　（见361页）
1 明治维新博物馆 B4

◎ 景点　　　　　　　　　　　（见361页）
2 かごつま温泉 C1
3 鹿儿岛黎明馆 B1
4 西田温泉 A3

⊕ 团队游　　　　　　　　　　（见361页）
5 鹿儿岛鱼市游 D3

🛏 住宿　　　　　　　　　　　（见362页）
6 Green Guesthouse C3
7 Hotel Gasthof A3
8 Sun Days Inn Kagoshima B3
9 温泉ホテル中原別荘 B2

✗ 就餐　　　　　　　　　　　（见362页）
10 かのつま屋台村 A3
11 とんかつ川久 A4
12 山内農場 B3
13 豚とろ A3
14 熊襲亭 B2

🛍 购物　　　　　　　　　　　（见364页）
15 鹿儿岛品牌店 C2

ℹ 实用信息　　　　　　　　　（见364页）
16 鹿儿岛中央站旅游观光中心 A4
17 游客观光交流中心 A4

🚍 交通　　　　　　　　　　　（见364页）
JR鹿儿岛中央站 ....（见16）
18 鹿儿岛中央站汽车站 A4
19 南埠头码头 D3
20 樱岛轮渡码头 D2

别府城区

放大图一
铁轮温泉区
明矾温泉区
紫石温泉区
观海寺温泉区
别府温泉区
别府公园
别府市竹艺传统产业会馆
南立石公园
放大图二
见放大图一
见放大图二
日豊本線

别府城区

◎ 重要景点 (见351页)
1 别府市竹艺传统产业会馆.................B3

◎ 景点和活动 (见351页)
2 いちのいで会館.................E1
3 白池地狱.................C2
4 别府海浜沙浴.................B1
5 柴石温泉.................D1
6 鬼山地狱.................D1
7 鬼石坊主地狱.................D1
8 海地狱.................D1
9 火炉地狱.................D1
10 龙卷地狱.................B1
11 山地狱.................D1
12 铁轮蒸汽浴室.................E1
13 温泉保养乐园.................A2
14 血之池地狱.................B1
15 竹瓦温泉.................E4

ⓛ 住宿 (见353页)
16 Beppu Hotel Umine.................E3
17 Cabosu House Beppu.................E3
18 山田别庄.................E3
19 杉乃井ホテル.................B4

ⓧ 就餐 (见355页)
20 とよ常.................E3
21 茶房信浓屋.................D3
22 地狱蒸工房.................E1
23 饺子湖月.................E4
24 友永パン屋.................E4

ⓒ 购物
25 Oita Made Shop.................E4

ⓘ 实用信息 (见356页)
26 别府旅游观光中心.................D3

ⓘ 交通
JR别府站.................(见26)
27 别府站前汽车站.................D3

爱媛县伊予的海边车站——下滩站,四国

生存指南

出行指南................389
签证.................................389
保险.................................390
时间.................................390
货币.................................390
电源.................................391
使领馆..............................391
海关条例..........................391
旅游信息..........................391
工作时间..........................392
节假日..............................392
住宿.................................392
饮食.................................395
邮政.................................395
电话.................................395
上网.................................396

行李寄存..........................396
厕所.................................396
法律事宜..........................396
独自旅行者......................397
残障旅行者......................397
女性旅行者......................397
同性恋旅行者..................397
旅行安全..........................397
健康指南..........................397

交通指南................398
到达和离开....................398
入境.................................398
飞机.................................398
渡轮.................................399
当地交通........................399

飞机.................................399
火车.................................400
长途汽车..........................405
长途渡轮..........................405
当地交通工具...............406
公共汽车..........................406
出租车..............................406
电车、地铁和有轨电车..407
自行车..............................407
自驾和包车......................407

幕后.......................408
索引.......................409
如何使用本书...........412
我们的作者...............414

出行指南

签证

日本对中国公民开放了自由行，但需通过指定旅行社代办，非指定的旅行社则委托这些有资质的旅行社进行日本签证办理，使领馆不受理个人送签。注意，即使是同样的申请条件，各旅行社的要求和报价也可能略有不同，你不妨多对比几家，找到所需材料简洁、收费合理的代办方。一般通过飞猪等网站搜索即可。

办理日本签证时，应当按照申请人生活和工作的常住地（一般是护照签发地），向所属领区的使领馆申请，跨领区办理则需提供居住证等材料。各领区的收费和办理方式也存在差异，详情请咨询你认为靠谱的旅行社。

近几年日本在不断对中国公民放宽签证申请条件，请以出行前的最新政策为准。目前主要个人旅游签证有：

➡ **个人单次旅游签证** 最容易申请的签证，签发后90天有效，只可单次赴日，停留期限15天（根据情况有时也会给予30天的停留期）。通常需提交证明经济能力的资料，例如纳税证明、银行流水等。如果此前有入境日本或其他发达国家记录的，材料也可简化。另外，针对中国教育部所属的1243所大学的本科、研究生、毕业3年以内的学生，只要有在学证明或毕业证，无须经济证明，也可申请，且最多停留30天。

➡ **冲绳县及东北六县多次旅游签证** 首次赴日必须由冲绳县或东北六县（青森县、岩手县、宫城县、秋田县、山形县、福岛县）进入日本，并至少住宿一晚。签证有效期3年，每次停留最多30天。主申请人需要提供证明足够经济能力的材料（同前，但确保能证明年收入10万元以上），直系亲属可成为副申请人。副申请人首次必须与主申请人共同进出，之后即可单独赴日。

➡ **具有足够经济能力人士的多次旅游签证** 与前者类似，签证有效期3年，每次最多停留30天，但不限首次到访地点。需提供能证明年收入20万元以上的材料，直系亲属可成为副申请人。此外，如果三年内有过两次个人赴日旅游，也可免除经济能力证明。

➡ **高收入人士的多次旅游签证** 针对高收入人士的签证类型，有效期5年，每次最多停留90天，不限首次到访地点。需提供能够证明年收入50万元以上的材料，同样可有直系亲属作为副申请人。

日本法律要求持"短期滞在"（短期停留）签证的入境者均拥有离境的机票、船票或相关凭证。虽然实际上几乎没人被要求出示这些文件，但有准备总是好的。

进入日本时，所有短期停留的外国入境者都会被拍照并被要求按指印。

延长签证

持旅游签证的中国公民要延长签证非常困难，无故延期还会影响到以后的签证办理，除非你在日本有家人或有商业合同可以为你担保，或有不可抗因素（例如恶劣天

常用日语

你好。	こんにちは。	kon·ni·chi·wa
再见。	さようなら。	sa·yō·na·ra
是的。	はい。	hai
不是。	いいえ。	ī·e
谢谢。	ありがとう。	a·ri·ga·tō
抱歉。	すみません。	su·mi·ma·sen（提请注意、打扰时使用）
哪里？	どこ？	do·ko
拜托。	おねがいします。	o·ne·ga·yi·shi·ma·su（点菜、购物时表示需要）
地铁	地下鉄（ちかてつ）	chi·ka·te·tsu
厕所	トイレ	to·yi·re
酒店	ホテル	ho·te·ru
饭店	レストラン	re·su·to·ran

保险

我们始终建议你在出行前购买合适的旅游保险,即使是被普遍认为比较安全的日本。而且日本的医院有过拒绝收治没有医疗保险凭证的外国患者的先例。

一般旅游保险都涵盖人身意外、个人财物、个人法律责任、医疗费用、紧急救援等方面的保障,只是具体的实行方案不同。如果你还打算进行滑雪、登山之类可能被列为高风险运动的户外活动,请仔细查看是否在保险覆盖范围。

时间

日本全部国土都在同一时区:GMT+9,即比北京时间快1小时。

货币

日本的货币是日元(円,发音为"en")。

硬币面额有1日元、5日元、10日元、50日元、100日元和500日元;纸币面额有1000日元、2000日元(少见)、5000日元和10,000日元。注意10,000日元属于较大面额,偶尔在一些小店铺可能会带来找零上的困扰,很多巴士上的兑换机器(両替機)也不接受,建议提前在便利店、商场等消费场所兑换。另外,可以多攒一些5日元,去寺庙、神社捐功德钱的时候能用上(因为日语中"5元"与"缘"谐音)。

汇率

人民币	CNY1	¥16.5
港币	HKD1	¥14.1
澳门元	MOP1	¥13.7
新台币	TWD1	¥3.6
新加坡元	SGD1	¥81.2
美元	USD1	¥110.9
欧元	EUR1	¥124.4

当前汇率见www.xe.com。

自动取款机

最方便的取现地点是7-Eleven(セブン・イレブン/sebun irebun)便利店——全日本的7-Eleven里的Seven银行(印有"7 BANK"标志)ATM都能支持银联卡取现。手续费每笔110日元。发卡行方面收取的手续费因行而异。

邮储银行(ゆうちょ銀行/yucho-ginko)也是容易找寻的取款网点。一般设在邮局(郵便局/Yubinkyoku)内,部分全家便利店(Family Mart)也有网点。银联卡和常见的维萨卡(Visa)、万事达卡(Master Card)等都可使用。主要城市的中心邮局几乎24小时开放。

除此之外,分布较广且支持银联卡取款的还有三井住友银行、三菱东京UFJ银行、AEON银行(イオン銀行)、京都银行(部分)、瑞穗银行(MIZUHO)等。

信用卡和借记卡

银联卡在日本的接受度正在快速提高,许多经常接待中国游客的商场、酒店等地都可使用。但持有一张国际联盟的信用卡(最好是VISA卡)会更保险。接受银行卡的商家通常会展示出他们接受的卡种标志。

不过,使用现金在日本仍然是铁律,部分民宿、青年旅舍、小餐馆都不接受刷卡。有些酒店的优惠价也仅限现金。

电子支付

在成田国际机场、关西国际机场、BIC CAMERA、堂吉诃德、LAOX、优衣库等各种中国旅行者频繁光顾的场所,支付宝和微信两大电子支付巨头的Logo已不罕见。罗森(Lawson)、全家(Family Mart)、7-Eleven等连锁便利店内,你也能够轻松地使用支付宝或微信扫码结账。

货币兑换

凭借护照,你可以在任意一家指定外币兑换银行(日文写为"両替")、主要的邮局、部分大酒店和大多数大型百货公司兑换现金或旅行支票。

不过注意,在日本自动取款机取现的汇率往往比货币兑换处或旅行支票的汇率更优。人民币同理,优先刷银联卡,其次取现,最后选择现场兑换。

税费和退税

2019年10月起,日本的消费税已由原来的8%上调至10%(本书标注的价格仍参考

8%消费税)。如在豪华餐厅用餐或入住顶级酒店,还会被收取10%到15%的服务费。

大多数电器店、大型百货商店和药妆店都有退税或免税政策,并且当场结算。不论是食品、药妆之类的消耗品,还是皮包、服装等一般商品,只要在同一家店购买超过5000日元即可退税。

但不是所有商店都可以退税,购买前记得询问。退税时还得带上护照原件,而且必须是持有90天以内短期签证的外国游客,才可享受退税。

电源

100V/50Hz/60Hz

日本的电压为100伏(中国为220伏)。频率有两种,东日本为50Hz,西日本为60Hz。一般来说,从中国带去的(标注有宽电源支持的)电吹风、剃须刀等小型电器用品都可以直接使用。

日本的插座为双平脚插座,所以类似笔记本电脑电源的三平脚插头是不可直接使用的,需提前准备转换器。

使领馆

以下为中国驻日本使领馆部分信息,中国公民在日本期间遇上特殊情况(如遗失证件等)可向使领馆求助。具体可查看官方网站www.china-embassy.or.jp/chn/lsfws/t884976.htm。

中国驻日本国大使馆(☏03-3403-3388; http://jp.chineseembassy.org/chn/; 东京都港区元麻布3-4-33; M六本木,3出口或日比谷线広尾/Hiro-o,1出口)

中国驻大阪总领事馆(☏06-6445-9482; http://osaka.china-consulate.org/chn/; 大阪市西区靱本町3-9-2; M阿波座,9出口)

中国驻名古屋总领事馆 (☏052-932-1098; 名古屋市东区东樱2-8-37; M高岳)

中国驻福冈总领事馆 (☏092-752-0085; 福冈市中央区地行浜1-3-3; M唐人町)

中国驻新潟总领事馆 (☏025-228-8899; 新潟県新潟市中央区西大畑町5220-18)

海关条例

日本海关允许携带:
➡ 酒类3瓶,每瓶容量不超过760毫升。香烟400支以内。酒类和烟草规定只适用于20周岁以上旅行者。
➡ 境外市场总额不超过200,000日元的物品(仅限自用)。

日本海关禁止或限制携带的物品:
➡ 禁止携带假冒名牌商品、盗版等侵害知识产权的物品。
➡ 禁止携带黄色杂志、DVD、儿童色情物品等。
➡ 限制携带肉类产品(包括香肠和牛肉干)、蔬菜、水果、大米等。

欲了解更多日本海关法规信息,可登录**日本海关网站**(Japan Customs; www.customs.go.jp/english/index.htm)。

旅游信息

基本上,即使你毫无准备,在到达任何一个稍具规模的日本城镇时,都能够找到旅游信息中心(観光案内所/Kankou Annai-sho)获得当地的观光指南。大多分布在主要车站内或附近,有些热门区域的门店甚至需要排队问询。你可以找到该区的景点、食宿、活动等旅游信息(虽然有很多是广告),通常都有中文信息和地图,但可能不如日文和英文来得全面。

工作人员一般都能用简单的英语沟通,而且乐于为你解答问题。近年中国游客增加,大型的信息中心还增加了中文工作人员。

日本国家旅游局（Japan National Tourism Organization，简称JNTO；www.jnto.go.jp）是日本向外国旅行者提供信息服务的主要机构。大部分印刷品都有英文版，有些有中文版。计划日本游行程时，该组织的网站会很有帮助。

工作时间

日本的工作时间相当规范。依照惯例，新年假期期间（12月30/31日至次年1月3/4日），博物馆等各类景点及商家都会安排调整休息，但具体歇业情况仍以官方公告为准。多数日本博物馆在周一或周二闭馆，但若闭馆日适逢法定假期，则会改为次日休息。

以下是一些典型的营业时间：

银行 周一至周五9:00~15:00（部分至17:00）。

酒吧 18:00至午夜。

百货公司 10:00~19:30，每月歇业1到2天。新年假期期间通常每天营业或部分时间营业（因此在新年假期期间，百货公司是购买食物的理想去处）。

博物馆 9:00/10:00~17:00开放，入场最迟至16:30，周一闭馆。

办公室 周一至周五9:00~17:00/18:00。

邮局 地方邮局周一至周五9:00~17:00；中心邮局周一至周五9:00~19:00，周六9:00~15:00（大城市可能有应急窗口全天候服务）。

餐馆 午市11:00~14:00，晚市17:30~20:00，打烊前半小时左右停止下单，通常每周歇业一天（多在周日）。

节假日

日本每年有16个法定节假日，届时出行人数会大大增加，各景点、购物区都会格外繁忙，有些场所还会举办热闹的活动。但如果你不想被挤入人群，最好避开这些时段。

如果以下节假日适逢周末，则下个周一补休。

元旦（元日/Ganjitsu）1月1日

成人日（成人の日/Seijin-no-hi）1月的第二个星期一

国庆日（建国記念の日/Kenkoku Kinen-no-hi）2月11日

天皇诞生日（天皇誕生日/Tennō Tanjōbi）2月23日

春分日（春分の日/Shunbun-no-hi）3月21/22日

昭和日（昭和の日/Shōwa-no-hi）4月29日

宪法纪念日（憲法記念日/Kempō Kinenbi）5月3日

绿之日（みどりの日/Midori-no-hi）5月4日

儿童日（こどもの日/Kodomo-no-hi）5月5日

海之日（海の日/Umi-no-hi）7月的第三个星期一

山之日（山の日/Yama-no-hi）8月11日

敬老日（敬老の日/Keirō-no-hi）9月的第三个星期一

秋分日（秋分の日/Shūbun-no-hi）9月22/23日

体育日（体育の日/Taiiku-no-hi）10月的第二个星期一

文化日（文化の日/Bunka-no-hi）11月3日

勤劳感谢日（勤労感謝の日/Kinrōkansha-no-hi）11月23日

需要提醒的是，每年8月13日至16日左右是日本的盂兰盆节，虽然不是法定节假日，但休假返乡、团圆祭祖的日本人很多，交通尤其繁忙。

住宿

日本可以提供各种价位的住宿选择，从便宜的旅舍到一流的酒店，丰俭由人。除了西方风格的酒店，还能找到日式旅馆这样有着鲜明日本风格的住处。

注意，日本不少住宿的入住时间都在15:00之后，退房则须在10:00之前。不少日式旅馆和民宿不接受银行卡付款，所以备足现金也很重要。

预订

在樱花季、红叶季、黄金周、盂兰盆节和法定节假日等出行高峰时段，口碑较好的住宿总是非常抢手。如果打算此时来日本旅行，越早预订越好。一般来说，提前两周到一个月订房还能享受小幅的优惠。

大部分情况下，你都可通过订房网站或旅馆官网预订。大型酒店和经常接待外国人的日式旅馆一般能接受英语预订电话。表达清晰简洁的话，基本上都有人能明白你的主要意图。不过比起英文对话，日本人更擅长阅读，通过邮件咨询预订往往效果更好。如果已经在日本，请所在旅店的工作人员或旅游信息中心帮忙预订，也是十分有效的方法。

虽然在房间不紧张的时候，"空降"酒店也没什么问题，但考虑到日本人待人接客的习惯，我们仍建议提前预订，以免突然到达让对方难以应对，带来不便。入住提供餐食的传统日式旅馆尤其需要注意这一点。即使临时不能入住，也务必告知对方取消。

Jalan（じゃらん；www.jalan.net）和**乐天**（楽天；travel.rakuten.co.jp）是日本最大的两个订房网站。虽然有中文版，但选择范围少很多，华人旅行者可以利用汉字试着在日文界面订房。**e路东瀛**（www.japanican.com/cn/）是由日本老牌旅行公司JTB运营的日本旅行产品预订网站，中文版网站能找到各种类型的住宿信息。

日式旅馆

简单说，"旅馆"（旅館/Ryokan）就是日本的老式客栈，是从前的日本旅行者在知道"酒店"（ホテル/Hoteru）这个词之前住宿的地方。房间里一般没有床，只铺着榻榻米和床垫（有些也开始增加类似西式的"洋室"，以满足不习惯睡在地上的人的需求）。大部分供应早餐和晚餐（它们会由身着传统服饰的女侍送入房间），你会在订房时看到"一泊二食"的字样。

如今这样的日式旅馆常常被视为最让人放松的休憩之所。不仅建筑本身（有些带有日式庭园）和内部陈设的细节能传达出传统的日本文化，服务更是极其周到。在东京附近的箱根、关西的有马和白滨、九州的由布院等温泉小镇，还有另一种美妙的日式旅馆：自带温泉设施的温泉旅馆。在品质上乘的温泉旅馆过夜，绝对会成为你日本之旅中的高光时刻。

日式旅馆在日本全国都能找到，但要获得最理想的体验，最好前往气氛宁静的风景胜地。另外，也不是所有的"旅馆"都符合上面的描述，有些实际上只是有着铺设榻榻米的和室。不过这些简单的旅馆常常没有过多的规矩，待客亦

住宿价位

本书中，将住宿按价格高低归类。考虑到周末和节假日的价格波动（尤其在主要城市中心区域会有20%左右的增幅），本书标注的均为平季价格。

以下价格指一间酒店的双人间价格，或日式旅馆中1人的价格。若无特别说明，价格中已包含消费税，但当你拿到本书时，日本的消费税应已从8%上涨至10%，敬请留意。

¥ 低于6000日元

¥¥ 6000~15,000日元

¥¥¥ 高于15,000日元

很友善，而且更加廉价。

需要注意的是，日式旅馆可能没有私人浴室（会提供公共的"大浴场"或温泉），有些简单的旅馆甚至连厕所都是公用的。如果介意，一定要在预订时了解清楚。

酒店

绝大多数日本城市和度假区都有各种档次的西式酒店。

商务酒店和连锁酒店是针对差旅人士开设的高效实用型酒店，房间是典型的"麻雀虽小，五脏俱全"，很适合经济旅行，它们常常开设在主要车站的附近。拥有庞大网络的可靠连锁品牌包括**东横INN**（東横イン/Toyoko-in; www.toyoko-inn.com/china_cn）和**Dormy Inn**（www.hotespa.net/dormyinn/schinese/）。

豪华酒店基本上与世界上其他任何地方的没什么两样，但有些会特别设有水质优异的汤池。

日本所有的住宿都要征收10%消费税，在豪华酒店可能还需要再支付10%或更多

入乡随俗

日本人很注意"不应给他人带来不便和麻烦"。出发前了解一下日本人的习惯，旅行时可避免不必要的尴尬。

➡ **吸烟** 日本室外很多地方禁烟（甚至有些路段全面禁烟），通常餐厅或居酒屋会设有吸烟席（喫煙席），部分便利店也有吸烟室。总之，记得留心禁烟标志。

➡ **入浴** 在澡堂或温泉，都要先洗净身体才能进入浴槽，泡汤时应尽量避免将头发泡到水里。

➡ **在车上** 在公交和地铁车厢内，禁止饮食，不可接听电话，手机要调至静音。

➡ **在路上** 不要随地吐痰、乱穿马路。在各处遵守排队秩序，且保持适当距离。

➡ **垃圾** 在日本丢垃圾时需要仔细分类，可根据每处的分类提示进行丢弃。日本街头不常见垃圾箱，最好随身备个塑料袋，在无法丢弃的情况下可以应急。另外，洗手间的手纸应当直接扔进马桶。

的服务费。

民宿

民宿（minshuku）通常指家庭开设的私人住宿，一些极为简单的民宿真的就是住在日本人家中空余房间改成的客房里。但现在专门为接待客人打造的客栈也越来越多，城市中也出现了以公寓形式整套短租的民宿。

在比较日式的民宿里，房间会使用榻榻米地板和床垫。但和那些收费较高、有专人服侍的日式旅馆不同，民宿常常让客人自己铺设和收拾床具。

青年旅舍

青年旅舍通常集中在旅行者感兴趣的区域，在主要城市都有相当的数量。

房间以多人床位房为主，有些也配有少量的标间。部分旅舍还会按照楼层区分性别入住，也有越来越多的旅舍将开放式床位改为封闭式的胶囊格局，私密性和安全度都较以往提高了不少。许多旅舍还设有公共厨房，很适合想要自己下厨的旅行者。

青年旅舍的员工英语往往很好，有些还对当地吃喝玩乐了如指掌，你可以通过他们和旅舍提供的观光宣传册获得不少实用资讯。

情人旅馆

顾名思义，情人旅馆（ラブホテル/rabu hoteru）就是情侣们用来幽会的场所。从功能上来说，它们和普通旅馆一样都能用来休息过夜，而且价格通常更低，但前提是，你能不介意房间里的特殊布置。

要在街上找情人旅馆并不难，那些外墙鲜艳、明码标价的一般就是了。情人旅馆在设计上会最大限度保证私密性：入口和出口分开；钥匙从一个小孔里递出，住客几乎不需要接触店员和其他客人；外面展示着房间照片，方便客人挑选。不过由于频繁的"翻台率"，卫生方面可能会稍低于日本行业水准。

多数情人旅馆都不排斥外国客人，但同性情侣可能会遇到比异性情侣更多的麻烦。

国民宿舍

国民宿舍（Kokumin-shukusha）主要是指建造在国立公园、温泉区等环境优美之地的公营住宿设施（也有部分为民营旅舍）。这些住宿通常规模较大，内设餐厅、商店、大浴场等，部分还有游戏房、游泳池、网球场等，尤其适合团队出行。

相比同样带有度假性质的酒店，国民宿舍价格较低，平均每人每晚（含两餐）7000至10,000日元。

虽然名字是"国民"宿舍，实际上任何人都可以入住，当然也包括非日本国民的外国旅行者。

山中小屋

日本许多滑雪和登山运动胜地都有山中小屋（山小屋/yama-goya）。虽然偶尔能找到免费的紧急庇护所，但大多数小屋都是由私人经营，需要收取住宿费。小屋提供床位住宿（含两餐），价格约为每人5000至9000日元（如果你自己做饭的话是3000至6000日元）；睡觉的地方是公共房间的铺位或地板上,一般没有浴室。

小屋的营业时间通常视登山季或滑雪季而定。像是日本北阿尔卑斯山脉这种人气地区,从6月到10月都有小屋开放,但冷门线路上的小屋更多只在夏季营业。此外,提前打电话预订床位总没错,不过如果空间充足的话,一般也不会被拒之门外。

露营

日本有许多露营地(キャンプ場/kyanpu-jō),在暑假期间非常受学生和家庭的欢迎,也因此许多露营地只在7月至9月开放。它们通常维护得很好,配有淋浴和烧烤设施。

山区或是某些山中小屋周围全年都可以露营(如果条件允许);日本乡村的许多地方也可以扎营,但最好先询问当地人可接受的露营区域。

饮食

以下价格范围指的是餐馆正餐的消费(午餐一般会便宜一些)。

¥ 低于1000日元

¥¥ 1000~4000日元

¥¥¥ 高于4000日元

邮政

日本的邮政系统极其高效可靠,普通明信片和航空信的价格也不会比其他发达国家贵多少。

寄往海外任何国家的明信片的航空件邮资都是70日元。重量不足25克的信件寄往其他亚洲国家的邮资为90日元,北美州、欧洲和大洋洲为110日元,非洲和南美洲为130日元。

如果你想把购买的东西寄回家,在邮局可以购买包装箱。具体邮寄费用可以通过网站www.post.japanpost.jp/int/charge/list查询。

邮局的标识是白底上面一个红色的T,上面加一横(〒)。

电话

日本的电话号码由地区号加上号码组成,拨打本区电话时不需要拨区号。从境外拨打日本电话时,先拨国家区号81,接下来是地区号(去掉前面的"0")和电话号码。最常见的免费电话前缀是0120、0070、0077、0088和0800。

中国三大移动运营商均提供在日本的漫游服务,需开通国际漫游,具体资费请咨询你的服务商。

移动电话

由于日本手机实行实名制,所以短期逗留的旅行者无法购买当地人使用的那种SIM卡。如果想要能够随时随地拨打电话,除了提前办理国际漫游,就只有通过租借日本手机来实现。Softbank、Docomo等电信公司在机场常设有服务台。

如果网络就可以解决你的一切问题,那么购买只有上网功能的SIM卡显然是性价比更高的做法。建议提前购买此类上网卡或移动Wi-Fi,抵达日本境内后使用。日本国内也有售(如BIC CAMERA等电器店),但收费要高很多。

胶囊旅馆

胶囊旅馆(Capsule Hotel)可以说是日本最出名的一种住宿形式。顾名思义,胶囊旅馆的"房间"是一排排排列整齐的双层隔间。每个胶囊就如同一个太空舱,里面有一张床、一台小电视,床头的操作板可以控制灯光、收音机等。个人大件物品通常存放在公共储物间。大多数胶囊旅馆还附带一间公共大浴场。

相对廉价的胶囊旅馆是错过末班车的工薪族的过夜处,因此有不少只接受男性顾客。但如今胶囊旅馆的形态已有很大变化,出现了许多干净整洁、设备考究、公共环境雅致的胶囊旅馆,甚至还有令人安心的女性限定旅馆。很多青年旅舍事实上就是胶囊旅馆,而有些地段上佳、品质优异的胶囊旅馆除了就寝空间较小,可以享受到的服务几乎与商务酒店无异(例如全套洗漱用品和睡衣),当然价格也稍高。

日本的地址

在日本，即使是当地人，根据地址来找一个地点也有可能比较困难。麻烦来自两个方面：首先，地址经常只注明某个片区而非具体道路；其次，由于20世纪50年代中期前都是根据建造时间指定门牌号码的，因此门牌号码并不一定是连贯的。

要找到一个地点，通常步骤是先问方向。商家的宣传页或者他们的名片上经常会附上一幅小地图说明他们的位置。

日本大多数小汽车（包括出租车）都有卫星导航系统，只要输入地址或是电话号码，找到目的地就会变得易如反掌。

公共电话

公共电话仍存在并几乎全能用。一般的公共电话是绿色，在车站附近较容易找到。

本地话费为每分钟10日元，可以投币使用，但注意不会找零。如果你打算经常使用公共电话，也可以去便利店购买一张电话卡（terefon kādo），面额分为500日元和1000日元。

此外，在紧急情况下，无须投币或插入电话卡，你也可以直接拿起听筒，拨打110或119。

上网

目前日本的无线网络已经十分普及。通常住宿地都有免费Wi-Fi覆盖，有些民宿还提供移动Wi-Fi的免费借用。在旅游信息中心、咖啡馆等公共场所，你也能轻松找到无线热点。不过，为了保证信号的稳定，重度依赖网络者不妨考虑租借一台移动Wi-Fi，或购买不限流量的手机上网卡。

如需使用电脑上网，可以利用旅店的公共电脑，或者去按小时计费的漫画咖啡馆。

行李寄存

旅店通常提供入住日和离店日的免费寄存，一些热门景点、大型商场也设有寄存点，其中车站寄存最为普遍。一般人工寄存处仅在大站才有，更多的是自动寄存柜（Coin Locker/コインロッカー），一般是¥300~600/天。寄存柜可以一直用到当天午夜，如果第二天去取，只要再投入一天的费用即可。一般来说不能存放超过3天，如有需要应与工作人员联系。

如果行李太大塞不进寄存柜，可以找人询问人工寄存处在哪里："tenimotsu azukari wa doko desu ka？"（手荷物預かりはどこですか？）。

近年来兴起一种"ecbo cloak"（cloak.ecbo.io/zh-CN），通过各地商家提供行李寄放空间，以实现一种"共享式寄存"。旅行者可以先在网络上查询当日可存放处，并事先预约。主要分布在东京、大阪、京都、福冈、名古屋等大城市。

厕所

大多数地方都有厕纸——但注意，日本的厕纸是可溶性的，因此用完必须丢进马桶而不是垃圾桶。另外日本企业常常在街头一边派发免费纸巾一边做宣传广告，这些纸巾可比宣传单实用多了，还能应不时之需。

许多洗手间会提供如厕时使用的拖鞋（日式旅馆或料理店经常会有此情况）。拖鞋一般都放置在厕所门后，仅在厕所内使用，千万记得在离开时换掉。

公共厕所基本都是免费的。"厕所"一词的片假名是"トイレ"（Toire），汉字是"お手洗い"（Otearai）。

便利店内一般都设有向公众开放的厕所。虽然免费，但在使用之后最好买点儿什么以示感谢。

法律事宜

日本警方的权力很大，可以将嫌疑人拘留最多3天而不被起诉，之后检察官还可以决定将拘留期再延长，最长至20天。警方也可以决定是否允许嫌疑人打电话联系他们的使领馆或律师，但如果被警方拘留，应该坚持要求拨打这样的电话，否则不予合作。只要有机会，首先应该致电使领馆。

在需要沟通、陈述的情况下，应该坚持要求找翻译（通訳者/Tsuyakusha)。在开始质询前，警方在法律上有义务提供一名翻译。即使会说日语，最好也拒绝使用，而坚持使用母语。

有任何疑问，可致电**日本求助热线**(Japan Helpline; 0120 46 1997)，这是全国紧急救助电话，可免费拨打。

独自旅行者

日本是非常适合独自旅行的目的地：安全、便利而且友好。日式旅馆通常按人头收费，而不是房间，这对独自旅行者来说更加合理。唯一的缺点是旺季时有些旅馆不太想接待单身旅行者，因为本可以将房间租给两个人。

许多餐馆都有适合一个人的小桌或餐台，居酒屋（Izakaya，酒吧式简餐馆）通常也很欢迎单身用餐者。

但如果是户外活动，例如攀登富士山，我们更加建议结伴而行。

残障旅行者

残障旅行者对日本旅行的方便程度反映不一。从好的方面说，许多新建筑都修有无障碍通道，主要火车站有升降梯，交通灯有扬声器在安全通行时播放音乐，车站月台还有盲道为盲人提供指引。但另一方面，由于狭窄的街道上人行道不够宽，有时仍会影响到残障人士的通行。另外，大部日式旅馆及民宿都只有楼梯。

大部分景点都在尽力设置无障碍通道，许多地方可以免费借到轮椅。不过要注意，传统景点（如城堡和寺庙）的"无障碍"可能只是意味着陡坡或长长的碎石小道。

大部分线路的列车车厢都有为轮椅人士留出的位置。轮椅人士和其他肢体残疾的人士可以使用车门旁边的优先席(yūsen-zaseki)。公共汽车内也有这样的座席，通常使用不同于其他座席的颜色。

女性旅行者

女性旅行者在日本相对安全，但不要因为日本给人一种世界上最安全国度的印象而放松警惕，仍应做好预防措施，尤其要小心在公共交通上出没的动手动脚的痴汉(Chikan)。

不过总体来说还是比较乐观。轨道交通运营商开始设置女性车厢，早晚高峰时段仅限女性乘坐。一些旅店也有女性专用层，还出现了只接受女性入住的胶囊旅馆。

同性恋旅行者

日本可能是亚洲除泰国以外对外国人的性取向最开明的国家。日本对两性的同性性行为都没有法律约束。一般来说在城市里没什么关系，若去乡村，可能会有人面露诧异，但也仅此而已。

部分旅行者表示自己在与同性伴侣入住情人旅馆时被拒绝接待或是索价过高，但其他的歧视并不常见（不过在酒店登记入住时，你们很可能会被分到一间双床房）。有一点请注意：无论性取向为何，日本人很少在公共场所表现出亲密的举止。

东京拥有最大最热情的同性恋社群，之后是大阪。大城市通常都会有几家同性恋酒吧，不过可能不像东京和大阪那般对外国游客开放。在乡村地区，如果有同性恋聚会地点，那很可能非常地下。

旅行安全

日本是自然灾害多发的国家：地震、海啸、台风、火山喷发和山体滑坡。成熟的预警系统和严格的建筑规范很大程度上减轻了影响（但也不是万无一失——2011年的地震和海啸就是毁灭性的一次例外）。

此外，旅行者面对的最大威胁其实是看起来安全的氛围（这容易让你放松警惕）。明智的做法是保持一贯的谨慎与常识。

健康指南
医疗服务

日本的医疗服务水平相当高，不过就全国而言，大部分医院和诊所都很少有会说中文或英语的医生和护士。

即使有,也很难挂上号。大学医院应该是你的首选:这里的医生最有可能会说英语,医疗水平也通常最高。

一般医院的普通门诊在周一至周五营业,周末和公共假日休息。大型综合医院通常设有24小时开放的急诊中心。就诊前最好先了解医院开放门诊的时间,以及是否需要预约。但即使不强制要求预约,排队候诊也可能会花费你不少时间。

一次简单的问诊费用大约为3000至5000日元,急诊费用约为20,000日元及以上。

药店

日本药品分为处方药和非处方药,感冒药、止痛药这些处理日常轻微病症的药品,都可以直接在药店购买;但处方药则需持有医生的处方。

如果你在国内有长期服用的药物,建议自行携带,无法保证在日本能买到一样的药品。

自来水

日本的自来水可以直接饮用。虽然挑剔的日本人有时也会加装过滤器,或去购买瓶装水,但总体上,你不用担心直饮自来水会有什么不良后果。

交通指南

到达和离开
入境

进入日本时,所有短期停留的外国入境者都会被拍照并留存指纹。

飞机
机场和航空公司

成田国际机场(成田國際空港/Narita Kokusai Kukou, NRT; www.narita-airport.jp)是大部分抵离东京的国际航班的起降机场。东京还有另一座机场**羽田国际机场**(羽田空港/Haneda Kukou, HND; www.tokyo-airport-bldg.co.jp),距离东京市中心更近,是日本国内航线的主要起降机场。

关西国际机场(関西國際空港/Kansai Kokusai Kukou, KIX; www.kansai-airport.or.jp)起降所有抵达大阪的国际航班。注意与大阪国际机场(ITM,又名大阪伊丹机场)区分开。

中部国际机场(中部國際空港/Chubu Kokusai Kukou, NGO; www.centrair.jp)是名古屋的主要机场,也很繁忙,有直飞东亚和东南亚国家的航班。

新潟机场(新潟空港/Niigata Kukou, KIJ; www.niigata-airport.gr.jp)位于本州日本海沿岸,有航班往来哈尔滨、上海、台北和首尔等地。

广岛机场(広島空港/Hiroshima Kukou, HIJ; www.hij.airport.jp)是进入本州西部的主要落脚点,有航班往来北京、上海、大连、香港、台北等地。

高松机场(高松空港/Takamatsu Kukou, TAK; www.takamatsu-airport.com)为四国地区的主要机场,有航班往来上海、香港、台北和首尔。

福冈机场(福岡空港/Fukuoka Kukou, FUK; www.fuk-ab.co.jp)位于九州北端,是九州地区的主要机场,前往本州西

气候变化和旅行

任何使用碳基燃料的交通工具都会产生二氧化碳,这是人为导致气候变化的主要原因。空中旅行耗费的燃料以每公里人均计算或许比汽车少,但其行驶的距离却远很多。飞机在高空所排放的气体(包括二氧化碳)和颗粒同样对气候变化造成影响。许多网站提供"碳能量计算器",以便人们估算个人旅行所产生的碳排量,并鼓励人们参与减缓全球变暖的旅行计划,以抵消个人旅行对环境所造成的影响。Lonely Planet会抵消其所有员工和作者旅行所产生的碳排放影响。

部也很便利。国际航线众多，包括往来北京、上海、大连、青岛、香港、台北、高雄等地的航班。机场离市区很近。

熊本机场（熊本空港/Kumamoto Kukou, KMJ; www.kmj-ab.co.jp）位于九州中部，有航班往来首尔、高雄和香港。

长崎机场（長崎空港/Nagasaki Kukou, NGS; www.nagasaki-airport.jp）位于九州西部，有航班往来上海、香港和首尔。

鹿儿岛机场（鹿児島空港/Kagoshima Kukou, KOJ; www.koj-ab.co.jp）位于九州南端，有航班往来上海、香港、台北和首尔。

渡轮

以下渡轮从**大阪港国际客运码头**（大阪港国際フェリーターミナル/Osakako Kokusai Feri Taminaru; 大阪市住之江区南港北1-20-52; ⓢ中央线至Cosmo Square）开往中国上海：

日中国际渡轮公司（日中国际フェリー; www.shinganjin.com）运营的"新鉴真号"每两周周二发船（与神户交替），上海每周六发船。

上海国际渡轮公司（上海フェリー; www.shanghai-ferry.co.jp）运营的"苏州号"每周五从大阪发船，周二从上海发船。

二者均为单程二等舱20,000日元起，旅途约48小时。

行李寄送

"宅急便"（takkyūbin）类似中国的快递，许多旅行者会利用这项服务将不便携带的行李提前寄送至下个目的地。

日本业界首屈一指的宅急便服务商是**大和运输**（ヤマト運輸/Yamato-unshu; www.kuronekoyamato.co.jp），因商标上有只黑猫而常被称为"黑猫宅急便"。你可以请住宿地的员工帮你下订单，然后等候上门取件，也可以将所需寄送的行李放至提供寄取服务的便利店（例如7-Eleven、全家）。寄送尺寸以物品的长宽高三边之和为标准，120cm（20寸左右的行李箱）在同一地区内（例如四国内、九州内）的寄送费为1600日元左右。网站上可以查询具体的寄送费用和预计需要的运送时间。

当地交通

飞机

日本的航空服务四通八达，可靠且安全，适合长途旅行或在岛屿之间往来。很多情况下，坐飞机也不会比坐新干线贵多少，淡季时反而更快更便宜。

所有本地航空公司都有英语网站，你可以在上面查询票价和订票。

比起乘坐国际航线，在日本国内飞行，机上携带液体的限制更少，容器不超过0.5L或0.5Kg皆可。

日本的航空公司

运营日本国内众多航线的两大主要国际航空公司分别是**日本航空**（Japan Airlines, JAL; www.jal.co.jp）和**全日空**（All Nippon Airways, ANA; www.ana.co.jp）。

廉价航空

日本向低成本承运商开放领空，使廉价航空蓬勃发展。需注意，廉价航班的机票价格通常不含托运行李费或托运额度极低。

乐桃航空（Peach Aviation; www.flypeach.com）以大阪的关西国际机场为枢纽基地，有众多日本国内线和其他亚洲国家的航线。

天马航空（Skymark Airlines; www.skymark.co.jp）连接了许多区域性机场，枢纽是东京的羽田机场和关西的神户机场，飞往九州、北海道和冲绳的航班较多。

捷星航空（Jetstar; www.jetstar.com）旗下有捷星日本航空，以东京的成田国际机场、大阪的关西国际机场、名古屋的中部国际机场为枢纽，有航班飞往九州、四国、北海道和冲绳等地。

机票和优惠

提前1个月或更早预订，全日空和日本航空都可以提供最多50%的折扣，提前1到3周预订折扣力度则要小些。

值得一提的是，针对短期逗留的外国访客，全日空和日本航空都有推出日本国内线优惠票。全日空的是**ANA Experience Japan Fare**，面向不同航线有5400、7560、10,800日元三档固定票价（10,800日元可以任选航班），通过网站www.ana.co.jp/en/es/promotions/share/experience_jp/购票。日本航空的是**JAL Explorer Pass**，政策基本和全日空一致，通过网站www.world.jal.co.jp/world/en/japan_explorer_pass/lp/购票。

清晨和深夜的航班通常最便宜。

火车

日本的铁路系统堪称全球最佳：快速、车次频繁、清洁舒适。注意在日语中，他们习惯称之为"電車"（读音就是和中文很相似的densha），在本书中我们也会使用"电车"来称呼日本的路面轨道交通系统。

最大的铁路公司是日本国铁（Japan Railways），一般简称为日铁（JR）。除此之外，日本还有许多私营铁路（简称"私铁"），与日铁共同组成了庞大的铁路网。东京、大阪等大城市都有私营铁路在城市和周边地区之间运营，通常比同样路程的JR收费便宜。

列车种类

长途列车根据速度、停站次数，分为普通车（普通/futsu，各駅停车/kaku-eki-teisha，后者常简写为"各停"）、快车（急行/kyuko，快速/kaisoku），以及特快列车（特急/tokkyu，新快速/shin-kaisoku）。

新干线

列车中最快最有名的当属新干线，类似中国的高铁。新干线在独立于常规铁路的高速铁路轨道上运行，注意，某些新干线车站与当地主要的JR车站相隔较远。

新干线的车厢分为指定席车厢和自由席车厢（部分线路是全车指定席）。如果在旅行淡季出行，通常都可以直接上车，在自由席车厢寻找空位。不过为了确保有位置可坐，最好在出发前几天找个JR车站售票窗口先划定座位。一般情况下订座需要加付一小笔费用。

卧铺车

日本曾经有许多夜行的卧铺列车（寝台列车/Shindai-Ressha），但随着新干线的发展以及廉价巴士与航班的流行，已逐渐退出了市场。如今，常规路线只剩下了**日出濑户号/出云号**（サンライズ瀬戸・出雲/Sanraizu Seto・Izumo）。

列车从东京出发，先开至冈山，之后分为两个方向：一边开往四国的高松（日出濑户号），一边开往岛根的出云（日出出云号）。车费根据铺位类型而定，包括通铺式的"nobi nobi"铺位和更私密的隔间，前者价格最便宜，以东京到出云为例，费用在15,230日元左右。持有全国版日本铁路通票（见403页）可以免费利用"nobi nobi"铺位。

车票发售时间为发车日前一个月的上午10点，不支持网络订票，仅可在JR窗口购买。

此外，现在铁路公司也推出了临时卧铺车，作为线路旅游产品打包出售，通常价格不菲。例如在九州巡游的豪华列车**九州七星号**（ななつ星in九州/Nanatsu-boshi in Kyushu），两天一夜的行程150,000日元起。类似的还有在京阪神和本州西部运行的**Twilight Express瑞风号**，以及在东日本和北海道运行的**Train Suite四季岛号**。在东京和青森之间运行的**仙后座纪行号**（カシオペア紀行/Kashiopea-kiko）价格相对便宜。

购票

车票可以在车站的自动售票机上购买，大多数都有英语菜单。

如果你觉得还是人工购票更安心，或者想要咨询问题，主要的JR车站或私铁车站也都设有人工窗口

青春18旅游通票

有时间和冒险精神,并且热爱慢速旅行的话,**青春18旅游通票**(Seishun Jūhachi Kippu; www.jreast.co.jp/sc/pass/seishun18.html)是最划算的。虽然名字叫"青春18",但其实任何年龄的人(不限日本国内外)都可以购买使用。

你可以把它理解为全国版的日本铁路通票的低配版:它同样全国范围适用,但仅可乘坐JR普通列车(即不包括快速、特急列车和新干线)。

通票以5张1日券的形式发售,售价11,850日元,可用于规定的使用期间内的任意5天。而且不同于其他限定单人使用的通票,既可以一人使用5天,也可以5个人使用一天。虽然只能乘坐慢车,但远距离移动仍能省下不少费用。

唯一需要注意的,是此通票有比较固定的发售时间和使用时间,但春季的偶尔会取消,具体以官网为准。

季节	销售期	使用期
春	2月20日至3月31日	3月1日至4月10日
夏	7月1日至8月31日	7月20日至9月10日
冬	12月1日至12月31日	12月10日至次年1月10日

(JR车站内为"绿色窗口",みどりの窓口/midori-no-madoguchi)。大部分员工都能够用简单的英语回答一些基本问题。

提前订票

只有特急列车和新干线可以提前订票划座(即"指定席"/shitei-seki)。但除非是全车指定席,或者是你打算在旺季出行,并且希望在热门线路上坐到座位,否则一般情况下并不需要预订,很少会买不到票。

提前订座通常需要加付一小笔费用(但持有日本铁路通票者则不必),一般为520日元,但在高峰期会增加至720日元,闲暇期会降至320日元。之后如有变动,可在发车前免费改签一次。

注意,少数面向外国游客的通票必须提前在海外预订(例如全国版日本铁路通票)。有些通票虽然在日本境内也可买到,但海外预订会有优惠。

优惠票

Platt Kodama(ぷらっとこだま;www.jrtours.co.jp/kodama)这是仅限于乘坐新干线"回声号"(こだま/Kodama)的优惠车票(优惠约20%),适用于东京和大阪之间(途经名古屋和京都)。这些是新干线线路上最慢的列车,中间经停很多车站。车票必须至少在发车前一天购买,不能退票,入闸时必须使用新干线专用闸口。

票务折扣店在日语中被称为kakuyasu-kippu-uriba(格安切符売り場)或kinken shoppu(金券ショップ)。这些店售卖日本国内机票、电车票、汽车票、船票以及其他诸如折扣邮票和电话卡之类的物品,也回收仍有效的票券。它们通常是贴着标识的小报刊亭,电车站周围会有不少。虽然省下的钱不算多,但购买新干线车票或许可以省下5%(最多10%)。

铁路通票

日本的铁路通票名目繁多,适用范围、使用天数、面向人群等各有不同,购买前一定要多加确认。通票更多的用处是帮你免除频繁购票和现金找零的麻烦,但如果计划得当,它也能为你省下一笔交通开销。

其中涵盖种类最多的是**日本铁路通票**(Japan Rail Pass; www.japanrailpass.net/cn),简称JR Pass,由JR集团旗下的6家公司提供。每家公司都会发行适用于本地区的多种通票,持通票者可在限定期间自由乘坐限定范围内的JR列车。另外,切记JR Pass只可用于JR列车,乘坐私铁仍需买票(或者购买私铁公司发行的通票)。

JR Pass基本可以在主要的JR车站买到(除了全国版日本铁路通票)。注意,大部分通票都只面向持"短期滞在"入境签证、以观光旅游为目的来日访问的外国人,或者居住在海外的日本侨民。

通票中的儿童票一般适用于6至11岁的孩子,6岁以下的孩子免费乘车。

全国版日本铁路通票

这是JR Pass中最贵的一种,也是覆盖范围最广的通票,持票者可以无限次乘坐全日本的JR列车,包括新干线(但不适用于新干线中速度较快的"希望号/Nozomi"和"瑞穗号/Mizuho")。一般来说,乘坐新干线在东京和京都或新大阪之间往返,就能值回票价。

通票区分绿色车厢和普通车厢,前者座位更加宽敞舒适(类似于商务座),但一般来说,后者的舒适度能满足大部分旅行者的需求。

一定注意:这种全国版通票必须在日本境外购买,并且需要在抵达日本后,将购买到的换票证换成实际使用的车票(换票时需出示护照)。但因为通票的生效日以换票日为准,所以如果不打算立即使用,不必在到达日本的第一时间就去换票。

JR东日本铁路周游券

JR东日本公司(JR East; www.jreast.co.jp/sc/)提供以下几种不同的通票,覆盖了本州东部的不同区域。

JR东日本铁路周游券(东北地区)(JR East Pass, Tohoku area)适合打算探索本州东北部(如日光、仙台、秋田、青森)和滑雪的旅行者。

JR东日本铁路周游券(长野、新潟地区)(JR East Pass, Nagano & Niigata area)大致覆盖了东京与新潟、长野之间的地区,也可前往日光和伊豆。

JR东京广域周游券(JR Tokyo Wide Pass)适合以东京为中心、计划在短时间内游览周边(如奥多摩、伊豆、富士山、日光、轻井泽、Gala汤泽)的旅行者。这也是没有旅游签证的外国护照持有者(比如旅居日本的外国人)唯一可以购买的JR Pass。

JR东北·南北海道铁路周游券(JR Tohoku-South Hokkaido Rail Pass)覆盖了福岛与札幌之间的地区。这款通票的延伸版是**JR东日本·南北海道铁路周游券**(JR East-South Hokkaido Rail Pass),还可用于福岛以南至东京,以及东京前往轻井泽和Gala汤泽的列车。

Flex Japan旅客周游券

这个名字别致的通票其实就是JR东海公司(JR Central)提供的便于游览本州中部和周边的通票(http://touristpass.jp/zh-cn/),包括以下四种。

高山、北陆区域周游券(Takayama-Hokuriku Area)适合打算从名古屋或京都入境,游览金泽、白川乡、高山、下吕一线的旅行者。除了列车,通票还能用于往来白川乡的浓飞巴士。

立山黑部、高山、松本区域周游券(Alpine-Takayama-Matsumoto Area)这一通票最大的特色是涵盖了立山黑部阿尔卑斯路线内的各种交通工具,适合打算从名古屋出发、横贯日本阿尔卑斯山脉的旅行者。

伊势、熊野、和歌山区域周游券(Ise-Kumano-Wakayama Area)通票可用于名古屋和大阪之间,以及以纪伊半岛为中心的区域,适合对伊势神宫、熊野古道等世界遗产感兴趣的旅行者。

富士山、静冈区域周游券(Mt.Fuji-Shizuoka Area)覆盖丰桥与热海之间的地区,尤其是以富士山为中心的区域。

JR西日本铁路周游券

JR西日本(JR West; www.westjr.co.jp/global/sc/ticket/pass/)提供几种不同的铁路通票,覆盖了本州西部的不同地区(基本是各个区域的变换组合),部分还适用于四国的高松和九州的博多。建议查看官网,通过地图更直观地了解适用范围。

其中**关西地区铁路周游券**(Kansai Area Pass)最受欢迎,覆盖大阪、京都、神户、奈良、姬路、和歌山等城市,非常适合深入探索关西地区。但要注意,此通票不可乘坐新干线。

使用期限	成人/儿童
连续1日	¥2200/1100
连续2日	¥4300/2150
连续3日	¥5300/2650
连续4日	¥6300/3150

在此基础上,还有以下几种通票,大部分从名字就能明白所适用的范围。

关西广域铁路周游券(Kansai Wide Area Pass)在关西地区铁路周游券的基础上,增加冈山、鸟取和高松等地。

关西 & 广岛地区铁路周游券(Kansai-Hiroshima Area Pass)在关西广域铁路周游券的基础上,又延伸到了广岛。

山阳 & 山阴地区铁路周游券(Sanyo-San'in Area Pass)除了关西地区,还能无限次乘坐山阳(冈山、广岛、山口)和山阴(鸟取、岛根)地区的常规线路列车,几乎覆盖了西日

全国版日本铁路通票

使用期限	普通车厢(成人/儿童)	绿色车厢(成人/儿童)
连续7日	¥29,110/14,550	¥38,880/19,440
连续14日	¥46,390/23,190	¥62,950/31,470
连续21日	¥59,350/29,670	¥81,870/40,930

JR东日本铁路周游券

通票类型	成人/儿童	使用期限
JR东日本铁路周游券(东北地区)	¥20,000/10,000	连续14天任选5日
JR东日本铁路周游券(长野、新潟地区)	¥18,000/9000	连续14天任选5日
JR东京广域周游券	¥10,000/5000	连续3日
JR东北·南北海道铁路周游券	¥20,000/10,000	连续14天任选5日
JR东日本·南北海道铁路周游券	¥27,000/13,500	连续14天任选6日

Flex Japan旅客周游券

通票类型	成人/儿童	使用期限
高山、北陆区域周游券	¥14,000/7000	连续5日
立山黑部、高山、松本区域周游券	¥17,500/8750	连续5日
伊势、熊野、和歌山区域周游券	¥11,000/5500	连续5日
富士山、静冈区域周游券	¥4500/2250	连续3日

覆盖西日本的各种周游券

通票类型	成人/儿童	使用期限	备注
关西广域铁路周游券	¥9000/4500	连续5日	不含任何新干线
关西 & 广岛地区铁路周游券	¥13,500/6750	连续5日	
山阳 & 山阴地区铁路周游券	¥19,000/9500	连续7日	
关西 & 北陆地区铁路周游券	¥15,000/7500	连续7日	
北陆地区铁路周游券	¥5000/2500	连续4日	新干线路线仅包括"金泽—黑部宇奈月温泉"的自由席
山阴 & 冈山地区铁路周游券	¥4500/2250	连续4日	不含任何新干线
广岛 & 山口地区铁路周游券	¥11,000/5500	连续5日	
冈山 & 广岛 & 山口地区铁路周游券	¥13,500/6750	连续5日	

公共交通 IC 卡

日本各大城市都有发行预付费的IC卡，用于乘坐地铁、电车、公交等公共交通。利用这种感应式的IC卡，能够免去计算车费、频繁购票或因坐过站而补票的麻烦。

两种使用率最高的IC卡是东日本铁路的**Suica**（www.jreast.co.jp/e/pass/suica.html）和西日本铁路的**ICOCA**（www.westjr.co.jp/global/en/ticket/icoca-haruka），分别可以在东京的成田、羽田机场以及大阪的关西国际机场的JR售票窗口购买。自动售票机上也可以购卡和充值。

虽然每个地区的IC卡不同，但主要的几家已经支持彼此互通，包括Suica、ICOCA、Pasmo（东日本）、TOICA（名古屋和静冈）、PiTaPa（关西地区）等，持有其中任意一张，就能在日本大部分城市的公交系统上使用。

本所有精华景点。

关西 & 北陆地区铁路周游券（Kansai-Hokuriku Area Pass）适用于关西和金泽一带。如果只打算游览以金泽为中心的北陆，那么**北陆地区铁路周游券**（Hokuriku Area Pass）更适合你。

最后还有几种不覆盖关西地区的组合，可以搭配你的旅程来使用。分别是**山阴&冈山地区铁路周游券**（San'in-Okayama Area Pass）、**广岛&山口地区铁路周游券**（Hiroshima–Yamaguchi Area Pass）、**冈山 & 广岛 & 山口地区铁路周游券**（Okayama-Hiroshima–Yamaguchi Area Pass）。

JR九州铁路周游券

JR九州铁路公司（JR Kyushu; www.jrkyushu.co.jp/cn/railpass/railpass.html）提供四种不同的铁路通票，分别覆盖了福冈周边、九州北部、九州南部和整个九州。须连续多日使用。

JR九州铁路周游券（福冈广域版）（2日券 成人/儿童 3000/1500日元）可乘坐博多开往小仓、门司港、久留米、唐津的JR列车。

JR全九州版铁路周游券（3日券/5日券 15,000/18,000日元）可乘坐包含下关在内的九州区域的大部分JR列车。

JR北部九州版铁路周游券（3日券/5日券 8500/10,000

电车费用和时长举例

电车的车费由3部分组成：基本车费（普通運賃/ futsū-unchin）、特急费用（特急料金/ tokkyū-ryōkin）或新干线费用（新幹線料金/shinkansen-ryōkin）、座位费（指定席料金/shitei-seki-ryōkin）。

所有列车都有基本车费，在乘坐特急列车或新干线时需要加付第二项费用（具体参考旅程距离）。如果提订座以确保有位置，则再付一笔座位费。

从东京站出发、搭乘新干线的一些票价（假设为乘坐指定席的全部费用）和耗时如下。

目的地	费用（日元）	时长（小时）
名古屋	11,090	1.75
新潟	10,570	2
金泽	14,120	2.5
广岛	19,080	4
冈山	17,340	3.5
博多	22,950	5
新下关	21,680	5.5

日元)可乘坐熊本、长崎、大分及以北地区的大部分JR列车。

JR南部九州版铁路周游券(3日券 7000日元)可乘坐熊本、延冈以南的大部分JR列车。

四国铁路周游券

四国铁路周游券(All Shikoku Rail Pass)是JR四国铁路公司(JR Shikoku; http://shikoku-railwaytrip.com/cn/;连续3日/4日/5日/7日 9000/10,000/11,000/12,000日元,儿童半价)与当地私铁公司提供的覆盖整个四国铁路的通票。基本上,在四国只要有铁路到达的地方,你就可以利用这张通票,可以说相当省心且方便。

值得一提的是,从高松到小豆岛的渡轮、小豆岛上的橄榄巴士也可以利用此通票搭乘。

北陆拱形铁路周游券

北陆拱形铁路周游券(Hokuriku Arch Pass;成人/儿童 25,000/12,500日元)由JR东日本和JR西日本共同推出,连接东京、大阪和北部的金泽,形成一个拱形路线。如果你打算东京进、大阪出(或反之),同时又想绕远路走一条比较小众又有精华景点的路线,这张通票就很适合。连续7日有效。

时刻表和信息

JR铁路公司的官网上一般都能查询到列车时刻表。**Hyperdia**(www.hyperdia.

长途汽车费用和时长举例

从东京出发前往部分地区的单程费用和耗时如下。具体车费根据汽车公司、车型(例如一排三座的车要比一排四座的车贵一些)等有所不同,提前订票通常有优惠,周末通常会涨价。

目的地	费用(日元)	时长(小时)
名古屋	4000	5.5
广岛	9000	13
神户	8000	9
青森	8000	10
博多	12,000	15

com)网站上也有时刻表信息,并且已经支持中文搜索(注意用汉语拼音或问号来输入日本地名)。

规模较大的车站都有信息问询处,一般都有会说英语的工作人员,中文服务也正在推广开来。

长途汽车

日本的长途汽车叫作"高速巴士"(高速バス/Kousoku-basu),覆盖相当广泛,跑得不如新干线快,但费用低得多。在卧铺过夜电车几乎被全部取消的今天,你仍能利用通宵的"夜行巴士"(夜行バス/Yako-basu)省下时间和住宿费。一些偏远的地方(例如白川乡),往往也只有汽车才能到达。

日本运营长途汽车的公司非常多,车型和价格都有所差异,其中日本国铁(JR)的长途汽车价格稍贵,但普遍认为比较可靠,而且上下车地点通常就是JR车站。

私营巴士公司中,**Willer Express**(http://willerexpress.com/cn/)是线路繁多且定价较低的一家,口碑不错,有信息清晰的中文页面,还提供不需连续使用的巴士通票(3日/5日/7日 10,000/12,500/15,000日元)。

日本高速巴士网(www.kousokubus.net/BusRsv/ja/)提供日本全国巴士的查询,你可以用它来比价、订票。有中文搜索页面,不过日文页面信息更丰富。

长途渡轮

众所周知,日本是由一系列岛屿组成的,因而除了飞机、列车、巴士,你当然还可以选择搭船出行,尤其是前往一些仅仅依靠船舶连接的小岛时。虽然渡轮并不是最便宜的出行方式,效率也很低,但坐船本身就是一次难得的体验:你会发现,长途渡轮的设施颇为丰富，除了餐厅、商店、观景台，有些时髦的新船还提供健身房、电影院、露天浴场等。

以下列举几家日本主要的渡轮公司，都有英文（部分有中文）订票页面：

新日本海渡轮（新日本海フェリー；www.snf.jp）主要经营北海道与关西、新潟、秋田之间的航路。

太平洋渡轮（太平洋フェリー；www.taiheiyo-ferry.co.jp）有往来名古屋、仙台与北海道之间的航船。

海洋东九渡轮（オーシャン东九フェリー；www.otf.jp）有往来东京、四国（德岛）和北九州的航船。

阪九渡轮（阪九フェリー；www.han9f.co.jp）有往来北九州、大阪（泉大津）和神户的航船。

向日葵渡轮（フェリーさんふらわあ；www.ferry-sunflower.co.jp）有往来大阪、神户和九州多地的航船。

特别值得一提的是，多家渡轮公司还联合推出了渡轮通票 **Japan Ferry Pass 21**（http://jlc-ferry.jp/jfp21/），票价21,000日元，可在21天乘坐渡轮6次，路线几乎覆盖全日本（除了包括冲绳在内的西南诸岛）。

当地交通工具

主要城市都有各种类型的公共交通工具，通常也会相应推出一日或多日的通票，可以持票无限次乘坐巴士、地铁、电车或轻轨等。

公共汽车

几乎每个日本城市都有完备的巴士（日语バス，发音就是basu）服务，只是站牌上标注的站名经常只有日文。在东京、京都等大城市之外的地方，巴士也常常只有日语报站。可以留意手机定位，以免下错站。

日本的公交车如果是均一价，一般就是上车付钱；如果有价格分段，则需要在上车时从一个小出票口取一张整理券（Seiriken），票上会记录你的上车地点（标为数字），之后你只需留意车前显示屏上这个数字下方对应的金额，到下车时支付同样的数额即可。此时将整理券和票款同时投入票箱。车厢前部通常都有零钱兑换机，可以兑开1000日元面额以下的纸币和硬币。

如果你用一日或多日通票坐车，只要在应当付钱时出示给司机即可。

出租车

大城市里的出租车无处不在；小城市甚至小岛上也能找到它们，不过通常是在交通枢纽附近（电车站、汽车站和渡轮码头）—— 不然你就需要让人帮你叫一辆了。

全国的车费基本一致。起步价（贴在车窗上）是2公里630至730日元，之后每300米左右加付约100日元。挡风玻璃右下侧的红灯亮起意味着可以上客（日文里是"空"字）。23:00后或通过电台调度的车会适当加收车费。

出租车一般搭载4位成人，如果多一两个小孩子，司机有时候也可以接受。不必太期待司机能与你用英语沟通，准备好清楚的日文地址出示给司机是最稳妥的做法。另外注意，日本出租车的后门是自动开关，所以下车时切记不要用力关门，以免给司机带来困扰。

渡轮费用和时长举例

渡轮的费用根据季节浮动，也受油价影响，每3个月更新一次。

渡轮航线	二等舱费用（日元）	时长（小时）
东京—新门司（北九州）	18,050	33
东京—德岛（四国）	12,660	18
大阪/神户—新门司（北九州）	6890~7610	12.5
仙台—名古屋	7200~8800	21

真的需要买通票吗？

虽然日本有着五花八门的通票，在一定程度上方便了旅行者，但有时并不能为你省下多少钱。购买与否，仍然建立在你个人行程安排的基础上。

以全国版日本铁路通票来说，如果仅仅横跨一次东西（从关东到关西）而非往返，直接买一张单程票就已足够，没有必要花大价钱买通票。而且大多数通票要求在连续日内使用，这意味着你必须每天都进行较长距离的移动（同样消耗了不少时间），才能值回票价——这恐怕更适合走马观花的行程。

最精明的做法是，结合自己的行程搭配不同的通票（包括城市的地铁/巴士通票）。

实在嫌麻烦的话，还是买张IC卡随乘随刷吧，没准最后你会发现，和买通票花的钱相差无几。

总体来说，日本司机的服务意识强，态度友善，而且你不需要为此多付小费。

电车、地铁和有轨电车

日本许多城市都有电车（也就是我们常说的火车）、地铁或有轨电车等轨道交通。它们往往非常准点，密集的站点设置也很适合城市观光。

东京、横滨、大阪、京都、名古屋、神户、广岛、福冈、仙台、札幌都有地铁。较小一些的城市则有有轨电车，例如九州的长崎、熊本和鹿儿岛，本州西部的广岛，四国的高知和松山等。

电车和地铁常使用机器售票，一般可以在车站内的线路图上找到各区间的票价。如果实在搞不懂，也可以先买一张最低价格的票，等到出站时到票价精算机上或者人工服务台支付超出部分的费用。部分路面电车与公交类似，上车付费即可。

如果你计划在一天内快速游览城市，一张无限次的1日票（一日乗車券/ichi-nichi-jōsha-ken）比较划算；多数城市都提供这种票。如果你计划多待一两天，强烈建议购买一张预付费的IC卡。

自行车

总体而言，日本很适合骑自行车游览，不论是穿街走巷，还是在湖畔、海边、乡村小道欣赏自然风光。最受欢迎的骑行地区有九州、四国、日本阿尔卑斯山区（如果喜欢陡坡的话）、能登半岛和北海道。

城市骑车尤其要注意停车问题，不要停在明确写有"駐輪禁止"的地方，不然有可能遭到罚款或车被拉走。如果要将自行车带上轨道交通，还需要准备一个携车袋，这可以在较好的自行车店买到。

租赁

大多数热门观光区的电车站或汽车站外都能找到自行车租赁点，普通自行车和变速车都可以租到，有些还提供电动辅助自行车。一些青年旅舍也有租车服务，且通常费用低得多。

一般来说，借、还车都在同一地点。不过，在经典的骑行路线上，例如濑户内海上的岛波海道，有时也会支持异地还车。

自驾和包车

在日本主要城市以外的地区旅行，驾车要比电车等公共交通方式便利得多。尤其是能登半岛、九州的部分地区、西南诸岛和北海道，本地班车线路较少且发车频率较低，有一辆来去自如的小汽车，能大大提高你的旅行效率。有几个旅伴的话，平均费用也不会太高。

如果你有国际驾照，可以考虑租车自驾。但请注意，中国驾照目前无法在日本租车。如不能租车的话，包车游览也是个好方法，你可以请住宿地的工作人员帮你联系，或者利用相关网站、App等寻找当地华人司机。

幕后

作者致谢

黄俊尧
谢谢Vega的各种建议和鼓励、Cookie和姿姿的大力援助。感谢Nina和Masaki San,感谢孟的包容和支持,感谢路上协助我的所有人,还有那位在我吃了闭门羹后给我一颗饭团的可爱婆婆。

钱晓艳
感谢Vega,陪我一起努力到交稿时刻。衷心感谢在日本的友人徐秋婷,帮我查证各种资料和预订房间,也感谢膀吕崇史、徐迪飞和杨峰,让我对目的地有了更深刻的认识。感谢日本的好天气,也感谢樱花季的四国,让我在山海之间奔波时过足了眼瘾。感谢爸妈在写作期间为我做的每一餐和每一个陪我聊天的朋友,还有亲朋好友的支持。这是最好的动力,谢谢你们。

声明

气候图表数据引用自Peel MC, Finlayson BL & McMahon TA(2007)'Updated World Map of the Köppen-Geiger Climate Classification', *Hydrology and Earth System Sciences*, 11, 1633-44。

封面图片:驶过大桥的只见线列车,本州北部·东北。©视觉中国

本书部分地图由中国地图出版社提供,审图号GS(2019)4136号。

关于本书

这是Lonely Planet IN指南系列《日本另辟蹊径》的第1版。本书的作者为黄俊尧和钱晓艳。

本书由以下人员制作完成:

项目负责	关媛媛
项目执行	丁立松
内容策划	刘维佳
视觉设计	刘乐怡
协调调度	沈竹颖
责任编辑	孙经纬
地图编辑	刘红艳
制　　图	张晓棠
流　　程	孙经纬
终　　审	杨帆
排　　版	北京梧桐影电脑科技有限公司

感谢中西利惠、陈姿兆、闫靖雯、杨维翰等对本书的帮助。

说出你的想法

➡ 我们很重视旅行者的反馈——你的评价将鼓励我们前行,把书做得更好。我们同样热爱旅行的团队会认真阅读你的来信,无论表扬还是批评都很欢迎。虽然很难一一回复,但我们保证会将你的反馈信息及时交到相关作者手中,使下一版更完美。我们也会在下一版中特别鸣谢来信读者。

➡ 请把你的想法发送到**china@lonelyplanet.com.au**,谢谢!

➡ 请注意:我们可能会将你的意见编辑、复制并整合到Lonely Planet的系列产品中,例如旅行指南、网站和数字产品。如果不希望书中出现自己的意见或不希望提及自己的名字,请提前告知。请访问lonelyplanet.com/privacy了解我们的隐私政策。

索 引

A
爱媛县 288
阿苏山 346, **384**

B
白川乡和五箇山 94
白骨温泉 114
八甲田山 231
别府 351, **386**

C
仓敷 145, **182**
出云 170
出羽三山 237
山寺 241
长崎 331, **378**

D
岛后岛 166
岛前群岛 167
萩市 175, **190**
德岛县 281
德岛 281, **301**
大步危 286

F
飞驒古川 92
福井 107
福岛县 206
丰岛 276
福冈 320, **380**

G
高山 84, **124**
冈山 142, **181**
广岛 147, **183**
宫岛 152, **184**
高知 195, **304**

地图页码 **000**

宫城县 210
高松 266, **302**
高知县 295
高千穗 348
宫崎 357, **382**

H
会津若松 206
弘前 225, **247**
黑川温泉 347

J
金泽 99, **125**
津和野 173, **185**
角馆 233
剑山 286
今治 291
九州 309
九州北部 320
九州中部 343
九州南部 357

L
立山黑部 72
鹿儿岛 360, **385**

M
名古屋 74, **123**
鸣子温泉 217
鸣门 283
门司港和小仓 328

N
能登半岛 106
鸟取 158

P
磐梯高原 208, **244**
平泉 219

Q
青森县 221
青森 221, **248**

秋田县 233
犬岛 277
琴平 278
青岛和日南海岸 359

R
乳头温泉 236

S
上高地 110
松本 114, **127**
松江 160, **186**
石见银山和温泉津 171
山口和秋芳洞 177
十和田湖 229
山形县 237
四国 251
松山 288, **305**
四万十川 297
室户岬 298

T
太宰府 327
唐津 329

W
雾岛屋久国立公园 368
屋久岛 369, **377**

X
新穗高温泉 112
下关 155, **188**
仙台 210, **246**
香川县 266
小豆岛 270
熊本 343

Y
隐岐诸岛 165
岩手县 219
羽黑山 238
云仙 342
由布院 349

樱岛 365

Z

中仙道 120

直岛 273
祖谷溪谷 285, **307**
足折岬 297

佐贺 331
云仙 342
指宿 366

如何使用本书

注：并非所有符号、图标、图例都在此显示。

以下符号能够帮助你找到所需内容：

- ◉ 景点
- ✪ 活动
- ✦ 课程
- ✪ 团队游
- ✪ 节日和活动
- 📷 摄影点
- 🛏 住宿
- ✖ 就餐
- ☕ 饮品
- ✪ 娱乐
- 🛍 购物
- ℹ 实用信息和交通

下列符号所代表的都是重要信息：

- ★ 作者的大力推荐
- ✐ 绿色或环保选择
- 免费 无需费用

♪ 电话号码	✐ 素食菜品
⊙ 营业时间	📖 英语菜单
Ⓟ 停车场	▐ 适合家庭
⊖ 禁止抽烟	🐾 允许携带宠物
✱ 空调	🚌 巴士
@ 上网	⛴ 轮渡
ⓦ 无线网络	🚆 轻轨
⋇ 游泳池	🚂 火车

以下图标能帮你迅速找到所需旅行体验：

🖼 艺术和文化		📕 历史	
🌊 海边		💬 当地生活	
💳 经济之选		🐦 回归自然	
☕ 咖啡馆		📷 摄影	
🚲 骑行		🔭 观景	
➡ 另辟蹊径		🛍 购物	
🍷 酒和饮料		🧳 短途旅行	
🎫 娱乐		🏀 运动	
✨ 庆典		🥾 步行游览	
👨‍👩‍👧 带孩子旅行		❄ 冬游	
🍴 美食			

地图图例

景点
- 海滩
- 鸟类保护区
- 佛教场所
- 城堡
- 基督教场所
- 孔庙
- 印度教场所
- 伊斯兰教场所
- 耆那教场所
- 犹太教场所
- 纪念碑
- 博物馆/美术馆
- 历史遗址
- 温泉
- 神道教场所
- 锡克教场所
- 道教场所
- 酒庄/葡萄园
- 动物园
- 其他景点

活动、课程和团队游
- 人体冲浪
- 潜水
- 划艇
- 滑雪
- 浮潜
- 冲浪
- 游泳/游泳池
- 徒步
- 帆板
- 其他活动、课程、团队游

住宿
- 住宿场所
- 露营地

就餐
- 餐馆

饮品
- 酒吧
- 咖啡馆

娱乐
- 娱乐场所

购物
- 购物场所

实用信息
- 银行
- 使领馆
- 医院/医疗机构
- 网吧
- 警察局
- 邮局
- 电话
- 公厕
- 旅游信息
- 其他信息

地理
- 海滩
- 棚屋/栖身所
- 灯塔
- 瞭望台
- 山峰/火山
- 绿洲
- 公园
- 关隘
- 野餐区
- 瀑布

人口
- 首都、首府
- 一级行政中心
- 城市/大型城镇
- 镇/村

交通
- 机场
- 过境处
- 公共汽车
- 缆车/索道
- 自行车路线
- 轮渡
- 地铁
- 单轨铁路
- 停车场
- 加油站
- 铁路/火车站
- 出租车
- 有轨电车
- 其他交通方式

注：并非所有图例都在此显示

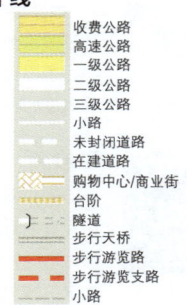

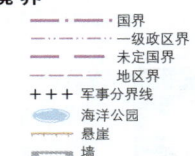

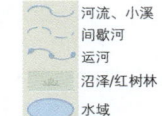

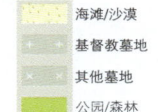

路线
- 收费公路
- 高速公路
- 一级公路
- 二级公路
- 三级公路
- 小路
- 未封闭道路
- 在建道路
- 购物中心/商业街
- 台阶
- 隧道
- 步行天桥
- 步行游览路
- 步行游览支路
- 小路

境界
- 国界
- 一级政区界
- 未定国界
- 地区界
- 军事分界线
- 海洋公园
- 悬崖
- 墙

水文
- 河流、小溪
- 间歇河
- 运河
- 沼泽/红树林
- 水域
- 干/盐/间歇湖
- 冰川

地区特征
- 海滩/沙漠
- 基督教墓地
- 其他墓地
- 公园/森林
- 运动场
- 一般景点(建筑物)
- 重要景点(建筑物)

我们的作者

刘维佳

内容策划 或许是因为首次让他印象深刻的旅行就是2009年的日本之旅，或许是因为他的第一本Lonely Planet就是《日本》，刘维佳前往日本的次数已很难数清。2016年完成四国遍路徒步之后，他每年又要增加一次重回四国的遍路行程了。他曾参与《IN北海道》《IN东京到京都》《IN冲绳》《日本美食之旅》等超过60本Lonely Planet旅行指南和读物的制作。

黄俊尧

本州中部阿尔卑斯 本州西部 台湾彰化人，现居台北。相信旅行是一班让人逃离日常的午夜快车，自己跳上车后却住了下来，至今最难忘的国家是印度和古巴。曾以《中美洲》《南美洲》两本Lonely Planet为枕，四海沙发为家完成了环球旅行。日本或许是他的第二个故乡，他爱好各种日本文化，曾短居日本数月，来回数趟。至今仍然期盼村上春树得到诺贝尔文学奖。黄俊尧还为本书撰写了部分"计划你的行程"章节和"日本神话面面观"等了解方框。

钱晓艳

本州北部·东北 四国 九州 虽然为《日本》《IN北海道》《IN东京到京都》都做过贡献，但这一次的调研和写作却包括了她从未涉及的东北和四国。拿着JR Pass在城镇之间急行军，却能感受到小城的美好，人们不紧不慢、热情饱满，食物新奇有趣，比大都市更接地气，在自然之间能找到更多属于自己的空间，这正是深度行走在日本的魅力。作为入行多年的作者，她参与了多本Lonely Planet旅行指南和旅行读物的调研和写作，希望这一次能让你重新认识日本。钱晓艳为本书撰写了"你好，日本""和当地人吃喝"等章节，以及"坂本龙马，四国之传奇"等了解方框。

特约作者

盛洋

步履不停的人类学学徒，日文图书译者。去日本几乎已经成为每年的"例行公事"，但每一次踏上"霓虹国"，仍然会有奇妙的新发现。目前已参与调研撰写Lonely Planet《IN东京到京都》《IN冲绳》《海南》《山西》等指南。盛洋为本书撰写了"获得灵感""计划你的行程"等章节，以及"生存指南"章节。

雷·巴特利特（Ray Bartlett）

雷边旅行边写作已经有将近20年了，在业内顶级出版物中通过丰富的细节令日本、韩国、墨西哥以及美国的许多地方跃然纸上。他的第一本小说《图卢姆日落》（Sunsets of Tulum）在2016年成为《中西部书评》（Midwest Book Review）的推荐小说。

克雷格·麦克拉克伦（Craig McLachlan）

克雷格在20年里为Lonely Planet踏遍了全球。他有半年的时间待在新西兰昆斯顿，经营一家户外活动公司和清酒酿酒厂，另半年则出国接私活，带队旅行并为Lonely Planet书写。他拥有夏威夷大学的工商管理硕士学位，还是一位日语翻译、飞行员、摄影师、徒步领队、旅行团领队、空手道教练以及崭露头角的小说家。

汤姆·斯珀林（Tom Spurling）

汤姆·斯珀林是一位澳大利亚旅行作家兼高中教师，已经为Lonely Planet贡献了13本旅行指南。

菲利普·唐（Phillip Tang）

菲利普·唐吃着澳大利亚的越南河粉与炸鱼和薯条长大，拥有中文学位，而拉丁美洲的文化驱使他开始为Lonely Planet旅行并书写了指南《加拿大》《中国》《日本》《韩国》《墨西哥》《秘鲁》和《越南》。

本尼迪克特·沃克（Benedict Walker）

本出生于澳大利亚的纽卡斯尔，海滩占据着他观念的核心。他曾离开家乡的沙滩旅行了几十万公里。他在12岁的时候收到了第一本Lonely Planet的指南（《日本》），20年后，他为同一本指南撰写章节：梦想成真了。

日本另辟蹊径

中文第一版

© Lonely Planet 2019
本中文版由中国地图出版社出版

© 书中图片由图片提供者持有版权，2019

版权所有。未经出版方许可，不得擅自以任何方式，如电子、机械、录制等手段复制，在检索系统中储存或传播本书中的任何章节，除非出于评论目的的简短摘录，也不得擅自将本书用于商业目的。

图书在版编目（CIP）数据

日本另辟蹊径 / 澳大利亚Lonely Planet公司编. --北京：中国地图出版社，2019.11
（IN）
ISBN 978-7-5204-1384-8

Ⅰ.①日… Ⅱ.①澳… Ⅲ.①旅游指南－日本 Ⅳ.
①K931.39

中国版本图书馆CIP数据核字(2019)第231300号

出版发行	中国地图出版社
社　　址	北京市白纸坊西街3号
邮政编码	100054
网　　址	www.sinomaps.com
印　　刷	北京华联印刷有限公司
经　　销	新华书店
成品规格	197mm×128mm
印　　张	13
字　　数	708千字
版　　次	2019年11月第1版
印　　次	2019年11月北京第1次印刷
定　　价	108.00元
书　　号	ISBN 978-7-5204-1384-8
审图号	GS（2019）4136号
图　　字	01-2019-6794

*如有印装质量问题，请与我社发行部（010-83543956）联系

虽然本书作者、信息提供者以及出版者在写作和储备过程中全力保证本书质量，但是作者、信息提供者以及出版者不能完全对本书内容之准确性、完整性做出任何明示或暗示之声明或保证，并只在法律规定范围内承担责任。

Lonely Planet 与其标志系Lonely Planet之商标，已在美国专利商标局和其他国家进行登记。
不允许如零售商、餐厅或酒店等商业机构使用Lonely Planet之名称或商标。如有发现，急请告知: lonelyplanet.com/ip。